CAROLYN WOODS

Im Bett mit einem Psychopathen

Titel auch als Hörbuch erhältlich

CAROLYN WOODS

IM BETT MIT EINEM PSYCHOPATHEN

EINE FRAU. EIN BETRÜGER.
DIE LIEBESMASCHE.

LÜBBE

Dieser Titel ist auch als Hörbuch und E-Book erschienen.

Die Bastei Lübbe AG verfolgt eine nachhaltige Buchproduktion. Wir verwenden Papiere aus nachhaltiger Forstwirtschaft und verzichten darauf, Bücher einzeln in Folie zu verpacken. Wir stellen unsere Bücher in Deutschland und Europa (EU) her und arbeiten mit den Druckereien kontinuierlich an einer positiven Ökobilanz.

Titel der englischen Originalausgabe:
»Sleeping with a Psychopath«

Für die Originalausgabe:
Copyright © 2021 by Carolyn Woods

Für die deutschsprachige Ausgabe:
Copyright © 2022 by Bastei Lübbe AG, Köln
Textredaktion: Angela Kuepper, München
Umschlaggestaltung: Cover design by Andrew Davis
© HarperCollinsPublishers Ltd 2021
Einband-/Umschlagmotiv: © Trevillion Image: Magdalena Russocka
Satz: hanseatenSatz-bremen, Bremen
Gesetzt aus der Adobe Garamond Pro
Druck und Einband: GGP Media GmbH, Pößneck

Printed in Germany
ISBN 978-3-431-05031-8

5   4   3   2   1

Sie finden uns im Internet unter luebbe.de
Bitte beachten Sie auch: lesejury.de

Für Lara und Emma

Er wird dich auswählen, mit seinen Worten entwaffnen und dich durch seine bloße Präsenz kontrollieren. Er wird dich mit seinem Witz und seinen Plänen beglücken. Du wirst Spaß mit ihm haben, aber stets dafür bezahlen. Er wird dich anlächeln und täuschen, er wird dich ängstigen mit seinen Augen. Und wenn er mit dir fertig ist – und er wird mit dir fertig sein –, wird er dich verlassen und dir deine Unschuld und Würde nehmen. Du wirst trauriger sein als vorher, aber nicht viel klüger – und du wirst dich lange fragen, was passiert ist und was du falsch gemacht hast. Und wenn der Nächste an deine Tür klopft, wirst du sie öffnen?

Aus dem Aufsatz mit der Unterschrift »Ein Psychopath in Haft«,
Robert Hare, *Gewissenlos*

Inhalt

Prolog

15. Juni 2013

Ich stehe unter Schock. Unfähig, auch nur einen Muskel zu rühren, liege ich da. Jeder Nerv in meinem Körper steht unter Beschuss. Ich bin so müde, doch sobald ich die Lider schließe, werde ich von psychedelischen Lichtblitzen attackiert. Sodass ich reglos, mit weit aufgerissenen Augen daliege und kaum zu atmen wage.

Ich möchte sterben. Mir ist, als würde ich in den Strudel eines schwarzen Loches eingesogen, während ein weißes Rauschen in meinen Ohren knistert und in meinem Kopf unausgesetzt drei Worte rotieren, wieder und wieder, Worte, die hinausgebrüllt werden wollen, lauter und lauter, bis ich glaube, in Ohnmacht zu fallen.

DU VERDAMMTER DRECKSACK!

Es ist Donnerstag, der 13. Juni 2013. Achtzehn Monate ist es her, da war ich eine kultivierte, gebildete Frau gewissen Alters – kontaktfreudig, gesellig, voller Selbstvertrauen –, die ihre Unabhängigkeit genoss. Mit meiner Scheidung, dem Tod meiner Eltern, der Kündigung hatte ich abgeschlossen und freute mich auf einen Neuanfang. Meine beiden Töchter hatten das Nest verlassen, das Haus war verkauft, und ich war in ein gemütliches Städtchen in den Cotswolds gezogen, wo ich nach einem neuen Eigenheim Ausschau hielt. Ich hatte ein hübsches Cottage gemietet und in einem schicken Bekleidungs- und Lifestyle-Laden im Ort einen Job gefunden, was mir einen netten Vorwand bot, mich Tag für Tag elegant zu kleiden, um unsere betuchte Kundschaft zu bedienen. Einmal warf ich mich sogar in Frack und Zylinder, so eine Adresse war das – wie erfrischend nach der eher biederen Atmosphäre des Pharmaunternehmens, in dem ich vorher fast zehn Jahre gearbeitet hatte!

Ich knüpfte Kontakte, integrierte mich ins Stadtleben und versuchte, neue Freundschaften zu schließen. Alte Freunde bewunderten meinen Mut und meinten, ich würde »einen Traum verwirklichen«. Ich war beinahe wunschlos glücklich. Und mit Sicherheit nicht auf der Suche nach einer Romanze.

Dann spazierte eines Abends ein Mann ins Geschäft und in mein Leben und veränderte alles. Er war anders als alle, denen ich je begegnet war, und ich fühlte mich sofort zu ihm hingezogen, ebenso wie er sich zu mir. Er war attraktiv und schneidig und schenkte mir viel Aufmerksamkeit. Während wir uns zügig miteinander bekannt machten, erzählte er mir, dass er ein reicher Steuerflüchtling sei, ein Schweizer Bankier; später schwor er mich auf Geheimhaltung ein und vertraute mir an, eigentlich sei der Job eine Tarnung für seine Agententätigkeit.

Das klingt erstaunlich, ich weiß, aber ich glaubte ihm jedes Wort. Mit Sicherheit passte er ins Rollenklischee, und es passierte genug, um mich zu überzeugen, dass ich es mit einem echten James Bond zu tun hatte. Ich verliebte mich in ihn und freute mich schon auf die Hochzeit. Ein teures Hochzeitskleid hing in meinem Schank.

Das alles erscheint mir jetzt, da ich mir über unsere Beziehung den Kopf zerbreche, sehr lange her. An Marks unsteten Lebensstil habe ich mich zwar gewöhnt, doch mittlerweile habe ich ihn schon seit Monaten nicht mehr gesehen, und obwohl er jeden Tag anruft und mir Nachrichten schreibt, mache ich mir Sorgen um seine Gesundheit.

Nach und nach hat Mark die Kontrolle über mein Leben übernommen, mich überzeugt, meinen geliebten Job aufzugeben, und aus meinem gemieteten Häuschen in eine Villa zu ziehen, die er für uns gekauft hat, während ein anderes, noch großartigeres Anwesen zu unserem endgültigen neuen Zuhause umgebaut wurde. Er hat mich systematisch abgeschottet, und ich bin ängstlich, depressiv und verschlossen geworden. Ich bin sehr durcheinander. Es ist, als hätte mir jemand die Schädeldecke geöffnet und mir einen laufenden Mixer ins Hirn gehalten. Ich habe mein ganzes Selbstvertrauen verloren und verbringe den Großteil meiner Zeit als Eremitin, die einsam und elend herumhockt und auf Marks Anrufe und Textnachrichten wartet, um zu erfahren, wann wir uns vielleicht wiedersehen.

Wenn ich in den Spiegel blicke, erkenne ich die Frau, die mir daraus entgegenstarrt, kaum wieder. Die Leute sagen mir immer, ich würde jünger wirken, als ich bin, doch mittlerweile sehe ich schrecklich aus. Ich stecke in einer Identitätskrise. Ich weiß nicht mehr, wer ich bin. Es ist, als hätte jeder Monat unserer Beziehung mich um ein Jahr altern lassen. Ich war immer auf mein Äußeres bedacht – immer elegant, immer geschminkt, alle zwei Monate beim Friseur –, doch das geht jetzt nicht mehr. Längst sieht man den grauen Haaransatz, und ich habe dunkle Ringe unter den Augen. Ich lebe von einem Tag zum nächsten, weiß nie, wo ich am Abend schlafen werde.

Es ist sechs Monate her, seit ich der Einsamkeit der georgianischen Dreimillionenvilla, die Mark uns in Bath gekauft hatte, entflohen und bei einer alten Freundin untergekommen bin. Ohne Geld und mit wachsendem Schuldenberg führe ich ein Nomadenleben und bin auf den guten Willen anderer angewiesen, die mir für kurze Zeit ein Zimmer überlassen.

Ein Teil von mir klammert sich nach wie vor an die Hoffnung, dass ich womöglich überreagiere und mein neues Leben mit Mark genau so sein wird, wie er es mir immer wieder verspricht. Achtzehn Monate werde es dauern, sein Leben zu regeln, er hatte es mir von Anfang an gesagt. Und ich hatte versprochen, auf ihn zu warten. Doch diese Zeit ist inzwischen fast abgelaufen, und ich bin mit meiner Weisheit am Ende, kann einfach nicht mehr. Mark hat mich so viele Male enttäuscht, aber immer noch versuche ich mir einzureden, dass er ein Ehrenmann ist. Hoffnung ist das Einzige, was mir geblieben ist.

Es ist zweiundzwanzig Minuten nach vier, und der erste Schimmer Tageslicht dringt durch die Vorhänge. Ich habe die ganze Nacht kein Auge zugetan.

Ich kann nicht mehr.

Im Dunkeln taste ich auf dem Nachttisch herum. Ich finde mein Handy und tippe vier Worte:

Bitte helfen Sie mir

Zwei weitere Stunden vergehen, ehe James Miller auf meine SMS reagiert und mir schreibt, wenn ich wolle, könne ich ihn anrufen. Ich kenne James eigentlich kaum. Er hatte geschäftlich mit Mark zu tun, der mir wiederum einmal gesagt hatte, ich solle – falls ich ihn, Mark, mal nicht erreichen könne – James kontaktieren, um Genaueres in Erfahrung zu bringen und mich zu beruhigen, denn James sei über alles im Bilde.

Ich rufe James an, entschuldige mich für die frühe Störung. Zur erhofften Beruhigung verhilft mir unser kurzes Telefonat allerdings nicht. »Während der letzten zwei Monate«, erzähle ich ihm, »hat Mark mir immer wieder versichert, dass Sie mich abholen und Flugtickets und Geld mitbringen werden. Dass wir uns in den nächsten Flieger setzen und ihn besuchen werden, wo immer er sich gerade befindet, da Sie einige Aufträge für ihn zu erledigen hätten. Wissen Sie irgendetwas darüber?«

»Nein, nein, tut mir leid«, erwidert James. »Davon weiß ich überhaupt nichts.«

Doch was dann kommt, verschlägt mir die Sprache.

»Carolyn, es tut mir wirklich leid, aber ich habe selbst gerade Riesenärger seinetwegen. Mein Unternehmen geht den Bach runter, mein Ruf ist ruiniert. Ich weiß nicht, wie ich das überleben soll. Ich habe einiges über ihn herausgefunden, und ich glaube, dass Sie Bescheid wissen sollten.«

Ich frage James, ob wir uns treffen können, und er ist bereit, am

Samstag von Gloucestershire nach London zu kommen, um mir weitere Fragen zu beantworten. Und ich habe eine ganze Menge davon.

Zwei Tage später bin ich wieder mal umgezogen und wohne bei einer alten Schulfreundin in Twickenham. Es ist neun Uhr morgens. James parkt sein Motorrad vor dem Haus; wir gehen die kurze Strecke zum Twickenham Green zu Fuß und tauschen dabei etwas unbeholfen Höflichkeitsfloskeln aus – beide beklommen, was uns wohl als Nächstes blüht.

Arthur's Bistro am Rande des Parks ist leer. Es ist noch früh. Wir wählen einen Tisch in einer Ecke, um möglichst ungestört zu sein, und bestellen Kaffee. James ordert auch noch Rühreier; ich habe keinen Appetit. Es ist ein sonniger Junimorgen, doch mir ist eiskalt, und ich weiß, dass ich entsetzlich aussehen muss, aber während das Café sich allmählich füllt, gewinne ich den Eindruck, dass niemand, der uns beide sieht, erraten würde, dass da irgendetwas im Argen liegt, und erst recht nicht, dass gerade meine ganze Welt zusammenbricht. Wir sind lediglich ein weiteres Kaffee trinkendes, plauderndes Paar. Es ist ein entspannter, gemütlicher Ort, an dem wir uns, ich in meiner braunen Lederjacke und Jeans, James mit Motorradjacke und Helm, auf den ersten Blick wahrscheinlich wunderbar einfügen. Aber mir ist, als trüge ich ein Schild auf der Brust, auf dem in großen Lettern *Untröstlich* oder *Selbstmordgefährdet* zu lesen ist.

Ich weiß kaum, wo beginnen, doch während die Stunden dahineilen, sind wir beide völlig in unser Gespräch vertieft. Die Enthüllungen erfolgen Schlag auf Schlag, und es fällt mir schwer, das alles zu verdauen.

Er heißt gar nicht Mark Conway.

Wie um alles in der Welt konnte mir das passieren? Wie konnte ich zulassen, dass dieser Mann mein Leben derart ruiniert, dass ich nur noch einen Wunsch habe, nämlich mich umzubringen?

Und wenn er nicht Mark Conway ist, wer zum Teufel ist er dann?

1

Ein unvergesslicher Tag

Das war ein unvergesslicher Tag für mich, denn er bewirkte große Veränderungen in mir. Doch so verhält es sich mit jedem Leben. Man stelle sich einen einzigen daraus herausgehobenen Tag vor und bedenke, wie anders er hätte verlaufen können. Verweilen Sie, die Sie dies lesen, und bedenken Sie für einen Augenblick die lange Kette aus Eisen oder Gold, aus Dornen oder Blüten, die Sie nie gefesselt hätte, wenn nicht an jenem unvergesslichen Tag das erste Glied geschmiedet worden wäre.

Charles Dickens, *Große Erwartungen*

Als ich am Morgen des 19. Januar 2012 die Vorhänge zurückzog, deutete nichts darauf hin, dass die Ereignisse der nächsten vierundzwanzig Stunden den Lauf meines Lebens dramatisch ändern würden. Der graue Himmel, der am Morgen ausdruckslos auf mich heruntergestarrt hatte, war den ganzen Tag stur bei seiner metallenen Färbung geblieben und wurde schließlich bleiern, als der Abend seinen Mantel über das Städtchen Tetbury breitete und die Nacht hereinbrach.

Kunden waren in dieser nachweihnachtlichen Flaute dünn gesät, dennoch blieb mir immer noch eine halbe Stunde, bis ich zusperren und nach Hause gehen konnte. Nina Simone sang leise im Hintergrund, während ich am Tisch saß und meinen Tagesbericht schrieb. Dann hörte ich das vertraute Geräusch der Ladenglocke, und ich blickte auf, um einen späten Kunden zu begrüßen.

17

»Hallo«, sagte ich lächelnd. »Kann ich Ihnen helfen?«

Einzelne männliche Kunden waren eher selten, und die Männer, die sich dennoch blicken ließen, kamen gewöhnlich leger in Jeans oder ausgebeulter Cordhose, oft mit ebenso ausgebeulter Tweedjacke kombiniert. Der Dresscode war hier eindeutig sportlich-rustikal. Sportlich-elegant hatte kaum eine Chance. Und elegant bekam man noch seltener zu Gesicht.

Doch dieser Mann war ohne Fehl und Tadel. Er war von mittlerer Größe und Statur, hatte dichtes dunkelbraunes Haar, braune Augen, einen sehr kurz gestutzten Bart samt Moustache sowie einen olivfarbenen Teint. Er trug ein frisch gebügeltes weißes Hemd (keine Krawatte), und Anzug und Brille sahen aus, als stammten sie vom Designer. Er wirkte, als käme er vom Kontinent, und strahlte Selbstvertrauen aus. Spannung knisterte in der Luft. Er sah mich direkt an, hielt meinem Blick stand und lächelte.

»Ich habe diese Jacke im Fenster gesehen. Und mich gefragt, ob Sie sie wohl in meiner Größe dahaben?«

»Schauen wir doch mal nach. Die Herrensachen sind hinten. Ich zeige sie Ihnen.«

Ich führte ihn in den hinteren Raum.

»Welche Größe tragen Sie denn normalerweise? Zweiundfünfzig?«

Ich ging die auf der Stange hängenden Jacken durch, jedoch ohne Erfolg.

»Tja, sieht so aus, als wäre die im Fenster die letzte. Ich hole sie Ihnen rein.«

»Nein, aber nein, machen Sie sich doch keine Umstände! Ich habe mich nur umgeschaut.«

»Sie machen mir keine Umstände. Vielleicht möchten Sie sich noch ein bisschen umsehen, während Sie warten. Wir haben ein paar wirklich schöne Modelle.«

Ich griff nach ein paar anderen Jacken, wies auf das farbige Futter und die nicht zusammenpassenden Knöpfe und Knopflöcher hin, die quasi ein Markenzeichen dieses Herstellers waren, und ließ sie ihn anprobieren, während ich die Jacke aus dem Schaufenster holen ging. Unterdessen plauderte er weiter.

»Ich fahre jetzt schon seit Wochen Tag für Tag an Ihrem Schaufenster vorbei. Die Jacke ist mir aufgefallen. Normalerweise hätte ich nicht angehalten, aber heute wollte ich mir unbedingt die Haare schneiden lassen. Nun schließt der Friseur allerdings schon um fünf. Fünf Uhr – verrückt! Wahrscheinlich besser so. Normalerweise würde ich mich nie in einen solchen Laden verirren. Aber diese Boutique hier hat Stil. Wie lange sind Sie schon hier?«

»Achtzehn Monate etwa. Herrenbekleidung führen wir aber erst seit Kurzem. Was halten Sie davon?«

Ich half ihm in die Jacke, die ich inzwischen hereingeholt hatte.

»Ist zwar nicht unbedingt meine Preisklasse, aber die Jacke gefällt mir. Allerdings passt sie nicht perfekt, oder? Was meinen Sie? Ich denke, eine Nummer größer wäre besser.«

»Ich finde, sie sieht gut aus, aber wenn Sie wollen, kann ich mal nachsehen, ob wir Ihnen die nächste Größe bestellen können.«

»Ich denke darüber nach. Vielleicht lasse ich mir etwas Ähnliches maßschneidern. Das ist die einzige Möglichkeit, wenn die Sachen richtig passen sollen. Wie heißen Sie übrigens?« Immer noch lächelnd, sah er mir direkt in die Augen.

»Ich bin Carolyn.«

»Ich heiße Mark. Schön, Sie kennenzulernen.«

Während wir zwanglos weiterplauderten, kehrten wir in den vorderen Teil des Ladens zurück, wurden allerdings jäh unterbrochen, als meine Freundin Uma mit ihrem Hund Lulu hereingestürmt kam. Uma war zerzaust und durchgepustet und trug einen langen braunen Wachsmantel und eine Schaffellmütze. Wir machten immer Witze, dass wir zwei ein tolles Duo abgäben, und bezeichneten uns unter uns gern als »Shabby Chic«. Wir waren ein gutes Beispiel dafür, dass Gegensätze sich anziehen. Ich mochte Uma und ihren Partner Antony, die beide unglaublich gastfreundlich und großzügig zu mir gewesen waren, seit Uma und ich uns angefreundet hatten – eine Freundschaft übrigens, die im Laden ihren Anfang genommen hatte.

»Hi, Carolyn. Hör mal, ich bin eben auf meinem Spaziergang an diesem Haus in Doughton vorbeigekommen, das du dir angesehen hast. Ich weiß, dass du es schon abgehakt hast, aber ich finde wirklich, du solltest es dir noch mal ansehen. Das hat echt Potenzial, da könnte man was draus machen. Ich wollte es dir nur schnell sagen.« Uma hatte früher als Maklerin gearbeitet und war immer sehr hilfsbereit.

»Danke, Uma, aber du weißt ja, ich will eigentlich kein solches Projekt.«

Uma blickte auf Mark und warf mir einen fragenden Blick zu, doch ich stellte sie einander nicht vor. Eigentlich wollte ich sie eher loswerden, damit ich das Gespräch mit meinem faszinierenden neuen Kunden fortsetzen konnte.

»Nun gut, wie auch immer, ich muss jetzt nach Hause. Komm doch, wenn du magst, nach der Arbeit auf einen Drink vorbei, dann versuche ich noch mal, dich umzustimmen.«

»Danke, Uma. Mach ich. Aber bezüglich des Hauses steht meine Entscheidung fest.«

Uma ging, und Mark und ich nahmen unseren Gesprächsfaden wieder auf. Ich erklärte ihm, dass ich erst vor Kurzem nach Tetbury gezogen sei und mir ein Häuschen kaufen wolle, doch dass sich das als schwieriger erwies als erwartet. Mit Mark redete es sich so leicht, dass ich das Gefühl hatte, ihn schon mein Leben lang zu kennen. Er erkundigte sich nach meiner Familie, und ich erzählte ihm von meinen erwachsenen Töchtern Lara und Emma. Ich griff nach einer Ausgabe von *Cotswold Life*, die aufgeschlagen auf dem Tisch lag, um ihm Fotos meiner jüngeren Tochter Emma zu zeigen, die für einen Artikel über den Laden gemodelt hatte.

»Ist sie nicht hinreißend?«

»Oh ja.«

»Und ihre Schwester ist genauso wunderschön, und ich meine nicht nur, was das Aussehen angeht. Es sind tolle Mädchen. Ich habe großes Glück mit ihnen.«

»Sind Sie verheiratet?«

Er hatte bereits erwähnt, dass er dreimal verheiratet gewesen sei.

»Nein.«

»Gibt es einen besonderen Menschen in Ihrem Leben?«

Er war sehr direkt, und ich hielt einen Moment inne, ehe ich zu einer Antwort ansetzte.

»Vielleicht ...«

Es ging ihn nichts an, doch schon als Kind fühlte ich mich zu antworten genötigt, egal was man mich auch fragte, und bin bis heute nicht mal zu einer Notlüge fähig.

»... gab es ja ein paar Bekanntschaften seit meinem Umzug hierher«, fuhr ich fort, »aber beeindruckt hat mich nur einer. Leider ließen seine Manieren etwas zu wünschen übrig. Nein, ich bin ganz gern Single.«

Ich sah ihn dabei an, und er hielt meinem Blick stand, während ein ironisches Lächeln seine Lippen umspielte.

»Verstehe.«

»Wie auch immer, Sie müssen mich jetzt entschuldigen, ich muss schließen.«

Obwohl ich von Haus aus sehr offen bin, hatte ich das Gefühl, womöglich zu viel preisgegeben zu haben, doch er lud einen förmlich dazu ein, löste einem buchstäblich die Zunge.

»Arbeiten Sie jeden Tag hier?«

»Nein. Meistens nur vier Tage die Woche, aber niemals die gleichen vier.«

Ich mochte keine Routine und genoss meine unregelmäßigen Arbeitszeiten. Irgendwie, fand ich, verschafften sie mir mehr Freiheit und erschwerten es den Leuten, mich festzunageln.

»Wie werde ich also wissen, an welchen Tagen Sie arbeiten?«

»Gar nicht.«

»Und wie kann ich Sie finden?«

Ich sah ihn direkt an.

»Keine Ahnung.«

Die Spannung war buchstäblich mit Händen zu greifen.

»Geben Sie mir Ihre Nummer?«

Er hielt sein Handy hoch, hatte die Daumen gezückt.

Und ich gab sie ihm. Einfach so. Er tippte sie ein, und er schaute mir in die Augen.

»Und warum haben Sie mir jetzt Ihre Nummer gegeben?«

»Ich weiß es wirklich nicht. Normalerweise tue ich das nicht.«

Ich war leicht verwirrt. Warum hatte ich ihm eigentlich meine Nummer gegeben? Das passte doch gar nicht zu mir.

Plötzlich hörte ich im Schrank hinter mir mein Telefon klingeln.

»Nur um mich zu vergewissern«, meinte er lächelnd. »Gut.«

Dann streckte er die Hand aus, ergriff meine und beugte sich darüber, um sie zu küssen. Ich entschuldigte mich, weil sie so kalt war.

»Kalte Hände, warmes Herz«, meinte er ein wenig unverschämt und hielt erneut meinem Blick stand. Dann machte er auf dem Absatz kehrt und trat immer noch lächelnd aus dem Laden ins Freie. Von dort warf er einen Blick durch die Glasscheibe der Tür zu mir zurück und ging schließlich davon, bis ihn die Dunkelheit verschluckte.

Der Ping-Ton meines Handys kündigte eine weitere Nachricht an.

17:25 Uhr
Habe ich Sie beeindruckt?

Ich musste nicht nachdenken, sondern erwiderte wie aus der Pistole geschossen:

Ein klitzekleines bisschen vielleicht ...

Ich sperrte den Laden zu und kaufte eine Flasche Wein und Zigaretten. Normalerweise rauchte ich nicht, aber offenbar hatte ich einen Hauch von Tabak an Mark wahrgenommen, und schon war ich seinem Zauber verfallen und ahmte ihn nach. Ich machte mich auf den Weg zu Uma. Freute mich auf ein Glas Wein und eine Zigarette. Ich wollte das Geschehene reflektieren. Ein Mann war in den Laden spaziert: die normalste Sache der Welt, die sich aber ganz und gar außergewöhnlich und bedeutungsvoll anfühlte. Diese Begegnung war anders als alles, was ich je erlebt hatte.

»Also wer war denn nun dieser Kerl bei dir im Laden?«

Uma schenkte uns drei große Gläser gekühlten Weißweins ein. Sie und Antony gönnten sich allabendlich einen Drink oder auch zwei.

»Ich weiß nicht. Er heißt Mark. Macht irgendwas oben am Flughafen. Er kam rein, um sich eine Jacke anzusehen, und wir kamen ins Gespräch.«

»Ja verdammt! Ich hab einfach nicht kapiert, was da los war. Ich hab mich gewundert, dass du mich nicht vorstellst. Ich dachte, er ist ein Freund von dir – ich meine, ich hatte das Gefühl, dass ihr euch ziemlich gut kennt. Ich hatte absolut den Eindruck, als würde ich da in was reinplatzen.«

»Na ja, bist du ja auch! Schaut euch das an.«

Ich zeigte ihnen die Nachricht auf meinem Handy.

»Gute Antwort«, meinte Antony mit schiefem Grinsen.

Während er noch redete, traf eine weitere Nachricht ein, und ich spürte, wie sich beim Lesen mein Puls beschleunigte. Mark fragte mich, ob er ehrlich zu mir sein solle:

17:55 Uhr
Eigentlich habe ich gar nichts gesucht, nur gefunden.

Gott! Zurückhaltung war offensichtlich nicht sein Ding.

»Seht euch das mal an.«

Ich zeigte die Nachricht Antony und Uma, die wissende Blicke tauschten. »Sieht aus, als hättest du da einen Treffer gelandet«, bemerkte Uma, während sie mit mir anstieß. »Cheers, Schätzchen!«

Ich war aufgeregt, aber auch misstrauisch. Fühlte mich überrumpelt. Ich wollte nicht gleich reagieren. Ich musste mich erst wieder fangen. Doch er blieb hartnäckig.

19:24 Uhr
Haben Sie meine Nachricht bekommen?

Diesmal konnte ich nicht an mich halten.

Ja. Was genau meinen Sie denn gefunden zu haben?

Ich bin jetzt ganz ehrlich.

Und dann erklärte er mir, dass er für die nächsten achtzehn Monate keine Möglichkeit sehe, sich auf eine Vollzeitbeziehung einzulassen, doch dass er mich sehr möge, sprich, mich »sehr, sehr attraktiv« finde, und dass »nichts ohne einen Grund geschieht«.

19:45 Uhr
Danke für das Kompliment. Auch ich glaube, dass Dinge nicht grundlos geschehen, aber wie wär's mit einem Drink, bevor wir uns über Heirat Nummer vier unterhalten? Sind Sie da nicht ein bisschen voreilig?

Lol! Wo sind Sie?

Ich beließ es dabei. Sollte er doch eine Weile schmoren.

20:20 Uhr
Sie sind perfekt für mich.

Verdammt! So hatte mich noch keiner angemacht. Es gefiel mir – ich fühlte mich zu ihm hingezogen, war geschmeichelt, reagierte jedoch nicht. Uma und Antony tauschten einen weiteren Blick unter hochgezogenen Brauen. Plötzlich klingelte mein Telefon: Er war dran. Ich entschuldigte mich und verließ das Zimmer, um den Anruf entgegenzunehmen.

»Ich bin's, Mark. Ich habe Nachrichten geschickt. Warum reagieren Sie nicht?«

»Ich bin beschäftigt. Bin bei Freunden.«

»Tja, ich bin es nicht gewohnt, dass man mich warten lässt. Hören Sie, ich mag Sie wirklich, möchte Sie wiedersehen – bald. Haben Sie morgen Abend Zeit? Wir könnten uns auf diesen Drink treffen. Ich könnte vorbeikommen und Sie abholen.«

»Ich kann jetzt nicht reden, aber ich würde Sie auch gern wiedersehen. Rufen Sie mich morgen an, vielleicht können wir ja was ausmachen.«

»Toll. Ich kann es kaum erwarten.«

»Dann reden wir morgen weiter. Bye.«

Ich legte auf. Jeder Nerv in meinem Körper war in Alarmbereitschaft.

»Und, was hat er gesagt?«, fragte Uma, als ich in die Küche zurückkehrte.

»Er will mich wiedersehen. Wahrscheinlich treffen wir uns morgen Abend, um etwas trinken zu gehen. Er ruft mich morgen an.«

»Na, das kommt ja alles sehr plötzlich. Pass auf. Du weißt nichts über ihn.«

»Klar pass ich auf. Wir treffen uns nur auf einen Drink.«

Doch es dauerte nicht lange, ehe ein Ping eine weitere Nachricht ankündigte und mir etwas flau wurde. »Vielleicht treffen wir uns ja doch nicht«, meinte ich.

Ich reichte Uma mein Handy.

22:16 Uhr
Was hast du gerade an?

»Also, jetzt hat er's aber überzogen, oder? Scheißmänner – alle nur schwanzgesteuert!«

Mir gefiel die Frage auch nicht, und ein zweifelnder Schauder überlief mich. Es war, als hätte eine Spinnwebe mein Herz gestreift. Ich tat es zwar ab, hatte jedoch das Gefühl, dass ich mich vorsehen sollte. Ich reagierte nicht, doch fast eine Stunde später, als ich schon wieder zu Hause war, traf eine weitere Botschaft ein.

23:09 Uhr
Ich nehme an ... du hast meine Nachricht nicht gelesen?

Das reichte jetzt für einen Abend. Sollte er doch warten! Die Frage nach dem, was ich anhatte, stieß mir wirklich unangenehm auf und pochte weiter in meinem Hinterkopf. Trotzdem musste ich an ihn denken. Wohlmeinende Freunde hatten schon des Öfteren versucht, mich zu verkuppeln, und ein paar Männer hatten mich auch schon von sich aus angeflirtet. Nun ließ ich wie bei einer polizeilichen Gegenüberstellung die Zurückgewiesenen vor meinem geistigen Auge Revue passieren. Und dann dachte ich wieder an Mark. Er war so völlig anders. Es war ein echter *coup de foudre* gewesen, wie Liebe auf den ersten Blick, als ich aufgeschaut hatte, um ihn zu begrüßen.

Ich tat kaum ein Auge zu in dieser Nacht, und am nächsten Morgen bei der Arbeit konnte ich mir die Reaktion auf seine Nachricht vom Vorabend nicht länger verkneifen.

10:14 Uhr
Hallo. Deine Nachricht ist letztendlich doch noch bei mir angekommen, aber die Frage hat mir nicht gefallen.

Mal sehen, wie er darauf reagiert, dachte ich.

10:55 Uhr
Ich habe das gefragt, weil ich deinen Stil mag.

Und er schrieb weiter, er habe sich einfach gefragt, ob ich mich zum Abendessen umgezogen hätte, und dass er es kaum erwarten könne, mich zu sehen. Ich glaubte es ihm keine Sekunde lang, doch seine Erklärung gefiel mir trotzdem. Hier war jemand, der, genau wie ich, einen formelleren Stil bevorzugte und für den das Umziehen vor dem Abendessen etwas bedeutete. Es berührte etwas in mir.

Bring eine Visitenkarte mit. Ich komme in meinem Wagen – ich fände es furchtbar, dir ausgeliefert zu sein, obwohl ich gute Manieren schätze. Daher danke für dein Angebot, mich abzuholen. Schick mir eine Info, wie z. B. deinen vollen Namen, damit ich dich googeln kann. Man kann nicht vorsichtig genug sein, und gestern hast du mich ja ganz schön in Verlegenheit gebracht. Wo und wann heute Abend? Was Nettes hier im Ort wäre schön.

Ich kenne weder deinen vollen Namen, noch stört es mich.

Er meinte, er werde ihn schon noch rechtzeitig erfahren, er möge mich einfach, was er »schön« fand, und forderte mich auf, ein Lokal für unseren Drink auszusuchen, während er gleichzeitig selbst das *Hare and Hounds* in Westonbirt vorschlug.

Was das Übrige angeht, finde ich deinen Mangel an Vertrauen schon beleidigend.

Gemildert wurde seine Unverblümtheit durch die Versicherung, dass – auch wenn ich in der Vergangenheit vielleicht verletzt worden sei – dies nicht heißen müsse, dass auch er mich verletzen würde. Er fügte hinzu, dass er ein LinkedIn-Konto besitze, ebenso wie eines bei

Twitter, doch dass er Social Media hasse und daher nicht bei Facebook oder ähnlichen Netzwerken sei.

Das kam mir zupass. Er war wie ich. Er legte Wert auf seine Privatsphäre und hielt nichts davon, sein Leben für den Rest der Welt auf Social Media auszustellen.

12:33 Uhr
Hmm. Tut mir leid, dass du das als Beleidigung empfindest. Das war nicht meine Absicht. Und das ist mit ein Grund, warum ich in solchen Situationen meist nicht viel Zeit mit Simsen oder E-Mails verbringe. Es ist schwierig, den Ton des Gesagten einzuschätzen, und leicht, einander misszuverstehen – wie es mir ja auch bei deiner Frage zu meinem Outfit erging. Lass uns einfach alles vergessen und heute Abend reden. Das Hare & Hounds geht in Ordnung. Wann?

PS: Auch ich habe weder Zeit für Facebook, Twitter noch Internet-Dating beziehungsweise Unmengen anderer beliebter Freizeitaktivitäten. Ich halte mich lieber an die Wirklichkeit.

7?

Bis dann.

Den ganzen Tag war ich aufgeregt, und später am Nachmittag schrieb ich eine SMS an meine beste Freundin Anne, um ihr zu sagen, dass ich ein Date hatte. Sie reagierte sofort.

16:31 Uhr
Mit wem? Ist es der, von dem du mir erzählt hast?

Nein, es ist jemand anders. Sehr selbstbewusst und geradlinig, könnte aber auch ein totaler Schwätzer sein. Wir werden sehen. Er war dreimal verheiratet, vielleicht ein bisschen ein Spieler. Ich weiß es nicht. Er kam gestern Abend in den Laden, und am Ende hab ich ihm meine Telefonnummer gegeben, weiß der Himmel, warum. Ich bin völlig aus der Übung bei diesen Dingen. Wünsch mir Glück.

Als sich an diesem Nachmittag mein Arbeitstag dem Ende zuneigte, dankte ich Gott, dass ich keine Last-Minute-Kunden hatte. Heute wollte ich pünktlich Schluss machen und rechtzeitig zu Hause sein, um eine gemütliche Stunde lang zu entspannen und mich ausgehfertig zu machen. Sobald ich zu Hause war, nahm ich ein Bad, frischte mein Make-up auf und schlüpfte in ein schlichtes kurzes Etuikleid aus schwarzem Tweed mit dünnem eingewebtem Glitzerfaden und goldenen Fransen auf den Taschen. Ich liebte dieses Kleid. Es sah aus, als wäre es von Chanel, und ich fühlte mich gut darin. Ich hatte es aus dem Laden und bekam fortwährend Komplimente dafür. Ich hätte es zehnmal verkaufen können. Dazu trug ich blickdichte schwarze Strümpfe, schlichte schwarze Wildlederpumps sowie ein kurzes schwarzes Jäckchen. Meine schwarze Lieblingstasche und ein Mantel aus Kunstpelz vervollständigten das Outfit. Langsam wurde es Zeit. Gerade als ich mich zum Gehen wandte, ging eine weitere Nachricht auf meinem Handy ein.

18:43 Uhr
Bin schon da! Zum ersten Mal im Leben zu früh. xx

Er fügte hinzu, dass noch wenig los sei und ich ihn in der Bibliothek rechts vom Haupteingang finden würde.

Er war recht eifrig. Und ich registrierte die Küsse.

Zwanzig Minuten später traf ich beim Hotel ein, parkte auf dem nicht weit davon entfernten Parkplatz und schritt zügig in Richtung

Hotel. Ich konnte Mark bereits im gelben Schein der Flutlichter erkennen, da er rauchend vor dem Haupteingang stand. Ich merkte zwar, dass er mich beobachtete, fühlte mich jedoch entspannt und selbstsicher, während ich lächelnd auf ihn zuging.

»Hallo.«

»Hi.« Auch er lächelte. »Du siehst toll aus. Komm rein.«

Er drückte seine Zigarette aus und hielt mir die Tür auf.

»Hier durch. Was kann ich dir zu trinken bestellen?«

Ich warf einen Blick in die Bibliothek, wo ich auf einem Tisch neben dem Kamin, in dem ein Holzfeuer loderte, ein Glas stehen sah. Die Atmosphäre war warm, einladend und absolut romantisch.

»Trinkst du Champagner?«

»Ja.«

»Ich nehme das Gleiche.«

Mark verschwand in Richtung Bar, und ich durchquerte die Bibliothek und nahm in einem großen Sessel beim Feuer Platz, direkt vis-à-vis von jenem, in dem er offensichtlich vorher gesessen hatte. Wir hatten den Raum für uns. Er kehrte mit meinem Champagner zurück, und wieder waren wir im Handumdrehen in ein lockeres Gespräch vertieft. Ich fragte ihn nach seinem Tag, und er erzählte mir, dass er am Abend aus Genf eingeflogen sei, nur um mich zu sehen. Ich fühlte mich geschmeichelt, war beeindruckt. Er erzählte mir, er sei ein Schweizer Bankier und Steuerflüchtling, doch dass er im Vereinigten Königreich auch zeitweise an eigenen Projekten arbeite. Unser Gespräch war lebhaft, und wir unterhielten uns über eine Stunde lang. Er war ein so angenehmer Gesprächspartner, ich fand ihn absolut faszinierend. Es kam mir so vor, als arbeitete er mindestens zwanzig Stunden am Tag. Er steuerte sein eigenes Flugzeug, sprach sieben Sprachen und besaß ein fotografisches Gedächtnis. Und irgendwie wurde er, je mehr er von sich preisgab, nur umso geheimnisvoller.

Dann trat eine kurze Gesprächpause ein. Aufmerksam beobachtete er mich.

»Rauchst du?«

»Hin und wieder.«

»Ich wusste es! Wie gesagt, du bist perfekt für mich. Sollen wir?«

Er neigte den Kopf Richtung Tür. Ich zog den Mantel an, und wir gingen auf eine Zigarette nach draußen. Marlboro. Spanische. Mark entzündete zwei und bot mir eine an. Als ich die Zigarette entgegennahm, stellte ich meine Tasche auf den Boden, doch er griff sofort danach und hängte sie über die Türklinke.

»Du darfst nie deine Tasche so abstellen«, schalt er mich. »Das bringt Unglück. Wenn du das tust, verlierst du dein ganzes Geld.«

»Zum Glück bin ich nicht abergläubisch«, lachte ich, während ich an meiner Zigarette zog und die Wirkung des Nikotins spürte. Ich fühlte mich ein wenig benommen, doch ich genoss es, mit ihm zu rauchen. Es fühlte sich gesellig und fast verschwörerisch, ja, sogar ein bisschen verrucht an. Ich war immer so ein »braves Mädchen« gewesen.

Ich war froh, dass ich meinen dicken, warmen Mantel mitgebracht hatte, da es im Freien sehr kalt war und ich merkte, dass ich mich allmählich verspannte.

»Gott, ist das kalt hier draußen!«

»Stimmt! Deswegen lebe ich nicht in diesem Land. Das Klima ist katastrophal. Ich habe Häuser auf der ganzen Welt, aber für mich ist das Mittelmeer der beste Ort zum Leben. Das hier ist schrecklich. Ich verstehe einfach nicht, wie man es hier aushalten kann.«

Er hielt mir die Tür auf, und wir gingen wieder hinein. Mark begann zu erzählen … von seiner Familie, seiner Kindheit, seiner Ausbildung, seinen Ehen, seinem Geld – allem. Es war, tja, ziemlich unglaublich. Er erzählte mir, dass er seine Mutter hasse, die Spanierin sei und die Gesellschaft ihrer Hunde der ihrer Kinder vorzog.

»Jedes Mal, wenn sie ein Kind auf die Welt gebracht hatte, schaffte sie sich noch einen Pudel an und überschüttete das Tier mit all ihrer Aufmerksamkeit. Ich kann sie nicht ausstehen«, meinte er und schüttelte den Kopf.

Obwohl er in eine überaus wohlhabende Familie (und ein Haus mit über hundert Zimmern!) hineingeboren worden war, hatte er nie Taschengeld bekommen und immer für alles gearbeitet. Teilweise hatte er sogar, quasi um seinen Vater zu brüskieren, seine Ausbildung selbst bezahlt. Er war in Eton gewesen und anschließend in Oxford.

»Welches College?«, erkundigte ich mich gespannt. Mein Vater und eine meiner Töchter hatten in Oxford studiert. Wäre es nicht lustig, wenn sie dieselben Colleges besucht hätten?

»New College«, erwiderte er. »Aber ich habe keinen Abschluss gemacht. Ich fand den Studiengang öde, also bin ich gegangen und an die London School of Economics gewechselt. Ich war ihr bester Student.«

»Verstehe«, meinte ich und sah keinen Grund, ihm nicht zu glauben. Sein Lebenslauf klang beeindruckend, und obwohl ich, während ich dies schreibe, nachvollziehen kann, dass er auf einer Buchseite als unausstehlicher Angeber rüberkommen könnte, empfand ich ihn in natura, während wir in einem wunderschönen Hotel am Kamin saßen, überhaupt nicht so. Im Gegenteil, ich genoss sein Vertrauen, fand ihn erfrischend offenherzig, und die Art, wie er mir von sich erzählte und wie er mich dabei ansah, war absolut einnehmend.

Und er gab noch mehr von seiner Familie preis. Seinen Bruder beziehungsweise seine Schwestern, von denen eine, wie er erwähnte, Hirnchirurgin sei, sah er fast nie, und der einzige Verwandte, zu dem er überhaupt Kontakt hatte, war ein Onkel. Ebenso merkwürdig schienen seine Beziehungen zu Frauen zu sein. Er erzählte mir, dass er sehr jung geheiratet habe und dass seine erste Frau ein wunderschönes finnisches Model gewesen sei.

»Wunderschön, aber auch dämlich«, meinte er und behauptete, ihr Mangel an Intelligenz habe ihn wahnsinnig gemacht.

Seine zweite Ehe – eine Vernunftehe, die zum wechselseitigen Nutzen beider Familien geschlossen worden sei – verband ihn mit einer Frau, die zwar intelligent, allerdings keine Schönheit war. Sie stammte aus einem guten »Stall«, verfügte über beste Beziehungen, doch sie war Mitglied des Opus Dei. Die Ehe sei eine Katastrophe gewesen, da sie nie vollzogen wurde, und letztendlich hatte seine Frau wegen seiner angeblichen Pornosucht die Scheidung eingereicht.

»Nun, was blieb mir denn anderes übrig? Und sowieso: Ist doch viel besser, sich Pornos reinzuziehen, als mit anderen Frauen rumzuvögeln«, erklärte er. »Für so etwas habe ich keine Zeit.«

Doch er habe entdeckt, erzählte er, dass der Richter in seinem Scheidungsfall eine Affäre laufen hatte, sodass er ihn bald in seine Schranken verwiesen hatte.

»Wissen ist Macht«, erklärte er mir mit einem verschmitzten Lächeln und blickte mir tief in die Augen.

In jüngerer Zeit war er mit einer weiteren Frau verheiratet gewesen, die einen Sohn hatte, Pedro, der mittlerweile vierzehn Jahre alt war. Die Beziehung war von einigen Jahren in die Brüche gegangen, doch sie waren Freunde geblieben, und er hatte sich erboten, den Jungen zu erziehen, da der seinem eigenen Vater – obwohl der stinkreich war – scheißegal sei.

»Armer Kerl. Ich konnte ihn doch nicht einfach hängen lassen, nur weil seine Mutter und ich nicht mehr zusammen sein wollen. Es wäre einfach nicht richtig.«

»Hast du auch eigene Kinder?«, fragte ich ihn.

»Nein. Obwohl ich das mal geglaubt habe. Ich dachte, ich hätte zwei von meiner ersten Frau, doch als eins von ihnen krank wurde, ergab ein DNA-Test, dass es gar nicht meine waren. Seitdem habe ich keinen Kontakt mehr zu ihnen.«

Was für ein merkwürdiges Leben er geführt hatte! Ich bewunderte ihn zwar, weil er seinen eigenen Weg gegangen war und sich nicht aufs Familienvermögen verlassen hatte, um im Leben voranzukommen, aber ich beneidete ihn nicht um diese Herkunft und dachte, wie glücklich ich mich doch schätzen konnte, eine so intakte Familie zu haben – eine Familie, die mir alles bedeutete.

Dann schilderte mir Mark seinen Lebensstil: Luxusimmobilien auf der ganzen Welt, Tische in den besten Restaurants, die man ihm jederzeit frei machte, alles, was gut und teuer war. Nur das Beste war genug, und er hatte das Geld, um dafür zu bezahlen. Er warf nun mit Namen um sich, prahlte, und obwohl er das wohl schon den ganzen Abend getan hatte, überspannte er nun den Bogen. Ich weiß noch, wie ich ihm jäh den Wind aus den Segeln nahm.

»Ich interessiere mich nicht für dein Geld«, unterbrach ich ihn.

»Nein, ich weiß.«

»Aber du hattest ein außergewöhnliches Leben.«

»Da hast du recht. Ein absolut außergewöhnliches. Mein Leben ist wie ein Film; man könnte es nicht erfinden … Aber es gibt etwas, das ich dir sagen muss«, meinte er in vertraulichem Ton, während er sich über die Tischplatte zu mir herüberlehnte. »Ich bin nicht normal.«

Das war nicht abzustreiten – aber ich stand auf »nicht normal«. Tatsächlich hatte mein einstmaliges Studienmotto gelautet: »Mach es anders.« Ich hatte es immer gemocht und fand, dass es zu mir passte. Anders zu sein und zu handeln hatte etwas Erfrischendes. Es bedeutete, dass man seinen eigenen Kopf hatte und nicht der Menge hinterherlief. Mark hatte Stil und Charisma. Ich fand ihn körperlich äußerst attraktiv, und offensichtlich war er auch hochintelligent. Intellekt hatte mich schon immer angezogen. Außerdem schien er über grenzenlose Energie zu verfügen, was ich aufregend fand. Er war so anders als all die Männer, die – seit ich wieder ungebunden und frei wie ein Vogel war – Interesse angemeldet hatten und von denen einer ein ganzes Mittagessen über von all seinen Wehwehchen geklagt hatte, darunter einem kränklichen Herzen – nicht gerade die Art von Info, die meinen Puls beschleunigte. Mark war da schon ein ganz anderes Kaliber.

Ich befand mich in jenem Stadium meines Lebens, in dem ich meine Unabhängigkeit genoss, mich zuweilen jedoch auch recht isoliert fühlen konnte. Alleinstehende Frauen werden von der Gesellschaft nicht ohne Weiteres akzeptiert. Ich hatte große Veränderungen in meinem Leben vorgenommen, und alles lief besser, als ich es mir je vorgestellt hätte. Bald würde ich wieder ein eigenes Häuschen besitzen und genug Geld übrig haben, um mir eine sichere finanzielle Zukunft zu ermöglichen. Das Einzige, was mir noch fehlte, war ein Partner – ein Liebhaber. Heiraten wollte ich nicht mehr, auch nicht mit jemandem zusammenleben, allerdings glaubte ich schon, dass mein Leben reicher und lustiger sein würde, wenn ein Mann darin vorkäme. Ich mochte, was Mark darstellte. Sogar seine Arroganz hatte eine gewisse Anziehungskraft. Er war so selbstsicher. Nach einer weiteren konventionellen Beziehung stand mir gewiss nicht der Sinn, und er schien mir etwas völlig anderes zu bieten – etwas, das in meinem Leben fehlte: Aufregung.

Plötzlich änderte sich der Charakter des Gesprächs. Mark hatte mich den ganzen Abend intensiv angesehen.

»Ich kann Menschen schon nach der ersten Begegnung, schon nach wenigen Minuten zusammenfassen, weißt du. Ich kann Menschen lesen wie Bücher. Oft kenne ich sie besser als sie sich selbst. Die Menschen sind so durchschaubar. Du allerdings gefällst mir. Ich finde dich sehr attraktiv, und du bist intelligent. Außerdem bist du ein guter Mensch. Und du hast Klasse. Ich mag das. Du bist eine echte Dame, aber ich denke, es gibt da noch eine andere Seite an dir. Du hast eine sehr starke Libido. Stimmt's?«

Jetzt benahm er sich eindeutig daneben, doch ich hatte nichts dagegen. Ja, ich mochte, wie er aufs Ganze ging, und fand ihn sehr unterhaltsam. Ich lachte und schüttelte den Kopf.

»Und du bist sehr direkt.«

»Na, du streitest es jedenfalls nicht ab. Wie gesagt, ich kann Leute lesen. Wie alt bist du übrigens?«

»Vierundfünfzig.«

Man hatte mir immer gesagt, dass ich auch für zehn Jahre jünger durchginge, aber ich hatte in Bezug auf mein Alter nie geschwindelt.

»Und du?«

»Rate mal.«

»Hmmm …« Was Altersschätzungen anging, war ich hoffnungslos. Ich war mir sicher, dass er jünger war, aber wie viele Jahre?

»Siebenundvierzig?«

»Sechsundvierzig.«

»Hmmm.« Ich schaute ihn direkt an. »Weißt du, ich hab mich irgendwie nie mit einem jüngeren Mann sehen können.«

»Aber warum denn nicht?« Er schenkte mir ein schelmisches Lächeln.

»Ich dachte immer, dass ich mich dann alt fühlen würde.«

»Unsinn, du wirst dich jung fühlen. Ich liebe ältere Frauen. Alle Frauen, zu denen ich eine Beziehung hatte, waren älter als ich. Junge Frauen sind einfach langweilig. Sie können sich nicht unterhalten, haben kein echtes Selbstbewusstsein – keine Lebenserfahrung.«

Kaum hatte er zu Ende gesprochen, streckte er mir die Zunge heraus.

»Ich tue das, wenn ich nervös bin«, erklärte er und zupfte gleichzeitig an seiner rechten Augenbraue. Und dann tat er es wieder.

Es wurde Zeit zum Aufbruch. Der Abend war wie im Flug vergangen. Mark musste zurück zum Airport, um wieder in die Schweiz zu fliegen, obwohl er mir erzählt hatte, dass er ein Haus in Bath besitze und am folgenden Tag zurück sein werde. Ein Mann wie er war mir noch nie begegnet, und mir schwirrte nur noch der Kopf.

»Ich bringe dich zu deinem Wagen.«

»Warte erst mal, bis du siehst, was ich fahre!«

Nach all seinem Gerede über Villen, Privatflugzeuge und schnelle Autos fragte ich mich, was er von meinem halten würde.

»Das weiß ich bereits. Ich habe dich darin fahren sehen.«

Wir blieben vor meinem Wagen stehen, einem zehn Jahre alten Ford KA, und plötzlich (und bis zum heutigen Tag weiß ich nicht, wie er es fertigbrachte) hatte er mir die eine Hand von unten, die andere von oben unters Kleid geschoben.

»Lass das!«

»Aber ich bin so scharf auf dich. Und du willst mich doch auch.«

»Nicht jetzt.«

»Doch. Und du weißt es.«

»Hör auf!«

Ich meinte es ernst, obwohl ich lachte. Später erzählte mir jemand, das klinge für ihn nach einer Nötigung, doch es fühlte sich nicht so an, und Mark hörte auch fast sofort wieder damit auf. Ich befreite mich und stieg in den Wagen; er setzte sich in den Türeinstieg.

»Nicht dahin, da ist es dreckig, du ruinierst dir deinen Anzug.«

»Macht nichts. Ich muss dich wiedersehen. Ich muss, und zwar bald.«

»Das will ich auch.«

Er war mir sehr nahe und blickte mir unverwandt in die Augen.

»Du weißt, was ich in Wirklichkeit tue, nicht wahr?«, fragte er.

»Ich glaube«, flüsterte ich zurück, »du bist Geheimagent.«

»Ich ruf dich an.«

Er erhob sich, schloss die Autotür und sah zu, wie ich den Wagen startete und wegfuhr. Als ich nach Hause kam, schrieb ich an Uma.

Oh mein Gott!!! Ich mag ihn wirklich. Das ist der Beginn eines großen Abenteuers.

2

Ein Mann in Eile

*Es ist zwecklos, von den Menschen zu fordern, sie sollten sich mit
einem beschaulichen Dasein zufriedengeben. Sie brauchen Tätigkeit
und Veränderung, und wer sie nicht hat, verschafft sie sich.*

Charlotte Brontë, *Jane Eyre*

Am nächsten Morgen war ich schon früh auf den Beinen. Zwar hatte
ich kaum ein Auge zugetan, doch als ich aufstand, fühlte ich mich
nicht müde. Im Gegenteil – ich fühlte mich quicklebendig. Auf meinem Handy fand ich Nachrichten von Anne und von der Inhaberin
des Ladens, Kerry. Ich konnte es kaum erwarten, ihnen zu erzählen,
wie es gelaufen war.

All meine Sinne waren geschärft, doch ich konnte mich auf
nichts konzentrieren. Ich arbeitete nicht an diesem Tag, sodass ich
mich zwecks Ablenkung auf den Hausputz stürzte. Ich verlegte mich
oft aufs Putzen, wenn ich das Gefühl hatte, dass mir alles entglitt.
Ich platzte vor Energie und fegte wie ein Wirbelwind durch mein
Häuschen, überzog das Bett neu, suchte die Wäsche zusammen,
schrubbte, saugte, staubte ab und polierte, schüttelte Kissen auf und
vergewisserte mich, dass alles an seinem Platz war. Als alles blitzte
und glänzte, machte ich mir eine Tasse Kaffee und versuchte, ein
Buch zu lesen, doch ich konnte mich einfach nicht konzentrieren
und merkte, dass ich immer wieder denselben Absatz las und trotzdem nichts verstand. Es war hoffnungslos. Am Ende gab ich es auf
und griff nach dem Handy. Ich wusste, dass ich mich zurückhalten

sollte, doch ich wusste auch, dass hier etwas Außergewöhnliches geschah.

Hast du gut geschlafen? Ich hab kaum ein Auge zugetan, aber ich musste immer wieder laut lachen, wenn ich an einige der Dinge dachte, die du gesagt hast. Du bist so direkt und so witzig. Gefällt mir wirklich, und überhaupt mag ich dich sehr. A bientôt. Hasta la vista. Mi piace quando parli italiano.

Ich drückte auf »Senden« und wartete auf eine Antwort. Es schien eine Ewigkeit zu dauern, bis sie dann endlich kam.

Ti amo.

Ich würde so gern mit dir schlafen.

Bin um 5 Uhr eingeschlafen und gerade erst aufgestanden!

Ich bin so durch den Wind, dass ich praktisch zu nichts in der Lage bin. Wann sehen wir uns wieder?

Ich auch. Melde mich gegen 5.

Ich hielt es kaum aus. Wie sollte ich all die Stunden überbrücken, bis er sich wieder meldete? Sie erschienen mir wie Jahre. Ich musste etwas unternehmen, um mich abzulenken, also rief ich Uma an und schlug ihr einen Spaziergang vor. Frische Luft und Bewegung würden mir guttun, und ich brauchte Gesellschaft. Wir liefen etwa zwei Stunden, doch obwohl ich sonst bei Spaziergängen mein Handy abschalte oder sogar zu Hause lasse, lauschte ich nun mit einem Ohr fortwährend auf ein Klingeln. Es wurde fünf, wurde später, dann halb sechs, schließlich sechs. Vielleicht würde er mich ja doch nicht mehr anrufen, obwohl ich mir eigentlich sicher war. Etwa zwanzig vor sieben kam eine Nachricht:

Ich kann mir eine Stunde freinehmen! Wo willst du mich sehen?

Wie? Wo war er denn?

Ich bin völlig platt! Falls du in Bath bist und ich hier, wird eine Stunde kaum ausreichen, um her- und wieder zurückzukommen.

Ja, aber ich bin schon ganz in der Nähe der Autobahn.

Ich kann keine Liebe machen, wenn es so schnell gehen muss – na ja, ich kann, aber ich will es nicht. Verstehst du das?

Ja, aber du kannst mich küssen. Hast du Lust, mich zu küssen?

Ja

Wohin soll ich fahren?

Ich konnte ihm nicht widerstehen. Ich gab ihm meine Adresse.

Ok 20 Min.

Ich war völlig durcheinander. Ich hatte den Nachmittag im Freien verbracht, hatte eine alte Jeans, ja, lauter alte Sachen an. Meine Haare waren ungewaschen, genauso wie der Rest von mir. Zwar wäre ich ihm gerne weniger gammelig unter die Augen getreten, aber ich hatte nicht mit ihm gerechnet, und jetzt war keine Zeit mehr, um noch viel auszurichten. Ich wollte gut für ihn aussehen, ja, doch andererseits würde die Tatsache, dass ich ungewaschen war und meine unansehnlichste, aber auch bequemste Sportunterwäsche trug, dafür sorgen, dass ich meine Klamotten anbehielt. Er hatte recht gehabt am Abend zuvor. Ich war tatsächlich scharf auf ihn.

Es dauerte nicht lange, und ich hörte das Knirschen des Wagens auf dem Kies und ging ihm entgegen zur Tür. Es tat so gut, ihn wiederzusehen. Er kam herein und begann sofort, mich zu küssen. Wir bewegten uns Richtung Sofa. Ich fühlte mich zutiefst von ihm angezogen, und jeder Nerv in meinem Körper war aufs Äußerste gespannt.

»Magst du das?«, murmelte er.

»Mmm. Ja«, flüsterte ich zurück.

Plötzlich sprang er auf und hatte sich im Nu sämtlicher Kleidungsstücke entledigt. Mir fiel auf, dass er keine Unterwäsche trug. Splitternackt, voll erregt, Muskeln wie Stahl, stand er vor mir und zeigte mir, was er hatte. Zwar gefiel mir, was ich sah, aber dass das hier weiterging, kam für mich nicht infrage.

»Was tust du denn da? Hör auf! Zieh dich wieder an. Sofort!«, protestierte ich, doch er nahm gar keine Notiz davon, setzte sich neben mich und begann mich erneut zu küssen.

»Baby, du willst mich doch genauso sehr wie ich dich. Na komm schon.«

»Ich werde jetzt nicht mit dir schlafen. Vergiss es!«

Ich lachte. Er war so komisch, und ich muss gestehen, dass ich seine hemmungslose Anmache genoss.

»Baby, ich muss mit dir schlafen. Warum Zeit verschwenden? Wir wollen es doch beide. Wie viele Menschen erleben denn so etwas? Schon als ich dich das erste Mal gesehen habe, wusste ich, du bist die Richtige für mich. Komm, Baby, du willst es doch auch.«

Er hatte den Knopf meiner Jeans geöffnet und zerrte bereits am Reißverschluss. Meine Jeans war eng und nicht leicht abzustreifen, doch ich leistete kaum Widerstand. Ich lebte im Augenblick, und im

Handumdrehen hatte auch ich nichts mehr an. Er drehte mich um und nahm mich heftig von hinten, wobei er gegen mich klatschte, während er tief in mich hineinstieß.

»Klatsch nicht so. Ich mag das nicht«, beschwerte ich mich.

Er erwiderte nichts, drehte mich um und drang erneut tief in mich ein.

Ich konnte mich nicht entspannen. »Lass uns nach oben gehen«, meinte ich leise und sah ihm tief in die Augen. Ich war immer sehr zurückhaltend gewesen und fürchtete, dass man uns durch das auf die Auffahrt hinausgehende kleine Fenster sehen könnte. »Komm schon.«

Ich nahm seine Hand und führte ihn rasch nach oben, wo wir aufs Bett fielen und Mark keine Zeit vertat und erneut nach mir verlangte. Nun war ich entspannt und gelöst. Er fühlte sich so gut an, und ich war so glücklich, dass mein Herz förmlich jubelte. Doch plötzlich hörte er auf und wich zurück. Er starrte mich an.

»Das ist ein Albtraum! Ein verdammter Albtraum!«

»Was ist denn?«

Ich hatte keine Ahnung, was mit ihm los war.

»Ich verliebe mich in dich. Das ist ein Scheißalbtraum!«

Dann fiel er wieder über mich her. Er war leidenschaftlich, doch gleichzeitig auch liebevoll und zärtlich, küsste mich, hielt mein Gesicht und schaute mir tief in die Augen.

»Ich weiß nicht, was ich machen soll«, murmelte er. »Das ist der Wahnsinn. Weil … ich hab noch nie jemanden wirklich geliebt, bin nie wirklich von jemandem geliebt worden.«

Ich spielte mit seinen Haaren und war, ach, so glücklich.

»Ich weiß eigentlich gar nicht, wie man Liebe macht«, fuhr er fort.

Ich widersprach ihm. »Aber ja, aber natürlich weißt du das«, erwiderte ich lächelnd, während ich seine Haare streichelte – und meinte es auch genauso.

Danach lagen wir erschöpft beieinander und unterhielten uns plaudernd. Plötzlich setzte er sich wieder auf.

»Wann hattest du das letzte Mal Sex?«, fragte er.

»Das geht nur mich etwas an, darüber musst du dir nicht den Kopf zerbrechen«, erwiderte ich ausweichend, ehe ich die Frage zurückgab. »Und du?«

»Schon zwei Jahre nicht mehr.«

»Was? Soll das ein Witz sein?«

Ich war wirklich überrascht, denn ich hatte Mark als sehr emotionalen, heißblütigen Mann wahrgenommen.

»Es stimmt. Ich bin sehr wählerisch. Aber ich muss dreimal am Tag kommen, sonst funktioniere ich nicht richtig.«

»Was?«

»Ernsthaft. Dreimal am Tag. Ich habe die Masturbation zur Kunstform erhoben.«

»Du spinnst ja! Falls wir ein Paar werden, Mark, werde ich dann die Einzige sein?«

»Gott, ja!« Ein angewiderter Blick huschte über sein Gesicht, und er tat, als ob der Gedanke an andere Frauen ihm gänzlich unerträglich sei. Es gefiel mir. Er nahm meine Hand.

»Wer hat dir denn diesen Ring geschenkt?« Er starrte auf den Diamant-Solitär an meinem rechten Ringfinger.

»Das war der Verlobungsring meiner Mutter. Den habe ich immer an.«

»Ich würde einfach nicht wollen, dass du den Ring eines anderen Mannes trägst, das ist alles.«

»Und was ist mit deinem?« Auch er trug an seiner rechten Hand einen Ring.

»Den hat mir meine Großmutter geschenkt. Ich habe meine Großmutter geliebt.«

Die Stimmung wurde lockerer, und Mark nahm meine Kamera, die auf der Kommode gelegen hatte. Fotografieren war eine große Leidenschaft von mir, und ich liebte es, in die Natur zu gehen und Fotos zu machen. Er begann zu fotografieren.

»Leg sie hin!«, protestierte ich, doch er wollte einfach nicht aufhören.

Er knipste weiter, während wir herumalberten und uns vor Lachen bogen.

Viel zu schnell musste er aufbrechen. Ich wollte, dass er blieb. Ich wollte liegen bleiben – um zu reden, zu kuscheln, die Nacht miteinander zu verbringen –, aber er musste los.

»Tut mir leid, Baby, Pedro ist gerade bei mir. Ich hab dir doch von Pedro erzählt, oder? Dem Sohn meiner Ex? Ich muss morgen früh dort sein.«

»Und wer ist jetzt bei ihm?«

»Ein Kindermädchen. Ich hab ihn einfach beim Kindermädchen gelassen und bin abgehauen. Ich musste zu dir. Wir sehen uns bald wieder.« Er erhob sich vom Bett, wir gingen nach unten, wo er seine Klamotten aufhob, sie fast ebenso schnell überstreifte, wie er sich ihrer entledigt hatte, mich küsste und verschwand.

Er war kaum weg, als ich bereits seine SMS hereinkommen hörte.

Du fehlst mir schon jetzt

Und ich antwortete umgehend:

Ich fühle mich einsam!

Was bemerkenswert für mich war, denn die ganze Zeit, die ich ein Single gewesen war, hatte ich mich nie richtig einsam gefühlt. Während ich so im Bett lag, sann ich darüber nach und dachte, dass ich wohl nie einsam gewesen war, weil es nie jemanden gegeben hatte, mit dem ich wirklich hatte zusammen sein wollen. Bei Mark aber war es anders. Mit ihm wollte ich zusammen sein, und nun, da er weg war, fühlte ich mich in der Tat einsam. Es war ein merkwürdiges Gefühl und keines, an das ich mich gewöhnen wollte.

Wenn ich mit meinem heutigen Wissen an diese ersten berauschenden Begegnungen zurückdenke, sehe ich genau, wie Mark vorging beziehungsweise tickte. Ich halte ihn für einen Psychopathen.

Psychopathen sind soziale Raubtiere, die kein Gewissen haben und nicht imstande sind, Liebe, Mitgefühl, Schuld oder Reue zu empfinden (Mark erzählte mir, er habe nie geliebt und sei auch nie wirklich geliebt worden). Es fehlt ihnen an jeglicher Empathie, und ihre einzige Motivation ist Selbstbefriedigung, Beglückung des eigenen Egos, was sie mithilfe ihres Charmes, durch Manipulation und skrupellose Ausnutzung anderer auch erreichen. Oft sind sie gewandte Redner, die viel zu sagen haben. Sie sind überaus selbstsicher und entspannt und kennen keine sozialen Ängste, sodass es ihnen leichtfällt, ihren Opfern die Befangenheit zu nehmen. Mark zeigte all diese Merkmale. Eines, woran ich mich aus diesen frühen Begegnungen sehr klar erinnere, ist der intensive Augenkontakt, den er stets suchte. Ich nahm ihn als Hinweis, dass er die Wahrheit sagte, denn ich wusste damals noch nichts vom »psychopathischen Blick«, einem Blick von solcher Intensität, dass viele Menschen ihn als absolut entwaffnend empfinden. Wenn ich mir seine frühen Textnachrichten erneut vornehme, kann ich erkennen, wie er mir schmeichelte und wie sehr er stets seine »Ehrlichkeit« herausstrich (solange die Beziehung währte, betonte er häufig, was für ein Ehrenmann er sei). Und ich sehe auch, dass ich ganz zu Anfang Gefahr witterte. Ich sagte ihm, ich fände es »furchtbar, dir ausgeliefert zu sein«, und erzählte meinen Freundinnen, dass er ein »Schwätzer … ein bisschen ein Spieler« sein könnte, doch als er bei unserem ersten Date zugab, Pornos zu gucken, was mich normalerweise ziemlich abtörnt, zuckte ich nicht einmal zusammen. Ich fand seine Offenheit erfrischend, mochte seine mutwillige Art. Schließlich sind böse Jungs für brave Mädchen oft besonders attraktiv.

Wir realisieren nicht, wie viel wir in nebensächlichem Gerede von uns preisgeben, vor allem, wenn wir – ohne es zu ahnen – genauestens beobachtet werden und man uns gezielt Informationen und Reaktionen entlockt. Während jener ersten drei Begegnungen brachte Mark in Erfahrung, wie ich tickte, und stellte sich auf meine Hoffnungen und Wünsche ein. Außerdem hatte er von Anfang an mit mir gespielt, ja, mir sogar erzählt: »Ich weiß eigentlich gar nicht, wie man Liebe macht.« Psychopathen sind besonders gut darin, zu erspüren, wie Menschen ticken. Er erzählte mir ganz offen, dass er Menschen lesen könne wie Bücher, dass er sie häufig besser kenne als sie sich selbst. »Wissen ist Macht«, erklärte er, ehe er dreist bekannte: »Ich bin nicht normal.« Wie er sich beglückwünscht haben muss, als ich nach jenem ersten Date davongefahren bin!

Ich dagegen tat alles mir Mögliche, um meine eigene Sicherheit zu gewährleisten, lehnte Marks Abholangebot ab und bat ihn, eine Visitenkarte mitzubringen, damit ich ihn googeln konnte. Worauf er den Ball in mein Feld zurückspielte und erklärte, er fühle sich durch meinen Vertrauensmangel beleidigt. Dies drängte wiederum mich in die Defensive, gab mir ein schlechtes Gefühl (eine Ablenkungs- und Sabotagetaktik, derer sich Psychopathen häufig bedienen), und erst Tage später erkannte ich, dass ich noch immer nicht seinen vollen Namen wusste. Mit einem so geschickten Manipulator wie ihm hatte ich jedoch keine Chance, und ich bin mir sicher, hätte ich auf irgendeinem Ausweis bestanden, er hätte einen beschafft. Heute begreife ich auch, wie er gezielt den Boden bereitete, um mich glauben zu machen, er sei ein Spion, indem er mir nämlich erzählte, dass er sein eigenes Flugzeug steuere, sieben Sprachen spreche und ein fotografisches Gedächtnis besitze.

Wenn ich auf meine Beziehung zu Mark zurückblicke, sehe ich, wie viel Menschen einfach so glauben und wie wenig an Andeutungen es braucht, damit wir beginnen, Verbindungen herzustellen und uns ein Bild zurechtzulegen, das wir sehen wollen – oder das andere uns suggerieren. Ich war zur Ehrlichkeit erzogen worden und dazu, auch in anderen stets das Gute zu sehen, eine Strategie, die mir über fünfzig Jahre lang gute Dienste erwiesen hatte; und wenn man so erzogen ist, ist es unmöglich, mit jemandem umzugehen, dessen gesamtes Leben eine Lüge ist. Halten Sie nur einen Augenblick inne und überlegen Sie, wie viel Sie bei jedem Gespräch einfach glauben, auch bei Leuten, die Sie vorher nie gesehen haben. Ich hatte nie dem Internet-Dating gefrönt aus Angst, nicht zu wissen, mit wem ich es da zu tun hätte, doch niemals kam mir in den Sinn, dass man in realen Begegnungen genauso leicht betrogen werden kann.

Obwohl ich mich nie für besonders anfällig hielt, erkenne ich im Nachhinein, dass ich es war. Nachdem ich kurz vorher an einen mir fremden Ort gezogen war, um ein neues Leben zu beginnen, erlebte ich eine geradezu berauschende Freiheit. Plötzlich gab es keine einengenden familiären oder sonstigen Pflichten mehr, und ich denke, auch die idyllische Umgebung und das Gefühl der Zuversicht und des Stolzes, eine so große Veränderung geschafft zu haben, wiegte mich in falscher Sicherheit. Alleine zu leben, ohne Familie, war befreiend, und als Mark in mein Leben trat, war ich bereit, alle Bedenken in den Wind zu schlagen und ein wenig zu experimentieren. Für mich war es an der Zeit, einfach mal ein bisschen verantwortungslos zu sein.

3

Sichverlieben

Aber Kummer sucht auch freundliche Orte heim; Kummer geht auf Reisen, Kummer kommt zu Besuch. Kummer kann sogar Urlaub nehmen von Orten, wo er gedeiht … er begann, wie häufig, mit dem Sichverlieben.

John Irving, *Gottes Werk und Teufels Beitrag*

Ich erinnere mich, dass ich bei meinem ersten Besuch in Tetbury dachte, an einem Ort wie diesem könne nichts Böses geschehen, sodass ich kurzerhand beschloss, dies sei das Städtchen, in dem ich leben wollte. Ich fühlte mich vollkommen sicher dort – doch wenn man sich sicher fühlt, lässt man, wie ich heute weiß, in seiner Wachsamkeit nach und ist dann zwangsläufig am verletzlichsten.

Die auf mein erstes Treffen mit Mark folgenden Wochen waren so turbulent, dass ich kaum Zeit fand, um Atem zu schöpfen. Nur wenige Tage nach unserer ersten Begegnung brachte er mich zum Flughafen Cotswold, um mir seine Sammlung von Flugzeugen zu zeigen. Der Hangar, in den er mich führte, war riesig und beherbergte mindestens zwanzig Maschinen. Ich verstehe zwar nichts von Flugzeugen, doch Marks Sammlung war mit Sicherheit beeindruckend, und während er mit mir herumging, fiel mein Blick auf ein wunderschönes, romantisch wirkendes, silberfarbenes Oldtimer-Flugzeug mit zwei offenen Cockpits. Auch eine DC3 und eine Spitfire entdeckte ich.

»Ich will künftig Spitfires restaurieren«, erklärte Mark. »Die Spitfire ist der britische Kult-Flieger schlechthin. Sieh dir mal die da an. Ist sie nicht wunderschön? Alle lieben die Spitfire, und ihr Wert steigt und steigt. Das wäre eine fantastische Geldanlage für dich, falls es dich interessiert. Viel besser, als Immobilien zu kaufen.«

»Immobilien sind die einzige Anlage, von der ich etwas verstehe«, erwiderte ich. »Wenigstens hast du dann immer ein Dach über dem Kopf, und ich brauche ein Zuhause. Wie auch immer, von Spitfires habe ich keine Ahnung – aber ich fände es toll, wenn du mir irgendwann mal das Fliegen beibringen würdest.« Nach nur vier Tagen Beziehung war ich überglücklich, und wie alle jungen Paare schickten Mark und ich uns Nachrichten voller süßer Nichtigkeiten.

23. Januar 2012
10:24 Uhr
Ich kann es kaum erwarten, dich wiederzusehen. Mir ist ganz schlecht vor Aufregung. Du hast meine Welt auf den Kopf gestellt.

Geht mir genauso, du sexy Frau!

Ich will in die Luft springen vor Glück, kann es kaum erwarten, dich heute Abend zu sehen. Die Spannung ist kaum auszuhalten. Mir ist richtig schlecht!

An diesem Abend kam Mark zu mir. Ich liebte es, ihn bei mir zu haben, und fühlte mich sehr wohl in seiner Gegenwart. Wir schliefen miteinander, quatschten endlos und konnten unser Glück, uns gefunden zu haben, kaum fassen.

Plötzlich sprang er auf, raffte meine Kleider zusammen und warf sie in meine Richtung.

»Zieh dich an, Baby, wir machen eine Spritztour. Komm schon.«

Lachend und herumhampelnd zogen wir uns an und stolperten die Treppe hinunter und hinaus in die eisige Januarluft.

»Du fährst«, sagte er und warf mir seine Autoschlüssel zu.

Er dirigierte mich in das etwa vier Meilen entfernte Culkerton, wo wir vor einem leeren Bauernhaus mit hohem elektrischem Holztor hielten. Im Lichtkegel der Frontscheinwerfer las ich den Namen des Anwesens – West End Farm.

»Paul hat sich nach einem geeigneten Domizil für uns umgesehen – Paul wirst du noch kennenlernen, er arbeitet für mich –, aber es ist kaum was auf dem Markt.«

Mir klappte die Kinnlade herunter.

»Wie auch immer, ich dachte, du möchtest vielleicht einen Blick darauf werfen. Ins Haus können wir zwar nicht hinein, aber wir kommen durchs Tor in den Hof und können zu den Fenstern reingucken. Ich kann mir den Sicherheitscode für jedes Anwesen im Land verschaffen!«

»Wie?« Ich glaubte nicht, was er da sagte.

»Warum guckst du mich so an? Wir werden zusammenleben. Lass uns jetzt nicht streiten; du willst es doch auch. Wir wollen es doch beide. Wozu denn Zeit verschwenden?«

Mir wurde ganz schwindelig. Mark war so gebieterisch und entschlossen. Und was sagte er da – dass er sich jeden beliebigen Sicherheitscode verschaffen konnte? Mir war, als wäre ich durch die Rückwand eines Schranks in eine andere Welt getreten.

»Warte hier«, befahl er, während er aus dem Wagen sprang und zur Sicherheitstastatur hinüberlief. Ich hörte, wie er in sein Handy sprach und sich bei jemandem wegen des Sicherheitscodes vergewisserte. Dann tippte er einige Zahlen ein, und das Tor schwang auf.

»Fahr, Baby!«

Ich fuhr in den Hof hinein und parkte. Mark öffnete mir die Wagentür, und ich stieg aus.

»Also, was hältst du davon? Wie gesagt, wir können jetzt nicht hinein, aber lass uns mal eine Runde machen. Dann kriegst du ein Gefühl dafür. Ich persönlich hätte zwar lieber etwas Größeres, aber ich dachte, dir könnte es gefallen. Du scheinst ja gerne mitten in der

Pampa zu wohnen. Für eine Weile ist es okay, und zum Flugplatz ist es wirklich nicht weit – momentan muss ich ziemlich oft dort sein … Ehrlich, Baby, ich kann es nicht ertragen, dich in diesem winzigen Cottage zu sehen. Ich komme einfach nicht klar damit. Wenn wir uns sehen wollen, brauchen wir eine gemeinsame Wohnung.«

»Also, ich mag mein Cottage. Es ist mein Zuhause. Aber das hier ist auch nicht schlecht. Nur, ist das nicht ein bisschen plötzlich?«

»Darling, wir müssen zusammen sein. Manches ist einfach Schicksal. Das weißt du so gut wie ich. Versuch nicht, dich dagegen zu wehren.«

»Wenn ich wieder zu Hause bin, sehe ich es mir auf Rightmove von innen an und sag dir, was ich davon halte.«

»Ich liebe dich so sehr.« Mark küsste mich.

»Ich dich auch.«

»Komm, Baby, es wird Zeit heimzufahren. Ich muss zurück.«

Diesmal übernahm Mark das Steuer. Er raste zu meinem Cottage zurück, wo er mich absetzte, und ich schaute den verblassenden Scheinwerfern nach, als er wieder die lange Auffahrt hinunterfuhr. Im Haus klappte ich sofort den Laptop auf und warf einen Blick auf das Innere der West End Farm. Es gefiel mir, ebenso wie die Vorstellung, mit Mark zusammenzuleben – ein neues Abenteuer zu wagen. Ich musste lachen, als ich merkte, dass ich beide Wohnungsmakler kannte, und schickte Mark eine SMS:

21:23 Uhr
Habe die Fotos vom Haus gesehen. Und finde sie sehr schön. Kenne die Makler. Witzig, wenn ich mir vorstelle, dort zu leben. Beide Makler meinten nämlich, dass ich nicht mal genug verdiene, um mein Häuschen zu mieten. Fände es herrlich, da reinzuspazieren, um mir die Schlüssel abzuholen und ihre Gesichter zu sehen. Ich liebe dich, aber du bist ganz schön gefährlich.

Am nächsten Morgen schickte mir Mark eine Textnachricht, um mir mitzuteilen, dass sein Assistent Paul als Erstes schon einmal beim Audi-Händler gewesen sei, um mir einen A5 zu bestellen. Er hatte mir bereits erzählt, dass er sich Sorgen mache, wenn ich in meinem KA herumkurvte. Und er dürfe sich gar nicht ausmalen, was geschehen könnte, wenn ich einen Unfall hätte.

Was?! Wow, das ist ja der Wahnsinn. Danke. Zwar liebe ich dich deswegen auch nicht mehr, aber es ist toll! Es ist wie im Film, ich liebe dich. Ha! Ich kann gar nicht mehr aufhören zu lachen. Ich werde Fahrstunden brauchen.

LOL

Als ich am Abend nach Hause kam, steckte eine Audi-Verkaufsbroschüre in meinem Briefkasten.

Am folgenden Tag simste mir Mark, dass er etwa gegen acht Uhr vorbeischauen werde. Ich konnte es kaum erwarten, denn es gab etwas, das ich unbedingt mit ihm besprechen wollte.

Acht ist okay. Ich freue mich. Ich dachte daran, wo meine Zunge neulich war, und stelle mir vor, wo deine schon bald sein könnte. Heute Abend aber muss ich mit dir reden, und du musst mir zuhören. Eine echte Herausforderung! Ich liebe dich.

Doch als Mark bei mir eintraf, war er sehr aufgewühlt. Die Stirn in tiefe Falten gelegt, setzte er sich aufs Sofa und fuhr sich mit den Fingern durchs Haar.

»Gott, was für ein furchtbarer Tag, Bubba. Bring mir einen Kaffee, ja? Und ich brauche unbedingt eine Zigarette.«

Ich hatte ihm gesagt, dass er in meinem Haus nicht rauchen dürfe, doch nun wurde ich schwach.

»Was ist denn los, Darling?«

»Ich bin derart gestresst, Bubba. Es ist wegen der Arbeit. Das sind ja solche Arschlöcher!«

»Warum, was ist denn passiert?«

Meinen Verdacht, dass er für den MI6 arbeitete, hatte er mir bestätigt und erklärt, dass sein Job beim Finanzinstitut UBS zwar ganz real sei, aber nur zur Tarnung diene. Und nun wurde ihm sein Leben durch seine Beziehung zu mir erheblich erschwert.

»Im Grunde darf ich keine ernsthafte Beziehung haben. Sie wissen alles, diese Leute. Sie haben mir so eine dicke Akte über dich in die Hand gedrückt und gemeint, ich solle sie lesen. Ich ertrage das nicht, Baby. Ich habe sie nicht gelesen. Würde ich nie tun. Fuck, ich habe dieses Leben so satt. Ich habe es geliebt, am Anfang, aber ich mach es einfach schon zu lange. Das sind solche Arschlöcher! Lassen mich nicht aus meinem Vertrag und tun alles, was sie nur können, um uns zu vernichten – und die meinen es ernst. Diese Drecksäcke!«

Er wiederholte, was er mir am Tag unserer ersten Begegnung gesagt hatte – dass er achtzehn Monate benötige, ehe er so etwas wie eine normale Beziehung führen könne.

»Weißt du, als wir uns kennengelernt haben – vor nicht mal einer Woche! –, dachte ich, wir könnten einfach ein bisschen Spaß miteinander haben. Na ja, haben wir wohl beide gedacht, oder? Aber ich habe mich in dich verliebt. Die Zeit ist so kurz. Das sind einfach so verdammte Arschlöcher! Du bleibst doch bei mir, Baby, oder? Es wird nicht leicht werden, und ich muss wissen, ob du zu mir stehst und stark bist. Es wird wirklich schwer werden, aber du musst das große Ganze im Auge behalten. Alles wird gut, das verspreche ich dir. Ich tu alles für dich, Baby – aber du darfst mit niemandem über all das reden. Begreifst du das? Sie werden alles dransetzen, uns fertigzumachen, und das Letzte, was wir gebrauchen können, sind Leute, die sich einmischen.«

»Ich werde die achtzehn Monate warten, das habe ich dir schon gesagt, und ich stehe immer zu meinem Wort.«

»Ich weiß, Süße. Das ist eines der Dinge, die ich so an dir liebe. Du bist stark, und ich weiß, dass ich mich auf dich verlassen kann. Gott sei Dank! Und noch eins, Baby – ich möchte, dass du Pedro kennenlernst, aber es muss behutsam geschehen. So viele Kids sind total fertig, weil sie keine Stabilität im Leben haben und ihre Väter ihnen eine Freundin nach der anderen vorsetzen. Das ist einfach nicht fair für die Kids. Ich weiß, Pedro ist nicht mein Sohn, aber trotzdem, dich in meinem Leben zu haben, wird auch auf ihn seine Wirkung haben. Ich überlege mir, wie wir es am besten anstellen.«

Ich fand es großartig, wie Mark sich um Pedro sorgte, und was er sagte, befand sich im völligen Einklang mit meinen Auffassungen in diesen Dingen. Für die Bedürfnisse von Kindern empfänglich zu sein war wirklich wichtig, und ich fand es schön, dass wir offenbar die gleichen moralischen Werte teilten und die wichtigen Dinge im Leben ganz ähnlich sahen.

Marks Handy klingelte. Es war Paul, der draußen im Wagen wartete, um ihn zum Flughafen zu bringen. Seine Besuche waren so flüchtig, und ich wünschte mir nur, er könnte bleiben.

»Ich weiß, es ist hart, Liebling, aber wir kriegen das schon hin. Das große Ganze, nicht? Denk dran.«

Als ich in dieser Nacht im Bett lag und einzuschlafen versuchte, merkte ich, dass ich es trotz bester Vorsätze noch immer nicht geschafft hatte, eine von Marks Visitenkarten zu ergattern. Ich war mir nicht einmal sicher, wie er mit Nachnamen hieß. Ich meinte, er habe Conway gesagt, aber ich war mir nicht sicher. Es wurde Zeit, dass ich mir Klarheit verschaffte.

27. Januar 2012
0:24 Uhr
Darling, wie heißt du mit Nachnamen? Hast du Conway gesagt? Früher oder später wird mich jemand aus meiner Familie danach fragen, und es wird sehr merkwürdig wirken, wenn ich es nicht weiß. Du fehlst mir, ich liebe dich.

Er antwortete nicht.

Am folgenden Tag sah ich Mark nur sehr kurz, als er im Laden auftauchte, um mir zu sagen, dass er zum Weltwirtschaftsforum nach Davos müsse.

»Sie brauchen mich dort. Sorry, Baby. Es wird noch eine Weile so gehen, aber ich mache es wieder gut.«

Sekunden nachdem er fort war, hörte ich das Ping einer eingehenden Nachricht.

Du bist so schön.

Ich fühlte mich überwältigt vor Liebe, als ich ihm zurückschrieb.

Ich kann unser Glück einfach nicht fassen. Von allen Läden in allen Städten auf der ganzen Welt hast du ausgerechnet diesen betreten – und dazu an einem Tag, an dem ich gearbeitet habe! Ich kann es immer noch nicht glauben.

Seine Antwort erfolgte prompt:

LOL

28. Januar 2012
0:10 Uhr
Darling, eine meiner Töchter hat mich eben gefragt, wie du mit Nachnamen heißt, zum Glück in einer Mail. Eine vernünftige Frage, und wenn du es mir nicht sagen kannst, vielleicht kannst du mir ja erklären, warum?

10:39 Uhr
Sorry, dass ich letztes Mal nicht geantwortet habe, weil ich schon schlief. Conway.

Anschließend erkundigte er sich nach meinem Familiennamen und betonte noch einmal, dass ihm solche Dinge im Grunde egal seien.

Dann halte ich also mal Conway fest. Mir ist es auch egal, aber ich will nicht, dass sich meine Angehörigen zu sehr für uns interessieren oder gar Misstrauen gegen dich hegen. Natürlich sind sie neugierig, denn du bist der erste Mann seit Jahren, an dem ich ein Interesse bekunde. Meine Familie ist mir sehr wichtig, vor allem meine Töchter. Heute Abend soll ich meinen Bruder und meine Schwägerin besuchen, die gerade vom Skifahren zurück sind. Wann sehe ich dich?

Ich hörte nichts mehr von Mark an diesem Tag – bis knapp vor Ladenschluss. Er war aus Davos zurück und fragte, ob ich Jacken in seiner Größe hätte oder ob ich eine zum Anprobieren mit zu mir nehmen könne. Er werde vorbeischauen, meinte er, jedoch nicht lange bleiben können.

Als ich ihm später am Abend die Tür öffnete, war er nicht allein. Er war in Begleitung eines kleinen Mädchens von etwa zwei Jahren. Es hatte blonde Locken und trug ganz offensichtlich teure Kleidung. Mark küsste mich und drückte mich an sich. Dann blickte er auf das Kind, das schnurstracks auf meine alte Katze zumarschierte, die schlafend auf dem Sofa lag.

»Das ist Bianca. Sie begleitet mich überallhin.«

»Wer ist sie? Ist sie deine Tochter?«

»Nein, sie ist meine Nichte, aber ich möchte sie adoptieren.«

»Und warum?«

»Das ist eine lange Geschichte. Ihre Mutter wollte sie nicht. Sie ist das Ergebnis einer Missbrauchsbeziehung. Ich habe keine eigenen Kinder und liebe sie sehr. Wie auch immer, mir gefällt die Vorstellung, dass ihre Mutter, sollte sie je ihre Meinung ändern, sie zurückhaben könnte.«

»Wie alt ist sie denn?«

»Zweieinhalb.«

Er kniete sich neben Bianca und redete leise auf Spanisch auf sie ein. Es war so rührend, ihn mit diesem kleinen Kind zu sehen, so liebevoll und behutsam. Was für ein wunderbarer Onkel! Jedes Frauenherz wäre dahingeschmolzen.

»Möchtest du die Jacke anprobieren?«, fragte ich ihn.

»Klar.«

Ich reichte sie ihm, und er probierte sie an.

»Perfekt! Na ja, nicht ganz, was ich gewohnt bin, aber sie wird es schon tun. Ich nehme sie.«

Er zog ein Bündel Geldscheine aus der Tasche und zählte sie mir auf den Tisch. Er waren dreihundert Pfund – fünfunddreißig zu wenig.

»Sorry, Baby, mehr habe ich nicht.«

»Mach dir keine Gedanken, ich erledige das, und du kannst es mir zurückzahlen.«

»Danke, Baby. Ich liebe dich.«

»Ich dich auch.«

Und wieder musste er gehen. Nach Weybridge, meinte er, um mit Bianca, Pedro und seinem Onkel auf heile Familie zu machen. Auch ich war auf dem Weg nach draußen, doch den ganzen Abend blieb ich zerstreut, dachte an Mark, und mein Herz machte einen Satz, als ich die eingehende Nachricht hörte, während ich mich gerade von meinem Bruder und meiner Schwägerin verabschiedete.

22:15 Uhr
Du fehlst mir.

Komm vorbei. Ich bin auf dem Heimweg.

Lol. Bin eben in Weybridge angekommen. Esse nur noch und gehe schlafen.

Wie du meinst.

Lol. Bis morgen, Süße. Sie liebt deine Katze.

Wieder dachte ich an das kleine Mädchen und wie behutsam Mark mit ihm umgegangen war, und ich konnte mich des Gedankens nicht erwehren, dass ein Mann wie er sich eigentlich eigene Kinder wünschen musste – etwas, das ich ihm nie geben konnte.

Am folgenden Abend war ich zu Hause und wartete, dass Mark endlich auftauchte. Hinsichtlich der Einhaltung von Uhrzeiten war er ziemlich unzuverlässig – was ich als absolut unhöflich empfand, womit ich mich aber, wie ich schon früh erkannte, würde arrangieren müssen. Dennoch begann ich mich, je später es wurde, zu ärgern. Die Minuten verstrichen, und ich ertappte mich, wie ich durchs Haus tigerte und mich immer mehr aufregte. Schließlich gab ich es auf und schickte ihm eine SMS.

Wann kann ich mit dir rechnen?

Zähe zwanzig Minuten verstrichen, ehe er antwortete.

21:03 Uhr
Ich werde dich Millionen Male enttäuschen.

Baby, bitte sei mir nicht böse.

Und er erklärte, dass sein Tag ein einziger Albtraum gewesen sei. Er sei derart spät aufgestanden, dass Pedro zwei Stunden zu spät in die Schule gekommen sei. Er habe gehofft, er könne ihn gegen sieben dort absetzen und um acht bei mir sein. Er werde sich bald bei mir melden.

Es erschien mir wie eine Ewigkeit, als er sich dann tatsächlich meldete, und ich war total aufgebracht, hatte das Warten satt, war genervt, dass er meine Zeit verschwendete.

»Aber warum hast du nicht angerufen, um mir zu sagen, dass du nicht kommst? Das macht mich wirklich wütend. Nichts ärgert mich mehr, als wenn man meine Zeit verschwendet.«

Ich fühlte mich auch deswegen gereizt, weil er mir noch fünfunddreißig Pfund schuldete. Ich hielt mich für einen großzügigen Menschen, aber ein früherer Freund von mir hatte praktisch nie Geld bei sich gehabt, was mich damals endlos irritiert hatte. Und jetzt wurde ich tatsächlich stinkwütend auf Mark, weil er mir das Geld, das er mir schuldete, nicht zurückzahlte.

»Außerdem schuldest du mir noch Geld«, fügte ich hinzu.

Er wirkte schockiert, dass ich wegen fünfunddreißig Pfund ein derartiges Aufheben machte.

»Natürlich zahle ich es dir zurück. Was ist denn auf einmal in dich gefahren? Vertraust du mir nicht? Ich kann nicht glauben, dass jemand wegen der paar Mäuse ein solches Theater macht! Hör mal, Baby, es tut mir leid, aber ich muss Schluss machen.«

Er legte auf, und ich knurrte mein Handy an und knallte es auf den Tisch. Ich hatte die Nase voll von ihm. Ich würde nicht zulassen, dass er mich so behandelte. Er musste begreifen, dass meine Zeit genauso kostbar war wie seine. Wenn er es nicht schaffte, unsere Verabredungen einzuhalten, musste er mich lediglich anrufen. Das war ganz normale Höflichkeit. Hätte ich ihm keine SMS geschickt, hätte er sich wohl gar nicht bei mir gemeldet. Tja, wenn du dich weiter so aufführst, dann verpiss dich doch, dachte ich mir.

Später am Abend hörte ich das Knirschen eines Wagens auf dem Kies der Einfahrt. Ich ging zur Tür, und Mark stand davor.

»Ich sollte eigentlich nicht hier sein, Baby. Ich bin schon wieder spät dran, aber ich konnte es nicht ertragen, deine aufgebrachte Stimme zu hören.« Es war so wunderbar, ihn zu sehen. Seine bloße Anwesenheit war wie Balsam auf meine Gereiztheit, die sich augenblicklich löste, als er mich in die Arme nahm und küsste. Meine zuvor noch so kantige Entschlossenheit, ihm Paroli zu bieten, war verschwunden.

»Hier, ich hab was für dich.« Er fasste in séine Hosentasche, zog fünfunddreißig Pfund heraus und reichte sie mir, wobei er mich noch wegen meines »hysterischen Verhaltens« neckte.

»So ein Aufstand wegen fünfunddreißig Pfund! Echt, Baby, ich krieg die Krise. Du wirst bald eine sehr wohlhabende Frau sein. Gewöhn dich mal besser dran. Das sind nur Peanuts.«

Er war nett, liebevoll und, oh, so beruhigend (ja, wann immer ich ihn sah, hatte ich keine Zweifel mehr, dass alles gut werden würde). Am Ende fühlte ich mich ein wenig albern, wegen einer derart läppischen Summe einen solchen Aufstand gemacht zu haben.

»Ich liebe dich so sehr, Baby«, sagte er und küsste mich. »Ich tue, was ich nur kann, um dich zu sehen. Ich hab das alles so satt. Ich will nur mit dir zusammen sein.«

Dann musste er gehen, da er fürchtete, die Zeitnische für seinen Flug zu verpassen.

22:01 Uhr
Ich liebe dich.

Ich liebe dich auch. Es tut mir leid. Ich hab es jetzt verstanden und freue mich, dich bald wieder zu sprechen. Hab dich lieb.

Nur zwei Tage nach unserer ersten Begegnung gestand mir Mark, dass er sich in mich verliebe, woraufhin er mir eine SMS mit den Worten *Ti amo* schickte, doch obwohl es noch keine zweiundsiebzig Stunden nach unserer ersten Begegnung war, fand ich es weder merkwürdig noch beunruhigend. Ich bin eine heillose Romantikerin und glaube an die Liebe auf den ersten Blick, und weil ich ihn sehr attraktiv fand, war es einfach aufregend für mich, vor allem, weil er mir seine Gefühle auf Italienisch gestand, meiner liebsten romantischen Sprache.

Man hat mich gefragt, ob ich in diesem Stadium tatsächlich

Liebe für ihn empfand, und die Antwort lautet Ja. Ich verliebte mich Hals über Kopf in ihn und erlebte eine berauschende, schwindlige Euphorie. Nennen Sie es Verblendung, wenn Sie mögen, ich nannte es Liebe, und ich weiß noch, wie ich damals dachte, dass sich niemand mit weniger zufriedengeben sollte. Heute allerdings erschreckt es mich, die Nachricht zu lesen, mit der ich auf Marks Ankündigung, mir einen Audi zu kaufen, reagierte: »Das ist ja der Wahnsinn … aber es ist toll! Es ist wie im Film«, weil ich keinen Moment lang überlegte, dass es ja tatsächlich Wahnsinn sein könnte, dass ja vielleicht wirklich alles eine komplette Fiktion war. Und dass ich, als ich ihm sagte, er sei »sehr gefährlich«, den Nagel auf den Kopf getroffen hatte.

Am folgenden Morgen erhielt ich eine Nachricht von meiner Freundin Anne.

Wie ist dein Liebesabenteuer denn so?

Emotional anstrengend – nicht dass ich viel von ihm sehe. Bisher vielleicht 4–5 Stunden insgesamt. Bruder, Schwägerin und Freundinnen machen sich Sorgen. Es ist anders als alles, was du und ich aus unserem normalen Leben kennen. Geriet gestern Abend ein wenig ins Schwanken, aber habe mit ihm geredet und fühlte mich danach beruhigt (und sehr dumm). Der nächste Schritt erfordert einen gewaltigen Vertrauensvorschuss, aber ich bin dazu bereit.

Am 2. Februar bat mich Mark, eine Immobiliensuche für uns durchzuführen, und meinte, dass er ein Budget von zwei bis drei Millionen Pfund zur Verfügung habe, für etwas wirklich Schönes aber auch mehr bezahlen würde. Er wünschte sich wenigstens 550 Quadratmeter und verlangte, dass die Immobilie eine neue Küche und neue Bäder habe. Er war auch ganz erpicht darauf, mich hinsichtlich meiner Bankgeschäfte zu beraten, und drängte mich, bei Barclays Konten zu eröffnen, indem er darauf hinwies, dass ich dort bessere Zinsen und die absolut beste Beratung erhalten würde – denn schließlich war Barclays' Vorstandsvorsitzender Bob Diamond ein Freund von ihm. Es sei Wahnsinn, meinte er, das Geld da zu lassen, wo es jetzt lag, wenn es woanders so viel mehr einbringen könne. Mark erklärte mir auch, dass ich mir ein Euro-Konto zulegen müsse, damit er mir, wenn wir im Ausland waren, jederzeit und wann immer ich es brauchte, Geld überweisen könne. Ich würde zwei Auslandskonten benötigen, fügte er hinzu.

Ich hörte mir an, was Mark zu sagen hatte, doch nachdem ich seit dreißig Jahren bei derselben Bank war, hatte ich es nicht eilig, irgendetwas zu verändern, da ich, abgesehen von allem anderen, immer noch nach einem Eigenheim suchte und mein Geld schnell verfügbar haben musste. Im Jahr zuvor war mein Gebot auf eine Immobilie akzeptiert worden, später aber waren die Eigentümer vom Vertrag zurückgetreten. Allerdings hatten sie erst kürzlich wieder Kontakt zu mir aufgenommen und gefragt, ob ich denn noch Interesse hätte. Sodass ich mir, als ich mich kurzzeitig auf meinen eigenen Hauskauf konzentrierte, auch noch eine zweite Immobilie ansah. Mark gab sich alle Mühe, mich von einer derartigen Geldanlage abzubringen, und erinnerte mich daran, dass sich meine Bedürfnisse nun, da ich Zeit mit ihm verbringen würde, wahrscheinlich ändern würden. Ich solle doch lieber warten, um zu sehen, wie die Dinge sich entwickelten.

Am 7. Februar bombardierte er mich spätabends, während er »auf eine Abschlussbesprechung wartete«, mit Fragen und Infos zu beiden Immobilien, erklärte dann, dass beide erheblich überbewertet seien, und überzeugte mich davon, mich noch zurückzuhalten.

In meiner Position kannst du immer gewinnen.

Information ist Macht, meine Liebe.

Am folgenden Tag simste er mir, dass er einen Termin bei Barclays für mich vereinbart habe, um die Eröffnung einiger Konten zu besprechen. Er wolle mitkommen, meinte er, doch am Tag vor dem Banktermin geriet unsere Beziehung erneut ins Stottern, als er einen Nerzmantel, den er zwei Tage vorher zur Ansicht mitgenommen hatte, weder bezahlte noch zurückbrachte. Ich kochte vor Wut, weil er sein Wort nicht hielt und meinen guten Ruf bei Kerry gefährdete. Werde der Mantel nicht, wie versprochen, zurückgegeben, erklärte ich, dann sei dies das Ende unserer Beziehung. Sein Partner Paul Deol, behauptete Mark, müsse den Mantel per Flieger zurückbringen, worauf ich erwiderte, dass er dann mal besser in die Hufe kommen solle. Viertel vor sechs klopfte es an der Ladentür, und ich hatte meine erste Begegnung mit Paul Deol. Mark hatte mir erzählt, dass Paul ein ehemaliger Bankmanager war, sodass ich einen Mann erwartete, der vielleicht pensioniert, in seinen Sechzigern und unauffällig gekleidet war. Es war schon dunkel draußen, und ich bat Paul nicht herein, doch dem Aussehen nach war er zwischen vierzig und fünfzig und hatte eher die Statur und das Gebaren eines Nachtclub-Türstehers als eines Gentlemans aus dem Londoner Finanzdistrikt.

»Ich weiß ja nicht, was das alles soll«, meinte er in einem Südlondoner Akzent und überreichte mir den Mantel.

»Tut mir leid, dass man Sie damit behelligen musste«, erwiderte ich und nahm den Mantel entgegen. »Es ist nicht Ihre Schuld. Und auch nicht meine.«

Erstaunlicherweise war schon wenige Stunden später meine Wut auf Mark verraucht, und ich ertappte mich beim Schreiben einer Nachricht, in der ich ihm mitteilte, dass ich wieder »voller Tatendrang« sei und dass ich ihn liebe.

Am folgenden Tag erschien Mark zwar nicht zu unserem Banktermin, aber Paul tauchte auf, um mich zu dem Gespräch zu begleiten und mir bei der Eröffnung zweier Konten zu helfen. Am 15. Februar überwies ich mein gesamtes Geld auf mein neues Barclays-Konto.

Am nächsten Tag war Mark dabei, als wir zur Bank in Cirencester fuhren. Er erhielt einen Anruf, und ich hörte, wie er am Telefon ein Liquiditätsproblem erörterte. Als ich mich danach erkundigte, erklärte er, dass es mit der Begleichung der Umbauarbeiten an unserem neuen Zuhause zu tun habe. West End Farm war längst vergessen, mittlerweile planten wir, Widcombe Manor zu beziehen, ein Anwesen, das Mark kurz zuvor gekauft und von dem ich gewusst hatte, dass es zum Verkauf stand. Es war ein wunderschönes georgianisches Herrenhaus, inmitten eines herrlichen Grundstücks am Stadtrand von Bath gelegen, und auch aufs Land war es nicht weit. Ich fand die Vorstellung, dort zu leben, einfach toll.

»Wie viel brauchst du denn?«, fragte ich.

»Nicht viel, etwa sechsundzwanzigtausend.«

»Also, ich kann es dir leihen – schließlich liegt es ja nur auf der Bank«, sagte ich zu ihm, begierig, meine Großzügigkeit und mein absolutes Vertrauen in ihn unter Beweis zu stellen.

»Nein, Baby, echt, das ist kein Problem. Ich regle das schon.«

»Nein, bitte, ich helfe dir gerne. Das ist doch das Mindeste, was ich tun kann – schließlich ist es für unser neues Zuhause.«

Als wir die Bank erreichten, hatten wir uns geeinigt, doch vorerst, meinte Mark, würde ein kleinerer Betrag genügen, und ich überwies knapp 22.000 Pfund an Paul Deol, der sich offenbar um all die Handwerker kümmerte. Es war die erste von siebzig Überweisungen, die während der nächsten zwei Monate fast täglich durch Paul vorgenommen wurden und sich insgesamt auf etwa 750.000 Pfund beliefen.

Einige Tage nach der ersten Überweisung erzählte mir Mark, dass er auf eine gefährliche Überwachungsmission in den Iran reisen müsse. Er telefonierte aus dem Cockpit des Jets, den er selbst flog, während er noch – kurz vor dem Start – auf der Rollbahn saß, und ich verbrachte eine der schlimmsten Nächte meines Lebens, da ich um seine Sicherheit bangte und mich fragte, ob ich ihn je wiedersehen würde. Doch am nächsten Morgen, als ich mich für die Arbeit fertig machte, sah ich einen Wagen aus dem Morgendunst auftauchen und die Auffahrt heraufkommen. Es war Mark – gleich nach seiner Rückkehr aus dem Iran war er gekommen, um mich zu sehen.

Er bat mich, ihm einen Kaffee zu machen, ging dann nach oben, und von der Küche aus hörte ich ihn telefonieren. Er bat um eine sichere Verbindung, nannte Verschlüsselungszahlen und Identifizierungscodes und meinte dann, wobei er die Person am Ende der Leitung als »Sir« ansprach, dass alles gut gegangen und die Mission geglückt sei. Er muss da wohl mit einem sehr hohen Beamten der nationalen Sicherheitsbehörde reden, dachte ich – vielleicht gar dem Außenminister William Hague persönlich.

Am nächsten Tag überreichte mir Mark den ersten von zwei Darlehensverträgen über die Summe von 90.000 Pfund, mit der Bedingung, dass am oder vor dem 6. April 100.000 Pfund an mich zurückzuzahlen seien. Ich ging davon aus, dass all das Geld für Renovierungsarbeiten im Widcombe Manor ausgegeben werden sollte – ein Projekt, von dem ich mir ohne Weiteres vorstellen konnte, dass es Hunderttausende von Pfund verschlingen würde – doch wie mein ursprüngliches Angebot von 26.000 Pfund sich zu einer Vereinbarung auswuchs, ihm 90.000 Pfund und letztlich über die nächsten zwei Monate 750.000 Pfund zu leihen, kann ich niemandem erklären. Ein dritter Darlehensvertrag über 375.000 Pfund tauchte Jahre später auf, und auch er trug meine Unterschrift. Ich erinnerte mich nicht, ihn je gesehen, geschweige denn, ihn unterschrieben zu haben, und später bestätigte sich, dass meine Unterschrift gefälscht worden war. Ich habe keine Ahnung, wozu *er* dienen sollte.

Nachdem meine Bankangelegenheiten geregelt waren, meinte Mark, nun sei es an der Zeit, sich um meine Sicherheit zu kümmern. Seit unserer ersten Begegnung hatte er mich immer wieder auf Überwachungskameras hingewiesen. Wo ich *eine* sah, entdeckte er ein halbes Dutzend. Alle würden ständig überwacht, meinte er und erklärte, wie leicht E-Mails, Anrufbeantworter und Telefonate gehackt werden konnten.

»Regierungen tun es ständig«, sagte er. »Die haben uns alle im

Blick – die sind unerbittlich. Die Leute besitzen keine Privatsphäre mehr, vor allem, wenn sie nicht darauf achten, ihre Nachrichten und Mails zu löschen. Ich habe es dir ja gesagt, ich lösche alles am Ende des Tages. Du musst es genauso machen.«

Ich bewahrte gern einen Teil meiner E-Mail-Korrespondenz und auch manche Nachrichten auf, doch damit brachte ich Mark zur Verzweiflung, und hin und wieder griff er nach meinem Handy und löschte Dinge. Was mich zwar maßlos ärgerte, aber gleichzeitig machte ich mir wirklich Sorgen, dass das Aufbewahren solcher Nachrichten, vor allem Nachrichten von ihm, uns in Gefahr bringen könnte.

Mark wies mich auch auf verdächtig aussehende Leute auf der Straße hin und ermahnte mich zu besonderer Wachsamkeit. Es gebe eine Menge Leute, die ihn tot sehen wollten, warnte er, und obwohl er versprach, mein Leben sei nicht in Gefahr, insistierte er, dass es nur vernünftig sei, alles nur Denkbare zur Maximierung meiner allgemeinen Sicherheit zu unternehmen – angefangen damit, dass ich mein Handy und meinen Laptop durch neue Geräte ersetzte. Mark beschaffte mir ein neues iPhone und ein MacBook Air und meinte, er habe Remote-Zugriff auf sämtliche Inhalte auf beiden Geräten. Was zu meinem eigenen Besten sei, weil man einfach nicht vorsichtig genug sein könne. Und wieder betonte er, wie unerlässlich es sei, dass ich am Ende eines jeden Tages alles von meinem Handy und Laptop löschte, genau wie er. »Es ist zu unserer beider Schutz.«

Paul und Mark erklärten mir alles über »High-« und »Low-viz«-Security. In der Schweiz, erzählte Mark, habe er oft eine bewaffnete Polizeieskorte, und sein Haus dort besitze Sicherheitsvorrichtungen, die ich wahrscheinlich unglaublich fände. Er zeigte mir ein Foto von einer modernen Luxusvilla, die aussah wie Fort Knox. Im Vereinigten Königreich aber bevorzuge man weniger sichtbare, also »Low-viz«-Sicherheitskonzepte – und in der Regel keine bewaffneten Eskorten (obwohl Mark tatsächlich einmal behauptete, dass eines Abends bewaffnete Wachleute am Ende meiner Auffahrt gestanden hätten). Aber er wechsle einfach regelmäßig den Wagen und seine Handys, was auch ich, wie er meinte, vielleicht tun sollte. Fürs Erste würde ich einen Volvo XC60 fahren, der erste einer Reihe von Wagen, die Mark für mich besorgte.

Allein im Oktober – so Mark – hatte er neben seinem Tagesjob in Genf, der Weiterentwicklung seines Projekts am Kemble Airfield, dem Ausbau seines Immobilien-Portfolios und der gefährlichen Iran-Mission angeblich auch noch an »Kabinettstreffen« in Madrid teilgenommen, mir erzählt, dass er nach Deutschland müsse, um den wegen Korruption angeklagten Schwiegersohn des spanischen Königs zu beschützen, und auch einmal erwähnt, dass er nach Whitehall müsse, um »einen Krieg zu verhindern«. Darüber hinaus behauptete er, Wladimir Putin und Hillary Clinton zu kennen. Ich weiß, es klingt unglaublich, und im Rückblick kann ich nicht fassen, dass ich auf all diese Lügen hereingefallen bin, doch so war es; er ist ein wirklich erstaunlicher und pathologischer Lügner – und überaus überzeugend. Auch sein angeblich ständiges Kommen und Gehen blendete und verwirrte mich, ebenso wie die fortwährend von ihm geschürte Angst um seine Sicherheit.

Schon sehr früh redeten wir übers Heiraten (wenn ich mich recht erinnere, das erste Mal, als wir einmal miteinander auf der Bank waren), wobei Mark zu mir sagte, dass ich ihm einen Antrag machen müsse, da wir ein Schaltjahr hätten. Zwar sah ich ihn am 29. Februar gar nicht, aber ich bastelte ihm eine Karte. Auf der Vorderseite befand sich ein Foto von mir, auf dem ich einundzwanzig war, sowie eine Sprechblase mit dem Satz »You Make Me Feel So Young!«, mit dem ich mich auf etwas bezog, das er bei unserem ersten Date über Frauen und jüngere Männer gesagt hatte. Auf der Innenseite der Karte war zu lesen: »Ich liebe dich. Willst du mich heiraten?«

Ich war so glücklich, bekam jedoch noch am selben Tag einen Dämpfer verpasst, als ich eine unwillkommene Nachricht meiner Schwägerin Annalisa erhielt.

Carolyn, wir sind sehr, sehr besorgt, dass es diesen Typen vielleicht gar nicht gibt – denk doch allein an den Namen. Du läufst Gefahr, einem Betrüger aufzusitzen. Kein Wagen/Haus/Essen hat sich je materialisiert. Wenn er aufrichtig wäre, wäre er entsetzt, dass er bei allen, die dich kennen, derartige Besorgnis auslöst, und würde etwas dagegen unternehmen. Wir sind uns sicher, dass man dir alles, was du hast, abschwatzen wird und dir deine Identität stiehlt. Handle jetzt, um dich davor zu schützen. Ein solcher Betrug kann sehr schnell gehen und ist vielleicht schon im Gange. Wir können dir einen seriösen Ansprechpartner nennen, falls du investieren willst. Wir hoffen sehr, dass wir uns täuschen, aber bitte hör auf die Menschen, die dich kennen und lieben und denen dein Wohl am Herzen liegt.
Annalisa xxx

Heute blicke ich auf diese Warnung zurück und denke: Hätte ich nur darauf gehört. Aber ich weiß, warum ich es nicht getan habe. Ich erinnere mich, wie ich die Nachricht las und dachte: Wie lächerlich! Sie kennt Mark nicht mal und reagiert so. Ich laufe Gefahr, einem Betrüger aufzusitzen? Ist ja absurd!

Ich war immer ganz gut mit Annalisa ausgekommen, aber jetzt war ich nicht nur irritiert, sondern wütend über etwas, das ich als Einmischung empfand. Warum konnte sie sich nicht einfach für mich freuen und warten, bis sie Mark kennenlernte, ehe sie ein Urteil abgab? Eine E-Mail von Kerry, die in dieselbe Kerbe haute, machte alles noch schlimmer, und statt zu merken, dass meine Freunde und Verwandten mir helfen wollten, fühlte ich mich angegriffen. Eine SMS an Uma zeigt, wie ich mich damals fühlte.

Nur damit du Bescheid weißt, das ist die wahre Liebe. Meine Instinkte täuschen mich nicht. Das ist mega, mega, mega. Ich bin total verliebt. Freu dich einfach für mich.

»Wie auch immer«, erklärte ich ihr, als ich sie das nächste Mal sah, »was wäre denn das Schlimmste, das passieren könnte? Dass er mir das Herz bricht. Aber ein gebrochenes Herz heilt auch wieder, und es gibt Zeiten im Leben, da muss man einfach den Augenblick nutzen und etwas riskieren. Das ist mir früher schon gelungen, und ich weiß, dass es wieder klappt.«

Am nächsten Morgen, dem 1. März, kam Mark zu mir. Ich war so glücklich, ihn zu sehen, und ich überreichte ihm die Karte, die ich für ihn gebastelt hatte, zusammen mit einem Liebesbrief. Er öffnete die Karte und sah mich lächelnd an.

»Du weißt, dass ich dich heiraten will«, sagte er, als er mich küsste.

Wir setzten uns aufs Sofa, und ich erklärte ihm, welche Probleme unsere Beziehung meinen Freunden und Angehörigen mittlerweile bereitete. Ich zeigte ihm Annalisas Nachricht und Kerrys E-Mail und tappte damit in die klassische Falle, mich dem Täter anzuvertrauen und ihn so vor möglichen Problemen zu warnen. Seine Augen füllten sich mit Tränen.

»Damit wird einfach alles in den Dreck gezogen«, meinte Mark, während ihm eine Träne über die Wange kullerte. »Deine Schwägerin sieht, was du hast, und ist eifersüchtig. Und was deine Chefin betrifft, die denkt halt nur an sich selbst und ihr Geschäft. Überleg mal, was du schon alles für sie getan hast. Sie wird nie wieder eine so tolle Mitarbeiterin finden – das ist ihre ganze Sorge.«

Was er da sagte, leuchtete mir damals ein, und ich fühlte mich ihm näher als je zuvor.

»Das kann man doch gar nicht in den Dreck ziehen«, erwiderte ich. »Was wir haben, kann uns keiner nehmen, und nichts, was sie sagen, kann etwas daran ändern. Ich verstehe ja auch nicht, warum die Leute so misstrauisch sind. In was für einer bedrohlichen Welt leben die eigentlich? Was für eine blühende Fantasie die haben und wie unglücklich sie sein müssen!«

Natürlich mochte das alles durchaus ungewöhnlich sein, dachte ich, doch die Chance, eine Liebe auf den ersten Blick zu erleben, war bestimmt viel höher, als im sicheren, schläfrigen Tetbury einem gefährlichen Hochstapler über den Weg zu laufen. Es war alles so lächerlich.

»Ich würde mir nur wünschen, die Leute könnten sich für uns freuen. Ich habe diese ganze Schwarzmalerei so satt – und sie sind so verdammt taktlos«, sinnierte ich.

Plötzlich griff Mark nach meinem Handy, tippte auf Annalisas SMS und begann, eine Antwort zu tippen.

Wir haben einen Wagen gesehen, der uns gefällt, und warten auf das neue Kennzeichen.

Wir haben ein Haus gesehen, das uns zusagt und das wir hoffentlich noch vor Ostern beziehen werden.

Miteinander essen waren wir auch schon des Öfteren.

Meine Investitionen tätige ich selbstständig bei meiner eigenen Bank.

Bitte lass mich einfach weiterleben.

»Okay?«, fragte er.

»Ja«, erwiderte ich, und er drückte auf »Senden«. Damals begriff ich es nicht, doch in diesem Moment übernahm Mark die Kontrolle über meine private Korrespondenz und begann meine Beziehungen zu meinen Angehörigen zu untergraben.

Im Rückblick sehe ich, wie er mich zu manipulieren begann. Der inszenierte Besuch mit Bianca in meinem Cottage diente natürlich nur dem Zweck, seine liebevolle, sorgende Art herauszustreichen, ebenso wie all die Dinge, die er mir über Pedro erzählt hatte. Ständig betonte er seine Ehrlichkeit und Integrität, seine Tapferkeit und die Tatsache, dass er stets zuerst an die anderen dachte, und ich nahm das alles für bare Münze. Das ganze Theater, das er um die Rückgabe meiner fünfunddreißig Pfund veranstaltete, sowie sein Gerede, ich werde mich ans Geldausgeben gewöhnen müssen, folgten wohl einzig und allein der Absicht, dass ich mich schäbig fühlen sollte (eine Eigenschaft, die ich hasse), wodurch er mich psychologisch dahingehend konditionierte, dass ich beim nächsten Mal nur allzu bereit sein würde, in die Falle zu tappen und meine Großzügigkeit unter Beweis zu stellen – als Erstes, indem ich ihm ein Paar Gucci-Schuhe für 400 Pfund bestellte und bezahlte, im Vertrauen darauf, dass er mir das Geld zurückerstatten würde (was er nie tat – als ich ihm sagte, die Schuhe seien gekommen, bedankte er sich sofort für das wunderbare Geschenk, und ich wollte ihm nicht gestehen, dass sie gar nicht als Geschenk gedacht waren). Und schon bald darauf stellte er die Weichen dafür, dass ich ihm letztendlich alles lieh, was ich besaß.

Die Anweisungen zu den Geldtransfers gab Mark meist morgens per SMS, ich überwies dann. Im Rückblick bin ich mir sicher, dass das Telefonat über sein »Liquiditätsproblem«, das ich mitgehört hatte, fingiert war, er schlauerweise einen Betrag von 26.000 Pfund angab und mich dann lediglich um eine Überweisung von knapp 22.000 Pfund bat, sodass ich dachte, er wolle mich nicht ausnutzen – schließlich hätte er schon bei dieser ersten Transaktion 4.000 Pfund mehr einstreichen können. Die Darlehensverträge waren selbstverständlich das Papier nicht wert, auf dem sie standen. Nun, da ich meine Geschichte niederschreibe, kann ich nachvollziehen, wie verblüffend die Leute es finden, dass ich ihm so ohne Weiteres auf den Leim gegangen bin, und im Rückblick kann ich meinen Leichtsinn selbst nicht begreifen. Doch Mark ist ein Trickser und Zauberkünstler, und ich stand völlig in seinem Bann. Man kann keinem Menschen beschreiben, wie überzeugend und manipulativ er ist, wenn dieser Mensch ihn nicht persönlich kennt.

Im Laufe einiger Wochen hatte ich mich von einer Frau, die völlig unabhängig und sorgenfrei war, ins Gegenteil verwandelt, eine völlig abhängige und manipulierte Person. Es schockiert und schmerzt mich, wenn ich daran denke, dass ich praktisch bei Fuß stand, sobald Mark mich rief – ich, die sich vorher geweigert hatte, sich von ihrem Handy unterbrechen zu lassen, häufig ohne ausging oder es ausschaltete. (Jetzt hatte ich mir den penetrantesten Klingelton ausgesucht, den ich finden konnte, um seine Anrufe zu erkennen – ein lautes Piano-Riff, das rhythmisch drängte: »Nimm endlich ab!«, wann immer es ertönte.) Ebenso wenig kann ich es fassen, dass ich als Mensch, der es hasst, kontrolliert zu werden (wie meine Reaktion auf Annalisas und Kerrys Nachrichten belegt), Mark gestattete, meine privaten Textnachrichten zu lesen, ihm freien Zugang zu meinem Handy und meinem Laptop gewährte.

Ich war da sehr tief und sehr schnell in etwas hineingeraten, und alles nur, weil ich mich Hals über Kopf verliebt hatte. Der Brief, den ich Mark am 28. Februar 2012 schrieb, um ihn der »Willst du mich heiraten?«-Karte beizulegen, zeigt, wie fasziniert ich von ihm war.

Tetbury, 28. Februar 2012

Mein geliebter Mark!
Die letzten Wochen waren die besten meines Lebens. Ich kann mein Glück, dir begegnet zu sein, kaum fassen. Unser Zusammentreffen ist etwas absolut Außergewöhnliches und Wunderschönes. Ich liebe dich von ganzem Herzen, bedingungslos und für immer. Du bist mein Seelenfreund, bist die Luft, die ich atme. Ich glaube nicht, dass ich ohne dich weiterleben könnte.
Es fällt mir schwer, für meine Empfindungen, für unsere wunderbare Beziehung die passenden Worte zu finden. Im Rückblick auf einige der Dinge, die ich schon sehr früh zu Freundinnen sagte (und seit unserer ersten Begegnung sind ja noch keine sechs Wochen vergangen), sehe ich, dass ich – genau wie du – von Anfang an wusste, dass wir füreinander bestimmt sind.

Als wir uns auf diesen Drink trafen, fand ich dich total faszinie-
rend und war mir sicher, dass wir eine Beziehung haben würden.
Aber weil ich auf der Hut war – bilde ich mir ein –, hätte ich mir
damals nie vorstellen können, dass alles so unglaublich schnell gehen
würde. Tatsächlich aber sagte ich schon in diesen ersten paar Tagen
zu einer Freundin, dass es mich nicht überraschen würde, wenn wir
die Woche darauf heiraten würden!
Liebling, ich bin so aufgeregt. Ich bin völlig verrückt nach dir.
Sicher erinnerst du dich, wie ich dir bei diesem ersten Date gesagt
habe, dass ich nicht an deinem Geld interessiert bin. Natürlich
hatte ich zu dem Zeitpunkt noch keine Ahnung vom Ausmaß deines
Reichtums. Ich will nur sagen, dass ich mich darauf freue, all das zu
genießen, was du dir mit deinem Geld leisten kannst. Geld eröffnet
gewiss allerlei Möglichkeiten und sollte genossen werden. Ich weiß,
dass es uns – wenigstens bis zu einem gewissem Grade – zu denen
macht, die wir sind. Und ich bewundere dich wirklich dafür, dass
du dir deinen Besitz und deinen Erfolg so hart erarbeitet hast – aber
ich liebe dich und nicht deinen Reichtum.
Es tut mir leid, dass ich ein paarmal dumm und kleinlich war
wegen meines Geldes (das natürlich deines ist). Ich kann dir meine
Unsicherheit nur erklären durch frühere Äußerungen meines Ex-
mannes, der mir Sachen sagte wie: »Ein Ehemann ist kein Goldesel«
oder »Wann willst du endlich mal anfangen, etwas beizutragen?«
Und das alles, während ich versuchte, für meine Familie ein liebe-
volles Zuhause zu schaffen, und mich sehr bemühte, meine zwei
wunderbaren Töchter großzuziehen. Nach der Scheidung hatte ich
eine Beziehung zu jemandem, der nie Geld bei sich hatte, verlangte,
dass ich (auf den Pence genau) stets von allem die Hälfte zahlte,
und der mich belog. Damals habe ich mir geschworen, mir künftig
meine Unabhängigkeit zu bewahren, und Freunden gesagt, dass sie
mich – würde ich je wieder Anstalten machen, mit einem Mann
zusammenzuziehen – einweisen lassen sollten.
Ich erzähle dir das alles nur, um dir mein Zögern ganz zu Beginn

*zu erklären. Ich schäme mich dafür. Ich habe mich sehr dumm
gefühlt, und du sollst wissen, dass ich dir im tiefsten Innern stets absolut und vorbehaltlos vertraut habe. Das Problem ist, dass du der
Einzige bist, dem ich solche Dinge anvertrauen kann. Andere sehen
sich ständig zu allerlei Ratschlägen veranlasst, und ich muss mir
das alles anhören. Du bist der Einzige, dem ich es sagen konnte. Ich
weiß, es hat dich geärgert, und es tut mir auch leid, aber es ist mir
lieber, als Geheimnisse vor dir zu haben. Ich hoffe, du verstehst das.
Aber das alles spielt im Grunde keine Rolle, Darling. Ich hatte nie
einen Menschen, der sich wirklich um mich kümmern wollte. Was
Männer betrifft, war ich jahrelang vor allem auf der Hut. Es ist
wirklich unglaublich, dass ich mich so auf dich eingelassen habe –
und nie einen Zweifel hatte. Ich liebe dich, liebe dich über alles und
vertraue dir absolut.*

*Unsere Liebe ist das Schönste und Kostbarste für mich, Darling. Ich
werde immer für dich da sein, und alles tun, was ich nur kann, um
dich glücklich zu machen. Ich freue mich so: auf den Einzug in
unser neues Haus, darauf, alles über dich zu erfahren und dir von
mir zu erzählen. Ich muss gestehen, ich werde es genießen, in einem
Palast zu wohnen, aber nur, solange wir zusammen sind. Wenn ich
zwischen einem Palast ohne dich und einem Zelt mit dir zu wählen
hätte – na ja, vielleicht müsste ich mir das noch mal überlegen, weil
du in einem Zelt wahrscheinlich ziemlich übel gelaunt wärst und
ich vermutlich auch. Wie auch immer, Liebling, du weißt, was
ich meine. Ich werde all die wunderbaren Dinge genießen, die du
besitzt und die man für Geld kaufen kann, das Schönste aber wird
sein, dass ich mit dir zusammen bin.*

*Sag mir bitte immer, wenn dich etwas stört. Bestimmt werde auch
ich dich manchmal ärgern – bitte rede mit mir und sag mir, wie es
dir geht. Ich werde es genauso machen.*

*Ich liebe dich so sehr. Ich will dir wirklich nahekommen, körper-
lich und geistig. Ich freue mich so, dich kennenzulernen, in- und
auswendig.*

*Du bist für mich bestimmt – daran habe ich keinen Zweifel. Ich bin
die glücklichste Frau der Welt.*

Danke für alles.

In Liebe,

Bubba xxx

Wenn ich diesen Brief heute lese, wird mir speiübel. Sich vorzustellen, dass ich einem so von Grund auf bösen Menschen ohne Weiteres meine Liebe und mein Vertrauen schenkte. Aufs Neue daran zu denken, wie er schon vor unserer Begegnung plante, mich zu missbrauchen – wovon ich heute überzeugt bin. Es widert mich an, wie ich mich bei ihm entschuldige, weil ich in Gelddingen »dumm und kleinlich« gewesen sei, aber genau dieses Gefühl gab er mir ja. Der Brief zeigt allerdings auch, dass es mir trotz all meiner »Unabhängigkeit« gefiel, umsorgt und verhätschelt zu werden, aber wem gefällt das schließlich nicht?

Ende Februar war ich blind vor Liebe und stand völlig unter Marks Kontrolle.

4

Love Bomb

Bathsheba war in Troy auf eine Weise verliebt, wie es nur bei Frauen von großem Selbstvertrauen vorkommt, wenn sie dieses verlieren. Wenn eine starke Frau unbedacht auf ihre Stärke verzichtet, ist sie schlimmer daran als eine, die nie etwas wie Stärke besaß, auf die sie hätte verzichten können.

Thomas Hardy, *Am grünen Rand der Welt*

Da Mark regelmäßig nach London musste, holte er mich oft ab, um mich mitzunehmen. Ich genoss es, ihn neben mir sitzen zu haben, wo er nicht wegkonnte, während Paul uns über die M4 chauffierte. Wahrscheinlich verbrachte ich im Wagen mehr Zeit mit Mark als irgendwo sonst – und oft hatte er die eine oder andere Überraschung in petto.

»Ich habe bei Nicky Clarke einen Termin für dich gemacht. Nicky ist ein Freund von mir. Er wird zwar nicht selbst schneiden, aber einer seiner besten Leute wird sich um dich kümmern. Weißt du, wie schwer es ist, bei Nicky einen Termin zu bekommen? Das Leben ist schon erheblich leichter, wenn man die richtigen Leute kennt. Und du, Baby, du musst dich allmählich daran gewöhnen, nur zu den Besten zu gehen.«

Als ich wieder auftauchte, um ihn am Berkeley Square zu treffen, musste ich zugeben, dass meine Haare gut aussahen; andererseits hatte ich, wenn ich sie bei meinem Stammfriseur zu Hause in Buckinghamshire schneiden ließ, immer genug Komplimente bekommen.

»Vergiss dein altes Leben, Darling. Das ist ein echtes Upgrade. Du siehst fabelhaft aus. Viel, viel besser. Du musst das Alte endlich hinter dir lassen. Und jetzt lass uns shoppen gehen.«

Mit Mark zusammen zu sein machte wirklich Spaß. Er brachte mich zu Harrods und Chanel, und er war (mit Ausnahme meines Vaters) der einzige Mann, mit dem ich gern einkaufen ging. Er war toll. Er kannte Harrods wie seine Westentasche und schien auch mit einigen der Verkäuferinnen gut bekannt zu sein. Instinktiv wusste er, was mir stand. Er ging an den Stangen vorbei und wählte Teile aus, damit ich sie anprobierte, und wenn ich dann aus der Umkleide kam, war er ganz dezidiert und äußerte, ohne zu zögern, seine Meinung.

»Das ist perfekt, das nehmen wir … Nein, Baby, das da nicht, das war ein Fehlgriff. Damit siehst du uralt aus … Also, das ist ja wirklich süß. Wie wär's mit einer Jacke dazu? Das ist ein Kinderspiel, weil Größe 36 dir genau passt. Ich werde nie Probleme haben, dir ein Geschenk zu besorgen.«

Mark wusste genau, was zu einer perfekten Capsule-Wardrobe gehörte, und genau das hatte ich dann am Ende beisammen. Ein paar schöne Schlüsselteile: eine klassische Dior-Tasche für den Tag, ein klassisches Chanel-Abendtäschchen, eine wunderbar geschnittene schwarze Hose samt Jacke von Ralph Lauren, ein marineblaues Armani-Etuikleid, zwei Paar Tods-Halbschuhe, Schuhe von Dior, die zur Tasche passten, ein Paar Chanel-Pumps sowie einen Montblanc-Kugelschreiber für die Tasche.

»Es ist wirklich wichtig, einen guten Kugelschreiber zu haben«, erklärte er mir, was unstrittig war.

Alles war sehr schön – und für mich absurd teuer –, doch daran musste ich mich ja nun gewöhnen. Nebenbei benötigte Mark noch Manschettenknöpfe, eine Leine für den Golden-Retriever-Welpen, von dem er mir Fotos gezeigt hatte und den er von einem Experten erziehen ließ, und, was am außergewöhnlichsten war, einen, was mich anging, obszön teuren Schinken aus der Lebensmittelabteilung von Harrods, der 1.500 Pfund kostete. Wann immer es ans

Zahlen ging, sah Mark mich nur an, und ich zückte stumm meine Bankkarte. Doch als wir dann Champagner trinkend bei Chanel saßen und auf ein Paar Schuhe warteten, die aus einem anderen Laden gebracht werden sollten, dachte ich, dass es mir wohl nicht schwerfallen würde, mich an diese Art des Einkaufens zu gewöhnen.

An einem solchen Morgen, an dem wir eigentlich nach London hatten fahren wollen, bat mich Mark, ihn in Chalcot Manor, einem Hotel wenige Meilen außerhalb von Tetbury, zu treffen, was wir hin und wieder taten. Er habe eine Überraschung für mich, und diesmal kam er im Hubschrauber, um mich abzuholen und mir zu zeigen, wie er wirklich gern reiste. Ich liebte es. Es war ein wunderbarer Morgen, und wir flogen über Stable Cottage, in dem ich gewohnt hatte, als ich gerade nach Tetbury gezogen war, bis wir eine gewisse Höhe gewannen und direkt über die Kühltürme des Kraftwerks von Didcot flogen. Dann erkannte ich unter uns Turvill in den Chiltern Hills und die vertraute Landschaft meines früheren Lebens. Schließlich machte ich, als wir uns London näherten, das Gewerbegebiet von Denham aus, wo ich zehn Jahre lang gearbeitet hatte, ehe meine Entlassung zum Katalysator für all die nachfolgenden Veränderungen wurde. Zum Glück hatte ich den Mut gehabt, anderes auszuprobieren. Und wer hätte gedacht, dass es dazu führen würde? Als wir auf dem Flugplatz Denham landeten, erzählte mir Mark, dass wir eigentlich irgendwo leben sollten, wo wir einen Landeplatz haben konnten, da die Fahrten nach London mit dem Wagen allmählich einfach zu zeitaufwendig seien.

Ich liebte die Aufregung dieser Anfangszeit mit Mark, und binnen weniger Tage war ich mir sicher, meinen Seelenverwandten gefunden zu haben. Mark verstärkte dieses Gefühl, indem er mir sagte, er empfinde genau das Gleiche (tatsächlich erinnere ich mich, dass ich mir damals dachte, er sei noch verknallter in mich als umgekehrt). Das ist, wie ich inzwischen weiß, ein deutliches Warnsignal, doch als nichts ahnendes Geschöpf denkt man nur, was für ein Glück man doch hat, und stürzt sich kopfüber in etwas hinein, das immer toxischer wird. Und wenn Sie wie ich eine Romantikerin sind und an die Liebe auf den ersten Blick glauben, dann ist das unwiderstehlich. Mark eroberte mein Herz im Sturm und brachte mir jeden Tanzschritt bei, den er kannte. Und ich liebte es, wie er einfach handelte und Dinge organisierte. Es war neu für mich, mit jemandem zusammen zu sein, der so stark und entschlossen war, jemandem, der Verantwortung übernahm (das war immer meine Rolle gewesen) und es auch noch gut machte. Ich hatte absolutes Vertrauen in ihn.

Sein letztes Projekt war unsere Hochzeit, und ich überließ es ihm nur zu gerne. Am Morgen nachdem wir uns bezüglich des Heiratens einig geworden waren, rief er mich an, um mir zu sagen, ich solle meinen Ringfinger messen lassen, was ich sofort tat. Er werde meinen Verlobungsring und unsere Eheringe in der Schweiz anfertigen lassen. Die Eheringe sollten nach Marks eigenem Entwurf aus einem einzigen Stück Weißgold geschmiedet werden. Er schickte mir Fotos von sehr teurem Schmuck und fragte mich, ob er mir gefalle. Es gebe so vieles, das er mir schenken wolle, aber er wolle nichts kaufen, das mir nicht gefiel, und versuche, meinen Geschmack einzuschätzen. Als Nächstes erzählte er, dass er sich unsere Trauung in der Kapelle von Widcombe Manor vorstelle, gefolgt von einem extravaganten Empfang in der Villa. Er werde Meeresfrüchte bei Bibendum bestellen sowie die schönsten Blumen, die es für Geld zu kaufen gab (es gebe da eine Feuerliliensorte, die er mir schilderte, die den Mittelpunkt des Blumenarrangements bilden sollte, Nicky Clarke persönlich werde mich frisieren, es würde Livemusik geben, ein Feuerwerk, eine Licht- und Tonshow im Garten – alles, was man sich nur wünschen konnte. Es würde eine magische Märchenhochzeit werden – ein echtes Spektakel.

Ich hatte eigentlich immer gefunden, dass eine zweite oder dritte Hochzeit eher zurückhaltend gefeiert werden sollte, doch Mark behandelte mich wie eine Königin, und während er ein überwältigendes Tableau entwarf, geriet ich immer stärker in den Sog all dessen und ließ mich mitreißen.

»Ich habe es einfach noch nie richtig gemacht«, erzählte er mir. »Bitte gönn mir die Freude. Ich habe höchste militärische Auszeichnungen für meine Tapferkeit verliehen bekommen. Wir werden daher eine prachtvolle Ehrengarde haben, und ich werde Uniform tragen – eine rote Jacke. Es wird dir gefallen!«

Während wir gemeinsam durch Harrods streiften, brachte er mich in die Porzellan- und Glasabteilungen und deutete auf Dinge, die ihm gefielen. Wir würden einige der schönsten Dinge, die es zu kaufen gab, als Hochzeitsgeschenke erhalten, meinte er. Auch in die Sicherheitsabteilung brachte er mich und lenkte meine Aufmerksamkeit auf zahlreiche Abhörgeräte und Sicherheitskameras, die allesamt für den Hausgebrauch gedacht waren. Ich konnte kaum glauben, dass derart hochtechnisches Gerät einfach serienmäßig produziert und im Kaufhaus erhältlich sein sollte.

»Die Welt da draußen steckt voller Tücken, Baby«, bekannte Mark. »Du weißt nie, wer dich im Visier hat. Deswegen müssen wir ja besonders wachsam sein.«

Ohne mich zu fragen, machte mir Mark einen Termin bei Caroline Castigliani in Knightsbridge, um mein Brautkleid anpassen zu lassen. Eigentlich hatte er gehofft, wir könnten für ein paar Nächte nach Paris fliegen, um Karl Lagerfeld zu besuchen, der ein Freund von ihm war, und um das Kleid entwerfen und nähen zu lassen, dann entschied er jedoch, dass einfach nicht genug Zeit dafür sei. Er wollte, dass wir so bald wie möglich heirateten und dass das Ganze Stil hatte.

Er begleitete mich zu meinem ersten Termin, ließ mich allerdings bald Champagner trinkend im überladenen Spiegelkabinett des Showrooms zurück.

»Wie viel können Sie ausgeben?«, fragte die Verkäuferin, während sie einige Kleider brachte, um zu sehen, welchen Stil ich bevorzugte.

»Es gibt kein Budget«, erwiderte ich und erinnerte mich an ein mit Paul geführtes Gespräch (der sich übrigens fortwährend über die viele Extraarbeit beschwerte, die ihm die Organisation der Hochzeit abverlangte), in dem dieser bemerkt hatte, dass Mark gerne »ein bisschen eine Show« veranstalte. Da half wohl nur eines. Ich würde mir das glamouröseste Brautkleid aussuchen, das es für Geld zu kaufen gab – glamourös und klassisch. Und aussehen wie eine Million Dollar.

»Wenn das so ist, habe ich – glaube ich – genau das Richtige für Sie.«

Die Verkäuferin warf mir einen wissenden Blick zu, verschwand und tauchte dann mit einem über und über mit Perlen bestickten und sehr an Hollywood erinnernden, korsettierten Meerjungfrauenkleid wieder auf.

»Ich glaube, Sie sollten das hier probieren«, meinte sie, und führte mich in die Umkleide. Ich betrachtete mich im Spiegel, während ich in das Kleid hineinschlüpfte und spürte, wie es sich an meine Formen schmiegte. Ich fand es wunderschön, und ich strahlte, während ich aufrecht und selbstsicher dastand und mich von allen Seiten betrachtete. Mit der schweren Perlenstickerei wog das Kleid praktisch eine Tonne, doch als ich aus der Kabine trat und durch den Verkaufsraum auf den großen goldgerahmten Spiegel zustolzierte, der bis zur Decke reichte, fühlte ich mich schick, elegant, selbstbewusst und wunderschön.

»Sie sehen fantastisch aus in diesem Kleid!«, krähte die Verkäuferin. »Nicht jede kann so etwas tragen. Man braucht schon gewaltiges Selbstbewusstsein, um es richtig zur Geltung zu bringen, doch Sie können das. Wow – wie Sie sich darin bewegen! Seit Sie es auf der Haut tragen, sind Sie richtig aufgeblüht – ich sehe, dass es Ihnen gefällt.«

Sie hatte recht, es gefiel mir. Ich entschied mich außerdem für einen hauchzarten, perlenbestickten Bolero, kastenförmig und mit rundem Halsausschnitt, der im Nacken zu schließen war, jedoch den Rücken frei ließ und ihn den Blicken der Betrachter darbot. Mark und ich würden ein sehr eindrucksvolles Paar abgeben.

Zur Entspannung brachte mich Mark nach Babington House (eine seiner Firmen hatte gerade die Hotelkette Soho House erworben) und buchte mir einen Maniküre- und Massagetermin. Er entschuldigte sich, dass so kurzfristig nichts anderes mehr zu bekommen gewesen sei, während er mich die ganze Zeit darauf hinwies, wie das Personal ihn behandelte.

»Guck mal, Baby, wie sie springen, wenn sie mich sehen. Sie wissen, wer ich bin, und sie wissen, dass ich nur beste Qualität akzeptiere. Als Erstes werde ich hier einen neuen Küchenchef einstellen – das Essen ist wirklich grässlich!«

Er begleitete mich zu den Behandlungsräumen, wo ich meinen Maniküretermin hatte, setzte sich neben mich und plauderte mit mir, bis die Kosmetikerin Platz nahm und sich meinen Händen zuwandte. Dann stand er auf, beugte sich herunter, um mich zu küssen, und meinte, er sehe mich später auf unserem Zimmer.

»Der ist aber nett«, gurrte die Maniküre, während sie die alte Lackschicht von meinen Nägeln löste. »Was für ein Gentleman! Da haben Sie großes Glück gehabt.«

»Ich weiß«, lächelte ich. »Ich kann mein Glück kaum fassen.«

Wir übernachteten in einer Suite mit einem riesigen grünen Sofa im Wohnzimmer und einem Bett auf dem Zwischengeschoss am Ende des langen Raumes. Doch am nächsten Morgen erzählte mir Mark, nachdem wir auf dem Anwesen herumspaziert waren und ich den Küchengarten bewundert hatte, dass er eine Überraschung für mich habe. Dann führte er mich in ein weiteres Zimmer, das auf genau diesen schönen Garten hinausging.

»Als wir heute im Garten herumgegangen sind und du mir sagtest, wie schön du ihn fändest, dachte ich, dass du dieses Zimmer vielleicht lieber magst. Ist die Aussicht nicht herrlich? Und schau mal, wir haben auch einen Holzofen.«

Das Zimmer war tatsächlich wunderschön. Vor allem das Wohnzimmer mit dem Feuer war sehr behaglich, während der schräg darüberliegende Schlafbereich mit seinen freigelegten Ziegelwänden eher rustikal wirkte. Das Bad war luxuriös, hatte eine frei stehende Kupferwanne, und auf der Terrasse draußen befand sich ein großes Kupfer-Jacuzzi.

»Ich dachte, das Hotel wäre ausgebucht. Was ist denn aus den Leuten geworden, die hier drin waren?«

»Die mussten umziehen«, erzählte er mir. »Wie ich schon sagte, ich kann hier jedes Zimmer haben. Gefällt es dir denn?«

»Ich liebe es!«

»Weißt du, ich könnte ohne Weiteres auch im Hotel wohnen«, meinte Mark. »Tatsächlich habe ich das mal eine Zeit lang getan. Es müsste allerdings ein verdammt gutes sein. Hättest du keine Lust, bis zu unserem Umzug nach Widcombe hierzubleiben, statt in dieses Cottage zurückzukehren?«

»Auf gar keinen Fall! Und meine Katze, was soll denn aus der werden? Und wie komme ich zur Arbeit?« Nie, erklärte ich ihm, würde ich in einem Hotel leben wollen, egal, wie gut es sei. Eine Hotelsuite könne einfach nie ein Zuhause für mich werden. Ich brauchte einen eigenen Ort, der nach meinem Geschmack eingerichtet sei, und ich müsse meine persönlichen Dinge um mich haben. Was nicht hieß, dass ich nicht hin und wieder ein paar Tage in einem First-Class-Hotel genießen würde – schließlich genoss ich jede Minute dieses Aufenthalts.

Mark entzündete den Holzofen, und wir machten es uns vor dem Feuer gemütlich. Doch er konnte sich nie lange entspannen, da er sich immer um die eine oder andere Angelegenheit kümmern musste und ständig auf dem einen oder anderen seiner drei Handys zu telefonieren schien. In diesem Moment schaltete er den Fernseher ein und guckte dann irgendeinen Investment-Sender, auf dem er aufmerksam den Goldpreis verfolgte. Plötzlich griff er nach einem der Mobiltelefone und wies jemanden an, eine riesige Menge Gold zu kaufen (oder war es verkaufen?). Ich konnte dem Gespräch nicht wirklich folgen, da es aus einer Reihe rasch hintereinander abgefeuerter Phrasen bestand. Als Nächstes erinnere ich mich, dass die

Grafik im Fernsehen plötzlich nach oben ging (oder ging sie nach unten?).

»Siehst du das?«, fragte er. »Das war ich.«

Ich hatte nicht wirklich verfolgt, was da passierte, doch ich hatte gesehen, wie sich die Grafik auf dem Bildschirm dramatisch veränderte, und was er sagte, klang damals beeindruckend und absolut glaubhaft. Im Rückblick allerdings bin ich mir sicher, dass es einfach nur eine weitere Illusion war, die er spontan aus allem, was ihm der jeweilige Moment zur Verfügung stellte, improvisierte, um auf diese Weise einen falschen Eindruck zu erwecken. Ich entsinne mich an eine weitere, spätere Gelegenheit, als wir schon in Bath lebten, als er einmal aus dem Fenster blickte und mich auf zwei Polizeibeamte aufmerksam machte, die in unmittelbarer Nähe durch den Victoria Park gingen.

»Gut«, meinte er, »sie haben ein paar zusätzliche Beamte abgestellt, während ich hier bin. Sie hatten es mir versprochen.«

Ich bin mir sicher, die Polizeipräsenz in Bath war an diesem Tag exakt die gleiche wie an einem x-beliebigen anderen Tag auch. Mark nutzte einfach nur die Gelegenheit, um eine Hintergrundgeschichte zu den beiden Polizisten zu erfinden. Er ist unglaublich geschickt darin, den Menschen Dinge ins Herz einzupflanzen und Flöhe in den Kopf zu setzen, und dies mit größter Überzeugungskraft. Während unserer gesamten Beziehung hat er es getan, entweder indem er ganz gewöhnliche Vorkommnisse zu seinen Gunsten verdrehte oder aber etwas inszenierte, um seine besonders fantastisch anmutenden Behauptungen zu stützen. Und während er das tat und die Beziehung sich entwickelte, gewann er immer größere Kontrolle über mich, gelang es ihm mithilfe dieser Taktiken immer mehr, mich abzuschotten, mir Angst zu machen, mich meines gesamten Selbstvertrauens und letztendlich meines inneren Wesenskerns zu berauben, mich richtiggehend auszusaugen, sodass ich mich buchstäblich nicht mehr wiedererkannte – sei es im Spiegel oder in anderer Hinsicht.

In den folgenden Wochen fuhr ich zur Anprobe meines Brautkleids ein paarmal alleine nach London. Eines Morgens, als ich dort war, rief Mark mich an, um mir zu sagen, dass er einen Termin bei einem plastischen Chirurgen in der Harley Street für mich vereinbart habe. Er hatte schon früher einmal mit mir über Schönheits-OPs gesprochen und mich zu einer eventuellen Botoxbehandlung bei Sarah Prescott überreden wollen, einer Frau, die er aus Monkton Combe nahe Bath kannte. Er hatte sogar schon Termine für mich ausgemacht.

»Botox – oder was auch immer – kommt für mich nicht infrage«, hatte ich ihm entschieden erklärt. »Auf gar keinen Fall. Du wirst mich nehmen müssen, wie ich bin – also nimm mich oder lass es!« Ich ärgerte mich ein bisschen, dass er es überhaupt vorschlug.

»Du bist wunderschön, Baby, aber ich glaube nun mal, dass man aus jedem seiner Vorzüge das Beste machen sollte. Diese Frau ist ein Genie in Sachen Botox. Du solltest sie mal besuchen – sie sieht fantastisch aus für ihr Alter. Geh einfach hin, und hör dir an, was sie zu sagen hat.«

Bis zu diesem Moment hatte ich mich strikt geweigert, doch nun, wo schon ein Termin gebucht und es praktisch um die Ecke war, beschloss ich aus purer Neugier, der Praxis einen Besuch abzustatten. Ich machte mich auf den Weg zur Harley-Street-Klinik, in der Sarah Prescott in London praktizierte, und wurde in ein kleines, fensterloses Sprechzimmer mit deckenhohem Spiegel und sehr greller Beleuchtung geführt. Sarah bat mich, näher zu treten, mich vor den Spiegel zu stellen und ihr die Gesichtsareale zu zeigen, die mir Sorgen bereiteten. Eigentlich hatte ich mir um meine Falten nie Gedanken gemacht, doch jetzt, da ich unter dem erbarmungslosen Licht stand, schien mir jede Unvollkommenheit meiner Haut wie vergrößert. Mein Gesicht sah aus, als wäre es voller Falten, vor allem um die Augen und auf der Oberlippe konnte ich ein ganzes Netz von Linien entdecken. Ich wies Sarah darauf hin.

»Ehrlich gesagt habe ich nie groß darüber nachgedacht, aber falls ich etwas machen lasse, würde ich gerne die Fältchen um meinen Mund und die Tränensäcke unter den Augen wegbekommen.«

»Nun, ich glaube, dass wir da mit Fillern oder Botox nicht viel ausrichten können«, erwiderte Sarah und betrachtete mein Spiegelbild. »Ich werde unseren Schönheitschirurgen bitten, mit Ihnen zu sprechen. Vielleicht hat er ja einen Vorschlag für Sie.«

Verdammt noch mal, dachte ich und war schockiert, dass man mir tatsächlich eine OP vorschlug.

Der Arzt kam und untersuchte mein Gesicht etwas eingehender, ehe er wiederholte, was ich bereits gehört hatte. Mit Botox oder Fillern lasse sich da nichts ausrichten.

»Im Grunde«, erklärte er bestimmt, »brauchen Sie eine komplette Gesichtsstraffung. Vielleicht wollen Sie erst noch mal nach Hause gehen und sich das Ganze überlegen, aber ich denke, dass wir ein wirklich gutes Resultat erzielen könnten.«

Verdammt!, dachte ich. Was für eine Frechheit!

Ich müsse darüber nachdenken, erwiderte ich, verließ die Klinik und wählte sofort Marks Nummer.

»Du glaubst nicht, was sie mir in dieser Klinik erzählt haben. Die behaupten, ich würde eine komplette Gesichtsstraffung brauchen. Was für eine Dreistigkeit! Das können sie vergessen – ich habe so etwas nie gewollt. Ich hatte immer den Verdacht, diese Leute versuchen nur, das Selbstbewusstsein zu untergraben. Du solltest mal die grelle Beleuchtung in ihrem Sprechzimmer sehen. In der würde jeder furchtbar aussehen. Wie auch immer, ich lass nichts machen. Ich hab so was nie gewollt. Das kannst du vergessen!«

»Beruhige dich, Baby. Ich weiß nicht, warum sie das vorgeschlagen haben. Ich dachte, sie wären eigentlich auf Botox und andere nicht chirurgische Behandlungen spezialisiert. Ich werde mich erkundigen, was da los war.«

Am späteren Nachmittag rief er mich zurück.

»Bubba, die sind da auf chirurgische Eingriffe spezialisiert, deswegen haben sie ein Facelifting vorgeschlagen.«

»Also, ich weiß nicht, warum du dann einen Termin für mich ausgemacht hast – oder warum um alles in der Welt ich überhaupt hingegangen bin. Ich bin weder am einen noch am anderen interessiert.«

»Okay, Darling, ganz wie du willst. Ich lasse mir zwar Botox spritzen, wenn es nötig ist, aber was du tust, ist deine Sache.«

Hmmm, dachte ich. Doch in den folgenden Wochen ertappte ich mich viel häufiger bei einem selbstkritischen Blick in den Spiegel.

Nun, da unsere Hochzeit bevorstand, wollte Mark, dass ich nicht mehr arbeitete, und drängte mich immer wieder, doch mein gemietetes Cottage aufzugeben. Ich kündigte meine Arbeit im Laden und sprach dann bei meiner Vermieterin vor. Als ich ins Cottage gezogen war, hatte mir die Maklerin erzählt, die Eigentümerin glaube, es sei »ein Haus, in dem Träume wahr werden«. Frühere Mieter hatten – erzählte man mir –, während sie dort wohnten, dramatische Schicksalswenden erlebt. Nun schien es, als hätte sein Zauber erneut gewirkt.

Mark überzeugte mich auch, fast all meine Sachen zu entsorgen, indem er erklärte, ich müsse einen radikalen Schlussstrich unter meine Vergangenheit ziehen.

»Stell dir nur mal vor, wie toll es sein wird, dein Haus völlig neu einzurichten. Und wenn du dir dann etwas Eigenes kaufst … Dafür zu bezahlen, dass du die Sachen einlagerst, ist doch sowieso die totale Geldverschwendung. Dann gibst du schnell ein kleines Vermögen dafür aus, all das Zeug aufzubewahren.«

Was meine Kleidung betraf, so meinte er, wenn ich mit ihm zusammen sei, müsse ich mich auch entsprechend kleiden, und da sei noch Luft nach oben.

»Ich will nicht, dass jemand denkt, ich kümmere mich nicht richtig um dich«, erzählte er mir. Und so beschloss ich, dass auch der größte Teil meiner Garderobe entsorgt werden müsse.

Nicht lange nach unserem Ausflug nach Babington House war ich in London und wartete in der Schuhabteilung von Harrods auf Mark, als mein Handy klingelte.

»Wo bist du, Baby?«

»Genau da, wo wir verabredet waren – in der Schuhabteilung von Harrods.«

»Ich bin in einer Minute bei dir – aber mach dich auf was gefasst, und lach nicht!«

»Warum denn? Was ist?«

»Ich komme von einem Treffen mit Nicky Clarke und Chris Evans. Die hatten mir erklärt, sie würden eine Riesenspende an eine Wohltätigkeitsorganisation machen, wenn ich bereit wäre, Nicky Clarke bei meinen Haaren freie Hand zu lassen.«

»Oh Gott! Was hat er denn angestellt?«

»Das wirst du gleich sehen.«

Mark legte auf.

Wenige Minuten später tauchte er auf, und was sein Haar betraf, da hatte definitiv jemand Hand angelegt. Es zeigte stachlige Ponyfransen, und das Haupthaar war hochgegelt. Es sah fürchterlich aus.

»Und, was hältst du davon?« Mark fuhr sich mit den Fingern durchs Haar.

»Scheußlich, aber ich hatte mit Schlimmerem gerechnet. Es wird sich auswachsen. Sobald du es wäschst, wird es schon nicht mehr so übel sein.« Ich lachte. »Aber so will ich dich nicht heiraten, und diesen Nicky Clarke lasse ich nicht mal mehr in die Nähe meiner Haare, falls so etwas dabei rauskommt!«

Ein andermal nahm Mark mich mit nach Lucknam Park. Das Hotel war einer seiner Lieblingsorte. Als wir das erste Mal dort gewesen waren, hatte er mir erzählt, dass er mit dem Eigentümer einen großen Deal aushandle.

»Ich kaufe den Flugplatz Colerne. Der ist nur einen Katzensprung entfernt und ideal für vermögende Gäste, die lieber einfliegen. Eine todsichere Sache«, meinte er.

Diesmal jedoch verschwand Mark – statt auf ein Glas Wein und einen Espresso ins Hotel zu gehen, wie wir es sonst taten – in einem kleinen steinernen Nebengebäude in der Nähe des Wellnessbereichs und kehrte mit einem Fahrrad zurück.

»Das ist für dich«, meinte er, ehe er erneut verschwand und mit einem zweiten Fahrrad wiederauftauchte. Auch wenn beide zu klein waren, wir stiegen dennoch auf, und er preschte in hohem Tempo voran, während ich wie eine Irre hinterherstrampelte. Völlig außer Atem erreichten wir ein hölzernes Stallgebäude.

»Hier werde ich Biancas Pony unterstellen«, erklärte er. »Sie soll alles haben, was sie sich nur wünscht. Ich kann's kaum erwarten, dass wir endlich zusammen sind. Und macht das gemeinsame Fahrradfahren nicht Spaß? Komm, zurück fahren wir um die Wette!« Und wieder brausten wir unter hysterischem Gelächter los, während wir heftig in die Pedale unserer viel zu kleinen Fahrräder traten.

Doch nicht immer war die gemeinsam verbrachte Zeit so unbeschwert. Einmal, als wir auf dem Weg zu Harrods in Knightsbridge waren, erzählte mir Mark, dass das im Grunde kein gutes Pflaster für ihn sei. Er sei da einfach zu bekannt, erklärte er. Paul meinte, es sei schlichtweg dumm, wenn Mark sich an diesem Tag irgendwo im näheren Umkreis aufhalte, denn es gebe eine Demonstration in unmittelbarer Nachbarschaft, und er finde es wirklich riskant. Wir gingen trotzdem zu Harrods, doch Mark wirkte überaus nervös, und es dauerte nicht lange, bis er einen Anruf von Paul erhielt und mir mitteilte, es sei Zeit zu verschwinden.

»Keine Sorge, Bubba, aber wir müssen schnell hier raus. Paul wartet draußen im Wagen. Komm mit.«

Er ergriff meine Hand und führte mich rasch durch das Kaufhaus. Köpfe drehten sich um, während wir vorbeieilten und mittlerweile fast rannten. Wir erreichten den Wagen, den Paul bereits gestartet hatte. Wir sprangen hinein und brausten davon. Es war alles sehr nervenaufreibend.

»Ich denke, wir sollten uns besser eine Zeit lang von da fernhalten. Das war schon verdammt knapp. Aufregend, was?« Mark redete mit Paul.

»Das ist nicht aufregend, Kumpel. Das ist bescheuert. Ich hab dir gesagt, du sollst heute nicht herkommen, aber du wolltest ja nichts davon wissen. Du wirst dir gewaltige Schwierigkeiten einhandeln, wenn du so weitermachst.«

Mark schaute mich an.

»Keine Sorge, Bubba. Dir passiert nichts, das lass ich nicht zu.«

Als wir am Nachmittag wieder nach Tetbury zurückfuhren, forderte Mark mich plötzlich auf, meinen Gurt zu kontrollieren.

Wir hatten die Autobahn verlassen und fuhren eine enge Landstraße entlang, als er meinte: »Es gibt eine Planänderung, Liebling. Paul muss jetzt mal wirklich Gas geben. Wir werden sehr schnell fahren, aber Paul ist ein versierter Fahrer, also mach dir keine Sorgen. Man hat mich einbestellt. Halt dich fest. Okay, Paul – und los geht's!«

Ich wurde in meinen Sitz gedrückt, als Paul einen höheren Gang einlegte und aufs Gas trat. Wir rasten mit einhundertdreißig Sachen über die schmale Fahrbahn, und ich hatte fürchterliche Angst, während ich stockstief dasaß und betete, dass uns niemand entgegenkam. Schließlich verlangsamte Paul das Tempo, und wir bogen auf einen verfallenen Bauernhof ein.

»Hier muss ich euch verlassen. Sie schicken mir einen Hubschrauber, der mich demnächst abholt«, meinte Mark zu mir und küsste mich, ehe er die Wagentür öffnete und in den Regen hinaustrat. »Paul bringt dich nach Hause. Ich rufe dich später an.«

Ich war total verwirrt, und während Paul den Wagen wendete und wir davonfuhren, beobachtete ich durch das Rückfenster, wie Mark über den schlammigen Hof ging und hinter irgendwelchen Wirtschaftsgebäuden verschwand.

Und nun erzählte mir Mark, dass er Zweifel habe, ob wir je in Widcombe Manor einziehen würden. Mir hatte die Vorstellung, dort zu leben, eigentlich gefallen. Frühere Gespräche über einen Umzug nach Bath hatten mich zwar beunruhigt, da ich dachte, ich würde mich in einer Stadt eingesperrt fühlen – und weil es überhaupt nicht das war, was ich mir wünschte. Doch Widcombe Manor hatte eigentlich nichts von einem Stadthaus; es war eher eine ländliche Villa, die jedoch mit dem Bahnhof von Bath und allen Annehmlichkeiten des Stadtlebens in fußläufiger Entfernung wie der perfekte Kompromiss erschien, da Mark die Vorstellung, auf dem Land zu leben, nicht ertragen konnte. Nicht dass ich viel Zeit dort verbringen würde, schließlich war Mark ja Steuerflüchtling. Ich selbst, erklärte ich ihm, würde nie Steuerflucht begehen. Ich konnte einfach nicht begreifen, warum die Leute das taten. Wie auch immer, wir würden ein Haus im Vereinigten Königreich besitzen, um dort zusammenzuleben, und ich würde Mark natürlich nur zu gerne in der Schweiz, in Spanien, Italien oder sonst wo besuchen. Außerdem hegte ich nach wie vor die Absicht, mir etwas Eigenes irgendwo in den Cotswolds zuzulegen. Ich würde das Beste aus allen möglichen Welten genießen.

Doch nun erklärte Mark, dass es mit der Sicherheit in Widcombe Manor Probleme gebe. Wegen des Denkmalschutzes durften die Fenster nicht mit schusssicheren Scheiben verglast werden, er konnte keine stählerne Sicherheitstür hinter der Originaleingangstür einbauen lassen, und das Tor durfte auch nicht ausgetauscht werden. Das Anwesen sei zu exponiert, meinte er; und außerdem habe er das Gefühl, es sei verhext, denn einige Jahre zuvor sei dort ein junges Mädchen im Pool ertrunken, was er für ein schlechtes Omen hielt.

Ich verstand nicht, wozu all diese Sicherheitsvorkehrungen nötig waren, doch er meinte, es gebe noch immer eine ganze Menge bei ihm, von der ich nichts wisse – auch nicht wissen wolle –, und dass ich ihm vertrauen müsse. Erneut versicherte er mir, dass mein Leben nie in Gefahr sein werde; seines allerdings schon – wie er betonte –, und zwar ständig. Deswegen, erinnerte er mich, wechsele er in regelmäßigen Abständen die Wagen und die Handynummern. Er konnte es nicht riskieren, dass irgendjemand in der Lage war, ihn zu identifizieren.

Manchmal fragte ich mich, ob ich mit diesem Lebensstil klarkommen würde. Ich liebte meine Freiheit, und obwohl Mark immer meinte, ich hätte nie gelebt, dachte ich oft, dass er derjenige war, der nichts vom Leben verstand. Er besaß zwar alles, was man für Geld kaufen konnte, doch er schien keinerlei Freiheit zu genießen. Ein Spaziergang mit mir auf dem Lande oder ein Ausflug ins Theater oder Kino kam nicht infrage.

»Theater und Kino sind zwei der gefährlichsten Orte für mich«, erklärte er. »Überleg mal: Wenn mir jemand an einen solchen Ort folgt, ist es fast unmöglich für mich rauszukommen, ohne dass eine Menge unschuldiger Leute verletzt werden. Ich bin kein Egoist, Bubba, nie gewesen. Das Wohl der anderen hat stets Vorrang, vor meinem eigenen und manchmal auch vor unserem – das musst du akzeptieren. Es gibt eine Menge Leute, die mich gerne tot sähen. So ist es nun mal. Vergiss nicht, ich habe die IRA infiltriert. Sie haben mich gefoltert – du hast die Narben gesehen –, aber ich bin davongekommen, und sie vergessen nicht. Man denkt, das ist alles vorbei, doch es ist nie vorbei, glaub mir. Aber sorge dich nicht. Ich bin ein Überlebenskünstler – ich muss nur aufpassen. Und denk dran, du darfst nie jemandem von alldem erzählen. Es gibt nichts Gefährlicheres als unbedachtes Gerede. Nicht mal mit dir sollte ich darüber reden, aber du bist der einzige Mensch, dem ich vertrauen kann.«

Mark hatte mir tatsächlich Narben gezeigt, die angeblich von Folterungen stammten. Eines Tages entblößte er, während er hinterm Steuer saß, kurz einen Knöchel und ein Schienbein, sodass es schwierig war, sie deutlich zu erkennen. Ich meinte, ein paar Spuren gesehen zu haben, die womöglich von den Elektroden stammten, die man angeblich bei der Folterung benutzt hatte, doch im Rückblick frage ich mich, ob ich sie mir nur eingebildet habe oder einfach glaubte, was er mir erzählte. Er zeigte diese »Narben« auch Rick Libbey, seinem Kontaktmann beim Prince's Trust, und später Martin Brunt, doch keiner der beiden ließ sich davon beeindrucken. Offensichtlich war ich dann doch viel leichtgläubiger.

Unterdessen gingen die Hochzeitsplanungen weiter, und Mark bestand darauf, dass wir so schnell wie möglich heiraten sollten. Er hatte es sich in den Kopf gesetzt, dass die Trauung am Osterwochenende stattfinden sollte, doch mir schien das völlig illusorisch.

»Wir haben einfach nicht genug Zeit, um sicherzustellen, dass die Leute, die wir dabeihaben wollen, auch kommen können«, argumentierte ich. »Alle machen Pläne für Ostern. Ich kann dir garantieren, dass fast keiner von meinen Leuten bei unserer Trauung dabei sein kann. Wie auch immer, ich würde dich vorher gerne meiner Familie vorstellen.«

»Baby, alle werden sich wahnsinnig für dich freuen, und wer dabei sein will, wird es auch möglich machen. Wenn jemand nicht kommt, dann weil er nicht wirklich will. So siehst du mal, wer deine wahren Freunde sind.«

»Das stimmt nicht ganz, mein Schatz. Wir sind nicht alle wie du, der ständig Menschen enttäuscht. Einige von uns halten sich an ihre Verabredungen. Ich beispielsweise. Aber egal, ich dachte, du wolltest diesmal alles richtig machen.«

»Überlass es einfach mir, Bubba«, meinte er und küsste mich. »Ich hab dich so lieb.«

»Ich liebe dich auch.«

Am Tag meiner letzten Brautkleidanprobe hatte Mark schlechte Nachrichten für mich. In Widcombe hatte es einen Wasserrohrbruch gegeben. Überall stand das Wasser, und Decken und Böden und sämtliche Räume waren ruiniert. Nur der Himmel wusste, wie lange es dauern mochte, bis all die Schäden wieder behoben wären.

»Es tut mir leid, Liebling. Ich hatte es wohl einfach zu eilig, alles unter Dach und Fach zu bringen. Ich habe den Klempner überredet, ein Risiko einzugehen, ihm gesagt, ich würde die Verantwortung übernehmen, falls etwas schiefginge – und es ging ganz und gar schief. Weiß der Teufel, was wir jetzt machen. Ich hab dir gesagt, das Haus bringt uns Unglück.«

Als ich in mein Brautkleid schlüpfte, war mein Herz tonnenschwer, und ein Gefühl von Unheil und Verderben überwältigte mich. Ich betrachtete die Braut, die mir in ihrem wunderschönen Kleid aus dem Spiegel entgegenstarrte, und hatte plötzlich das Gefühl, nicht mehr mich selbst zu sehen. Was war mit mir geschehen? Wohin war jene elegante, glamouröse, selbstsichere und wunderschöne Frau verschwunden? Vor einigen Wochen war sie noch da gewesen, hatte mir strahlend aus dem Spiegel entgegengelächelt. Nun hatte ich nur noch das Gefühl, mich zu verlieren. Wer war dieses ausdruckslose Gespenst, das mich da anstarrte? Ich fühlte mich unglaublich traurig, beinahe untröstlich und sah mich plötzlich, wie ich in einigen Jahren sein würde, immer noch unverheiratet, eine tragische Figur in einem schönen, aber zerschlissenen Kleid. Ich spürte, wie sich die Härchen auf meinen Armen aufstellten, und fröstelte.

Als Paul mich und das Kleid am Nachmittag abholen kam, fragte ich ihn.

»Es wird keine Hochzeit geben, oder?«

»Mark hat seine ganz eigenen Methoden, Dinge möglich zu machen«, erwiderte er kryptisch.

Nicht lange danach rief Mark mich eines Morgens an und verkündete: »Wir haben Schafe!«

Wieder einmal war ich verwirrt, während er meinte, dass er in Kürze bei mir sei und mir alles erklären werde. Er holte mich ab, und wir fuhren los in Richtung Bath. Als wir uns der Stadt näherten, hielt er den Wagen auf einem Hügel an, von dem aus man das umliegende Land überblickte, und bat mich auszusteigen.

»Das alles gehört dir«, erklärte er, während er die vor uns liegende Szenerie musterte und mir erzählte, dass er das gesamte Anwesen kaufen werde. »Es ist perfekt«, meinte er. »Viel besser als Widcombe. Ich weiß, dass du das Haus liebst, aber die Sicherheit dort ist ein Albtraum. Ich habe mich da mitreißen lassen, weil ich dachte, es würde dir gefallen. Ich dachte, es wäre machbar, aber das Haus bringt uns kein Glück. Das hier ist perfekt. Wir werden nie wieder wegwollen. Ich zeige dir, wo es ist, aber ich will dich nicht durch die Innenräume führen, bevor es fertig ist. Eigentlich sollte ich dir noch gar nichts zeigen, aber ich freue mich so, daher will ich, dass du es siehst und dich auch freust.«

Wir stiegen wieder ein und fuhren weiter über schmale Straßen in einen Weiler namens Beach. Mark deutete auf ein Farmhaus rechts von der Straße, sagte, es gehöre zum Anwesen, und hielt ein Stück-chen weiter längs der Straße am Ende einer sorgfältig gepflegten Ein-fahrt. Das Haus konnte ich zwar nicht sehen, doch die Grundstücks-grenze war mit einer makellos beschnittenen Buchenhecke bepflanzt, hinter der eine diskrete Stacheldrahtumzäunung zu erkennen war.

»Siehst du das, Bubba? Alles Hightech-Sicherheitszäune und -ka-meras. Hier werden wir absolut sicher sein.«

»Aber warum hast du mir nichts davon erzählt? Du musst es mir von innen zeigen«, bettelte ich. Meine Laune hob sich, und zum ersten Mal, seit er mir von seinen Sorgen wegen Widcombe erzählt hatte, verspürte ich wieder Hoffnung. Das hier war vielleicht noch besser. Die Lage war absolut fantastisch.

»Komm schon, du kannst mich nicht herbringen und mir dann den Eintritt verweigern. Mir ist egal, ob sie noch am Renovieren sind. Ich will jetzt Haus und Garten sehen.«

»Darling, ich habe dir gesagt, ich will das vorher alles fertig ha-ben. Das wird mein Hochzeitsgeschenk für dich, und ich will, dass alles perfekt ist.«

»Bitte, Liebling. Jetzt. Ich will es jetzt sehen.«

»Ich hab dir doch gesagt, bei den besten Dingen im Leben lohnt es sich zu warten. Du wirst dich gedulden müssen.«

Erneut setzte ich zum Protest an, doch er legte mir nur den Fin-ger auf die Lippen und küsste mich.

»Gott, ist das frustrierend!«, seufzte ich. »Und was ist mit Wid-combe? Was soll aus Widcombe werden?«

»Die Versicherung wird den Schaden übernehmen. Ich lasse alles wieder herrichten und verkaufe es weiter. Ich habe schon einen Käufer. Es war nicht das Richtige für uns, Darling. Das hier ist viel besser. Du wirst sehen. Vertrau mir. Ich bete dich an, Baby. Alles wird gut jetzt – ich bin noch nie so glücklich gewesen. Und durch den Verkauf von Widcombe werden wir einen sehr hübschen Gewinn erzielen.«

Ein paar Tage später meldete sich Mark erneut und war fröhlich und begeistert.

»Zieh dich an, Baby«, sagte er. »Ich komme vorbei, um mit dir nach Bath zu fahren und das Haus anzusehen, in dem wir wohnen werden, bis die Arbeiten in Beach abgeschlossen sind. Ich hoffe, es wird dir gefallen. Zieh das neue Kleid an, das mir so gut gefällt – ich will, dass du wie eine Million Dollar aussiehst. In einer Stunde bin ich bei dir.«

Es war ein wundervoller Frühlingstag, und ich bemühte mich, glücklich und positiv zu sein. Sorgfältig machte ich mir die Haare und schminkte mich, zog dann das Chanel-Kleid und meine Dior-Schuhe an. Es war wichtig, dass ich für Mark gut aussah – denn offensichtlich wollte er mich entsprechend gekleidet sehen, wenn er mir sein anderes Haus zeigte.

»Die Leute gucken eben, Baby. Wir werden zwar so diskret sein wie nur möglich, aber es gibt immer Leute, die neugierig sind.«

Das klang ja nicht so toll. Und im Grunde behagte mir die Vorstellung, in Bath zu leben, ganz und gar nicht.

»Ich verstehe nicht, wie es sicher sein soll, mitten in Bath zu leben, wenn du meinst, in Widcombe Manor wäre es das nicht. Hier gibt es doch bestimmt die gleichen Probleme mit der Sicherheit – und die gleichen Einschränkungen –, außerdem wimmelt es in Bath von Touristen, die es jedem feindlich Gesinnten beträchtlich erleichtern dürften, sich dir zu nähern!«

»Umgekehrt wird ein Schuh draus, Baby. Niemand würde angesichts all der Touristen einen Tumult riskieren, und wir haben hier immer eine starke Polizeipräsenz. Zu mehreren ist man sicherer.

Und auf alle Fälle gibt es zusätzliche Sicherheitsvorkehrungen, während ich da bin, und ich selbst bin auch sehr vorsichtig. Ich weiß, wie man »auftauchen« muss, um kein Aufsehen zu erregen, genauso wie ich einen großen Auftritt hinlegen kann, wenn ich es will. Und jetzt komm mit. Ich will dir meinen Zweitwohnsitz zeigen. Ich hoffe sehr, dass er dir gefällt.«

Paul fuhr uns nach Bath, und wir parkten in einer Straße unmittelbar beim Circus. Mark begleitete mich vom Wagen bis zum Eingang der Brock Street Nr. 1. Die Brock Street verläuft zwischen Circus und Royal Crescent, die beide zu den herausragendsten Beispielen georgianischer Architektur im Vereinigten Königreich zählen. Sie sind von atemberaubender Schönheit und mit ihren klassischen Säulenreihen und reich geschmückten Fassaden aus dem honigfarbenen Stein von Bath erbaut.

Der Circus (das Wort kommt aus dem Lateinischen und bedeutet Ring oder Kreis) besteht aus drei gleich langen, gerundeten und gemeinsam einen Kreis bildenden Häuserreihen, zwischen denen drei Straßen, Brock, Bennett und Gay Street, strahlenförmig nach außen führen und in deren Mitte sich ein großes kreisförmiges Rasenstück mit einer Gruppe gewaltiger Platanen befindet. Der am anderen Ende der Brock Street gelegene Royal Crescent beschreibt einen weiten Bogen; er ist einhundertfünfzig Meter lang und erhebt sich über einer großen Rasenfläche und dem Royal Victoria Park. Royal Crescent und Circus sind die prestigeträchtigsten Adressen von Bath, und Brock Street Nr. 1, deren Eingang in der Brock Street liegt, bildet die Ecke einer der gerundeten Häuserreihen, die den Circus ausmachen, und wendet ihre Vorderansicht diesem zu, während die Rückseite auf den Royal Crescent und Royal Victoria Park hinausgeht.

Mark schloss auf und führte mich hinein.

»Ich habe mit den Leuten hier einen Deal gemacht und das Haus mit allem, was dazugehört, gekauft. Es ist wirklich cool.«

Wir standen in einer großen Eingangshalle, die wohl die Hälfte der gesamten Grundfläche einnahm. Ich betrachtete die gewaltige Treppe, die sich an drei Wänden entlang zum Treppenabsatz des ersten Stocks hinaufwand und dann immer weiter bis zum zweiten und darüber hinaus. Mark führte mich in einen an die Halle angrenzenden Raum.

»Das ist das Arbeitszimmer. Cool, was? Ich wette, du hattest noch nie so ein Arbeitszimmer.«

Das stimmte, aber ich fühlte mich nicht wohl darin. Das Arbeitszimmer hatte zwei Fensterwände, sodass man vom Schreibtisch aus auf die Brock Street blickte und seitlich auf den Circus. Horden von Touristen liefen dort herum. Und eine Gruppe stand nun sogar direkt vor dem Fenster und starrte zu uns herein. Ich fühlte mich wie im Zoo. Durch zwei Doppeltüren begaben wir uns weiter in ein Esszimmer. Mit seiner modischen Metallic-Tapete und den luxuriösen, deckenhohen Vorhängen mit Metallic-Effekt war der Raum wunderschön und auch sehr ansprechend möbliert. Doch wiederum war ich mir der Massen da draußen nur allzu bewusst. Ich hasste diesen Mangel an Privatsphäre, sagte jedoch nichts.

»Sieh mal, Darling.« Mark öffnete die Schubladen und Türen der Anrichte. »Hier haben wir alles, was wir brauchen. Ich habe einfach das, was mir gefallen hat, mitgekauft und uns neue Sachen besorgen lassen, wenn mir das Vorhandene nicht gefiel. Du brauchst überhaupt nichts mitzubringen. Was meinst du dazu?«

»Es ist wunderschön«, erwiderte ich leise und versuchte, mir ein Lächeln abzuringen. »Zeig mir mehr.«

Wir gelangten vom Esszimmer durch einen innen liegenden Flur in die Küche. Die Küche gefiel mir. Die Wände waren blau gestrichen, die Küchenzeilen blassrosa und blau, und der Raum hatte einen femininen Touch. Er war sehr weitläufig, rechts gab es einen offenen Kamin mit einem großen Spiegel an der Wand über dem Kaminsims sowie elegante Polstersessel zu beiden Seiten. In der Mitte des Raumes stand eine riesige Kochinsel aus Granit, die ein modernes Halogenkochfeld und ein kleines Spülbecken beherbergte, unter denen sich Schubladen und Schränke befanden, unter anderem auch das neueste Gerät, das absolute Must-have – ein Weinkühler. Auf der linken Seite gab es zwei eingebaute Backröhren, einen Dampfgarer, eine Wärmeschublade, dann eine Doppelspüle und eine Reihe von Schränken sowie integrierte Küchengeräte. Vor einem großen Erkerfenster am anderen Ende des Raumes stand ein weiß gestrichener Tisch mit sechs rosa und blau gepolsterten Stühlen. Es war schon alles sehr hübsch, doch ich schwieg noch immer. Mark nahm mich bei der Hand und führte mich durch den Flur zurück und eine Treppe hinunter in eine Souterrainwohnung. Der unangenehme Geruch von Desinfektionsmittel stieg mir beim Hinabsteigen in Nase und Kehle. Mark hatte wieder zu reden begonnen.

»Also, das ist nun wirklich toll. Das ist perfekt, wenn Lara und Emma zu Besuch kommen. Wir haben hier noch zwei separate Wohnungen – die hier und noch eine weitere im obersten Stock. Sie können kommen, so oft sie wollen, und sind völlig unabhängig von uns – Freunde natürlich auch.«

Im Keller war eine Frau, die Bettwäsche bügelte.

»Ich habe das Personal gleich mit übernommen,« erklärte Mark. »Schauen wir mal, ob es was taugt. Wenn nicht, heuern wir eigenes an.«

Er führte mich ins Schlafzimmer, das auf einen hübschen, aber winzigen Innenhofgarten hinausging, der, wie mir auffiel, von Dutzenden von Fenstern der Nachbarwohnungen aus einsehbar war. Wodurch ich mich klaustrophobisch und eingesperrt fühlte. Es gab hier keine Privatsphäre, keine Möglichkeit, im Garten herumzuspazieren, ganz zu schweigen von einer Gelegenheit, aufs Land zu kommen oder auch nur ungestört im Freien ein Getränk zu genießen. Ich würde mich wohl nur schwer ans Stadtleben gewöhnen, auch wenn es eine sehr schöne Stadt war. Mark führte mich ins Haus zurück und zeigte mir den Rest der Souterrainwohnung. Alles war sehr schön und elegant eingerichtet, allerdings schien er nicht

in derselben Welt zu leben wie ich, und dieses Haus erinnerte mich
eher an ein Boutiquehotel oder eine Ferienwohnung der gehobenen
Preisklasse als an ein Zuhause. Es besaß sogar das vorgeschriebene,
zur Hintertür weisende Notausgangsschild.

»Wie findest du sie? Gefällt sie dir?« Er drängte mich, wollte eine
Antwort.

»Ja, es ist alles sehr schön, aber ist es nicht ein bisschen seltsam,
durchs Schlafzimmer gehen zu müssen, um in den Garten zu kommen? Aber egal, zeig mir den Rest.«

Er führte mich wieder zurück in die Eingangshalle, und wir stiegen die große Treppe zum ersten Stock hinauf. Oben befand sich
ein Schlafzimmer, das zwar relativ klein, aber – falls man so etwas
mochte – sehr hübsch eingerichtet und möbliert war, nämlich mit
einem Foto von Sean Connery als James Bond über dem Bett. Am
anderen Ende des Treppenabsatzes sah man eine wunderschön ge-
schwungene Tür mit vergoldeten Stuckverzierungen, die in den
Salon führte. Dieser Raum war wahrhaft grandios mit seinem bodentiefen Erkerfenster, das über den Gartenhof hinausging und
von dem aus man über die Nachbargärten hinweg auf Royal Crescent und Victoria Park blickte. Die Wände waren in einem blas-
sen Grauton gestrichen, es hatte einen offenen Kamin und war mit
zwei großen, in magentafarbenem Pannesamt bezogenen Sofas sowie Spiegeltischen und -schränken im Art-déco-Stil eingerichtet.
Das Hollywoodthema setzte sich hier mit großen, von den Wänden
herunterblickenden Schwarzweißfotografien von Grace Kelly und
Cary Grant fort.

Durch eine spektakuläre Flügeltür öffnete sich der Salon in ein
Musikzimmer, das gleichzeitig die Bibliothek beherbergte, auf den
Circus hinausging und ebenfalls einen offenen Kamin besaß. Dieser
Raum wirkte äußerst feminin, da Pink die vorherrschende Farbe war,
wobei lange Blumengardinen die bodentiefen Fenster rahmten. Da
die massiven Türflügel offen standen, verschmolzen beide Räume zu
einem einzigen und nahmen die gesamte Tiefe des Hauses ein. Es

war schon recht beeindruckend und auch sehr schön, und während ich das Foto von Grace Kelly betrachtete, dachte ich an meine Eltern – vor allem meine Mutter, die in ihrer Jugend angeblich wie Grace Kelly ausgesehen hatte – und wünschte mir, sie wären da. Sie liebten die georgianische Architektur, kannten und mochten Bath. Sie hätten dieses Haus geschätzt und vor allem diesen Raum geliebt. Ein jäher Schmerz durchfuhr mich, als ich an sie dachte.

Im Musikzimmer stand ein Stutzflügel, und einen Moment lang beflügelte mich eine winzige Hoffnung.

»Hast du das Klavier gekauft?«, fragte ich eifrig, und beim Gedanken, wieder üben zu können, hob sich meine Laune.

»Darüber verhandle ich noch«, erwiderte Mark. »Eigentlich sollten sie ihren ganzen Mist längst draußen haben, aber ich muss das noch mal überprüfen. Sie meinten, sie wollten es abholen. Arschlöcher!«

»Hm, versuch, es zu behalten, ja? Ich fände es toll, wieder spielen zu können. Ich habe mein Leben lang Noten gesammelt und werde viel Zeit zum Üben haben.«

»Wenn du ein Klavier möchtest, Baby, und sie dieses hier mitnehmen, dann bekommst du einfach ein anderes. Mach dir deswegen keinen Stress. Du kriegst, was immer du haben willst. Und jetzt komm mit.«

Wir gingen noch weiter nach oben. Der erste Raum, den wir betraten, war ein Badezimmer. Sehr luxuriös, in der Mitte eine frei stehende Wanne vor einem offenen Kamin und am Ende des Raumes eine separate Doppeldusche. Es hatte zwei Fensterseiten und überblickte auf der einen die Brock Street und auf der anderen den Circus. Vom Bad gelangte man in einen Ankleideraum, der wiederum sehr feminin wirkte und mit bronzener und rosa Blumentapete und einer Reihe von Einbauschränken in pudrigem Rosé eingerichtet war. Zwischen den beiden Fenstern stand eine Frisierkommode, außerdem jeweils ein Sessel sowie ein kleiner Beistelltisch zu beiden Seiten des offenen Kamins.

Mark führte mich zurück zum Treppenabsatz und auf die andere Hausseite.

»Und das hier ist unser Schlafzimmer, Darling. Endlich ein eigenes Schlafzimmer!« Er führte mich hinein. »Gefällt es dir?«

Das Zimmer war geräumig und mit einer Tapete mit rosa Blumenmuster auf silbernem Grund geschmückt. Das Bett war riesig und wurde von einem recht maskulin wirkenden, hochglanzpolierten Kopfbrett und ebensolchen Nachttischen dominiert, die in einem passenden Herrenkleiderschrank an der Wand gegenüber ihre Ergänzung fanden. Ein großes geschwungenes Sofa beherrschte das Erkerfenster. Ich fand die Möbel eher hässlich. Von der Wand über dem Bett blickte Marilyn Monroe herunter; nun ja, sie guckte nicht direkt herunter, sondern lag nackt dort herum, hatte die Augen geschlossen und ein Laken kunstvoll über den üppigen Körper drapiert. Irgendwie wirkte das Bild zu klein für das Zimmer.

»Beeindruckend, Darling, wenn auch nicht ganz mein Geschmack.« Ich blickte auf den Frisiertisch, der überhaupt nicht zu den übrigen Möbeln im Raum passte und bei dem der Spiegel fehlte. Ein glatter Stilbruch.

»Es ist unser Schlafzimmer, Baby. Überleg mal. Unser eigenes Schlafzimmer! Und es gibt noch mehr. Komm mit.«

Er führte mich eine kleine Treppe hinauf zu einer weiteren Wohnung im Dachgeschoss, setzte den Rundgang fort, wobei er das Haus in höchsten Tönen pries.

»Ich liebe es einfach. Was meinst du? Gefällt es dir?«

»Es ist ein wunderschönes Haus, Darling, keine Frage. Wenn auch der Grundriss etwas seltsam ist. Es ist nicht wirklich als Familienhaus konzipiert.«

»Aber gefällt es dir denn? Denk doch nur, Bubba, wir werden am Circus wohnen – die meisten Leute würden für eine Adresse am Circus ihren rechten Arm hergeben – und wir haben ganz Bath vor der Haustür. Gefällt es dir?«

»Es ist ein wunderschönes Haus«, wiederholte ich.

»Ich bin so froh, dass es dir gefällt. Ich habe schon befürchtet, dass du womöglich gar nicht hier wohnen willst.«

Er schien einfach nichts von dem, was ich sagte, ernst zu nehmen oder überhaupt darauf einzugehen. Er nahm meine Hand und redete, während er mich wieder nach unten führte, weiter begeistert auf mich ein.

»Komm, Baby, lass uns einen Spaziergang machen.«

Wir gingen nach draußen und drehten eine Runde. Die steinernen Gebäude schimmerten in der Frühlingssonne, und die Stadt zeigte sich von ihrer schönsten Seite, doch mir war schwer ums Herz. Nie hatte ich in einer Stadt leben wollen – nicht einmal in einer Villa in einer sehr schönen Stadt. Ich wäre wirklich gerne zufrieden gewesen, aber ich war es einfach nicht. Auch wenn dieses Haus mindestens zehnmal so groß war wie mein gemietetes Cottage, fühlte ich mich bei der Vorstellung, darin wohnen zu müssen, eingesperrt. Es hatte einfach überhaupt nichts Privates. Es war an ein anderes Haus angebaut, überall waren Leute, es gab praktisch keinen Außenbereich, und es sah ganz so aus, als könnte die Parkplatzsuche zum Albtraum werden. Doch es gab kein Zurück mehr. Ich hatte sowohl im Laden als auch für mein kleines Cottage die Kündigung eingereicht.

Ich hasste die Zweifel, die mich nun überrollten. Vielleicht war es ja auch nur die Nervosität vor der Hochzeit und ich würde mich ans Stadtleben gewöhnen. Andererseits, vielleicht musste ich mich ja gar nicht daran gewöhnen. Schließlich war es nur eine vorläufige Adresse. Außerdem würde ich bald ein eigenes Haus besitzen – ein Haus, das ich als echtes Zuhause empfinden konnte; etwas Kleines, aber Hübsches draußen auf dem Lande. Ich freute mich schon darauf.

»Du brauchst überhaupt nichts mitzubringen«, erzählte mir Mark. »Es ist alles da. Pack einfach nur deine neuen Klamotten, mehr brauchst du nicht.«

»Na ja, vielleicht bringe ich ein paar Bücher und Fotos mit, so etwas. Für den Rest meiner Sachen miete ich einen Lagerraum.«

»Du spinnst ja. Am Ende, glaub mir, gibst du ein Vermögen fürs Einlagern von Sachen aus, die du letztendlich gar nicht mehr haben willst. Das hab ich dir doch schon mehrfach zu erklären versucht.«

»Aber wenn ich mein eigenes Haus kaufe, werde ich all meine Sachen brauchen.«

»Du spinnst, Bubba. Fang noch mal ganz von vorne an. Befrei dich von all dem Ballast, und fang ganz neu an, wenn du dein Haus kaufst. Überleg doch mal, wie schön es ist, bei null anzufangen und passende Möbel zu kaufen. Du würdest das sicher toll machen und hättest eine Menge Spaß dabei. Geld wirst du mehr als genug haben, um alles zu tun, was du willst.«

»Vielleicht hast du ja recht. Ich überlege es mir. Wirklich schade, dass Lara und Emma nichts davon übernehmen können ... apropos Lara und Emma, eines muss ich noch erledigen, nämlich ihre Studiendarlehen abbezahlen. Ich habe ihnen das schon vor einer Weile versprochen, aber ich war so beschäftigt.«

»Diese Diskussion hatten wir doch schon mal, Darling, ich hab dir gesagt, ich finde, wir sollten das richtig machen. Weißt du, ich habe da ein paar Objekte in London, die ich ihnen gerne schenken würde – das käme mir sogar zupass, weil ich bis jetzt nicht weiß, was ich damit anfangen soll –, aber wir müssen ein Treuhandkonto für sie eröffnen. Sobald ich kann, setze ich meinen Anwalt darauf an. Wir müssen diese Dinge korrekt und ordnungsgemäß angehen. Du willst ja nicht, dass ihnen eine fette Steuernachzahlung ins Haus flattert, oder?«

»Ich will einzig und allein ihre Studiendarlehen abbezahlen. Ganz einfach.«

»Lass mich mit meinen Anwälten darüber reden, Baby, ja?«

»Okay, aber ich will, dass das bald erledigt wird.«

»Wird es, Baby. Keine Sorge. Und inzwischen solltest du mal in die Gänge kommen und dir überlegen, was genau du tatsächlich mitnehmen willst. Aber wenn du meinen Rat annimmst, entsorgst du das meiste davon.«

Ich grübelte eine Weile darüber nach und gab ihm am Ende recht.

Es wäre schon gut, komplett mit der Vergangenheit zu brechen. Ich würde meine persönlichen Fotos und Briefe behalten sowie ein paar Gegenstände, die emotionalen Wert für mich besaßen, und auch einige meiner Bücher, doch vom Rest würde ich mich trennen.

Ein paar Tage bevor ich Kerrys Laden verließ, ging ich zum Gewerbehof, wo die meisten meiner Besitztümer gelagert waren. Ich hatte Uma erzählt, dass ich eine massive Entrümpelung plante, und sie erwartete mich bereits. Ebenso wie Paul. Meine Container wurden geöffnet, und ich suchte mir noch einige Sachen heraus. Die Atmosphäre war hektisch und fieberhaft, und mir war übel. Uma übernahm die meisten meiner Sachen, und Paul meinte, er werde sich um den Rest kümmern. Ich war froh, dass viele meiner Besitztümer ein neues Heim bei Uma und Antony fanden, doch am Ende des Tages fühlte ich mich erschöpft und zerrissen. Es war, als hätte ich mein vergangenes Leben zusammengepackt und weggegeben. Vielleicht hätte ich es nicht auf einen Schlag tun sollen, doch so war es nun einmal – nun hieß es alles oder nichts. Nun musste ich nach vorn schauen – auf mein Leben in Bath.

Love Bombing ist eine bekannte und von Psychopathen gern genutzte Taktik. Damit entwaffnen sie ihr Opfer, indem sie die Beziehung in einem derartigen Tempo vorantreiben, dass dieses kaum noch zum Nachdenken kommt. Die Ereignisse verschwimmen und werden so verwirrend, dass es unmöglich ist, damit Schritt zu halten oder sie überhaupt nachzuvollziehen. Das Opfer, meist eine Frau, ist derart überwältigt, desorientiert und abgelenkt, dass es gar nicht merkt, wie ihm die Kontrolle über das eigene Leben entgleitet.

Man hat mich gefragt, was Lara und Emma von meiner neuen Beziehung hielten und ob sie irgendwelche Bedenken geäußert hätten. Zwar erinnere ich mich nicht, aber Emma sagt, sie wisse noch genau, wie sie hörte, dass ich zu diesem ersten Date ging, weil sie ein Gefühl absoluter Angst verspürt habe. Sie erinnert sich auch, dass sie ihre Besorgnis mehrere Male direkt zum Ausdruck gebracht hatte, hörte allerdings auf damit, als sie meine Reaktionen nicht mehr ertragen konnte und merkte, dass sie damit wahrscheinlich mehr Schaden als Nutzen bewirkte. Am 17. März schickte sie Lara einen Link zu einem Artikel über einen falschen Spion, der irgendeine arme Frau geschröpft hatte, und obwohl ich nicht wirklich glaube, dass sie ganz rational der Meinung war, mir geschehe das Gleiche, hatte sie vielleicht unbewusst eine Art sechsten Sinn dafür. Schon früh mailte Lara auch einer Freundin von ihrer Sorge, indem sie ihr schrieb:

> Zurzeit ist alles ein bisschen verrückt bei mir – meine Mum hat vor zwei Monaten einen Mann kennengelernt und ist jetzt bei ihm eingezogen (er hat ihnen ein Haus gekauft) und lebt das verrückte Leben einer »Millionärsgespielin«. Und wenn ich Millionär sage, dann spreche ich wahrscheinlich eher von einem Milliardär – der Kerl hat Jachten und Flugzeuge und alle möglichen Immobilien (er lebt tatsächlich in Genf – arbeitet für UBS). Es ist alles ein bisschen irre – ja, komplett irre –, und ich hoffe nur, nicht komplett unüberlegt.

Und dann, ein paar Wochen später, nachdem sie Mark kennengelernt hatte, antwortete sie auf die Bedenken derselben Freundin, indem sie ihr schrieb:

> Mum scheint es gut zu gehen, aber ich glaube nicht, dass sie wirklich überreißt, worauf sie sich da eingelassen hat. Ich denke, ihr wird bald dämmern, dass es eine problematische Geschichte ist – keiner ihrer Freunde wird je zu ihm zu Besuch kommen, und wenn doch, dann weiß ich nicht, ob sie ihn mögen werden. Genauer gesagt, meine Mum kann doch nicht ständig rumhocken und warten, bis er wieder auftaucht, ich mache mir Sorgen, dass sie seinetwegen ihr Leben verpasst. Und brutal ist er auch, also wer weiß, was passieren kann. Es ist schon bedenklich.

Wie gesagt, ich erinnere mich nicht, dass meine Töchter ihre Bedenken mit mir geteilt hätten, obwohl ich, nachdem wir in jüngerer Zeit öfter darüber reden, keinen Zweifel daran habe. Es tut mir sehr weh, wenn ich daran denke, dass ich ihre Ängste ignoriert habe, und es zeigt, wie sehr Mark Acklom mich bereits in der Hand hatte. Sie erzählen mir, sie seien sich von Anfang an sicher gewesen, dass es böse enden werde. Wie recht sie doch hatten.

Was Marks Versuche angeht, mir Botox oder eine Schönheits-OP aufzuschwatzen, stehen mir noch im Nachhinein die Haare zu Berge. Ich bin mir sicher, dass er mit seinen Bemerkungen über Botox mein Selbstvertrauen untergraben wollte. Er machte sich dabei eine Unsicherheit zunutze, die ich bei unserem ersten Date preisgegeben hatte, als ich ihm nämlich erzählte, durch ein Verhältnis zu einem jüngeren Mann würde ich mich wahrscheinlich alt fühlen. Als ich die ganze Wahrheit dessen, was er mir angetan hatte, entdeckte, war mir, als hätte ich meine Identität verloren, und jahrelang erkannte ich mich nicht einmal mehr im Spiegel; man stelle sich die Auswirkungen vor, hätte ich mich zu einer Operation überreden lassen und auf mein körperlich verändertes Spiegelbild geblickt.

Ich hatte nicht viel Erfahrung in Liebesbeziehungen, da ich nur einen einzigen langjährigen Freund gehabt hatte, ehe ich den Mann traf, den ich schließlich heiratete. Mein Mann und ich hatten eine stürmische Romanze und waren nur ein Dutzend Mal aus, ehe er um meine Hand anhielt, sodass es nach meiner sehr beschränkten Erfahrung normal war, mich so schnell auf Mark einzulassen. Der Unterschied war, dass ich meinen Mann schon etwa ein Jahr lang kannte, ehe ich mit ihm ausging, und daher ein wenig über ihn wusste. Ich wusste, wo er wohnte und arbeitete. Ich kannte seine Freunde und lernte auch bald seine Familie kennen. Was Mark anging, traf ich lediglich die damals zweieinhalbjährige Bianca, eine Begegnung, die er gezielt inszeniert hatte, um meine Zuneigung zu gewinnen. Psychopathen sind, was ihr Privatleben angeht, sehr schwer zu fassen. Mark erzählte mir einiges über seine Verwandten –

manches wahr, anderes falsch –, aber ich lernte nie einen von ihnen oder auch irgendeinen Freund von ihm kennen, und er wollte auch niemanden von meiner Seite kennenlernen. Das ist ein deutliches Warnsignal, doch ich denke, dass es mir in meinem damaligen Freiheitsrausch nichts ausmachte, wenn unsere Beziehung fürs Erste nur aus uns zweien bestand. Erst als es zu spät war, begriff ich, dass diese Ausschließlichkeit ihm vollständige Kontrolle über mich verschaffte.

Besonders raffiniert ging Mark bei seinen Geschäftstricks und seinem Liebesschwindel vor. Denn nicht nur für seinen Reichtum lieferte er »Beweise«, sondern auch für seine Beziehungen. Wobei seine arglosen Opfer nie begriffen, dass alles nur eine geschickte Scharade war, in der er echte Menschen benutzte und gegeneinander ausspielte. Sein Leben war tatsächlich »wie ein Film«, und er manipulierte seine Figuren wie Marionetten. In seiner Beziehung zu mir bot ihm die Tarnung als MI6-Agent, von der er mich mit großem schauspielerischem Einsatz überzeugte, die ideale Möglichkeit, all die normalen gesellschaftlichen Konventionen, die in einer Beziehung zum Tragen kommen, zu umgehen. In seinen Geschäftsbeziehungen, vermute ich, bediente er sich dann wohl einer Business-Bombing-Technik, bei der alles in genauso rasantem Tempo ablief und gleichfalls störende Ablenkungsmanöver zum Einsatz kamen: Geschäftspartner wurden zu allen Tages- und Nachtzeiten angerufen mit Forderungen, dies oder jenes zu tun, hierhin oder dahin zu kommen. Telefonate mit ihm waren häufig nicht mehr als Zehn-Sekunden-Durchsagen.

Mit Mark zu tun zu haben – in welcher Eigenschaft auch immer – war wie eine Wildwasserfahrt: Es war unglaublich aufregend, immer war da ein Hauch von Gefahr, alles geschah nonstop und in hohem Tempo, und je wilder das Wasser wurde, umso mehr klammerte man sich ans Floß und sah nicht den steilen Wasserfall, der unmittelbar vor einem lag.

5

Der Spion, der mich liebte

[Ich] fand es sehr traurig und seltsam, dass der erste Abend meiner strahlenden Zukunft sich als der einsamste Abend erwies, den ich je erlebt hatte.

Charles Dickens, *Große Erwartungen*

Am 3. April 2012 zog ich nach Bath. Ich nahm nur einen Koffer Kleidung mit, spürte aber den Druck eines quälenden, von Zweifeln und Anspannung verursachten Kopfschmerzes. Meine restlichen Sachen befanden sich bereits in Pauls Wohnung, die nur einige Straßen entfernt am Cavendish Place lag. Mark hatte mir gesagt, er wolle Paul immer in meiner Nähe wissen, damit er sicher sein könne, dass mir keine Gefahr drohe. Nun wartete er im neuen Haus auf mich, und als er die Tür öffnete, um mich zu begrüßen, erlebte ich ihn in ausgezeichneter Stimmung. »Dieses Haus ist doch einfach großartig, Liebling. Cool, oder? Freust du dich nicht riesig, hier leben zu können?«

Im Arbeitszimmer zeigte er mir den Verkaufsprospekt für die Immobilie auf dem Schreibtisch.

»Kümmere du dich für mich darum, ja?«, bat er mich.

Ich bin sehr gut darin, aus den meisten Dingen das Beste zu machen, deswegen rang ich mir ein Lächeln ab. Ich sagte mir, das hier sei einfach nur vorübergehend, denn, so hoffte ich, schon sehr bald wären die Renovierungsarbeiten in Beach abgeschlossen. Außerdem würde mir klar werden, welche Immobilie ich für mich selbst kaufen wollte, wenn ich erst einmal eine Weile mit Mark verheiratet wäre.

Wenn ich das Ganze nur richtig anging, würde ich es auch genießen können – schließlich lag Bath direkt vor der Tür, und wir hatten ein Haus mit vier sehr bequemen Gästezimmern für Freunde.

Unsere ersten Gäste sollten schon am darauffolgenden Samstag eintreffen: meine Töchter mit ihren Freunden und Anne mit ihrem Sohn (der für meine Mädchen wie ein Bruder ist) und seiner Freundin. Mein Bruder, meine Schwägerin und meine Nichten wollten zum Abendessen dazustoßen. Als ich vor einiger Zeit alle gebeten hatte, sich diesen Tag freizuhalten, war ich davon ausgegangen, wir würden in Widcombe Manor leben, und Mark hatte versprochen, einen privaten Koch zu engagieren, der uns zum Abendessen ein Feinschmeckermenü zubereiten sollte. Als sich jedoch der Ort in letzter Minute änderte, änderten sich auch Marks Pläne. Er sagte dem Koch ab, und obwohl ich normalerweise gern Essen zubereite, fühlte ich mich einfach zu überwältigt und beunruhigt, als dass ich das Ganze selbst hätte übernehmen können. Sogar eine Fahrt zum Supermarkt wäre hier sehr umständlich gewesen, weil sich Parken und Ausladen als unmöglich erwiesen.

Paul erschien, und wir saßen zu dritt in der Küche.

»Also, Baby, wie stellst du dir das Ganze vor?«, fragte Mark.

»Können wir nicht einfach alle in ein Restaurant einladen?«

»Natürlich, wenn du darauf bestehst. Aber ich dachte, du wolltest sie hier im Haus haben.«

»Schon, Liebling, aber jetzt hast du ja alles umgeplant. Wir sind an einem anderen Ort, als ursprünglich gedacht, du hast dem Koch abgesagt, und ich will das nicht übernehmen.«

»Gut, dann mach du einen anderen Vorschlag.«

»Habe ich doch. Ich bin dafür, dass wir auswärts essen.«

»Für so eine große Gruppe finden wir nie etwas – wie viele sind wir noch mal?«

»Dreizehn.«

»Siehst du. Für dreizehn Leute bekommt man so kurzfristig nichts Gescheites.«

Ich fühlte mich unter Druck gesetzt und zermarterte mir den Kopf.

»Und wenn wir einfach etwas aus diesem indischen Restaurant bestellen, das dir gehört? Du erzählst doch immer davon – The Mint Room heißt es, oder?«

»Du willst dir indisches Essen liefern lassen? Gut, ich denke, das geht. Paul, kümmere du dich darum, ja? An wie viel Uhr hattest du gedacht, Baby?«

Eigentlich gefiel mir die Idee überhaupt nicht, aber ich fühlte mich gestresst und versuchte, das Beste aus der Situation zu machen.

»Um acht?«

»Acht Uhr, Paul«, wiederholte Mark. »Und, Paul, kümmere dich um die Getränke, ja? Unsere Weinvorräte müssen unbedingt aufgefüllt werden.«

Bei Pauls Rückkehr half ihm Mark, den Wein kalt zu stellen, aber danach verkündete er, er müsse gehen.

»Ich sehe dich dann am Samstag, Baby«, verabschiedete er sich mit einem Kuss. »Ich versuche, zwischendurch kurz vorbeizuschauen, aber versprechen kann ich dir nichts.«

Ich traute meinen Ohren nicht. Ich war hergezogen, damit wir mehr Zeit miteinander verbringen konnten, und er ließ mich jetzt schon allein. Ich ging durch die Zimmer, fragte mich, ob ich mich hier jemals zu Hause fühlen würde. Als ich das Musikzimmer betrat, erkannte ich mit einem unguten Gefühl, dass das Klavier nicht mehr da war.

Der Samstag kam schnell, und ich freute mich wirklich darauf, meine Familie und Freunde zu sehen, auch wenn eine nervöse Anspannung ständig an mir fraß, mir keine Minute Ruhe ließ. Mark sollte an diesem Abend gegen neunzehn Uhr erscheinen, und ich konnte es kaum erwarten. Ich war ein bisschen nervös, wenn ich daran dachte, wie meine Familie und Freunde ihn wohl aufnehmen würden. Er war ganz anders als sie, und ich wusste, seine Arroganz würde ihnen nicht gefallen. Ich hoffte bloß, er selbst wäre nicht so nervös wie ich. Ich konnte mir gut vorstellen, dass er es ziemlich schwierig fand, elf der wichtigsten Leute in meinem Leben auf einmal zu treffen.

Lara und Emma trafen als Erste ein, und ich war überglücklich, die beiden zu sehen. Ich zeigte ihnen das Haus und ihre Schlafzimmer. Lara hatte als Studentin einen Sommer lang in Bath gewohnt und gearbeitet, und sie kannte sich in der Stadt gut aus.

»Ich kann gar nicht glauben, dass du jetzt in dieser Gegend wohnst und auch noch am Circus. Hier bin ich auf dem Weg zur Arbeit und zurück immer vorbeigekommen. Und ich habe davon geträumt, hier zu leben – dass du das jetzt kannst, finde ich ganz unglaublich. Einfach toll!«

Laras Begeisterung wirkte ansteckend, und ich spürte, wie mir langsam wohler zumute wurde. Als meine Freunde eintrafen, gab es eine weitere Besichtigungstour, und ich entspannte mich langsam. Ich fühlte mich gut, bis mein Bruder mit seiner Familie auftauchte. Annalisa schien mich beim Betreten des Hauses quasi zu ignorieren.

»Die Toilettenspülung funktioniert nicht«, verkündete sie, als sie in die Küche kam, um sich ein Getränk zu nehmen.

»Da gibt's einen Trick«, gab ich zurück. »Man braucht ein bisschen Geduld.«

Ich zeigte den vieren auch das Haus. Meine Nichten waren sehr angetan, und Nick verhielt sich höflich und gab ein paar freundliche Kommentare von sich, aber von Annalisa hörte ich kein einziges gutes Wort.

»Dieser Kronleuchter hat wohl schon länger keinen Staubwedel gesehen«, meinte sie, als wir in den zweiten Stock kamen.

Mark war immer noch nicht da, und mit jedem Ticken der Uhr wünschte ich ihn mir mehr herbei. Ich versuchte ihn anzurufen, bekam ihn aber nicht ans Telefon.

Paul brachte das Essen, und ich stellte es gerade in der Küche hin, als ich den fordernden Klingelton hörte, der einen Anruf von Mark ankündigte.

»Wo bleibst du denn?«, fragte ich. »Die anderen sind schon da, und ich finde es sehr peinlich, dass du noch nicht hier bist. Alle warten darauf, dich kennenzulernen. Wir wollen gleich mit dem Essen anfangen.«

»Liebling, es tut mir so leid, aber ich sitze in Ronda fest. Ich habe meinen Slot für den Flug verpasst, und jetzt weiß ich nicht, wann ich eine Starterlaubnis kriege.«

Ich erinnere mich noch, wie seltsam es mir erschien, dass er gerade Ronda nannte. In dieser spanischen Stadt war ich schon einmal gewesen, und es kam mir nicht besonders wahrscheinlich vor, dass man dort landete, wenn man mit dem Flugzeug ins Vereinigte Königreich wollte. Aber ich hatte so viele andere Dinge im Kopf, dass ich Mark nicht danach fragte. Wie sollte ich seine Abwesenheit nur erklären? Ich spürte, wie mir eine heiße Röte der Verlegenheit den Hals hochkroch.

»Was? Wie kannst du mir das antun? Du weißt doch, wie wichtig es mir ist, dass du meine Familie kennenlernst. Außerdem ist heute der Tag, an dem wir hätten heiraten sollen. Das hast du selbst gesagt. Ich kann gar nicht glauben, dass du mich so im Stich lässt.«

»Liebling, ich habe dir ganz am Anfang gesagt, dass ich dich unzählige Male im Stich lassen muss, bis wir richtig zusammen sein können. Es tut mir wirklich leid, Baby. Ich werde versuchen, es bis morgen zu schaffen. Mach du dir jetzt einen netten Abend mit deiner Familie und deinen Freunden. Ich liebe dich. Ich kann es kaum erwarten, dich wiederzusehen.«

»Ich liebe dich auch.« Meine Stimme klang leise und gepresst, als ich das Gespräch beendete. Mit einem starren Lächeln entschuldigte ich mich in Marks Namen, als wir uns alle zum Essen hinsetzten.

»Na, so eine Überraschung aber auch«, kommentierte Annalisa.

Der Abend verlief alles andere als geplant, und ich fühlte mich schrecklich gestresst und neben der Spur. Meine Nichten fragten, ob sie über Nacht bleiben könnten, und ich sagte Nein, obwohl das überhaupt nicht meiner Art entspricht. Ich hoffte, Mark würde am nächsten Tag auftauchen. Allerdings war mir plötzlich, als wollte ich gar nicht, dass er meine Familie kennenlernte. Als ich mich von Nick verabschiedete, wandte sich Annalisa an mich.

»Mir war von Anfang an klar, dass er nicht kommen würde«, verkündete sie. »Aber wenigstens wissen wir jetzt, wohin es dich verschlagen hat.« Ihr Gesichtsausdruck wirkte wie versteinert. Ich war sehr unglücklich, und wenn es etwas wie eine Nabelschnur zwischen Familienangehörigen gibt, hätte ich in diesem Augenblick gern zur Schere gegriffen, um sie durchzuschneiden.

Am nächsten Morgen bereitete ich ein riesiges Frühstück für alle vor, und wir räumten gerade das Geschirr weg, als ich hörte, wie die Haustür aufging.

Mark betrat den Raum.

Er trug seine Designerjeans, ein frisch gebügeltes Hemd, die von mir bezahlten Gucci-Schuhe und seinen Mantel von Crombie. Die Blicke aller Anwesenden richteten sich auf ihn. Er nahm einen Moment alles schweigend in sich auf, küsste mich und verlangte dann sofort einen Kaffee. Während ich Mark allen vorstellte, zündete er sich eine Zigarette an. Wir saßen am Küchentisch, und ich war sehr nervös, während Höflichkeiten ausgetauscht wurden. Lara machte ihm ein Kompliment wegen des Hauses; sie erzählte ihm, als Studentin habe sie davon geträumt, in dieser Gegend zu wohnen.

»Ja. Zum Glück kann ich mir alles leisten, was mir gefällt«, gab er zurück. »Ich liebe dieses Haus, aber ich besitze auf der ganzen Welt Immobilien.«

Zum ersten Mal erlebte ich Mark in der Gesellschaft anderer, und bald dominierte er das Gespräch. Er hielt richtiggehend Hof, benahm sich, als hätte nur er hier das Sagen, gab mit seinen Besitztümern an und schaute auf alle anderen herab.

»Ich habe eine ganze Flotte von Flugzeugen, und wahrscheinlich gehört mir die größte Picasso-Sammlung der Welt«, gab er an, zog an seiner Zigarette und lehnte sich in seinem Stuhl zurück. »Ich mag schöne Dinge. Einmal hatte ich eine ganze Ladung Goldbarren und wusste nicht, was ich damit anstellen sollte, also habe ich eine Glasplatte draufmontiert und das Ganze als Kaffeetisch benutzt. Das war cool.«

Mark gab sich nicht nur arrogant: Er war unhöflich und unangenehm. Er saß am Tisch und schüttete einen Espresso nach dem anderen in sich hinein, rauchte dazu wie ein Schlot. Ich rauchte auch – das hatten meine Angehörigen bisher nur selten bei mir erlebt. Ich wusste, es würde ihnen überhaupt nicht gefallen. Wir hockten in einer Qualmwolke, und ich spürte, wie mich eine Welle der Verlegenheit nach der anderen überrollte, während Mark so richtig loslegte. Doch ich fühlte mich machtlos, konnte ihn nicht stoppen oder auch nur versuchen, das Gespräch in eine andere Richtung zu lenken. Stumm und wie betäubt saß ich da und wünschte mir, Mark würde den Mund halten, aber das tat er einfach nicht. Irgendwann gelang es Annes Sohn Nick, auch etwas zu sagen. Ich bemerkte, wie ihm eine Röte den Hals hinauf bis in die Wangen kroch, und ich wusste, dass er sehr aufgebracht war, auch wenn er darüber seine guten Manieren nicht vergaß und höflich blieb.

»Wenn du so viel besitzt und alles haben kannst, was du nur willst, woher nimmst du dann deine Motivation?«, erkundigte er sich.

»Früher war Geld meine Motivation, jetzt sind es Macht und Kontrolle über andere. Es kostet mich einen Knopfdruck, und die Wirtschaft hier im Vereinigten Königreich steht still. Auf der ganzen Welt gibt es nur etwa fünfhundert Leute, die solche Macht haben«, erwiderte Mark. Er nahm sich eine weitere Zigarette. »Wenn man auf dieser Welt vorankommen will, muss man bereit sein, alles andere zu opfern. Man muss wissen, was gespielt wird, und wenn man schlauer sein will als die im Kasino, muss man mehr Geld haben als die im Kasino. Man muss darauf vorbereitet sein, alles zu verlieren, sich dann nackt zu machen und in den Arsch ficken zu lassen. Nicht viele Leute haben diese Einstellung.«

Ich saß da wie erstarrt – völlig schockiert. Seit wann war er bloß so widerlich und fluchte so schlimm? Und warum konnte ich einfach nichts sagen, um das Gespräch in andere Bahnen zu lenken? Ich fühlte mich völlig ausgeliefert und desorientiert. Als hätte ich überhaupt keinen eigenen Willen mehr. Dann ergriff Mark wieder das Wort.

»Du wohnst in Kentish Town?« Er musterte Nick, und dabei verzogen sich seine Mundwinkel so, dass er eher verächtlich als freundlich aussah. »Kentish Town gefällt mir. Nur gibt's da zu viele Schwarze. Alle anderen arbeiten – die Juden, die Chinesen, die Polen –, aber den Schwarzen steckt die Faulheit irgendwie in den Genen. Sie müssen sich aufraffen, sich ordentlich bilden, dann können sie in fünfzig Jahren wiederkommen. Neulich bin ich durch London gefahren – einmal und nie wieder. Überall diese schwarzen Typen, die nicht ans Steuer gehören. Es sollte eine Fahrspur für *uns* geben, für die Politiker, die Diplomaten, die Leute mit Bildung – und eine andere für die einfachen Leute. Genau aus diesem Grund bin ich immer im Hubschrauber unterwegs.« Kurz unterbrach er seinen Redeschwall. Gerade lange genug, damit er eine Dose Cola öffnen und einen Schluck trinken konnte. Dann zündete er sich eine weitere Zigarette an und legte wieder los.

»Man sollte alle Immigranten auf eine Insel schaffen und dann raus aufs Meer damit, oder gleich alle erschießen. In der Schweiz würde man sich einen Kerl schnappen, der nicht arbeiten will, und man würde zu ihm sagen: Du arbeitest, oder du fliegst hier raus. Dann würde er schon irgendeinen Kloputzjob annehmen. Du liebe Zeit, wie ich dieses Land hasse! Die Schweiz ist großartig, dort funktioniert einfach alles. Arme Leute tun mir überhaupt nicht leid. Ich schlafe höchstens drei Stunden am Tag. Mittagessen ist bei mir auch nicht drin – Essen behindert nur die Produktivität. Kaffee ist mein Benzin, und Cola und Zigaretten. Vor einigen Jahren hatte ich einen Herzinfarkt. Das war cool! Ich bin im Krankenhaus aufgewacht, habe mir die Kabel vom Körper gezogen und bin direkt wieder zur Arbeit gegangen. Aufhören wäre für mich der Tod. Wir brauchen noch einen Krieg, um dieses Land wieder groß zu machen. Wir brauchen eine neue Margaret Thatcher.«

Was war nur los hier? So hatte ich Mark noch nie erlebt. Gut, manchmal war seine Ausdrucksweise etwas gewöhnungsbedürftig, aber bei unserer ersten Begegnung hatten mich gerade seine guten Manieren beeindruckt. Warum führte er sich jetzt so auf? Mir hatte er immer erzählt, ihn motiviere das Bedürfnis, anderen zu helfen. Ja, er war wohlhabend, und er mochte sein Geld, und ja, er hatte einmal erwähnt, dass er einige Picassos besaß. Aber was sollte das mit »Macht und Kontrolle über andere«? Irgendwo tief in den entfernten Windungen meines Geistes hörte ich das schwache Schrillen einer Alarmglocke, doch es wurde durch weitere Ergüsse von Mark übertönt.

»Ich weiß so einiges. Ich war da, als Prinzessin Diana starb. Das war alles geplant. Und was am elften September passiert ist, weiß ich auch. Alle wichtigen Leute haben vorher eine Warnung erhalten, sie sollten an diesem Tag nicht zur Arbeit in die Türme gehen. Das Ganze war eine Verschwörung der amerikanischen Regierung. Die Leute, die dabei umgekommen sind, waren nur kleine Lichter, höchstens mittelgroße.«

So ging es immer weiter, und ich fühlte mich wie in einem Paralleluniversum. Wie in einem dieser Albträume, wenn man schreien will, aber keinen Ton herausbringt. Wenn man weglaufen will, sich die Beine aber so schwer anfühlen, dass man nicht einmal einen Fuß vor den anderen setzen kann. Und Mark fand immer noch kein Ende.

»Also, früher bin ich immer in Covent Garden in die Oper gegangen, aber das kommt inzwischen nicht mehr infrage. Ganz unerträglich ist das jetzt. Als ich zuletzt dort war, saß ich in meiner Loge und habe mir angeschaut, wie die Idioten unter mir Champagner trinken. Die haben gar nicht das Recht, dort zu sein. Das Ganze war mal eine exklusive Angelegenheit, aber jetzt ist das alles ruiniert – und die Leute erscheinen da in Jeans. Nein, ich ertrage dieses Land einfach nicht mehr. Das Klima ist schrecklich und das Essen ungenießbar. Ich lasse mein ganzes Rindfleisch aus Galizien importieren. Dort sind die Restaurants auch Scheiße. Zum Glück kann ich die in der Nähe meiner Immobilien einfach aufkaufen, wenn sie mir nicht gefallen.«

Alle blieben höflich und gaben ihre wahren Gedanken nicht preis, doch ich konnte spüren, wie unbehaglich ihnen zumute war. Irgendwann schlug jemand vor, im Victoria Park eine Runde Crazy Golf zu spielen. Gott sei Dank, dachte ich. Ich schämte mich. Meine Familie und meine Freunde waren beleidigt worden, und ich hatte nichts dagegen unternommen. Was war nur mit Mark los? Es musste daran liegen, dass er auf der Arbeit solchen Stress hatte; eine andere Erklärung gab es nicht. Doch sicher war ihm der Schaden bewusst, den er angerichtet hatte. Niemand von den Anwesenden würde ihm jemals wieder begegnen wollen. Das machte mich unendlich traurig, und mein üblicher Optimismus wurde von einem seltenen Gefühl der Verwirrung überlagert. Die Verantwortung lastete schwer auf mir: Ich wollte, dass alle zufrieden waren, und gleichzeitig wusste ich, ich hatte versagt, was das betraf. Außerdem musste ich meine eigene Unsicherheit verbergen. Ich war todunglücklich.

»Und was ist mit dir, Carolyn?« Anne lächelte mir ermutigend zu.

»Ich komme gleich nach.« Ich lächelte matt zurück. »Ich möchte noch ein bisschen Zeit allein mit Mark verbringen, bevor er wieder wegmuss.« Die anderen machten sich auf, Mark und ich blieben allein zurück.

»Ich muss auch gleich wieder los, Baby«, sagte er, und dabei klang er putzmunter. »Ich sollte eigentlich gar nicht hier sein. Du kannst dir nicht vorstellen, welche Hebel ich in Bewegung setzen musste, um überhaupt herkommen zu können.« Ich brachte es einfach nicht übers Herz, ihm zu sagen, wie enttäuscht und im Stich gelassen ich mich fühlte, und ein Lächeln bekam ich nicht zustande. Er küsste mich zum Abschied und ging.

Ich starrte blicklos aus dem Fenster. In diesem Moment fühlte ich mich völlig erschöpft und den Tränen nahe, wusste aber, dass ich mich zusammenreißen und den anderen in den Park folgen musste. Ich räumte weg, was noch von Marks Besuch geblieben war – die halb leere Getränkedose und den überquellenden Aschenbecher –, und suchte mir meine Schlüssel. Als ich das Haus verließ, hörte ich einen Hubschrauber über das Dach fliegen, und fragte mich, ob das wohl Mark war. Bald fand ich die anderen im Park.

»Da war gerade ein Hubschrauber über uns«, berichtete Anne. »War das Mark?«

»Ich denke schon, ja«, gab ich zurück. »Ich frage ihn, wenn er anruft.« Während ich das sagte, klingelte mein Handy. Er war dran.

»Was haben sie denn für einen Eindruck von mir?«, erkundigte er sich eifrig. Ich spürte, wie sich ein Kloß in meinem Hals bildete.

»Wir haben noch nicht über dich gesprochen. Ich erzähle dir später alles. Wir haben einen Hubschrauber gesehen. Warst du das?«

»Ja, habt ihr mich gesehen?«

»Haben wir«, erwiderte ich matt.

»Liebling, ich versuche morgen vorbeizukommen. Ich liebe dich ganz schrecklich.«

»Ich liebe dich auch«, flüsterte ich und kämpfte dabei mit den Tränen.

Niemand sagte irgendetwas wegen Mark. Ich wusste aber, dass die ganze Begegnung eine Katastrophe gewesen war. Ganz plötzlich fühlte ich mich sehr einsam, als ich spürte, wie sich langsam ein kalter, dünner Keil zwischen mich und meine Familie und Freunde schob.

In der Woche danach hörte meine alte Katze auf zu fressen. Ein Besuch beim Tierarzt bestätigte meine Befürchtungen: Sie hatte einen Tumor im Maul. Man konnte nichts mehr für sie tun, und weil ich nicht wollte, dass sie weiter leiden musste, ließ ich sie einschläfern. Als ich später an diesem Tag in die Brock Street Nr. 1 zurückkehrte, schloss ich die Tür hinter mir und brach in Tränen aus. Noch nie in meinem ganzen Leben hatte ich mich so einsam gefühlt.

Während der ersten Wochen in der Brock Street Nr. 1 sah ich Mark an den meisten Tagen, doch er blieb nie länger als etwa eine Stunde. Meistens erschien er irgendwann am späten Vormittag.

Er war weiter eifrig damit beschäftigt, sein Firmenimperium auszubauen, und erzählte mir von InOrg, einer neuen Firma, die er gerade gründete. Er zeigte mir eine beeindruckende Webseite. InOrg, ein Dachverband, vereinte viele lukrative und vielfältige Projekte – InResidence, InMotorsport, InAviation, InMaritime, InConcert, IntheMedia. Die Liste war ewig lang. Mit meinem heutigen Wissen gehe ich davon aus, dass alles nur vorgetäuscht war. Darauf angelegt, echten, ahnungslosen Investoren den Eindruck zu vermitteln, es gebe für all ihre Interessen eine passende Firma. Mark versprach allen, ihre Investition werde dazu beitragen, einen Teil des InOrg-Imperiums zu errichten. Außerdem, so Mark, werde er weiterhin für den von Prince Charles gegründeten Prince's Trust arbeiten und auch die Verantwortung für Spendensammlungen im Namen des Prince's Trust am Clifton College in Bristol übernehmen. Er zeigte mir ein am Cotswold Airport aufgenommenes Reklamevideo. Darin ging es um eine Spendenaktion am Clifton College, und man sah Repräsentanten des Prince's Trust, des Luftrettungsdienstes und des Clifton College sowie einige weitere Geldgeber. Mark erschien im Bild, manchmal lieferte er auch das Voiceover. Außerdem, so berichtete er mir, plane er einen Flug mit einer alten Spitfire als Highlight der Spendenveranstaltung.

»Siehst du, Baby, ich habe dir doch gesagt, jetzt geht's aufwärts«, meinte er, als wir in der Küche saßen und seine aktuellen Projekte besprachen.

»Wir haben uns fast jeden Tag gesehen, seit du hier eingezogen bist.«

»Aber bis heute haben wir keine einzige Nacht in diesem Haus miteinander verbracht – und du hast meistens Paul dabei, wenn du kommst. Ich hatte gedacht, wenn das neue Steuerjahr anfängt, würdest du ein paar Nächte pro Woche hier verbringen können.«

Das stimmte: Für Mark und mich gab es kaum Zeit zu zweit, und wenn es dann doch einmal dazu kam, wurden wir ständig gestört.

An einem Nachmittag führte mich Mark nach oben ins Schlafzimmer. Er fing an, mich zu küssen.

»Liebling, meinst du, du könntest ein einziges Mal einfach deine Handys abstellen, nur für eine Weile?«, flüsterte ich ihm ins Ohr, während ich mit seinen Haaren spielte.

»Baby, das habe ich dir doch erklärt – ich weiß, das geht dir schrecklich auf die Nerven, aber ich muss sie anlassen und rangehen auch. Ich weiß, das macht dich ganz verrückt, aber bis auf Weiteres wirst du dich damit arrangieren müssen.«

Ich seufzte, doch Mark gelang es nur zu bald, mich abzulenken. Wir schliefen miteinander, und mit Kopf und Herz war ich unendlich weit von Bath entfernt. Allerdings landete ich schon bald auf dem Boden der Tatsachen, weil eines von Marks Handys fordernd zu klingeln begann.

»Geh einfach nicht ran«, flüsterte ich. Er war kurz vor dem Orgasmus, aber ich spürte, wie er in mir schlaff wurde.

»Geh einfach nicht ran, Bubba. Du kannst doch jetzt nicht aufhören!« Aber das tat er. Er zog sich aus mir zurück und beugte sich zu seinem Handy hin.

»Fuck!«, rief er. »Der Anruf ist wichtig. Den kann ich nicht ignorieren.«

Jetzt sprach er Spanisch, und ich spielte währenddessen mit seinem Penis, fest entschlossen, ihn nicht vergessen zu lassen, worum es eigentlich gerade ging.

»Hör auf«, sagte er lautlos zu mir, während er seinem Gesprächspartner am anderen Ende der Leitung lauschte. Er versuchte, sich mir zu entziehen, aber das ließ ich nicht zu. Ich war froh, endlich Zeit mit ihm verbringen zu können. Gerade genossen wir einen unserer kostbaren Momente ganz allein, und sogar jetzt konnte ich in einem anderen Gebäudeteil den Staubsauger der Reinigungskräfte dröhnen hören.

Mark versuchte, sich mir weiter zu entziehen, während er in sein Handy sprach, doch gleichzeitig unterdrückten wir beide ein Lachen. Irgendwann beendete er das Gespräch; das Handy hatte er hinter das Kopfteil des Bettes gehalten.

»Baby, was zum Teufel machst du da? Ich hatte gerade den König von Spanien am Telefon. Fuck, Bubba. Ich kann doch keinen Orgasmus haben, während ich mit dem König von Spanien rede! Er braucht meinen Rat. Sein Sohn steckt in Schwierigkeiten, und ich habe versprochen, ihm zu helfen. Süße, du musst mich einfach Anrufe entgegennehmen lassen, ohne mich dabei bis zum Höhepunkt aufzugeilen. Du, ich hoffe wirklich, er hat nichts mitbekommen!«

Ich lachte nur.

»Liebling, ich werde nicht länger die zweite Geige spielen – auch nicht, wenn der König von Spanien anruft. Ganz ehrlich, es macht mich wahnsinnig, dass du deine Handys nicht einmal für ein paar Minuten abstellen kannst.«

»Jetzt nimm dir das nicht so zu Herzen, Süße. Ich tue, was ich kann. Denk dran – da geht es ums große Ganze. Ich habe dir doch gesagt, bei den besten Dingen im Leben lohnt sich das Warten.«

Seit meinem Umzug nach Bath war ich jeden Morgen allein aufgewacht. Nach dem Aufstehen hatte ich die Vorhänge aufgezogen, die den Blick auf bleischwere Wolken und einen neuen Regentag freigaben. Einen solchen Regen hatte ich noch nie erlebt, und weil ich keinen festen Job hatte, fand ich es schwierig, mich überhaupt zu irgendetwas aufzuraffen. Regen hatte ich schon immer gehasst, aber wenn man auf dem Land wohnte, war er nicht ganz so deprimierend, auch wenn man gar nicht nach draußen ging. Regen gehörte auf dem Land einfach zur Szenerie, und mir hatte es immer gefallen, mir die ländliche Umgebung im Wechsel der Jahreszeiten anzusehen, den Himmel mit seinen verschiedenen Färbungen. In der Stadt war das anders.

Ich blickte nach draußen und sah, wie der Regen die Honigfarbtöne der Gebäude in ein langweiliges Grau verwandelte, und ich fühlte mich eingeengt und deprimiert. Jeden Tag zwang ich mich zu einem Spaziergang durch die Stadt, doch obwohl mir die Stunden in Bath früher immer Spaß gemacht hatten, konnte ich sie inzwischen kaum ertragen. Die Touristenhorden gingen mir unglaublich auf die Nerven. Ganze Schwärme überfielen die Gegend am Circus; häufig fotografierten die Leute meinen Vorgarten oder, was noch schlimmer war, sie versuchten, einen Blick ins Arbeitszimmer oder ins Esszimmer zu erhaschen. Wenn ich jetzt im Arbeitszimmer saß, zog ich die Rollläden zu und saß dort im Halbdunkel. Der Touristenbus, der über den Circus und die Brock Street zum Royal Crescent fuhr, hielt häufig direkt vor meiner Haustür und wartete dort auf eine Lücke im Verkehr, und es war mir schon einige Male passiert, dass ich im ersten Stock aus dem Flurfenster sah und Fremden auf dem offenen Oberdeck direkt ins Gesicht schaute. Irgendwann zog ich das Rollo im Flurfenster gar nicht mehr hoch, um überhaupt irgendeine Form der Privatsphäre zu haben. Auch im Badezimmer hielt ich das Rollo an der Nordseite ständig geschlossen, weil ich sicher war, man könnte mich sonst aus den Fenstern des Hauses gegenüber sehen.

An einem verregneten Samstagnachmittag klingelte es. Obwohl Mark mir gesagt hatte, ich solle nicht aufmachen, wenn ich niemanden erwartete, ging ich hin. Als ich die Tür öffnete, verloren vier Leute das Gleichgewicht und stolperten rückwärts in den Flur. Beim Unterstellen hatte sich einer von ihnen versehentlich an die Klingel gelehnt. Mir riss der Geduldsfaden.

»Was zum Teufel soll das? Das hier ist *mein* Haus. Raus!« Ich knallte die Tür zu, doch dieses Geräusch verstärkte nur mein Gefühl, eine Gefangene in den eigenen vier Wänden zu sein.

Am Tag der schicksalhaften Begegnung zwischen Mark und meinen Töchtern und Freunden war die Klingel das einzige Mal unerwarteterweise ertönt, und damals war Mark zur Tür gegangen. Bei der Rückkehr erklärte er, es sei unsere direkte Nachbarin gewesen. Sie habe sich über den Lärm am Vorabend beklagt.

»Was um Himmels willen habt ihr denn getrieben?«, hatte er mich gefragt. »Die Frau hat gesagt, die ganze Zeit wären Stühle über den Boden geschabt. Schau doch mal, was sie mir überreicht hat – ein seltsames Geschenk zum Einzug.« Mark hielt mir ein Set Filzstopper entgegen. Ich konnte es gar nicht glauben. Es war ein Samstagabend gewesen; wir hatten uns unterhalten, zusammen zu Abend gegessen, aber das war es auch schon gewesen. Keine laute Musik, gar nichts – und bis Mitternacht war das Ganze vorbei gewesen. Kein guter Anfang.

Ich kannte überhaupt niemanden in Bath, und anders als bei meinem Umzug nach Tetbury hatte ich auch nicht das geringste Bedürfnis, daran etwas zu ändern. Vielleicht sagt es sogar noch mehr aus, dass ich meine alten Freunde nicht einladen wollte, obwohl ich in einem Haus lebte, das man unbedingt mit Menschen hätte füllen müssen. Allein der Gedanke daran ließ mich schaudern, und auch wenn ich mich anfangs darum bemüht hatte, einige enge Freunde einzuladen, verbrachte ich schon wenige Wochen nach meinem Einzug in der Brock Street Nr. 1 meine gesamte Zeit allein, hinter verschlossenen Türen, häufig auch bei zugeklappten Fensterläden und heruntergezogenen Rollos. Ich spürte, wie mich meine natürliche Lebensenergie verließ, vor der ich sonst nur so sprühte, und ich verbrachte meine Zeit mit Lesen und Radiohören.

Am 20. April hatte ich Geburtstag. Solche Anlässe feierte meine Familie sehr gern, und ich konnte mich nicht daran erinnern, jemals nicht mit meinen Töchtern zusammen gewesen zu sein, doch diesmal war ich den ganzen Tag allein, hatte nicht einmal Pläne gemacht, die beiden zu sehen. Ich hatte auf Marks Anwesenheit gehofft, was sich jedoch als vergeblich erwies. Stunde um Stunde wartete ich auf ihn, aber er erschien erst am Abend, und sehr zu meinem Missfallen hatte er Paul im Schlepptau.

»Alles Gute zum Geburtstag, Liebling.«

Mark stolzierte herein und küsste mich fröhlich. Er trug seinen üblichen Crombie-Mantel, dazu Jeans und ein pinkfarbenes Hemd mit Rüschen auf der Brust. In der Hand hatte er eine Flasche mit Cristal-Champagner, die er auf den Küchentisch stellte. Paul trug einen Kuchen herein. Mark überreichte mir ein Geschenk samt Karte und ging dann zum Mülleimer.

»Wir waren auf dem Weg hierher kurz in deinem Cottage, um die Post mitzunehmen. Da lag ein Brief für dich. Ich habe ihn aufgemacht. Eine Karte vom Wichser.« Das war Marks Name für einen meiner Exfreunde.

»Ich gebe es ja nur sehr ungern zu«, fuhr er fort, »aber die Karte vom Wichser ist schöner als die, die ich für dich habe. Darf ich sie wegschmeißen?«

»Tu dir keinen Zwang an.«

Die unerwünschte Aufmerksamkeit dieses Exfreundes ging mir gehörig auf die Nerven, aber als Mark das Cottage erwähnte, spürte ich, wie mich ein heftiges Gefühl des Heimwehs überfiel. Ich war dort so glücklich gewesen.

Mark riss die Karte in Stücke und warf sie weg.

»Was ist, willst du nicht deine Karte aufmachen und dir mein Geschenk anschauen? Paul, gieß uns Champagner ein und schneide den Kuchen an, ja? Sieh das Ganze als symbolische Geste, Bubba. Ich hatte keine Zeit zum Shoppen und musste Paul deswegen losschicken.«

Das stimmte mich alles andere als froh, aber ich zwang mich zu einem Lächeln. Ich holte die Karte aus dem Umschlag. Die stammte von Marks & Spencer und war einfach nur nichts sagend – nicht das, was man vom Besitzer einer Picasso-Sammlung erwartet hätte. Auf die Innenseite hatte Mark in seiner so typischen Handschrift gekritzelt: »Für meine geliebte Frau, ich wünsche dir den schönsten Geburtstag deines Lebens. Du bist einfach die Wunderbarste. Alles Liebe, Mark. xxxxxx« Dann packte ich mein Geschenk aus. Es war ein iPod. Es stimmte, ich hatte mir irgendwann einmal einen iPod gewünscht, aber das hier war nicht das romantische, persönliche Geschenk, das ich mir an meinem ersten Geburtstag mit Mark erhofft hatte – er hätte schließlich einfach irgendjemanden dafür losschicken können (und genau das hatte er ja auch getan). Mit einem Lächeln dankte ich ihm, und zu dritt saßen wir bei Champagner und einem Marks-&-Spencer-Geburtstagskuchen am Küchentisch.

»Wie findest du den Champagner, Liebling? Ich trinke immer nur Cristal. Ich habe ein paar Flaschen davon in der Priory gelagert, einfach damit sie dort immer welchen vorrätig haben.«

»Sehr gut, danke, aber ich kann doch nicht die ganze Flasche allein trinken.«

»Ich liebe es, wenn du Alkohol trinkst. Dann bist du immer so lustig. Lass dir noch mal nachschenken. Und rauchen solltest du auch eine.«

Der Champagner schmeckte gut. Ich liebe Schaumwein, und normalerweise sprudle ich davon richtiggehend über, doch diesmal war es anders. Ich fühlte mich eher wie abgestanden. Und schon nach kurzer Zeit erinnerte Paul Mark daran, dass sie losmussten. Sie brachen auf, und ich saß allein da, traurig und sehr einsam. Ich schenkte mir Champagner nach und zündete mir eine weitere Zigarette an. Das hier war der schlimmste Geburtstag meines Lebens. Ich tröstete mich mit einem weiteren Glas Champagner und der nächsten Zigarette. Und so ging es weiter. Aber wenn ich geglaubt hatte, meine Situation wäre schlimm, wurde ich bald eines Besseren belehrt.

Einige Tage später hatte ich eine seltsame Nachricht auf der Mailbox. Sie stammte von einer Polizeibeamtin – Police Constable Harding vom Revier in Cirencester. PC Harding erklärte, sie habe meine Vermieterin aufgesucht und von ihr erfahren, ich sei nach Bath umgezogen. Sie bat darum, ich möge sie kontaktieren. Sofort rief ich zurück, doch PC Harding war gerade nicht am Platz, deswegen hinterließ ich eine Nachricht, damit sie wusste, dass ich mich gemeldet hatte. Ich fragte mich, worum es da wohl gehen mochte. Es musste etwas mit der Beschwerde zu tun haben, die ich vor kurzer Zeit an meine

Bank gerichtet hatte, Barclays. Das vermutete ich zumindest. Von meinem Konto war Geld verschwunden, und das hatte mich sehr aufgebracht. Mark berichtete mir, Paul sei dasselbe passiert, und auch er habe sich schriftlich beschwert. Trotzdem kam es mir seltsam vor, dass sich die Polizei dafür interessierte. Nun ja, ich würde einfach abwarten müssen. Als Mark später an diesem Tag erschien, erzählte ich ihm von dem Telefonanruf.

»Ich verstehe gar nicht, warum sie dafür zum Cottage gekommen sind. Das ist mir ein bisschen peinlich; ich bin sicher, meine Vermieterin war nicht gerade begeistert. Schließlich freut sich niemand, wenn die Polizei vor der Tür steht.«

Mark runzelte die Stirn.

»Das gefällt mir überhaupt nicht, Baby. Jemand überwacht dich, und sie wollen dich nervös machen und Zwietracht zwischen uns säen. Sag mir Bescheid, wenn noch so ein Anruf kommt. Wir müssen uns direkt darum kümmern. Hör zu, Bubba, wir müssen heiraten. Wenn wir erst einmal Mann und Frau sind, kann sich niemand mehr zwischen uns drängen. Ich gehe immer in eine ganz bestimmte Kirche, wenn ich in London bin, da wenden wir uns hin. Ich habe eine Heiratserlaubnis, und der Pfarrer dort wird uns trauen. Ich muss ihm nur ein paar kubanische Zigarren besorgen, dann ist er zu allem bereit! Baby, hast du dir eine Kopie deiner Scheidungsurkunde besorgt, wie ich dich gebeten habe? Die wirst du mitbringen müssen.«

»Habe ich, Liebling, aber so möchte ich nicht heiraten – das ist doch wie bei Romeo und Julia. Das Ganze wird langsam wirklich zum Albtraum.«

»Du liebst mich doch, oder, Liebling?«

Ich nickte. »Du weißt, dass ich dich liebe.«

»Du musst mir vertrauen, Baby. Diese Schweine werden alles versuchen, um uns auseinanderzubringen. Wir müssen so bald wie möglich heiraten. Wir gehen zu diesem Pfarrer, sobald es nur möglich ist.«

Ein paar Tage später zog ich mein marineblaues Armani-Etui-kleid und das gemusterte Tweedjackett mit dem eingewebten Silberfaden an. Mark erschien mit Paul, um mich abzuholen, und wir fuhren im Auto nach London. Mark trug einen Designeranzug unter seinem Crombie-Mantel. Wie immer bot er eine tadellose Erscheinung, samt manikürten Fingernägeln. Als wir London erreichten, setzte uns Paul vor der Church of the Immaculate Conception ab, einer katholischen Kirche in der Farm Street in Mayfair. Es goss in Strömen, und auf der kurzen Strecke vom Auto bis zum Eingang wurden wir völlig durchnässt. Wir betraten die Kirche. Gerade wurde eine Messe abgehalten, und wir nahmen in einer der hinteren Bänke Platz. Mark bekreuzigte sich und kniete sich zum Gebet hin. Ich saß da und starrte geradeaus, ziemlich überwältigt vom Goldglanz des Inneren der Kirche, gleichzeitig aber unbewegt, als bloße Beobachterin, während die Gemeinde, Mark eingeschlossen, die Kommunion erhielt. Nach dem Gottesdienst wandte sich Mark an mich.

»Gefällt dir die Kirche? Ich liebe sie einfach. Ich komme immer hierher, wenn ich in London bin. Mein Glaube bedeutet mir sehr viel.«

»Nun, wie du ja weißt, bin ich Atheistin.«

»Bubba, wir müssen so bald wie möglich heiraten, und ich möchte, dass es hier passiert – heute.«

»Dann kümmerst du dich am besten erst mal darum, was dein Pfarrer dazu sagt. Ich muss jedenfalls mal.«

Mark zeigte mir, wo die Toiletten waren. Er ging zum Pfarrer, und als ich zurückkehrte, wartete er schon auf mich.

»Alles geregelt, Baby. Wir erscheinen heute Abend wieder hier, und dann traut er uns.«

Das Ganze wirkte so bizarr. Ich wusste nicht, was ich davon halten sollte. So hatte ich mir meine Hochzeit nicht vorgestellt. Doch ich sagte nichts und beschloss, erst einmal abzuwarten, was heute Abend passieren würde. Mark redete immer weiter.

»Lass uns irgendwo zu Mittag essen. Ich habe einen Riesenhunger.«

Er führte mich nach draußen, wo Paul schon im Wagen auf uns wartete.

»Wir fahren nach Pimlico. Ich muss heute Nachmittag bei meinem Boss vorbei. Es gibt Ärger.«

Der Regen ließ nach, und wir aßen in einem kleinen Café einen leichten Lunch. Mir war kalt, weil wir draußen saßen, damit Mark rauchen konnte. Ich rauchte auch. Das war so ziemlich das Einzige, was wir teilten. Mark blieb bei seinen roten Marlboro-Zigaretten, aber die waren mir zu stark, deswegen versorgte er mich immer mit Camel blau.

»Wir sollten uns jetzt aufmachen, Liebling. Paul fährt uns.« Wir ließen uns auf dem Rücksitz nieder und wollten gerade los, als mein Handy klingelte. Ich starrte auf das Display.

»Die Nummer da kenne ich nicht. Vielleicht ist es die Polizei.«

»Baby, jetzt musst du wirklich auf der Hut sein. Ich habe sowieso schon schlimmen Ärger am Hals. Geh ran. Stell auf Lautsprecher. Wir müssen mithören können, was da vor sich geht. Ich sage dir dann, was du antworten sollst. Paul, warte einen Moment, bis das hier vorbei ist. Nicht losfahren.«

Paul schaltete den Motor wieder ab, und ich tat, was Mark gesagt hatte. Ich stellte den Anruf auf Lautsprecher und nahm das Gespräch an.

»Hallo?«

»Hallo, spreche ich mit Carolyn Woods?«

»Ja.«

»Police Constable Harding am Apparat. Ich hatte Ihnen auf die Mailbox gesprochen. Es handelt sich um eine dringende Angelegenheit.«

»Ja, ich weiß. Ich hatte zurückgerufen, aber Sie waren gerade nicht am Platz. Können Sie mir bitte sagen, worum es überhaupt geht?«

»Das darf ich Ihnen am Telefon nicht mitteilen, fürchte ich. Ich würde Sie gern persönlich treffen. Mit Ihrer Vermieterin habe ich schon vor Ort gesprochen; von ihr weiß ich auch, dass Sie nach Bath gezogen sind.«

Mark schüttelte heftig den Kopf und kritzelte etwas auf einen Zettel.

Nein! Kein Treffen!

»Ich stecke gerade mitten in einem Umzug. Das Cottage in Tetbury hatte ich angemietet, allerdings bin ich jetzt die meiste Zeit in Bath. Aber ich verstehe nicht, warum Sie mir nicht einfach direkt sagen können, worum es sich handelt. Ich glaube, das weiß ich sowieso.«

»Es tut mir leid, aber das geht nur bei einem persönlichen Treffen. Ich kann zu Ihnen nach Bath oder in Ihr Cottage in Tetbury kommen. Entscheiden Sie.«

Mark kritzelte schon wieder etwas auf den Zettel.

NICHT Bath. Tetbury. Spiel auf Zeit. Sag, du fährst sowieso demnächst hin.

»Gut, dann treffen wir uns in meinem Cottage, wenn das möglich ist? Aber frühestens in etwa einer Woche.«

»Gut, was halten Sie dann von Freitag? Ginge das? Gegen elf Uhr?«

Ich sah, wie Mark nickte.

»Ja, das müsste klappen. Dann sehe ich Sie am Freitag in einer Woche. Bis dann.«

»Vielen Dank. Bis Freitag in einer Woche.«

»Auf Wiederhören.«

»Wiederhören.«

Ich beendete das Gespräch. Paul und Mark starrten mich an.

»Danke, Bubba. Gut gemacht. Das war großartig.« Mark nahm meine Hand. »Ich stecke wegen dieser ganzen Sache richtig in der Scheiße.« Aus seiner Stimme klang ganz offensichtlich Erleichterung.

»Hast du denn eine Ahnung, worum es überhaupt geht?«

»Nein, Liebling, aber was auch immer es ist, es hat Aufmerksamkeit auf dich gelenkt und damit auch auf mich. Man hat mich einbestellt. Wir müssen jetzt dorthin.«

Wieder klingelte mein Handy.

»Sie ist es noch mal.«

Ich schaute Mark an.

»Geh ran.«

Ich nahm das Gespräch entgegen.

»Ms. Woods? Ich bin es noch einmal, PC Harding. Ich habe mich gerade rückversichert und darf die Sache jetzt doch telefonisch mit Ihnen besprechen.«

»Das ist nett, dass Sie zurückrufen. Wie gesagt, ich glaube, ich weiß, worum es hier geht.«

»Wir wurden von der Barclays Bank in Cirencester kontaktiert. Dort macht man sich Sorgen wegen auffälliger Kontobewegungen. Wissen Sie davon?«

»Ja, genau, das war es, was ich meinte. Ich habe mich schriftlich im Haupthaus der Bank beschwert. Von meinem Konto ist ein Geldbetrag verschwunden.«

»Der Bank sind einige Zahlungen aufgefallen, die von Ihrem Konto aus an einen gewissen Paul Deol getätigt wurden. Sind Sie über diese Überweisungen informiert?«

»Ja, natürlich. Ich habe sie selbst vorgenommen. Ehrlich gesagt verstehe ich nicht, warum sich die Bank deswegen an die Polizei gewandt hat. Warum hat man nicht zuerst mich kontaktiert, wenn es da Bedenken gibt?«

»Wenn die Bank besonderen Anlass zur Sorge hat, wendet sie sich in manchen Fällen direkt an die Polizei. Sie sagen also, dass Sie über diese ganzen Zahlungen an Paul Deol im Bilde sind? Es handelt sich dabei um größere Geldbeträge.«

»Ja, ich weiß von diesen Überweisungen. Wie gesagt, ich war davon ausgegangen, dass Ihre Anrufe einen Fehler der Bank betreffen. Meinem Kenntnisstand nach sind auch von Paul Deols Konto Geldbeträge abhandengekommen, und ich habe mir Sorgen gemacht, da könne vielleicht ein Betrug bei der Bank im Gange sein.«

»Darüber weiß ich nichts, aber wenn Sie mir versichern, dass Sie von den Überweisungen von Ihrem Konto auf das von Paul Deol wissen, kann ich die Angelegenheit als abgeschlossen betrachten.«

»Heißt das, wir brauchen uns am Freitag in einer Woche nicht zu treffen?«

»Nein, unter den gegebenen Umständen besteht dafür keine Notwendigkeit. Vielen Dank, dass Sie dazu beigetragen haben, die Situation aufzuklären.«

»Ich danke Ihnen ebenfalls. Auf Wiederhören.«

»Wiederhören.«

Erneut beendete ich das Gespräch. Mark schaute mich an, und ich sah zum zweiten Mal, dass er eine enorme Erleichterung empfand.

»Vielen, vielen Dank, Bubba. Du hast mich gerettet. Du hast dich ganz großartig geschlagen.«

Ich war verwirrt. Worum zum Teufel ging es hier überhaupt? Und ich war wütend. Was glaubte die Bank eigentlich, sich da erlauben zu können? Warum hatte man die Polizei kontaktiert? *Mich* hätte man kontaktieren sollen. Ich wünschte mir, ich hätte meine Geldgeschäfte nie Barclays übertragen. Sobald mir Mark mein Geld zurückzahlte, würde ich wieder ein Konto bei NatWest eröffnen, bei der Bank, deren Kundin ich über dreißig Jahre gewesen war.

»Wir müssen los. Beim MI6 wartet man nicht gern«, meinte Paul.

Er startete den Motor, und wir fuhren in Richtung Vauxhall Bridge. Das MI6-Gebäude ragte vor uns in den Himmel empor. Nun ließen wir den Fluss hinter uns und fuhren an der Südseite des Blocks entlang. Dann kam eine Schleife, und irgendwann bogen wir in eine Seitenstraße ein, vorbei an braunem Ödland. Hier wirkte alles ziemlich heruntergekommen. Wir fuhren um eine weitere Ecke, und Paul stoppte den Wagen. Vor mir erkannte ich so etwas wie den Eingang zu einem unterirdischen Parkhaus. Zwei bewaffnete Wachmänner, ganz in Schwarz gekleidet, in Militärjacken und mit Waffen in den Händen, die wie Maschinenpistolen aussahen, versahen dort ihren Dienst.

»Wartet hier auf mich«, befahl Mark, als er die Autotür öffnete. »Sie wissen, dass ich komme, also werden sie uns beobachten. Ich beeile mich – das Ganze sollte nicht lange dauern.«

Er stieg aus und ging auf die Wachleute zu, passierte sie, ohne dass sie ihn angehalten hätten. Dann betrat er das Gebäude. Ich blieb mit Paul im Wagen zurück. Wir warteten, und etwa fünfundzwanzig Minuten später erschien Mark wieder. Er lächelte und wirkte entspannt. Im Wagen zündete er sich eine Zigarette an.

»Gott sei Dank! Ich habe es hinter mir. Du warst einfach nur großartig, Bubba.«

Seine offenkundige Erleichterung steckte mich an, und ich spürte, wie mir wohler zumute wurde. Mark sprach weiter.

»Sie haben mir dein Telefongespräch vorgespielt – sie hatten mitgehört. Warte, wie hat dich mein Boss noch mal genannt? Unbeirrbar warst du, hat er gesagt. Unbeirrbar, ganz genau. Irgendwann wirst du ihn kennenlernen – meinen Boss. Du wirst ihn mögen. Zum Glück mag er mich auch. Er hat selbst schon Probleme gehabt, weil er mit einer Iranerin verheiratet ist. Kannst du dir das vorstellen? Was das für ein Theater gegeben hat! Danke dir, Bubba, du warst fantastisch. Jetzt trinken wir irgendwo einen Kaffee, und dann fahren wir wieder in die Farm Street.«

Das taten wir später an diesem Nachmittag auch, aber es herrschte extrem starker Verkehr, und wir brauchten eine gefühlte Ewigkeit für die Strecke. Als wir die Kirche erreichten, wurde gerade ein weiterer Gottesdienst abgehalten. Mark war ganz außer sich.

»Fuck! Wir haben ihn verpasst! Jetzt ist es zu spät. Dieser verdammte Scheißverkehr! Komm, Liebling. Jetzt müssen wir wieder gehen. Es tut mir leid.«

Gott sei Dank, dachte ich. Ich fühlte mich verunsichert und verwirrt. Die Anrufe der Polizei, die Sache mit der Bank, der Auslandsgeheimdienst, dann eine abgesagte heimliche Hochzeit – das alles war zu viel für mich. Gottlob waren wir nicht rechtzeitig wieder in der Kirche gewesen. Ich wollte keine katholische Hochzeit. Eigentlich gar keine kirchliche. Ich war noch nicht einmal sicher, ob ich überhaupt heiraten wollte. Das würde ich Mark sagen müssen. Aber nicht jetzt. Jetzt wollte ich nur noch nach Hause, auch wenn ich mich genau genommen gar nicht so fühlte, als hätte ich ein Zuhause.

Der Besuch der Polizei in meinem Cottage blieb lange Zeit ein Rätsel. Meine Vermieterin bestätigte mir, zwei Beamte seien bei ihr aufgetaucht und hätten mit ihr gesprochen. Während meiner jahrelangen Versuche, alles zu durchschauen, hielt ich das Erscheinen der »Polizeibeamten« und die anschließenden Anrufe für eine Inszenierung von Mark, mit der er meine Loyalität testen und mich in Angst hatte versetzen wollen. Später sollte ich jedoch mehr darüber herausfinden.

Meiner Überzeugung nach wurde mir der Besuch beim Geheimdienst vorgespielt, um jeden Zweifel auszuräumen, dass Mark tatsächlich als Agent dort tätig war. Ich habe keine Ahnung, wer da als Wachpersonal posiert hatte, und genauso wenig begreife ich, wie irgendjemand, der nicht wirklich der bewaffneten Security angehörte, auch nur in die Nähe des MI6-Gebäudes kommen konnte. Und wenn es sich um echte Wachleute handelte, wie konnte Mark dann einfach an ihnen vorbeigehen, wenn sie nicht mit seinem Kommen rechneten? Alles wirkte rundum überzeugend, und als ich erst einmal glaubte, Mark wäre ein Geheimagent, befand sich alles so außerhalb meines Erfahrungsbereichs, dass ich ihm abnahm, was immer er mir sagte. Nie wäre mir damals in den Sinn gekommen, dass es sich um eine einzige große Inszenierung handelte, doch inzwischen weiß ich: Diese Art der Show war typisch für die Art und Weise, in der Mark eine ganze Reihe von Täuschungen durchführte, um mich zu prüfen oder um einige seiner wilderen Behauptungen zu untermauern.

Als damals im Februar zum ersten Mal das Thema Hochzeit

zwischen uns aufkam, hatte Mark mir gesagt, ich solle dafür sorgen, meine Scheidungspapiere bereit zu haben, denn die würde ich brauchen, um ihn heiraten zu können. Ob er am bewussten Tag mit dem Pfarrer gesprochen hat oder nicht, kann ich nicht sagen, denn angeblich erledigte er das während meiner Abwesenheit, doch die anvisierte und dann gescheiterte Hochzeit im Romeo-und-Julia-Stil sollte mich ganz ohne Zweifel von seinem festen Willen zur Heirat überzeugen. Und alles Weitere, was an jenem Tag geschah, sollte mir zeigen, dass stimmte, was er mir über seine Arbeit als Geheimagent erzählt hatte.

Am folgenden Morgen rief mich Mark an und teilte mir mit, er sei auf dem Weg zu mir, um mich abzuholen.

»Wir machen einen kleinen Ausflug«, verkündete er.

Wie üblich erschien er mit Paul im Schlepptau. Warum musste Paul nur immer dabei sein? Ich sehnte mich unendlich nach ein wenig Zeit mit Mark allein.

»Komm schon, Bubba, los geht's.«

Als wir Bath in Richtung der Autobahn verließen, wies Mark plötzlich Paul an, an einem kleinen Zollhauscafé zu halten.

»Lasst uns hier einen Kaffee trinken«, sagte er. »Ich wollte schon immer mal wissen, wie es hier ist. Es erinnert mich an meine Kindheit, an die Ausflüge mit meiner Großmutter. Sie hat sich immer solche kleinen Cafés ausgesucht. Und an Sonntagen war sie besonders gern unterwegs.«

Wir bestellten Kaffee und Sandwiches. Mark schien das Café zu gefallen, bei mir war das jedoch anders. Ich fand es seltsam. Manchmal verhielt sich Mark wirklich ziemlich merkwürdig. Als wir aufbrachen, sagte er zu mir, er fühle sich nicht besonders gut.

»Ich habe mich gerade in der Toilette übergeben. Weiß der Himmel, was in diesem Sandwich war. Fühlst du dich gut?«

»Ja, bei mir ist alles in Ordnung.«

»Du liebe Zeit, mir geht's gerade richtig dreckig. Das Ganze war ein Fehler. Und wohin jetzt?«

»Wir könnten doch einfach zurückfahren.«

»Nein, unternehmen wir lieber noch etwas, damit ich abgelenkt werde. Lass uns woanders hinfahren. Aber wohin?«

»Wie wär's mit Babington House?«, schlug ich vor. »Da gefällt es dir doch, und dann sind wir aus der Stadt raus.«

»Perfekt! Paul, Babington House – du weißt schon, das ist ziemlich abgelegen.«

Auf dem Weg streckte sich Mark auf dem Rücksitz aus und stöhnte die ganze Zeit.

»Oh, Bubba, ich fühle mich ganz grässlich. Weiß der Teufel, was ich da abgekriegt habe.«

Als wir unser Ziel erreichten, bestellten wir eine Cola und ein Glas Wein und setzten uns in eine kleine Lounge. Mark schloss die Augen und schien einzuschlafen. Ich saß still neben ihm, hielt seine Hand und starrte vor mich hin. Als Mark aufwachte, verkündete er, er fühle sich grauenhaft, es sei aber Zeit für den Aufbruch.

»Liebling, wenn es dir morgen nicht besser geht, solltest du vielleicht lieber zum Arzt.« Ich machte mir Sorgen. Ich hatte Mark nie auch nur ein bisschen krank erlebt.

»Das wird schon wieder, Baby. Ich bin stark wie ein Pferd. Morgen bin ich wieder fit. Und jetzt los.«

Wie üblich setzte man mich in der Brock Street ab. Wenn wir nach Bath zurückkehrten, fuhr Paul immer eine Runde um den Circus und durch die umliegenden Straßen, bevor er den Wagen vor der Haustür abstellte, weil er sichergehen wollte, dass die Luft rein war.

»Ich verstehe das Ganze einfach nicht«, protestierte ich. »Kann ich jetzt ohne Angst vor die Tür oder nicht? Werde ich in irgendeiner Form bedroht? Ich würde es doch nicht mitbekommen, wenn mich jemand observiert oder mir folgt.«

»Du bist schon weitgehend sicher, Baby. Nur mit mir zusammen musst du vorsichtig sein, und wir lassen es einfach nicht darauf ankommen. Wir passen immer gut auf.« Wie gewöhnlich musste er bald los, und ich küsste ihn zum Abschied.

»Hoffentlich fühlst du dich bald besser. Ruf mich morgen an und sag mir Bescheid.«

Ich verbrachte eine unruhige Nacht, weil ich mir Sorgen um Mark und um seine Gesundheit machte, und als Folge davon sorgte ich mich auch noch mehr wegen meiner finanziellen Situation. Was, wenn Mark irgendetwas zustieß? Dann saß ich ohne einen Penny da. Ich musste mit Mark darüber reden, beschloss ich. Ich konnte gar nicht fassen, dass mir das noch nie zuvor in den Sinn gekommen war.

Am folgenden Nachmittag rief Mark mich an.

»Hallo, Bubba, wie geht es dir?«, erkundigte ich mich und dachte daran, wie krank er am Vortag gewirkt hatte. Eine kaum wiederzuerkennende Stimme krächzte ihre Antwort ins Telefon.

»Ach, Bubba, ich bin ja so krank. Ich kann kaum sprechen, es tut einfach zu weh.«

»Was ist denn passiert? Du klingst ja schrecklich.«

»Diese Schweine haben es auf mich abgesehen. Ich liege in einem Militärkrankenhaus auf Malta. Die haben mich vergiftet, verdammt noch mal.«

»Was? Wer hat dich vergiftet? Wovon redest du überhaupt?«

»Die Schweine vom MI6. Als Strafe, weil ich die Aufmerksamkeit auf mich gelenkt und eine Beziehung mit dir angefangen habe. Sie wollen, dass ich Schluss mache. Baby, du musst jetzt zu mir halten. Ich werde dich nie im Leben aufgeben, aber diese Scheißkerle werden alles tun, um einen Keil zwischen uns zu treiben. Sie nehmen an, dass du den Druck nicht aushalten wirst. Ich weiß, du bist eine starke Frau, Bubba. Ich muss einfach sicher sein können, dass du zu mir stehst. Ich habe dir ja immer gesagt, es wird schwer, und es wird seine Zeit dauern.«

»Ich kann einfach nicht fassen, dass sie dich vergiftet haben. Du bist doch einer ihrer besten Agenten.«

»Ja, und genau darum wollen sie mich auch nicht verlieren. Das hier ist meine Strafe dafür, dass ich mit dir zusammen bin. Sie wissen, dass ich die Schnauze voll habe.«

Die Gedanken rasten förmlich durch meinen Kopf. Das konnte doch einfach alles nicht wahr sein!

»Du hast ja keine Ahnung, Baby.« Angestrengt sprach Mark weiter. »Diese Schweine sind genauso krass wie alle anderen Dreckskerle auch auf der Welt. Glaub mir, die schrecken nicht davor zurück, Folter und alle möglichen anderen Methoden anzuwenden. Ich kann nicht weitersprechen, Baby. Es tut einfach zu weh.«

»Aber Liebling, kommst du denn wieder in Ordnung? Kümmert man sich gut um dich?«

Ich stand entsetzliche Ängste aus.

»Ja, Baby. Mach dir keine Sorgen. Die wollen mir nur eine Lektion erteilen. In ein paar Tagen geht es mir sicher besser. Ich kann es gar nicht erwarten, dich wiederzusehen.«

»Ich habe Angst.«

»Mach dir keine Sorgen. Mir geht es bald wieder besser. Alles kommt in Ordnung. Vertraue mir. Sei einfach stark für mich und denke an das große Ganze. Baby, ich kann wirklich nicht weiterreden. Es tut zu weh. Ich rufe dich morgen wieder an. Ich liebe dich sehr. Ciao, Baby.«

»Auf Wiedersehen, Liebling. Ich liebe dich auch.«

Ich beendete das Gespräch und saß lange still da. Was konnte ich jetzt tun? Nichts. Genau das war das Problem. Ich fand mich in einer Situation ohne jede Handlungsmöglichkeit wieder. Was wusste ich denn über den MI6 und über Spionage? Absolut nichts. Es gab niemanden, mit dem ich hätte sprechen können, außer Mark. Er hatte mir gesagt, ich dürfe mit keinem anderen Menschen darüber reden. Dann wäre er noch größerer Gefahr ausgesetzt, und obwohl er mir gesagt hatte, für mich bestehe kein Risiko, wusste ich nicht genau, ob ich ihm das glauben konnte. Wenn diesen Leuten nämlich jedes Mittel recht war, um an ihr Ziel zu kommen, würden sie doch sicher nicht zögern, auch mich loszuwerden? Einmal mehr spürte ich, wie sich die Härchen auf meinen Armen aufrichteten. Ich hatte nicht gerade Angst, aber ich fühlte mich allein – sehr allein.

Von meinen Freunden wollte ich nur noch Uma und Antony sehen, und ich fuhr häufig nach Tetbury, um ihre Gesellschaft und ihre Gastfreundschaft zu genießen. Eines Tages rief mich Uma an. Sie klang unruhig und verstört.

»Carolyn, es gibt da etwas, was ich dir sagen muss. Ich quäle mich jetzt schon ein paar Tage damit herum.«

»Worum geht es denn?«

»Ich habe so ein schlechtes Gewissen deswegen. Weißt du, als du angefangen hast, dich mit Mark zu treffen, habe ich mir Sorgen um dich gemacht. Sicher erinnerst du dich noch, dass ich dich um die Telefonnummer deines Bruders gebeten habe, falls dir mal irgendetwas passiert?«

»Ja, ich erinnere mich.«

»Weißt du, ich habe deine Schwägerin angerufen. Es tut mir so leid, Carolyn.«

»Was? Wieso um alles in der Welt hast du das getan?«

»Ich habe mir Sorgen um dich gemacht. Ich habe sie angerufen, um die Situation mit ihr zu besprechen. Du hast mir doch erzählt, dass sie und Nick sich auch Sorgen machen. Sie hat mich ein paarmal zurückgerufen. Zum Glück hat Antony abgenommen – ich habe nicht noch mal mit ihr gesprochen, und das werde ich auch nicht mehr tun. Ich wollte es dir einfach nur sagen, Carolyn. Sie hat mir einiges über dich und deine Familie erzählt. Jetzt fühle ich mich, als hätte ich dich verraten. Es tut mir wirklich leid.«

Ich war wütend. Warum mischten sich diese Leute in meine Angelegenheiten ein? Warum hatte sich Uma angemaßt, Annalisa zu kontaktieren? Und was fiel Annalisa da ein – warum sprach sie mit einer völlig Fremden am Telefon über mich und meine Familie? Ich wusste einfach nicht, was ich davon halten sollte. Was sie wohl alles zueinander gesagt hatten? Ich fühlte mich verraten. Sie hatten mich hintergangen, aber wenigstens hatte Uma mir das jetzt gestanden.

»Du liebe Zeit, Uma. Was hast du dir nur dabei gedacht?«

»Es tut mir leid, Carolyn. Das ging einfach alles so schnell, und ich habe mir Sorgen um dich gemacht.«

»Ehrlich gesagt bin ich ziemlich sauer wegen dieser Sache – aber danke, dass du es mir gesagt hast. Wenigstens hattest du den Mut dazu.«

»Wir sehen uns bald, ja?«

»Ja, sicher. Lass uns demnächst wieder telefonieren.«

Nach diesem Gespräch kochte ich vor Wut. Ich handle immer impulsiv, deswegen tätigte ich sofort den nächsten Anruf und wählte die Nummer meines Bruders auf der Arbeit. Ich bebte förmlich, und ich spürte, wie meine Stimme vor Anspannung zitterte, als ich mit ihm sprach.

»Nick, gerade hat mich meine Freundin Uma angerufen. Sie hat mir gesagt, sie hat Annalisa kontaktiert – weiß Gott warum! –, und ich habe erfahren, dass Annalisa unter anderem mit ihr über unsere Familie gesprochen hat. Sie scheint es wohl für angemessen zu halten, mit einer völlig Fremden am Telefon über all diese Dinge zu reden. Sie ist eindeutig zu weit gegangen, Nick. Ich sage dir das, weil unsere Beziehung ohnehin schon sehr angespannt ist. Annalisa glaubt immer, sie wüsste, was am besten für alle ist, und das geht mir auf die Nerven, verdammt noch mal. Jedenfalls bin ich ganz einfach nicht bereit, mir das länger gefallen zu lassen. Das musste ich dir einfach sagen, weil mir klar ist, dass es auch dich betreffen wird.«

Nick hörte mir ruhig zu.

»Carolyn, wir haben uns große Sorgen gemacht«, sagte er schließlich.

»Nun, damit helft ihr mir aber nicht. Ich streite ja gar nicht ab, dass Annalisa sehr freundlich und hilfsbereit sein kann, aber diese ständige Einmischerei muss aufhören. Es tut mir leid, dass ich dich deswegen auf der Arbeit anrufe, aber ich musste dir einfach sagen, wie ich mich damit fühle.«

Erschöpft beendete ich das Gespräch. Meine Wut auf Annalisa war noch genauso groß wie vorher, aber der Gedanke, dass meine

Beziehung zu ihr und zu meinem Bruder das womöglich nicht überstehen würde, erfüllte mich mit tiefer Traurigkeit. Die ganze Infrastruktur meines Lebens schien in sich zusammenzustürzen, und ich fragte mich, wohin das alles noch führen sollte.

In der Folgezeit sprach ich täglich mit Mark. Er lag immer noch im Militärkrankenhaus auf Malta, und seine dünne, krächzende Stimme klang schwach durch die Leitung. Ich war ganz außer mir vor Sorge. Irgendwie schaffte ich es immer durch die nächsten vierundzwanzig Stunden, doch die Tage blieben weiterhin grau und nass, und sie erstreckten sich in einer dumpfen Monotonie, die ich seit meiner Zeit im Internat nicht mehr erlebt hatte. Die Isolation, die ich jetzt durchmachte, war chronisch geworden, doch zum Glück hatte ich während der unglücklichen Internatsjahre herausgefunden, wie ich mit Einsamkeit umgehen konnte. Die Leute sagten immer, im Internat lerne man, auf eigenen Beinen zu stehen. Das stimmte sicher, aber manchmal fragte ich mich, ob ich nicht vielleicht *zu* unabhängig geworden war. Man hatte mir beigebracht, ich müsse die Verantwortung für mein eigenes Leben übernehmen und alles selbst regeln, und deswegen fand ich es sehr schwer, Hilfe anzunehmen, sogar wenn man sie mir anbot. Darum zu bitten kam erst recht nicht infrage. Jetzt musste ich einmal mehr meine eigene Charakterstärke mobilisieren, und das dringender als jemals zuvor.

Wenn jemand Mark nie persönlich kennengelernt hat, lässt sich der betreffenden Person nur sehr schwer ein Eindruck davon vermitteln, wie überzeugend er selbst bei den abenteuerlichsten Geschichten wirkte. Das ist ein weiteres typisches Kennzeichen für Psychopathen: Sie überschütten einen mit Liebe und Bewunderung, sprechen ständig von dem unglaublichen Glück, einander gefunden zu haben, ständig von dem Band, das man zu ihnen spürt. Psychopathen setzen ihren Charme, Schmeicheleien und andere Taktiken der emotionalen Manipulation ein, und sie präsentieren sich immer selbst als perfekte Partner. In seinem Buch *Gewissenlos. Die Psychopathen unter uns* schreibt Robert Hare: »Jeder Mensch, einschließlich der Experten, kann von ihnen vereinnahmt, manipuliert, betrogen und verwirrt zurückgelassen werden.«

Wenn man erst einmal in den Bann eines solchen Menschen geraten ist, ist man darin wie gefangen – man will ihn nicht durchbrechen. Und das trotz des nächsten Schrittes: Nach der Erlangung von Macht und Kontrolle durch Love Bombing wird diese Liebe durch einen abrupten Wechsel zwischen sehr liebevollem und sehr abweisendem Verhalten ersetzt, sodass man eine emotionale Achterbahnfahrt durchlebt. Dann kommt es zu geplanten Angriffen mit Schuldzuweisungen und Herabwürdigungen. Darauf folgen erneute Liebesschwüre, sodass man dazu verführt wird, sich wieder zu unterwerfen, um dann wenig später weitere Anschuldigungen über sich ergehen lassen zu müssen.

Mark leitete diese Phase ein, indem er mir ständig erzählte, seine Beziehung zu mir bringe ihn in große Gefahr. Dann inszenierte er eine Bestrafung (die Vergiftung) und gab mir die Schuld daran. Das war nur eines in einer ganzen Reihe erfundener Ereignisse, alle geplant, damit ich mich schuldig und verängstigt fühlte. Gleichzeitig sollte ich in meiner Entscheidung bestärkt werden, zu ihm zu halten. Wenn er ständig litt, weil er eine Beziehung zu mir eingegangen war, war es schließlich das Mindeste, was ich tun konnte, mich ihm gegenüber solidarisch zu zeigen.

6

Spiegelkabinett

»Ich will dir sagen«, sagte sie mit dem gleichen hastigen, eindringli-
chen Flüstern, »was wahre Liebe ist. Es ist blinde Hingabe, bedin-
gungslose Selbsterniedrigung, völlige Unterwerfung, Vertrauen und
Glaube wider besseres Wissen und gegen die ganze Welt, sich mit
Herz und Seele demjenigen auszuliefern, der den tödlichen Schlag
führt – wie ich es tat!«

Charles Dickens, *Große Erwartungen*

Bis zu meinem nächsten Treffen mit Mark schien eine Ewigkeit zu
vergehen. In Wirklichkeit stand er jedoch schon nach etwa einer
Woche eines Morgens wieder in der Küche. Er wirkte putzmunter.

»Ich habe dir doch gesagt, Baby, ich bin stark. Körperlich und
mental. Und überhaupt wollten die mir nur eine Lektion erteilen.«

»Aber das ist doch furchtbar«, protestierte ich. »Ich kann einfach
nicht fassen, dass Regierungsorganisationen im Vereinigten Königreich so etwas tun. Ich dachte immer, das passiert nur im Film.«

»Glaub mir, du hast keine Ahnung, was da abgeht. Aber ich habe
nachgedacht, Bubba. Allein werde ich mit diesen Leuten ganz unmöglich fertig. Ich habe da einen Plan, wie ich vielleicht früher aus
meinem Vertrag rauskomme. Sie wollen, dass ich eine Operation in
Syrien durchführe. Eine sehr gefährliche Sache, aber ich glaube, ich
kann liefern, was sie verlangen. Ich werde sehen, ob da ein Deal drin
ist. Wenn ich dann in Syrien erfolgreich bin, lassen sie mich früher
aus dem Vertrag.«

»Um Gottes willen, Liebling, das klingt aber wirklich gefährlich. Ich möchte nicht, dass du nach Syrien gehst. Ich habe mir schon die ganze Zeit so schreckliche Sorgen um dich gemacht. Diese Nacht, als du im Iran warst, war die schlimmste meines Lebens. Du glaubst vielleicht, du bist unbesiegbar, aber was, wenn du getötet oder schwer verwundet wirst? Und was wird dann aus mir? Du hast doch mein ganzes Geld. Ich säße dann völlig mittellos da.«

Inzwischen hatten seine Bitten um Geld aufgehört, aber ich hatte nur noch etwa fünfzehntausend Pfund auf der Bank. Zu dieser Zeit machte ich mir keine Sorgen darum, Mark könnte mir absichtlich mein Geld nicht zurückzahlen, und in gewisser Weise war ich auch ziemlich erleichtert, nicht mehr länger eine riesige Summe auf dem Konto zu haben. Als ich 2010 mein Haus verkaufte, hatte ich mir wegen der damaligen finanziellen Weltlage sehr viele Gedanken gemacht. Ich hatte miterlebt, was mit der Bank Northern Rock passiert und wie sie wenige Jahre zuvor kollabiert war. Allerdings machte ich mir auch ernsthafte Sorgen, man würde mir mein Geld nicht zurückgeben, wenn Mark etwas zustieß.

»Liebling, deswegen brauchst du dir doch keinen Kopf zu machen. Glaubst du wirklich, ich würde das zulassen? Ich aktualisiere mein Testament einmal im Monat. Wenn ich sterbe, wirst du als sehr reiche Frau zurückbleiben. Okay, den größten Teil bekommt Bianca, weil sie das Geld braucht. Tut mir leid, so ist es einfach. Aber du wirst keine einzige Sorge mehr im Leben haben.«

»Nun ja, dann würde ich dafür gerne Beweise sehen. Ich mache mir wirklich Sorgen. Ich habe über nichts mehr irgendeine Kontrolle. Das gefällt mir nicht. Ich war davon ausgegangen, du würdest mir mittlerweile mein Geld zurückgegeben haben.«

»Vertraust du mir vielleicht nicht?« In seiner Stimme lag eine gewisse Schärfe. »Wenn das nämlich so aussieht, sag es mir lieber gleich. Dann beenden wir das Ganze jetzt und hier und kehren beide in unser altes Leben zurück. Ich dachte, zwischen uns gäbe es absolutes Vertrauen. Genau deswegen sind wir etwas so Besonderes.«

»Du weißt, dass ich dir vertraue. Es ist nur, dass ich immer alles sofort mache, wenn ich etwas ankündige. Du bist anders. Du hast mir selbst gesagt, du kümmerst dich immer irgendwann um die Dinge. In einer Situation wie dieser ist ›irgendwann‹ nicht gut. Ich muss wissen, dass jemand meine Interessen im Auge behält.«

»Liebling, du musst jetzt einfach stark für mich sein. Lass mich diesen Scheißauftrag erledigen. Ich bin wirklich gut in meinem Job – ich bin der Allerbeste. Und wenn ich Erfolg habe, was bald der Fall sein wird, können wir innerhalb weniger Monate richtig zusammenleben.«

Es gab nichts, was ich hätte sagen oder tun können, um irgendetwas zu ändern. Mark hatte seine Entscheidung getroffen, und wenige Tage später sagte er mir, er werde in den nächsten vierundzwanzig Stunden nach Syrien aufbrechen. Er versprach mir, mich wann immer möglich zu kontaktieren, damit ich wüsste, dass es ihm gut gehe. Außerdem kündigte er an, Paul werde mir ein neues, abhörsicheres Handy besorgen.

Das Leben verwandelte sich für mich in eine Hölle. Ich konnte überhaupt nicht mehr schlafen und fühlte mich wie auf glühenden Kohlen, Tag und Nacht. Ständig wartete ich auf das Ping einer Nachricht. Oft schickte mir Mark mitten in der Nacht eine SMS. Seine Mitteilungen waren immer kurz und knapp.

2:14 Uhr
Mission gestartet. Alles okay.

Und ich schrieb genauso kurz und knapp zurück.

Sei vorsichtig. Ich liebe dich.

Manchmal, wenn ich nichts von ihm hörte, konnte ich dem starken Bedürfnis nach Kontakt nicht widerstehen. Vor allem nicht mitten in der Nacht, wenn die Gedanken in meinem Kopf gerade Karussell fuhren:

Bitte gib mir Bescheid. Bist du okay?

Wenn ich Glück hatte, bekam ich dann die einzige Antwort, die ich wirklich brauchte:

Am Leben.

Diese Tage und Nächte schienen einfach kein Ende zu nehmen. Morgens beim Aufstehen fühlte ich mich völlig erschöpft. Ich brauchte immer länger, um mich für den Tag zu wappnen, und obwohl ich mich weiterhin zu Spaziergängen im Stadtzentrum von Bath zwang, artete das Ganze zu einer ungeheuren Anstrengung aus. Einmal, als ich auf dem Weg zurück nach Hause war und über vierundzwanzig Stunden nichts von Mark gehört hatte, verlor ich die Kontrolle über die Situation. Ich ließ mich auf den Bürgersteig sinken und brach in Tränen aus, hockte schluchzend da. Die Angst und die Anspannung waren einfach unerträglich.

Dann tauchte plötzlich eines Morgens, ohne jede Vorwarnung, Mark in der Küche auf. Sein ordentlich verbundener Arm lag in einer Schlinge. Ich rannte zu ihm und küsste ihn.

»Was ist denn passiert? Du bist ja verletzt!« Ich war unglaublich erleichtert, ihn zu sehen, gleichzeitig jedoch völlig entsetzt. Mir traten Tränen in die Augen.

»Yeah, ich wurde angeschossen. Da draußen ist es wirklich krass. Wein doch nicht, Baby.« Er küsste mich. »Und jetzt machst du mir einen Kaffee, okay?«

»Du willst doch wohl nicht etwa dorthin zurück? Sag mir, dass du nicht mehr dorthin zurückkehrst!«

Sehr vorsichtig versuchte sich Mark hinzusetzen, doch er stand sofort wieder auf.

»Fuck! Ich habe eine Schürfwunde am unteren Rücken und am Hintern. Sitzen ist wirklich schrecklich unbequem.«

»Liebling, bitte sag, dass du nicht wieder nach Syrien gehst. Ich ertrage das einfach nicht.«

»Ich muss versuchen, diese Mission abzuschließen. Ich *muss* einfach, Bubba. Dann kann ich diese ganze Scheiße für immer hinter mir lassen, und wir können zusammen sein. Du weißt, dass ich meine Arbeit einmal geliebt habe – jetzt hasse ich sie.«

»Aber du kannst nicht dorthin zurück! Du bist verletzt. Du kannst dich nicht einmal richtig hinsetzen.«

»Keine Sorge. Mir geht es bald besser, glaub mir nur. Heute kann ich nicht lange bleiben. Paul wartet draußen auf mich, er fährt mich zurück nach London. Ich musste dich einfach unbedingt sehen, Liebling. Ich tue das alles für dich. Du hast ja keine Ahnung, was da abgeht. Eines Tages werde ich dir erzählen, was ich alles für dich getan habe. Dann wirst du verstehen. Aber jetzt musst du Geduld haben. Am Ende siehst du schon, dass es die Sache wert war.«

Meinem Eindruck nach war er gerade erst gekommen, da ging er auch schon wieder. Mir wurde schwer ums Herz. Ich fühlte mich ganz seltsam. Gar nicht mehr wie ich selbst. Schon vor dem Spiegel bei der letzten Anprobe für mein Hochzeitskleid war da der Eindruck gewesen, ich würde mich selbst verlieren. Jetzt fühlte ich mich sogar noch fremder in meinem eigenen Körper – wie ein gespenstischer Schatten meines früheren Ichs. Ich sah elend aus. Mit dunklen Augenringen, trotz meines sorgfältig aufgetragenen Make-ups. Die Frau, die ich da im Spiegel vor mir sah, wirkte leblos und starrte mich unbewegt an.

Ich goss mir ein Glas Wein ein. Normalerweise war Alkohol tagsüber tabu, aber etwas anderes fiel mir einfach nicht ein. Außerdem trank ich inzwischen auch jeden Abend. Das half mir, meine Sinne zu betäuben. Ich setzte mich an den Küchentisch und starrte in den Flur hinaus, durch das Esszimmer und durch die Fenster mit dem Ausblick auf den Circus, wo sich die üblichen Touristenhorden tummelten. Ich konnte Unterhaltungen und Gelächter hören. Da draußen spielt sich das Leben ab, dachte ich, und mich überkam eine unbändige Sehnsucht – nach meinem alten Job, meinem Cottage, meinen Besitztümern und vor allem nach meiner Familie und meinen Freunden.

Ich fühlte mich sehr verunsichert und wünschte mir einfach, alles wäre wieder so wie früher. Fast zwei Stunden lang saß ich beinahe bewegungslos in der Küche. Ich rührte mich nur, um die Flasche zum Nachfüllen ans Weinglas zu halten und um das Weinglas an die Lippen zu führen, bis beide leer waren.

Mark musste noch drei weitere Male nach Syrien, und bei jedem Aufbruch hatte ich das Gefühl, die Chancen auf seine Rückkehr würden geringer. Doch nach allen drei Malen erschien er wieder in der Küche, und jedes Mal rannte ich zu ihm, um ihn zu küssen und in meinen Armen zu halten.

»Gott sei Dank, du bist am Leben! Bubba, ich habe geglaubt, ich würde dich nie wiedersehen. Einfach schrecklich war das.«

»Ich weiß, Liebling. Mir ging es doch genauso. Diesmal war es wirklich schlimm. Ich bin wieder angeschossen worden – ich wurde am Bein getroffen. Es fühlt sich an, als wäre von meinem Glück nicht mehr viel übrig. Ich kann das spüren, weißt du? Ich werde diese Mission nicht zu Ende kriegen. Wir müssen eine andere Lösung finden.«

»Natürlich kannst du die Mission nicht zu Ende bringen. Man hat dich jetzt zweimal angeschossen. Die können ja wohl nicht von dir erwarten, dass du noch einmal nach Syrien gehst.« Nach außen hin gab ich mich ruhig, doch innerlich spürte ich Hysterie aufkommen, und ich war mir nicht sicher, ob ich sie unter Kontrolle würde halten können.

»Mach dir keine Sorgen, Liebling. Ich habe ihnen gesagt, solche gefährlichen Missionen mache ich nicht mehr. Sie werden mir einen Schreibtischjob beim Verteidigungsministerium geben. Hassen werde ich den, aber das ist die einzige Möglichkeit. Dann wird es auch schwieriger werden, dich zu sehen. Ich wünschte, wir könnten in Beach einziehen. Ich weiß, du bist hier nicht glücklich – auch wenn ich bei Gott nicht verstehen kann, warum nicht. Ich begreife es einfach nicht; du wohnst am Circus, verdammt noch mal, aber in deinem Cottage hat es dir besser gefallen. Das ist doch verrückt!«

Als er sagte, er werde nicht nach Syrien zurückkehren, fühlte ich mich einen Augenblick lang beinahe glücklich.

»Schon, Liebling, aber ich hatte geglaubt, wir würden hier gemeinsam leben – wenigstens eine oder zwei Nächte pro Woche zusammen verbringen. Ich hatte doch keine Ahnung, dass es so werden würde. Wir hatten immer noch keine einzige gemeinsame Nacht, und allein will ich nicht ausgehen. Ich habe gedacht, wir machen alles Mögliche zusammen.«

»So wird es auch sein, irgendwann. Ich bin kein Egoist, Bubba, ich war noch nie ein Egoist und werde auch nie einer sein. Mein ganzes Leben lang habe ich mich für das große Ganze eingesetzt. Ich stehe bei mir nie selbst an erster Stelle. Niemals. Damit wirst du dich abfinden müssen, und ich weiß, das wirst du auch, denn genau aus diesem Grund hast du dich ja in mich verliebt. Irgendwann wird sich alles finden. Der ganze Herzschmerz wird sich gelohnt haben, das verspreche ich dir.«

Mark arbeitete weiter am Aufbau seines InOrg-Businessimperiums. Jetzt war er der Sponsor eines vielversprechenden jungen Rennfahrers, Dino Camparelli. Er nahm mich mit zum Cotswold Airport, um mir den ersten von sechsundzwanzig bestellten Rennwagen zu zeigen. Das InOrg-Logo wurde auf dem Auto angebracht, und er erklärte mir, David Coulthard werde damit einen PR-Stunt absolvieren. Außerdem sagte Mark, er sei jetzt der Agent des Komponisten Ennio Morricone. Er entwickelte eine Besessenheit für Facebook-Klicks und schickte mir Tag und Nacht die neuesten Zahlen. Sie würden irgendwann Millionen an Werbeeinnahmen generieren, erklärte er mir. Manchmal wirkte er fast manisch auf mich. Ich sah ihn immer seltener, und wenn er dann einmal da war, gab es immer wieder Störungen, wie schon so oft.

Mark vertraute mir auch viel mehr an, als ihm eigentlich erlaubt war. Oft ging es um sein Missfallen darüber, wie man ihn beim Sicherheitsdienst behandelte.

»Du bist der einzige Mensch, mit dem ich reden kann, Bubba, der einzige Mensch, dem ich vertrauen darf. Ich möchte dir gerne alles von mir erzählen, aber im Moment geht das nicht, und du darfst auch nichts von dem, was ich dir sage, an irgendjemanden weitergeben. Informationen können Macht bedeuten, aber sie können auch gefährlich sein. Es gibt da etwas, was ich dir schon längere Zeit sagen will, aber du darfst es keiner Menschenseele weitererzählen.«

»Du weißt doch, du kannst mir vertrauen. Worum geht es denn?«

»Es betrifft meine Familie, meine Eltern. Ich bin nämlich der uneheliche Sohn von George Soros. Du weißt schon, von dem Typen, der die Bank of England zu Fall gebracht hat? Alles, was ich über Finanzen weiß, habe ich von ihm gelernt. Das war ganz großartig.«

»Du hast also Kontakt zu ihm? Und verstehst dich gut mit ihm?«

»Nun, so kann man das auch wieder nicht sagen. Wir sind schon ziemliche Rivalen. Irgendwann, bald, werde ich in allem, was er mir beigebracht hat, besser sein als er. Das weiß er, aber das heißt nicht, dass es ihm auch gefällt.«

Nachdem Mark gegangen war, googelte ich George Soros. Ich hatte seinen Namen schon früher gehört, und ich erinnerte mich an den Black Wednesday von 1992, aber das war auch schon alles. Konnte Mark wirklich Soros' Sohn sein? Als ich mir auf dem Laptop Bilder von George Soros ansah, erkannte ich tatsächlich eine Ähnlichkeit. Beide strahlten dieses durch nichts zu erschütternde Selbstvertrauen aus, diese fast arrogante Aura, und es gab eine Ähnlichkeit in der Form der Nase und des Mundes. Und Soros war ein Philanthrop; Mark erzählte mir ständig, wie viel er selbst bereits getan hatte, um Leuten zu helfen, denen es weniger gut ging als ihm. Diese Charaktereigenschaften musste er von seinem Vater geerbt haben. Mein Gott, dachte ich – das alles ist so unglaublich bizarr.

Ich liebte Mark, und ich liebte es, wie er meine Ängste zerstreute, wann immer ich mit ihm redete, egal wie mutlos und verunsichert ich mich fühlte. Selbst wenn wir nur miteinander telefonierten, konnte er mich immer beruhigen. Ich wünschte mir einfach, er wäre öfter bei mir. Ich fühlte mich so isoliert, und meine Einsamkeit schien mit jedem Tag größer zu werden. Aber gut, Gott sei Dank war Mark am Leben, und jetzt würde er nicht mehr wegmüssen, auch wenn er gesagt hatte, es werde bald schwieriger für ihn, mich zu sehen. Ich hoffte einfach, es würde anders kommen und er würde mehr Zeit mit mir verbringen können. Gleichzeitig wusste ich, dass er einen Schreibtischjob ausüben würde, und ich hoffte, er würde nicht mir die Schuld an seiner Frustration geben.

Ende Mai sah ich Mark jedoch eine ganze Woche lang nicht. Er rief mich jeden Tag an und entschuldigte sich, aber er konnte einfach noch nicht nach Bath kommen. Allerdings meinte er, er hoffe, wir würden in der darauffolgenden Woche ein paar Tage Urlaub irgendwo in der Sonne machen.

»Pack deine Sachen, Liebling«, wies er mich an. »Wenn man mit mir zusammen ist, muss man immer auf Abruf sein, und ich habe mir wirklich ein paar freie Tage verdient.«

Ich wünschte mir so sehr, es würde zu diesem Urlaub kommen. Als ich Mark gerade kennengelernt hatte, hatte er mir gesagt, ich müsse immer meinen Pass bei mir haben, damit ich spontan würde reisen können, aber die traurige Tatsache, dass ich mit ihm nie weiter gekommen war als bis nach London, stand mir nur zu deutlich vor Augen. Ich würde ein ernstes Gespräch mit Mark führen müssen, doch das schien ein Ding der Unmöglichkeit zu sein. In dieser Zeit wirkte er ständig niedergeschlagen, und wenn ich mit ihm zu reden versuchte, schien es mir, als würde er mir nicht einmal richtig zuhören. Eines Tages rief er dann gar nicht an. Ich war außer mir. Ich konnte nicht schlafen und fühlte mich entsetzlich. Mein Leben wirkte wie eine große leere Fläche, wirklich völlig leer, und ich konnte nicht mehr klar sehen. Anvertrauen konnte ich mich niemandem, und es gab auch keinen Menschen, den ich wirklich hätte um mich haben wollen. Ich musste Mark schützen und war mir sicher, meine Freunde würden spüren, dass etwas nicht in Ordnung war, wenn ich mich mit ihnen traf. Das würde Fragen nach sich ziehen, und das würde ich im Moment nicht verkraften.

Aber warum hatte er mich nicht angerufen? Ich wählte seine Nummer, landete jedoch sofort auf der Mailbox. In dieser Nacht tat ich kein Auge zu, und um fünf Uhr morgens gab ich den Versuch zu schlafen auf und verließ mein Bett. Die ganze Nacht hatte sich mein Gedankenkarussell gedreht. Ich musste Mark einfach mitteilen, wie ich mich fühlte. Ich ging ins Arbeitszimmer, nahm meinen Montblanc-Stift zur Hand und fing an zu schreiben.

Brock Street
26. Mai 2012
5 Uhr morgens

Bubba, mein Liebling, ich habe eine weitere schlaflose Nacht in einem so aufgewühlten emotionalen Zustand verbracht, dass ich keinen anderen Ausweg mehr sehe – ich muss dir schreiben und dir zu erklären versuchen, wie mir zumute ist. Wenn ich das Gefühl hätte, dir das irgendwann in den nächsten paar Tagen persönlich sagen zu können, hätte ich natürlich damit gewartet, aber wir scheinen uns immer seltener zu sehen, und dann auch nur so kurz, dass ich einfach nicht davon ausgehe, eine solche Gelegenheit könnte sich von selbst ergeben. In den letzten vierundzwanzig Stunden hast du noch nicht einmal Zeit für einen Anruf gefunden.
Bevor ich weiterschreibe, will ich dir noch einmal sagen, dass ich dich aus ganzem Herzen und mit meiner ganzen Seele liebe. Ich bete darum, dass sich die Dinge für uns regeln werden, aber während ich hier sitze und diese Zeilen zu Papier bringe, ist mein Kopf voller Zweifel.
Als wir uns begegnet sind, Liebling, habe ich mich sofort in dich verliebt. Ich finde dich körperlich unglaublich anziehend, aber

*es war deine Aura der positiven Energie und der intellektuellen
Schärfe, die mich genauso angezogen hat. Ich denke, du hast wahrscheinlich ähnliche Qualitäten in mir erkannt. Wie auch immer,
ganz ohne Zweifel gab und gibt es zwischen uns eine sehr starke
gegenseitige Anziehungskraft, und ich wusste auch, dass sich mein
Leben entscheidend ändern würde. Ich hatte geglaubt, auch wenn
wir keine gewöhnliche Beziehung führen würden, würden wir die
Gelegenheit haben, Zeit miteinander zu verbringen. Wir würden
einander die Augen öffnen und die Welt mit neuem Blick sehen,
neue Perspektiven entdecken, interessante, intellektuell fordernde
Gespräche führen und auch körperlich eine herrliche Beziehung
ausleben, in der wir unsere Liebe füreinander wie nie zuvor zum
Ausdruck bringen könnten, und wir würden uns so sehr miteinander verbunden fühlen, dass nichts und niemand diese Verbindung
jemals würde lösen können.*

*Ich weiß, die Dinge haben sich so entwickelt, wie ich das nie im
Leben hätte voraussehen können, und vielleicht war das für dich
genauso unmöglich. Was ich meine, ist der Druck, den gewisse Leute
auf dich ausüben, was deinen Job betrifft. Ich habe die vergangenen
Wochen ganz ohne Zweifel als einige der schrecklichsten meines
Lebens wahrgenommen. Nie zuvor bin ich Abend für Abend in
einem Zustand so großer Furcht zu Bett gegangen, dich nie wieder
zu sprechen oder zu sehen. Das Ganze war die reine Hölle für mich.
Ich erinnere mich daran, wie ich erfuhr, welcher Art von Arbeit
du nachgehst. Damals hast du eine gefährliche Mission in Angriff
genommen. Das war für mich die schlimmste Nacht meines Lebens.
Du denkst vielleicht, ich würde mich daran gewöhnen und leicht
damit fertigwerden können, aber genau das Gegenteil scheint der
Fall zu sein. Jedes Mal, wenn du zu mir zurückkehrst, wird es
meinem Gefühl nach nur wahrscheinlicher, dass du von deinem
nächsten Einsatz nicht zurückkehren wirst.*

*Was ich dir zu sagen versuche, ist Folgendes: Während der letzten
paar Monate habe ich das Gefühl entwickelt, ich hätte mich selbst*

verloren. Es ist, als wäre ich um zehn Jahre gealtert, und ich habe das Vertrauen in alles verloren. Ich hasse mich selbst, denn so bin ich nicht! Ich bin eine auf natürliche Weise attraktive, positive, energiegeladene und lebhafte Frau, aber ich habe mich in ein zurückgezogenes, eingeschüchtertes Wrack einer Frau mittleren Alters verwandelt, die ihre Tage mit Trinken, Rauchen und Weinen verbringt. Ehrlich, ich fühle mich, als würde ich eines schrecklichen schleichenden Todes sterben. Ich habe versucht, das »große Ganze« im Blick zu behalten, aber inzwischen ist es nur noch, als würde ich auf eine weiße Wand starren.

Bubba, mir ist klar, wie viel du getan hast, damit sich die Dinge für uns ändern, und das weiß ich auch wirklich zu schätzen, aber ich muss sagen, die vergangene Woche hat mir sowohl Freude als auch Verzweiflung beschert. Freude, weil du am Leben bist – darüber bin ich so unglaublich erleichtert, Gott sei Dank! Verzweiflung, weil du jetzt einen »Schreibtischjob« angetreten hast und ich mich frage, wie du damit zurechtkommen wirst. Außerdem habe ich dich quasi nicht zu Gesicht bekommen. Nicht nur das, selbst für einen Telefonanruf hattest du kaum Zeit.

Du hast mir einmal gesagt, die Dinge würden einfacher für uns werden, wenn wir zusammenleben, und ich habe all mein Vertrauen in dich gesetzt und den Sprung ins Ungewisse gewagt. Ich bin nach Bath gezogen. Bubba, du lachst jetzt vielleicht, aber ich habe wirklich geglaubt, wir würden ein, zwei Nächte miteinander verbringen – und zwar jede Woche! Ich habe mir gesagt, wenn du neunzig Nächte in diesem Land verbringen würdest, würde das so kommen. Inzwischen gehe ich nicht mehr davon aus, dass es jemals passieren wird.

Weißt du, Liebling, diese vergangenen paar Monate waren für mich eine Achterbahnfahrt zwischen Versprechungen und Enttäuschungen. Du hast mir ein wunderschönes Haus mit einem riesigen Garten in Aussicht gestellt, eine geplante Hochzeit mit Feuerwerk, Lichtshows, Musik usw. Unsere Urlaubsträume haben sich wieder *und wieder in nichts aufgelöst. Werden wir am Montag zusammen wegfahren? Das bezweifle ich, und eigentlich ist es mir sogar schon fast egal. Ich muss mich jetzt neu sortieren, und damit komme ich zu meinem nächsten Punkt.*

Ich habe dir schon gesagt, dass ich mich ganz machtlos fühle. Das hat teilweise damit zu tun, dass ich keine Arbeit habe, nicht unabhängig bin usw. Auch wenn ich das verstehe, finde ich das Gefühl ganz schrecklich, so von einem Handy abhängig zu sein. Außerdem bin ich anders als du nicht der Ansicht, du hättest das Recht, meine Nachrichten und E-Mails zu lesen oder an mich adressierte Post zu öffnen. Nicht dass ich etwas zu verbergen hätte, aber jeder Mensch hat auch das Recht auf eine Privatsphäre – das wirst du nicht abstreiten können.

Als du damals Geldprobleme hattest, bin ich außerdem davon ausgegangen, du würdest mir innerhalb weniger Wochen alles wieder überweisen. Davon hast du jedenfalls ein paar Mal gesprochen. Vielleicht habe ich das auch missverstanden. Ich war damals froh, dir helfen zu können, und das bin ich immer noch. Allerdings scheinst du nicht zu verstehen, dass ich mich wie in der Falle fühle, auch wenn ich dir das immer wieder zu erklären versuche, und ein großer Teil dieses Gefühls der Machtlosigkeit kommt daher, dass ich in finanzieller Hinsicht überhaupt keine Optionen habe.

Du weißt doch, dass ich die Studiendarlehen der Mädchen abbezahlen wollte, und du hast mir gesagt, du hättest es so eingerichtet, dass das zum Jahresende hin klappt. Damit erfasst du aber nicht, worum es eigentlich geht, Liebling. Ich habe den beiden einen bestimmten Geldbetrag versprochen. Ich bin ihre Mutter, und ich sollte dazu in der Lage sein, das auf meine Weise zu erledigen, und zwar dann, wenn ich es will. Du erledigst Dinge »irgendwann«. Ich bin anders: Wenn ich sage, ich erledige etwas, tue ich es sofort. Es kann einfach nicht richtig sein, dass ich nicht in der Lage bin, Lara und Emma das Geld jetzt zu geben, und zwar selbst. Du hast nicht einmal mit mir besprochen, was genau du da veranlasst hast.

Weißt du, Bubba, vielleicht ist es sogar gut, dass auf meinem Konto eine solche Leere herrscht. Wenn ich jetzt achthunderttausend Pfund auf der Bank hätte, wäre ich wirklich sehr in Versuchung, mir ein Cottage auf dem Land zu kaufen. Ich glaube nicht einmal, dass es eine gute Idee wäre, aber ich hoffe, du kannst verstehen, dass ich mich mit dieser Möglichkeit weniger in der Falle fühlen und nicht so einen starken Fluchtinstinkt verspüren würde.

Zu Weihnachten letztes Jahr hatte ich beschlossen, wenn ich bis Juni kein Haus gefunden hätte und umgezogen wäre, würde ich Tetbury verlassen und den Sommer über in Frankreich arbeiten. Ich habe gestern sogar daran gedacht, meine [ehemaligen] Arbeitgeber zu kontaktieren. Ich weiß einfach nicht mehr weiter.

Bubba, mir ist klar, das Ganze muss sich wie selbstsüchtiges Gejammer anhören. So ist es nicht gemeint. Ich liebe dich so sehr, ich wünsche mir inständig, dass wir alles regeln können, und ich werde mich auch wirklich bemühen, dass es so kommt. Es ist nur, Liebling, dass ich Dinge mit dir teilen will: Zeit, Hoffnungen, Ängste, Ideen, körperliche Freuden, Erfahrungen – alles. Für mich besteht das Problem darin, dass ich nicht sicher weiß, ob wir dasselbe wollen. Ich weiß aber, dass ich nicht überleben kann, wenn ich niemals neben dir aufwachen werde.

Schau mal, Liebling, ich habe es nicht einmal über mich gebracht, mein Hochzeitskleid überhaupt anzusehen, seit ich es gekauft habe. Am Tag der letzten Anprobe, als es die Überschwemmung in Widcombe (oder in Beach?) gab, habe ich zu Paul gesagt: »Es wird keine Hochzeit geben, oder?« Bei der Anprobe fühlte ich mich wie Miss Havisham in Große Erwartungen. Ein schreckliches Gefühl des Grauens überkam mich. Ich kann nicht einmal den Gedanken an dieses Kleid ertragen, und zum ersten Mal habe ich Zweifel verspürt, was diese Hochzeit betrifft, und dieser Zweifel nagt bis heute an mir. Es fühlt sich an, als hätte man mir das Herz gebrochen, Bubba.

Es tut mir so leid, Liebling. Ich habe versucht, für dich stark zu sein, ich habe nicht aufgegeben, aber ich bin sehr unglücklich. Ich weiß, dass du Himmel und Hölle in Bewegung gesetzt hast, damit sich die Dinge ändern, damit wir zusammenleben können, und dann findest du dich in einem Job wieder, in dem du dich, so fürchte ich, lebendig begraben fühlen wirst.

Du hast einmal gesagt, ich hätte noch nicht richtig gelebt. Weißt du was? Ich glaube, du bist es, der etwas verpasst. Du kannst nicht einmal ins Theater gehen oder einen Spaziergang durch den Park machen. Es gibt noch mehr, was ich jetzt gerne aufschreiben würde, aber das ist zu gefährlich.

Ich hoffe, wir werden eine Lösung für alles finden. Ich hätte nie geglaubt, dass Liebe so wehtun kann. Ich habe neulich etwas in einem Buch gelesen, was mich angesprochen hat:

»Aber sie war bei mir und bereit, mir zu geben, was sie geben konnte. Welchen Grund hätte ich haben sollen, sie zu verletzen? Damals hatte ich noch keine Ahnung. Ich wusste nicht, dass ich irgendwann einen Menschen so tief verletzen würde, dass er sich nie mehr davon erholte. Dass ein Mensch einen anderen durch seine bloße Existenz so sehr verletzen konnte.«

Ich liebe dich, Bubba, aber ich brauche gemeinsame Zeit mit dir, und ich bin nicht sicher, ob du mir die jemals wirst schenken können. Am Anfang von alldem hier, als wir beschlossen, »miteinander zu leben« (haha!), habe ich das Ganze für eine Win-win-Situation gehalten. Ich habe neun oder zehn Jahre lang ziemlich glücklich allein gelebt. Selbst wenn ich dich nicht oft sehen würde, wäre es ein Gewinn, wenn es denn dazu käme, hatte ich mir selbst gesagt. Wie konnte ich mich nur so täuschen! Als es da niemanden gab, mit dem ich zusammen sein und an meiner Beziehung arbeiten wollte, war ich allein glücklich. Jetzt bin ich einfach nur einsam – wahrscheinlich zum ersten Mal in meinem Leben.

Ich liebe dich, Bubba.

Bubba

Ich faltete die Blätter zusammen und steckte sie in einen Umschlag. Wenn ich Mark das nächste Mal sah, würde ich ihm meinen Brief geben. An diesem Tag vergingen die Stunden langsam, und dass ich schon um fünf Uhr aufgestanden war, machte das Ganze nicht besser. Doch am frühen Nachmittag hörte ich den hartnäckigen, fordernden Klingelton, der mich wissen ließ, dass Mark anrief. Ich nahm das Gespräch entgegen. Er klang ausgesprochen vergnügt.

»Hallo, Bubba, wie geht's dir? Tut mir leid, dass ich dich gestern nicht angerufen habe. Hier ging es einfach drunter und drüber.«

»Weißt du, ich fühle mich nicht besonders gut. Ich habe eine grässliche Nacht hinter mir. Ich bin früh aufgestanden und habe dir einen Brief geschrieben«, erklärte ich. »Es gibt so vieles, was ich mit dir besprechen möchte, aber dazu bekommen wir wohl nie die Gelegenheit.«

»Na, dann sprich doch jetzt mit mir. Sag mir, was da in diesem Brief steht.«

»Ich will ihn dir lieber geben, wenn ich dich sehe, damit du in Ruhe darüber nachdenken kannst.«

»Nein, Bubba, sag es mir jetzt. Lies mir den Brief vor – ich muss wissen, was drinsteht.«

Ich holte den Brief aus dem Umschlag und las ihn Mark übers Handy vor. Als Mark wieder sprach, klang seine Stimme kalt und hart wie Stahl.

»Vernichte diesen Brief«, befahl er mir.

Ich ging davon aus, ich würde Mark am nächsten Tag sehen, doch bis zum frühen Abend war er nicht erschienen, und gehört hatte ich auch nichts von ihm. Ich versuchte ihn anzurufen, hatte aber keinen Erfolg, deswegen schickte ich ihm eine Nachricht und fragte, wann ich mit ihm rechnen dürfe. Irgendwann antwortete er dann.

27. Mai 2012
19:39 Uhr
Liebling, sitze in einem Meeting und sollte gerade keine SMS verschicken.

Rufe dich an, sobald es geht.

Wann ich komme, hängt davon ab, wie lange das hier dauert.

Ich weiß doch nicht mal, was in der nächsten Stunde passiert, geschweige denn in den nächsten fünf.

Ich würde lieber gar nicht leben als so ... englisch.

Du weißt, ich wäre schon tot, wenn ich jemals ... so hätte leben müssen.

20:00 Uhr
Du hast ja keine Ahnung, welchem Stress ich ausgesetzt bin.

Es ist die Hölle.

Du stehst hier nicht als Einziger unter Stress.

Auf einen Streit per SMS habe ich keine Lust.

Das macht doch keinen Sinn.

Das sehe ich auch so.

Ganz offensichtlich werden wir uns hier nicht einig.

Er schrieb dann unter anderem, er habe das Leben einer Dreijährigen zerstört, um mit mir zusammen sein zu können, außerdem eine Karriere, die er geliebt, und ein Leben, das ihm sehr viel bedeutet habe. Er sagte, er sei in ein Land zurückgekehrt, das er verachte, und jetzt stecke er in einem Job fest, den er nicht würde verlassen können, ohne dass es ihn das Leben kosten würde.

Dafür bin ich verantwortlich, und damit muss ich leben.

Ich liebe dich, aber bitte vergleiche unsere Situationen nicht.

Wie konnte er es wagen, mich dafür verantwortlich zu machen, dass Biancas Leben zerstört war? Als ich zurückschrieb, war ich außer mir vor Wut.

Jetzt bin ich wirklich wütend.

Mein Handy klingelte. Es war Mark, doch ich verspürte einen solchen Zorn, dass ich ihn ignorierte.

Das Klingeln hörte auf, und eine ganze SMS-Salve traf unter ständigem »Ping!« bei mir ein, wie Maschinengewehrfeuer.

Keine Ahnung, warum du jetzt sauer bist.

... Dass du meine Anrufe ignorierst, ist nicht besonders klug. Ich bin deswegen gerade aus einem Meeting raus ...

Ich nehme zurzeit starke Schmerztabletten ... Bin schlecht drauf deswegen ... Entschuldige.

Ich musste die ganze Zeit daran denken, was er über Bianca gesagt hatte, deswegen schrieb ich zurück:

Mach mich nie wieder dafür verantwortlich, dass das Leben eines Kindes zerstört wurde – vor allem nicht, wenn ich daran denke, was ich für Bianca zu tun bereit war.

Mark erwiderte, er wisse, was ich meinte, wenn es um Bianca ging:

Und dafür werde ich dich immer lieben.

Dann schloss er mit der Bemerkung, er hasse sein Leben genauso sehr wie ich meines.

Aber vergleichen kann man sie nicht.

20:20 Uhr
Jetzt werfe ich wirklich gleich beide Handys aus dem Fenster!

Wie Mark hatte ich inzwischen immer zwei Handys bei mir. Das hasste ich. Ich hasste einfach alles an meinem Leben. Mark rief mich wieder an, aber ich wollte einfach nicht mit ihm sprechen.

20:59 Uhr
Bitte, Bubba, ruf mich an.

21:41 Uhr
Ich liebe dich.

Noch immer reagierte ich nicht. Ich liebte ihn so sehr, dass es wehtat, aber gleichzeitig hatten mich seine Kommentare verletzt. Er schien keine Ahnung zu haben, wie viel ich für ihn geopfert hatte. Mir wurde bewusst, dass wir gerade unseren ersten Streit erlebten – und zwar per SMS. Solche Sachen hatte ich immer verachtet. Aber ich würde jetzt nicht kapitulieren, indem ich ihm eine Nachricht schrieb oder ihn zurückrief. An diesem Abend ging ich traurig und mit dem Gefühl der Einsamkeit ins Bett. Ich wälzte mich unruhig herum, schlief immer nur für ganz kurze Zeit, bis ich früh am Morgen das Ping einer neuen Nachricht hörte.

28. Mai 2012
4:02 Uhr
Am Leben. Mission in Italien.

Liebe dich.

Rufe dich so bald wie möglich an.

Ich war hellwach. Italien? Was wollte er denn in Italien? Er war doch nicht etwa wieder auf dem Weg nach Syrien? Manchmal hatte ich das Gefühl, verrückt zu werden, und ich musste an den Film *Das Haus der Lady Alquist* denken, den ich als kleines Mädchen im Fernsehen gesehen hatte. An Details erinnerte ich mich nicht, aber es handelte sich um einen alten Schwarz-Weiß-Film über einen Mann, der seine Frau davon überzeugte, sie würde verrückt. Er spielte Psychospielchen mit ihr, dimmte die Lichter, was sie in Unruhe versetzte. Dann erklärte er ihr, sie bilde sich alles nur ein, und allmählich gewann er absolute Kontrolle über sie. Damals hatte mir der Film wirklich Angst gemacht. Jetzt fühlte es sich manchmal so an, als würde Mark in dieser Form die Kontrolle über mich gewinnen, doch ich zwang mich, derartige Gedanken aus meinem Kopf zu verbannen, sobald sie in mir aufkamen. So etwas Schreckliches durfte man doch nicht über jemanden denken! Er war einfach so stark, und er erwartete dasselbe von mir. Aber ihn hatte man darauf trainiert, mit allen möglichen stressigen Situationen und jeder Form des Angriffs fertigzuwerden, sei es körperlich oder psychologisch. Ich hatte dieses Training nicht absolviert. Ich hatte in einer sicheren Welt gelebt, in der die Leute im Allgemeinen freundlich waren und gute Absichten verfolgten. Man hatte mich zur Aufrichtigkeit und zur Ehrlichkeit erzogen, und ich ging davon aus, dass das bei allen anderen ebenso der Fall sei. Bis zu diesem Zeitpunkt war mein Leben im Grunde ziemlich unkompliziert gewesen. Doch seit ich Mark kennengelernt hatte, gab es Dinge, die einfach nicht zusammenpassten. Gleichzeitig wusste ich, dass er für den MI6 arbeitete – da konnte man doch einfach nicht erwarten, dass das Leben unkompliziert war. Und obwohl er gesagt hatte, ich sei der einzige Mensch, dem er vertraue, bedeutete das nicht, dass er mir immer die Wahrheit sagte. Das konnte er doch auch gar nicht, oder? Ich lebte jetzt in einer Welt, in der die Regeln für einen normalen Umgang miteinander nicht galten.

Der 1. Juni kam: Marks Geburtstag. Ich hoffte, wir würden diesen Tag angemessen feiern können, doch ich bekam Mark nicht einmal zu Gesicht. Ich hatte eine Karte für ihn vorbereitet und ihm einen Kuchen gebacken, obwohl ich mir sicher war, er würde ihn nicht anrühren. Wir nahmen nur selten gemeinsame Mahlzeiten ein. Tatsächlich schien er überhaupt nie etwas zu essen, aber mir war klar, dass er nur mit Kaffee und Nikotin einfach nicht überleben konnte.

Er versicherte mir, wir würden einander am nächsten Tag sehen. »Es tut mir wirklich leid, Bubba. Diese Schweine lassen mich einfach nicht weg. Morgen bin ich dann bei dir. Ich weiß, du wirst das gar nicht verstehen können. Ich bin in vielen Dingen sehr gut, Baby, aber die Leute immer darüber zu informieren, was vor sich geht, gehört nicht dazu. Oft geht das einfach nicht. Es tut mir leid, Süße.«

Die Karte, die ich ihm gebastelt hatte, hatte eines meiner Fotos als Grundlage. Ich betrachtete meine Kamera als Barometer meines geistigen Zustands und meiner Glücksgefühle, und die Tatsache, dass ich seit meiner Ankunft in Bath kaum eine Aufnahme gemacht hatte, sagte sehr viel aus. Das Foto, das ich für Marks Geburtstagskarte ausgewählt hatte, zeigte das Bogenfenster und den Balkon eines Hauses in der Nähe. Man blickte auf den Innenhof hinter dem Haus. Eine rosafarbene Kletterrose wand sich zum Balkon empor,

163

und man hatte eine romantische Begegnung vor Augen, die mich an die Balkonszene in *Romeo und Julia* erinnerte. Nach unserem missglückten Versuch einer Hochzeit in diesem Stil hielt ich das für ziemlich angemessen. Darunter hatte ich eine Zeile aus *Romeo und Julia* geschrieben, auf ihn abgewandelt: »O Bubba, Bubba, warum bist du Bubba?« Auf der Innenseite der Karte stand: »HAPPY BIRTHDAY, SEXY!« – ein ziemlich wirkungsloser Versuch, dem Ganzen eine gewisse Leichtigkeit zu verleihen. Von dieser Leichtigkeit war allerdings nicht mehr viel übrig.

Mark erschien tags darauf am späten Nachmittag. Ich gab ihm seine Karte und überreichte ihm seinen Kuchen.

»Liebling, ich habe wirklich gedacht, wir würden uns gestern sehen. Die Situation ist sehr schwierig für mich. Ich habe dich an meinem eigenen Geburtstag kaum zu Gesicht bekommen und an deinem überhaupt nicht. Können wir denn wieder nicht zusammen feiern? Nicht irgendwo auswärts zu Abend essen? Und kannst du nicht über Nacht bleiben, nur dieses eine Mal? Wir kennen uns jetzt seit viereinhalb Monaten, und noch immer haben wir hier keine einzige Nacht zusammen verbracht.«

»Ich weiß, Liebling, aber ich habe dir doch von Anfang an gesagt, wie es sein würde. Du weißt, ich tue alles, was ich kann. Du hast ja gar keine Ahnung, was ich schon für dich getan habe.«

Jetzt hatte ich ein schlechtes Gewissen. Ich verhielt mich egoistisch. Was er sagte, stimmte zu hundert Prozent – ich hatte mich bereit erklärt, auf ihn zu warten. Jetzt würde ich einfach durchhalten müssen, bis zum Ende.

»Baby, schau doch mal. Ich wollte es dir eigentlich nicht zeigen, aber du musst dir das hier anschauen.« Er hielt mir sein Smartphone hin.

»Wo ist denn das?« Ich erkannte die Fotografie eines riesigen Raumes. Im Hintergrund sah man eine Küche, und an der Wand schien ein Kandinsky zu hängen. Im Vordergrund stand ein großer Tisch, an dem etwa ein Dutzend Menschen Platz hatte.

»Das ist unsere Küche in Beach. Der Wahnsinn, oder? Ich habe den Ballsaal umbauen lassen. Der Architekt meint, ich wäre ein Genie. Schau mal, siehst du das da?« Er zeigte mir ein kleines Bild an der Wand ganz hinten im Raum.

»Was ist denn das?«

»Ein Bild von dir – du weißt schon, eines von denen im Warhol-Stil. Cool, was?«

»Na ja, ich kann es kaum richtig erkennen. Wo hast du denn das Foto her?«

»Von deinem Rechner. Ich habe doch gesagt, Baby, ich kann mir alles von deinem Computer holen, was ich nur will.«

»Und was ist mit dem großen Bild?«, wollte ich wissen.

»Das große Bild ist ein Kandinsky.«

»Das habe ich mir gedacht. Bubba, wann ziehen wir denn dorthin? Ich lebe überhaupt nicht gern hier. Können wir nicht gleich umziehen? Es sieht doch aus, als wäre schon alles fertig.«

»Noch nicht, Liebling. Ich will, dass alles perfekt ist, wenn ich dich dorthin bringe. Ich habe dir doch erklärt, es ist sehr wichtig für mich, dass alles ordentlich gemacht wird. Aber jetzt dauert es nicht mehr lange. Alles ist fast fertig, und es wird dir ganz großartig gefallen. Das ist dann mein Geschenk für dich.«

Während des ganzen Junis widmete sich Mark weiter dem Aufbau seines Imperiums. Er nahm mich mit zur Manor-House-Siedlung in Chew Magna, Somerset, einem weiteren seiner Bauprojekte. Dort bot er mir zwei frisch renovierte Häuser an und meinte, ich könne das Ganze als Geschäft betreiben und mich um die Vermietung kümmern, doch daran hatte ich kein Interesse. Ich wollte nur ein Haus für mich selbst finden – sobald mir Mark zurückzahlte, was er mir schuldete. Er versprach mir Ausflüge nach Ascot und Wimbledon, erschien dann aber nicht, und bei beiden Gelegenheiten verbrachte ich den ganzen Tag auf Abruf. Dann erklärte er mir, wir würden nach Marbella fahren, wo er gerade eine Luxusvilla gekauft habe, La

Villa Ermita. Den Marbella Beach Club habe er ebenfalls erworben, erfuhr ich. Mark sagte, ich solle einen gepackten Koffer bereitstellen, damit wir jederzeit aufbrechen könnten, aber dazu kam es nie. Stattdessen wurden ein paar Stühle in die Brock Street Nr. 1 geliefert. Paul kam, um sie nach oben zu bringen, doch er misstraute der Sendung und teilte mir mit, er habe sie auf Wanzen überprüft.

Ich geriet immer tiefer in eine Isolation, konnte nicht mehr schlafen und versank in einer zunehmenden Depression. Eines Abends, als ich Mark während eines Telefongesprächs zu vermitteln versuchte, wie schrecklich ich mich fühlte, reagierte er mit einem Satz, der nur aus fünf Wörtern bestand: »Mein Dad ist gerade gestorben.« Das erfüllte mich mit ernsthaften Zweifeln, doch ich traute mich nicht, eine solche Aussage zu hinterfragen, und Mark gab mir das Gefühl, egoistisch und fordernd zu sein. Allerdings fragte ich ihn, welchen Vater er meinte: Sprach er gerade von George Soros? Es gehe um den Mann, »der mich großgezogen hat«, lautete die Antwort. Mir fiel es immer schwerer, alles zu durchschauen, und ich konnte einfach nicht glauben, wie viel Pech wir ständig hatten.

Irgendwann Ende Juni rief mich Mark dann endlich an und verkündete, wir würden in das Haus in Beach ziehen, und ich solle mit dem Packen beginnen. Der Gedanke an einen Neustart und einen Umzug an einen ruhigeren Ort erfüllte mich mit Euphorie. Ich packte alles zusammen, doch dann standen meine Sachen sechs Wochen lang in Kisten herum. Paul, der sie nach Beach hätte bringen sollen, konnte sich nicht darum kümmern, weil sein Sohn an Krebs erkrankt war, hieß es. Ich sagte zu Mark, ich würde ein Unternehmen beauftragen oder den Umzug selbst übernehmen, aber er erklärte, das sei zu gefährlich, und verbot es mir. Meine Kisten stapelten sich im Arbeitszimmer, und Mark bestand darauf, ich müsse die Fensterläden immer geschlossen halten, weil er nicht wollte, dass irgendjemand mitbekam, was wir taten.

In dieser Phase entwickelte ich eine Besessenheit für Spionagefilme. Ich war geradezu süchtig nach der Serie *Homeland* und verbrachte Stunden damit, mir Boxsets von *24* anzuschauen. Außerdem las ich die Autobiografie *Zigzag: Die Geschichte des Doppelagenten Eddie Chapman* – der Mann war unkonventionell und hatte sehr viel Charme. In meiner Fantasie sah ich eine Ähnlichkeit zwischen Mark und Jack Bauer in *24*, zwischen Mark und Brody in *Homeland* und Eddie Chapman, dem Doppelagenten, den es wirklich gegeben hatte.

Eines Abends saß ich im Wohnzimmer in der obersten Etage. Draußen war es noch hell, und mein Blick fiel durch das große Erkerfenster. Ich sah bunte Heißluftballons vom Royal Crescent aufsteigen. Normalerweise wäre ich in Versuchung gewesen, an diesem so ungewöhnlich milden Sommerabend nach draußen zu gehen, aber ich blieb im Haus und schaltete den Fernseher ein, um mir eine weitere Folge *Homeland* anzusehen. Ich lag auf einer der beiden Chaiselongues, widmete mich ganz der Handlung, doch irgendwo im Hinterkopf nahm ich ein ungewöhnliches Geräusch wahr. Ich stellte den Ton leise und lauschte angestrengt, aber alles war still. Ich muss mir das Ganze eingebildet haben, sagte ich mir. Ein paar Sekunden später gab es jedoch nicht mehr den geringsten Zweifel: Ich hörte das Geräusch der Tür, die über den Teppich schabte. Beim Aufsehen hielt ich erschrocken die Luft an, als Mark in voller Wüstenkampfmontur den Raum betrat. Er setzte sich neben mich und nahm mich in die Arme, und ich spürte, wie mir die Tränen in die Augen traten. Auch er wirkte, als müsse er jeden Moment weinen.

»Liebling, ich sollte gar nicht hier sein, aber ich musste dich einfach sehen. Ich ertrage es nicht, wenn du traurig bist. Ich habe eine Gruppe Männer zurückgelassen, die ich eigentlich für den Einsatz in Syrien trainieren muss. Leider kann ich nicht bleiben. Du musst weiter stark für mich sein. Ich tue mein Möglichstes für uns – eines Tages wird dir bewusst werden, was genau das bedeutet.«

Er blieb kaum zehn Minuten, und wie üblich beruhigten mich seine Anwesenheit und seine Worte. Als er ging, sah ich vom Flurfenster aus zu, wie er über den Circus in Richtung Bennett Street joggte. Ich fragte mich, wer dort wohl auf ihn wartete.

Ein trostloser Sommer neigte sich dem Ende zu. Eines Tages rief Mark an und verkündete, mein Auto müsse gewartet werden. Am nächsten Morgen erschien Paul, um den Wagen abzuholen, und am selben Nachmittag hatte ich Mark am Telefon.

»Liebling, was, um Himmels willen, hast du denn mit dem Auto angestellt? Der Wagen ist ja völlig im Arsch.«

»Was meinst du damit, im Arsch? Ich habe überhaupt nichts damit gemacht. Ich benutze ihn doch kaum.«

»Wie auch immer, er ist total im Arsch. Die Bremsen sind eine tödliche Gefahr. Baby, das macht mir Sorgen – sieht so aus, als hätte jemand die manipuliert.«

»Manipuliert? Die Bremsen? Willst du damit sagen, jemand will dafür sorgen, dass ich einen Unfall habe? Wer sollte denn so etwas tun? Ich dachte, du hättest gesagt, für mich gebe es keine Gefahr!«

»Das habe ich auch geglaubt, aber jetzt … Jetzt bin ich mir einfach nicht mehr sicher. Inzwischen traue ich diesen Schweinen einfach alles zu.«

Langsam begann ich, um mein eigenes Leben zu fürchten.

Während dieser Phase unserer Beziehung zeigt Mark das typische Verhalten eines Psychopathen, indem er mich daran erinnert, dass alles, was er tut, zu meinem Besten geschieht, dann jedoch dafür sorgt, dass ich mich deswegen schuldig fühle. Zu jener Zeit, so erinnere ich mich, will ich oft meine eigenen Bedürfnisse vertreten: Ich erkläre immer wieder, dass ich auch Opfer bringe, aber wie der SMS-Streit zeigt, macht er mir Vorwürfe, wenn ich auch nur andeute, dass sich sein Opfer mit meinem vergleichen lässt. Er versucht mir einzureden, ich sei dafür verantwortlich, dass Biancas Leben ruiniert ist. Und damit ich mich dann sogar noch schlimmer fühle, lässt er mich wissen, er müsse Medikamente nehmen. Als Folge davon sorge ich mich zusätzlich um seine Gesundheit, bis er noch eine Stufe höher schaltet, als ich nicht auf ihn reagiere: Er benutzt zwei seiner Lieblingsausdrücke, indem er mir mitteilt, er sei »am Leben« und auf einer »Mission«, sodass ich sofort annehmen muss, dass ein weiterer Einsatz begonnen hat. Wie unglaublich egoistisch von mir, mich so trotzig aufzuführen, während er sein Leben für das große Ganze riskiert!

In dieser Zeit setzt Mark auch Taktiken ein, die mich um meine eigene Sicherheit fürchten lassen. Er hat es geschafft, dass ich Überwachungskameras jetzt sehr bewusst wahrnehme, und ich habe das Gefühl, ständig observiert zu werden. Er verlangt, dass ich die Fensterläden immer geschlossen halte, und lässt Stühle liefern, die Paul auf Wanzen überprüft. Jetzt frage ich mich langsam, ob vielleicht das ganze Haus verwanzt ist, und ich traue mich nicht einmal, ein Tagebuch zu führen. Meine Besessenheit von Spionagegeschichten, seien sie real oder erfunden, sagt alles über meinen geistigen Zustand aus. Ich musste wieder an diesen alten Film *Das Haus der Lady Alquist* denken, der mir in meiner Kindheit solche Angst eingejagt hatte. Ich fragte mich, ob ich vielleicht verrückt wurde – jedenfalls fühlte es sich genauso an. Damals wusste ich noch nichts von dem Phänomen der systematischen Manipulation, des sogenannten Gaslighting, und des Ghosting, doch inzwischen ist mir klar, dass Mark beide Taktiken anwandte, um mein Selbstvertrauen zu unterminieren, mich zu ängstigen und mich immer weiter in die Isolation zu treiben. Wenn man einen Menschen dem aussetzt, manipuliert man ihn psychologisch in einer Weise, die ihn Zweifel an den eigenen Erinnerungen, an der Fähigkeit, Dinge zu tun, und schließlich an der eigenen geistigen Gesundheit entwickeln lässt. Beim Ghosting verschwindet man aus dem (virtuellen oder echten) Leben der betroffenen Person, und sie bleibt mit dem Gefühl der völligen Verlorenheit zurück, verwirrt, voller Sorge und ganz allein. Im Nachhinein kann ich erkennen, wie Mark mich mittels dieser Techniken manipulierte.

Dass Mark einmal spätabends auftauchte, während ich mich

gerade mitten in einer Folge von *Homeland* befand, stellte sich als besonders günstiges Timing für ihn heraus, denn es verstärkte nur meine Gefühle der Angst und meine Bewunderung für ihn. Die Wüstenkampfmontur hatte er wahrscheinlich von der Armee bekommen. Im Nachhinein fiel mir auf, dass er schwarze Stiefel getragen hatte – die passen wohl eher nicht zu einer Ausstattung für die Wüste. Seine Geschichte über die manipulierten Bremsen an meinem Auto war eine weitere Lüge, nur erfunden, damit ich noch größere Angst bekam. Ich sah dieses Auto nie wieder, und in der darauffolgenden Zeit bekam ich drei verschiedene Wagen. Damals ging ich davon aus, es handele sich um eine zusätzliche Sicherheitsmaßnahme. Dass er meine Aufmerksamkeit auf das Bild von mir im Warhol-Stil lenkte (das man unmöglich genau erkennen konnte) und mir weismachte, er habe sich das Foto von meinem Computer geholt, stellte einen weiteren Versuch dar, in mir die Vorstellung zu verankern, nichts von dem, was ich sagte oder tat, sei mehr privat. Dass er an alles herankam, was er nur haben wollte. Im Nachhinein kann ich erkennen, dass Mark meine Gefühle der Angst und der Schuld immer weiter verstärkte und dass seine Verachtung für mich und die Macht, die er über mich hatte, dabei immer weiter wuchsen. Wie er es genossen haben muss, als ich ihm meinen Brief vorlas, als er erfuhr, wie einsam, traurig und machtlos ich mich fühlte! Psychopathen beziehen einen großen Teil ihrer Energie daraus, ihre Opfer zu demütigen, deswegen fühlte er sich wahrscheinlich immer überlegener und großartiger, je verwirrter und unglücklicher ich wurde. Inzwischen verstehe ich, wie er mich bei zahlreichen Gelegenheiten dazu brachte, mich ihm zu unterwerfen, und wann immer ich ihn sah, schaute er mir tief in die Augen und überzeugte mich davon, am Ende werde sich alles zum Guten wenden.

7

Bei Licht einschlafen

Oft (besonders während des Einnickens) krabbelte ein kalter elastischer Krake mit seinen Fühlern direkt an mein Herz. Ich konnte nur noch bei Licht einschlafen.

Michail Bulgakov, *Der Meister und Margarita*

Ende August klingelte mein Handy. Das fordernde Signal ließ mich sofort das Gespräch annehmen.

»Liebling, wo steckst du denn? Ich versuche, dich schon den ganzen Nachmittag zu erreichen.«

Mein Handy zeigte keine verpassten Anrufe an.

»Ich bin im Haus. Und du?«

»Ich hole dich gleich ab. Ich finde, du hast eine Belohnung verdient. Was hältst du davon, wenn wir eine Runde fliegen?«

»Fliegen? Das wäre großartig. Wo denn?«

»Auf dem Kemble Airfield. In einer halben Stunde bin ich bei dir.«

»Fantastisch. Ich kann's kaum erwarten.«

Mark holte mich ab, und wir schafften es langsam aus Bath heraus, quälten uns durch den Feierabendverkehr, fuhren dann weiter nach Tetbury und erreichten am frühen Abend den Cotswold Airport.

Als ich in die silberfarbene Ryan STA (Baujahr 1936) kletterte, die ich bei meinem ersten Besuch im Hangar entdeckt hatte, war ich aufgeregt. Diese Art der Romantik zog mich sehr an. Jetzt käme ich also wirklich mit dem Kopf in die Wolken. Ich war davon ausgegangen, das gemeinsam mit Mark zu tun, doch wie sich herausstellte, sollte sein Geschäftspartner James Miller die Maschine steuern. Ein sehr höflicher Mann. Er gab mir einen Overall, half mir dann ins vordere Cockpit, legte mir den Fallschirm an und gurtete mich fest. Danach kletterte er ins hintere Cockpit, startete den Motor und erklärte mir die Sicherheitsvorkehrungen. Vor dem Hangar ging Mark auf und ab, sprach über eines seiner Handys mit jemandem. Hin und wieder hielt er inne, um mich zu fotografieren.

James sprach über Funk mit mir. »Jetzt muss sich der Motor ein paar Minuten lang aufwärmen, dann starten wir. Alles in Ordnung bei Ihnen?«

»Alles okay, vielen Dank.«

Zehn Minuten später rollten wir zur Startbahn, und als das Flugzeug Fahrt aufnahm und dann in den Himmel abhob, wünschte ich mir, ich könnte davonfliegen und all meine Sorgen und Nöte hinter mir lassen. Das Gefühl der Freiheit und des unbändigen Glücks war ganz unglaublich, und ich verspürte überhaupt keine Angst.

»Wow, einfach fantastisch!«, rief ich aus.

»Schön, dass es Ihnen gefällt.«

»Alles sieht so wunderschön aus. Ich versuche mich gerade zu orientieren. Ich habe früher in Tetbury gewohnt, aber von hier oben sieht alles ganz anders aus.«

Ich beruhigte mich ein wenig, und wir flogen in einvernehmlichem Schweigen über die Landschaft von Gloucestershire. Als ich nach unten schaute, erkannte ich allmählich einige vertraute Punkte, und ich musste an mein erstes Jahr in Tetbury denken. Damals war ich so glücklich und so stolz gewesen, weil ich aus der großen Veränderung in meinem Leben einen solchen Erfolg gemacht hatte. Als ich Mark kennengelernt hatte, hatte ich geglaubt, all meine Träume wären wahr geworden, doch inzwischen hatte sich der Traum in einen Albtraum verwandelt. Plötzlich entdeckte ich unter mir Stable Cottage, mein erstes idyllisches gemietetes Häuschen, ein wenig außerhalb von Tetbury, und ich verspürte ein intensives Gefühl der Trauer und der Reue. Wie schön wäre es, wenn ich jetzt dorthin zurückkehren könnte. Wie sehr ich mir wünschte, meine eigene Wohnung behalten zu haben, meine Arbeit und meine Unabhängigkeit! James' Stimme riss mich über Funk aus meinen Tagträumen.

»Möchten Sie mal eine Rolle versuchen?«

»Was ist denn eine Rolle?«

»Das Flugzeug vollzieht eine Art Korkenzieherbewegung; das Ganze ist wirklich ganz harmlos.«

»Okay«, gab ich zurück. Ich erlebte gerade ein Freiheitsgefühl und eine angenehme Aufregung, die ich seit Monaten nicht mehr verspürt hatte, und neue Dinge probierte ich immer sehr gern aus.

»Sind Sie bereit? Los geht's.«

Ich spürte, wie sich die Nase des Flugzeugs plötzlich aufwärts richtete. Dann wusste ich auf einmal nicht mehr, wo oben und unten war. Die ganze Welt drehte sich, und ich schrie. Ich konnte die Augen kaum offen halten. Dann war es plötzlich vorbei, genauso unmittelbar, wie es begonnen hatte.

»Sind Sie in Ordnung?«, erkundigte sich James.

»Ja, alles bestens. Tut mir leid, ich konnte einfach nicht aufhören zu schreien.«

»Ja, das habe ich gemerkt. Ich musste die Lautstärke runterdrehen.«

»Aber es war einfach großartig!«

»Sollen wir das noch mal machen?«

»Ja, bitte!«

»Okay, aber erst brauchen wir wieder ein bisschen mehr Höhe. Ab nach oben!«

Wir stiegen auf, und einen Moment später spürte ich wieder, wie sich die Nase des Flugzeugs aufrichtete, und es folgte eine weitere Rolle. Wieder musste ich einfach schreien, und wie beim ersten Mal konnte ich die Augen kaum offen halten. Es fühlte sich unglaublich aufregend an, wenn sich die Welt so um mich drehte! Wir vollführten noch eine dritte Rolle. Sehr abenteuerlich, und während ich schrie und schrie, spürte ich, wie Emotionen und Ängste von mir abfielen, die mich monatelang gequält hatten. Doch nur zu bald war das Ganze vorbei, wir landeten und rollten zurück zum Hangar. Ich löste die Gurte und kletterte aus dem Cockpit. James stand schon draußen; ich sprang vom Flügel und küsste ihn voller Begeisterung spontan auf beide Wangen. Zum ersten Mal seit Monaten hatte ich mich frei gefühlt – doch über allem hing auch eine Note der Reue, und ich verspürte ein schmerzhaftes Gefühl des Verlusts, als ich wieder an das Leben dachte, das ich so bereitwillig aufgegeben hatte, um eine Beziehung mit Mark einzugehen.

»Vielen, vielen Dank. Das war einfach großartig. Ich kann Ihnen gar nicht sagen, wie sehr ich das genossen habe.«

»Jederzeit wieder.«

Dann war Mark mit seinem Flug an der Reihe. Er blieb viel kürzer oben als ich, und Kunststücke gab es auch keine. Es überraschte mich, dass er nicht selbst die Rolle des Piloten übernahm, doch hinterher im Auto erklärte er mir den Grund.

»Diese alten Maschinen haben so ihre Tücken, und ich bin es gewohnt, superschnelle Jets zu fliegen. Außerdem wollte ich mir ansehen, wie James damit umgeht. Dass er mit dir diese ganzen Kunststücke gemacht hat, hat mir überhaupt nicht gefallen. Das war ziemlich gefährlich. So etwas käme für mich nie infrage. Er ist dabei viel zu niedrig geflogen. Manche Leute testen gerne die Grenzen aus, aber es ist das Risiko einfach nicht wert. Er hätte es nicht tun sollen. Ich habe ihm gesagt, er soll das bleiben lassen, wenn ich mit ihm oben bin – und wenn er weiterhin meine Maschine fliegen will, wird er sich in Zukunft ein wenig zurückhalten müssen.«

Einige Tage später verbrachte ich eine Woche Urlaub mit Lara, Emma, Anne, Nick und ihrer Tochter Claire in Cornwall. Das war eine solche Erleichterung – wie sehr hatte ich mich nach einem Gefühl der Normalität gesehnt! Als wir ankamen, schien die Sonne, und ich konnte es kaum erwarten, an den Strand zu gehen, die Seeluft zu riechen und die wunderschöne Umgebung in mich aufzunehmen. Dieses Gefühl der Freiheit war einfach nur großartig. Ich liebte es, Zeit mit meinen Töchtern zu verbringen, und ich freute mich auf intensive Gespräche mit Anne. Ich hatte ein schlechtes Gewissen, weil ich sie während des letzten halben Jahres ein paar Mal versetzt hatte, was überhaupt nicht meiner Art entsprach.

Der Wetterbericht war günstig, deswegen wollten wir am Tag nach unserer Ankunft eine Fahrradtour über den Camel Trail machen, wie jedes Jahr. Wir wanderten dann an der Daymer Bay entlang nach Rock, nahmen dort die Fähre über die Flussmündung nach Padstow und mieteten für den Rest des Tages Räder. Die Strecke war angenehm und friedlich, und wir hielten auf dem Weg an einem Pub, einem Weingut oder einem Café. Heute hatten wir ein Picknick dabei und wollten später am Nachmittag beim Weingut eine Rast einlegen.

Als wir gerade zu Mittag aßen, meldete sich mein Handy. Es war der vertraute fordernde Klingelton, der da aus meiner Tasche drang.

Ich stand auf und entfernte mich vom Picknicktisch, um das Gespräch entgegenzunehmen.

»Liebling, es gibt da etwas, was ich dir sagen muss«, hörte ich Marks Stimme. »Ich bin auf dem Weg nach Marbella, aber ich hatte einen Unfall.«

»Was denn für einen Unfall?« Ich war alarmiert. »Geht es dir gut?«

»Ja, Bubba. Mir geht's gut. Ich fand einfach, ich sollte es dir sagen. Ich habe einen fiesen Schnitt am Kopf. Ich habe dir ein Foto geschickt, weil ich dachte, du glaubst mir sonst nicht, weil in letzter Zeit so viel los war. Ich bin in Barcelona. Letzte Nacht bin ich umgekippt und eine Treppe runtergefallen. Dabei habe ich mir den Kopf an einem Tisch unten an der Treppe angeschlagen. Der Schnitt ist ziemlich krass. Aber das kommt schon wieder in Ordnung. Genäht ist die Wunde schon, ich bin nur ziemlich erschrocken.«

»Gott sei Dank bist du in Ordnung! Wird das Ganze jemals aufhören? Manchmal fühle ich mich, als würde ich verrückt! Bisher ist einfach nichts so gelaufen, wie wir das gehofft haben – gar nichts!«

»Irgendwann findet sich schon alles. Mach dir keine Sorgen, Liebling, mir geht's gut. Wie sieht's denn bei dir aus? Erzähl doch mal!«

»Alles bestens hier, danke. Wir machen gerade eine Fahrradtour. Das wäre gar nichts für dich!«

»Liebling, ich rufe dich später an. Ich muss los. Ich liebe dich.«

»Ich liebe dich auch.«

Ich beendete das Gespräch und schaute in meinen SMS nach. Eine Nachricht von Mark hatte einen Fotoanhang, wie angekündigt. Auf dem Bild war ein großer Schnitt auf seiner Stirn zu erkennen, über fünf Zentimeter lang, der im rechten Winkel seine rechte Augenbraue durchschnitt. Das Ganze sah wirklich schlimm aus. Ich vermisste Mark, und jetzt stellte ich fest, dass ich mich noch mehr sorgte. War er wirklich eine Treppe hinuntergefallen, oder hatte ihn jemand gestoßen? Alle möglichen abenteuerlichen Szenen spielten sich vor meinem inneren Auge ab.

Wie wunderbar, dass ich gerade mit meinen Töchtern und Freunden unterwegs war und mich in der Natur befand, in der ich ein gewisses Gefühl der Ruhe entwickeln konnte! Anne und ich kannten einander, seit wir etwa zwanzig waren; wir hatten zusammen gearbeitet und unsere Kinder gemeinsam großgezogen. Als sie noch klein gewesen waren, hatten wir zusammen Urlaub gemacht, und wir freuten uns so sehr darüber, dass unsere Kinder noch gern mit uns wegfuhren – manchmal auch mit ihren Freunden und Freundinnen. Wir alle liebten Wanderungen über Berggipfel im Wind, Strandspaziergänge mit Sand zwischen den Zehen, Schwimmen, Surfen und Radfahren. Außerdem liebten wir alle gutes Essen. Auf unseren Ausflügen gab es immer wieder Picknicks; wir grillten, aßen Pasteten und Eis. Abends kochten wir reihum etwas Leckeres. Vielleicht war das Beste an diesen gemeinsam verbrachten Urlaubswochen, dass wir alle in eine Zeit zurückkehrten, in der unsere Kinder klein gewesen waren. In eine Zeit mit vielen Albernheiten und fröhlichem Unsinn – eine Zeit der Selbstvergessenheit und der spontanen, echten Freude.

Wie sich herausstellen sollte, bedeutete die Woche in Cornwall die Ruhe vor dem Sturm. Zurück in Bath, wollte ich Mark unbedingt sehen. Er war nach seinem Unfall nach Marbella weitergefahren und hatte mich von unserer neuen Villa aus angerufen, mir erzählt, wie fantastisch das Wetter sei und was für eine herrliche Zeit wir hier zusammen verbringen würden.

»Ich hatte ja gehofft, du könntest dich einfach ins Flugzeug setzen und herkommen, Liebling, aber ich muss unbedingt ins Vereinigte Königreich zurück, um meinen Kopf untersuchen zu lassen. Ich bin in Barcelona ins Krankenhaus gegangen, aber ›Du weißt schon wer‹ besteht darauf, dass ich mich im Vereinigten Königreich von Kopf bis Fuß durchchecken lasse. Ich habe schon länger ziemlich schlimme Kopfschmerzen. Wie auch immer, es wird dir hier ganz großartig gefallen. Deine Sachen sind schon angekommen – dein Kleid und diese Kiste, die du hast schicken lassen. Das Kleid wirst du auch direkt brauchen. Wir gehen in eines meiner Konzerte. Das wird für meinen Online-Musikkanal gefilmt, und ich möchte, dass du da ganz großartig aussiehst.«

Als Mark Ende September ins Vereinigte Königreich zurückkehrte, konnte ich mich mit eigenen Augen von dem bösen Schnitt durch seine rechte Braue überzeugen. Er spielte das Ganze weiter herunter, doch ich machte mir Sorgen. Immer redete er davon, wie stark er doch sei, aber er war ohnmächtig geworden und eine Treppe hinuntergefallen. Das fühlte sich an wie ein schlimmes Omen – und tatsächlich, kurz darauf erfuhr ich beim Kaffee am Küchentisch in der Brock Street weitere niederschmetternde Neuigkeiten von Mark.

»Bubba, sie haben einen Tumor gefunden. In meinem Gehirn. Ich werde mich operieren lassen müssen, und die Ärzte sagen, unbedingt so bald wie möglich. Schau mal, ich habe die Aufnahmen hier.« Er hielt mir sein Smartphone hin und zeigte mir irgendetwas auf dem Display.

Ich konnte es gar nicht fassen. Ohne etwas aufzunehmen, völlig benommen, starrte ich auf ein Bild von seinem Gehirn.

»Siehst du, da? Das ist der Tumor. Im vorderen Teil des Schädels, aber sie wollen irgendwo seitlich rein. Deswegen bin ich ohnmächtig geworden und die Treppe runtergestürzt. Wirklich, Baby, ich habe Glück gehabt. Das Ganze hätte viel, viel schlimmer ausgehen können – tödlich. Aber diese Angelegenheit duldet keinen Aufschub.«

Ich konnte es wirklich nicht fassen. »Warum passiert uns das alles nur? Ich bin normalerweise überhaupt nicht abergläubisch, aber jetzt fühlt es sich so an, als wären wir irgendwie verflucht. Was wir auch anfassen, es geht schief. Und das klingt alles so gefährlich und riskant. Wo musst du dich denn operieren lassen? Ich hoffe, sie erlauben mir, dich zu besuchen. Es ist einfach nicht richtig, dass sie uns so voneinander fernhalten wollen. Grausam ist das.«

»Ich schaffe das schon, Baby. Mach dir keine Sorgen. Du weißt doch, wie stark ich bin. Ich hoffe, man kann das Ganze hier erledigen – in Bristol.«

Er nahm meine Hand und drückte sie.

In der Woche danach traf ich mich mit Uma und Antony zum Lunch. Uma war eine sehr gute Köchin und hatte an diesem Tag ein paar Freunde eingeladen. Seltsamerweise hatte von den Gästen niemand einen Partner oder eine Partnerin mitgebracht. Wie unabhängig heutzutage alle sind, dachte ich. Vielleicht war das, was ich für eine unkonventionelle Beziehung hielt, ja in Wirklichkeit allmählich zur Norm geworden.

Ich genoss es, Zeit mit anderen zu verbringen. Bei relativ guter Laune freute ich mich darüber, aus Bath herauszukommen. Am Tisch saßen zwei Männer und vier Frauen. Wir unterhielten uns zwanglos und lebhaft, und alle waren entspannt. Es wurde gegessen und geraucht, und es gab Alkohol. Der einzige männliche Gast schien sich für mich zu interessieren und flirtete ein wenig mit mir.

Wenn mir nach einem Ortswechsel zumute sei, so sagte er, könne ich ihn jederzeit besuchen.

»Machen wir das Ganze doch konkret – was haben Sie denn heute Abend vor?«, erkundigte er sich in jovialem Ton.

Zum Glück brauchte ich mir keine geistesgegenwärtige Antwort zu überlegen: Der hartnäckige Klingelton meines Handys rettete mich.

»Entschuldigung, ist es in Ordnung, wenn ich kurz rangehe?« Ich schaute die Gastgeberin an. »Es ist Mark.«

Ich erhob mich vom Tisch und verließ das Zimmer, um das Gespräch entgegenzunehmen.

»Wo bist du, Baby?«, fragte Mark.

»In Tetbury. Ich sitze mit Uma und Antony und einigen ihrer Freunde beim Lunch. Wir haben einen Riesenspaß. Und stell dir vor, gerade wollte jemand mit mir ausgehen. Das hat mich ein bisschen aufgemuntert.«

Marks Stimme in meinem Ohr war kalt und scharf wie eine Rasierklinge.

»Und das hältst du für angebracht, während ich mich auf dem Weg in den OP befinde, um einen Eingriff an meinem Gehirn vornehmen zu lassen?«

Ich fühlte mich wie betäubt und herabgesetzt.

»Liebling, ich wusste doch nicht, dass du die Operation heute haben würdest. Das hast du mir nicht gesagt. Wenn ich das gewusst hätte, hätte ich dich natürlich begleitet … Aber ich hatte doch keine Ahnung. Wo bist du denn? Soll ich jetzt kommen? Ich sollte wirklich bei dir sein.«

»Ich bin in Bristol. Im Krankenhaus. Jetzt lassen sie dich sowieso nicht in meine Nähe, aber ich denke mir was aus. Und jetzt muss ich aufhören. Ich wollte nur vor der Operation mit dir sprechen, damit du Bescheid weißt.«

»Liebling, es tut mir leid. Dass da jemand mit mir ausgehen wollte, ist völlig bedeutungslos. Ich habe mich einfach über die Aufmerksamkeit gefreut. In letzter Zeit habe ich dich so selten gesehen. Manchmal mache ich mir Sorgen, dass wir nicht einmal miteinander auskommen, wenn wir dann endlich zusammen sein können.«

»Also, was das betrifft, mache ich mir überhaupt keine Sorgen. Aber jetzt gibt es Dringenderes. Hör mal, ich muss aufhören. Ich rufe dich dann später an und sage dir, wie alles gelaufen ist.«

»Gibt es denn einen Arzt, an den ich mich wenden kann? Wer ist für dich zuständig?«

»Das darf ich dir nicht sagen, Baby. Ich muss wirklich sehr aufpassen. Um mich rum sind lauter Security-Leute. Die Schweine machen sich Sorgen, dass ich anfange, Staatsgeheimnisse zu verraten, wenn die anfangen, mir im Gehirn rumzuwühlen. Das war schon nach dem Sturz in Barcelona schlimm genug. Diese verdammten Mistkerle!«

Bevor ich wusste, wie mir geschah, hatte Mark das Gespräch beendet. Beim Lunch hatte ich Spaß gehabt, doch jetzt, nach meinem Telefonat mit Mark, fühlte ich mich wie ein Ballon ohne Luft. Ich setzte mich wieder an den Tisch, doch das kurzzeitige Gefühl der Lebensfreude war verflogen. Dahingeschmolzen wie früher Morgennebel, während ich hörte, wie mich Mark wegen meines schlechten Benehmens schimpfte. Es ist nicht fair, dachte ich. Das alles ist einfach nur unfair. Ich spürte, wie mir die Augen brannten, während ich die Tränen unterdrückte. Ich nahm eine Weinflasche, goss mir das Glas bis oben hin voll und trank einen tiefen Schluck.

»Ist alles in Ordnung, Liebes?« Uma legte mir den Arm um die Schultern, und ich kehrte mit einem Ruck in die Gegenwart zurück. Ich war tief in Gedanken versunken gewesen.

»Seit Mark angerufen hat, bist du so still. Alles in Ordnung?«

»Ja, alles okay. Es ist nur, dass Mark gleich operiert wird – er muss sich diesen Tumor entfernen lassen.« Ich hatte Uma gegenüber erwähnt, dass es Mark nicht gut ging. »Bis eben wusste ich nichts davon, und jetzt fühle ich mich schlecht, weil ich nicht bei ihm bin – auch wenn das überhaupt nicht ginge.«

»Weißt du, ich denke, hier bist du viel besser aufgehoben. Was du da mit Mark führst, ist doch kein Leben, Carolyn. Du hasst es, in Bath zu wohnen, und ihn bekommst du kaum zu Gesicht. Du musst weiterhin deine Freunde treffen, oder du verwandelst dich noch in eine Einsiedlerin – und das passt überhaupt nicht zu dir.«

»Das war ein herrlicher Nachmittag, Uma. Vielen Dank. Ihr kümmert euch so lieb um mich, du und Antony.«

Das stimmte. Ich hatte schon viele Sonntagnachmittage mit ihnen verbracht. Ihre Mahlzeiten gegessen und ihren Wein getrunken. Sie waren für mich ein Rettungsanker gewesen. Ich hatte mich gefühlt, als geriete ich näher und näher an eine Grenze. Aber worum handelte es sich da? Um die Grenze zwischen Leben und Tod? Nein, für mich fühlte es sich so an, als würde ich mich auf unsicheren Beinen an der Grenze zwischen Vernunft und Wahnsinn entlangbewegen. Ich hatte immer geglaubt, was auch geschah, wie viel ich auch verlor, niemand würde mir meine geistige Gesundheit nehmen können. Inzwischen war ich mir nicht mehr sicher, was das betraf. Ich fühlte mich, als würde ich die Kontrolle über alles verlieren – und das erfüllte mich mit Angst.

Marks Operation verlief erfolgreich. Ich dankte dem Schicksal. An Gott glaubte ich nicht, doch inzwischen sagte ich jeden Tag leise ein kleines Gebet, das an den oder die gerichtet war, der oder die möglicherweise zuhörte.

»Bitte mach, dass alles gut wird.«

Als ich ein paar Tage nach der Operation mit Mark sprach, war ich ganz außer mir vor Sorge und konnte es kaum erwarten, ihn wiederzusehen.

»Ich muss einfach zu dir«, bat ich ihn. »Sie können mich doch nicht einfach von dir fernhalten.«

»Das erlauben die niemals, Baby. Du hast den Official Secrets Act nicht unterschrieben. Und sie machen sich wahnsinnige Sorgen, ich könnte Staatsgeheimnisse preisgeben. Sie glauben, sie könnten so unsere Beziehung zerstören, aber deswegen brauchst du dir keine Gedanken zu machen, ich überlege mir was. Ich muss dich auch unbedingt sehen. Ich melde mich, wenn ich einen Plan habe.«

Einige Tage später rief Mark wieder an. Er klang aufgeregt.

»Liebling, ich weiß jetzt, wie wir uns sehen können. Komm heute Abend um halb sieben zum Krankenhaus. Stell den Wagen auf dem Parkplatz in der Nähe der Neurologie ab, und schick mir eine SMS, wenn du da bist.«

Um halb sieben fuhr ich auf der Suche nach dem richtigen Parkplatz über das Gelände des Frenchay Hospital. Ich fühlte mich gestresst. Dieses Krankenhaus hatte schon bessere Tage gesehen. Wie ich selbst wirkte es abgekämpft und müde. Irgendwann fand ich schließlich den Parkplatz, den ich für den richtigen hielt. Ich stellte den Wagen ab und schickte Mark eine SMS. Dann saß ich bewegungslos da. Ich wusste nicht, was ich tun sollte. Die Minuten vergingen quälend langsam. Dann glaubte ich Mark zu sehen. Zwei Männer kamen auf mich zu. Es war Mark in Begleitung von James Miller. Als die beiden das Auto erreichten, öffnete Mark die Beifahrertür und kletterte herein. James machte sich auf den Weg zurück zu den Krankenhausgebäuden. Ich verspürte eine enorme Erleichterung, weil ich Mark endlich wiedersah. Sein Kopf war mit vielen Bandagen professionell verbunden, und es sah aus, als käme ein Schlauch aus einer Seite des Schädels. Ich spürte, wie ich die Kontrolle über meine Gefühle verlor.

»Bubba, ich freue mich so sehr, dich zu sehen. Ich kann dir gar nicht sagen, was für Sorgen ich mir gemacht habe. Aber es tut dir doch sicher nicht gut, wenn du bei dieser Kälte draußen bist? Und was ist das da?« Ich deutete auf den Schlauch.

»Ich habe ganz schreckliche Kopfschmerzen, Bubba. Und du hast recht, ich sollte nicht hier draußen in der Kälte sein. Das da ist eine Drainage. Die sorgt dafür, dass keine Flüssigkeit in meinem Gehirn zurückbleibt.«

»Und wie lange wird man dich noch in der Klinik behalten?«

»Weiß der Teufel wie lange. Den Schweinen gefällt das, weil ich so quasi hinter Schloss und Riegel sitze. Für ein paar Minuten habe ich entkommen können, aber wenn sie das rauskriegen, ist die Hölle los. Ich musste James Bescheid geben, damit er kommt und mir hilft.«

»Liebling, ich will nur, dass alles in Ordnung kommt. Ich weiß nicht, ob ich es noch lange ertrage, wenn das so weitergeht.«

»Weißt du, eine der Eigenschaften, die ich so an dir liebe, ist deine Tapferkeit. Du bist noch eine vom alten Schlag, Liebling. Das liebe ich wirklich sehr an dir. Sei weiter stark. Alles kommt in Ordnung, das wirst du schon sehen. Du musst nur noch ein bisschen länger durchhalten.«

»Ich tue ja mein Bestes, aber es ist so schwer, und ich bin so einsam. Ich habe überhaupt kein Leben mehr, Bubba. Ich bin zeit meines Lebens eine Optimistin gewesen, aber in letzter Zeit überkommt mich immer wieder diese Hoffnungslosigkeit. Wird das Ganze jemals aufhören?«

Zwei Wochen vergingen, bevor ich Mark wiedersehen konnte. Einmal mehr wartete ich auf dem Krankenhausparkplatz auf Mark, und genau wie vorher tauchte er plötzlich aus der Dunkelheit auf, kam vom Neurologiegebäude aus auf den Parkplatz zu. Er kletterte auf den Beifahrersitz meines Autos. Obwohl sein Kopf noch immer dick verbunden war, ließen sich Anzeichen einer Genesung erkennen.

»Baby, küss mich, ja?« Er öffnete den Reißverschluss seiner Hose.

»Du willst einen Blowjob? Auf einem Krankenhausparkplatz? Hier sind doch überall Kameras, bist du denn wahnsinnig?«

»Komm schon, Baby, ich brauche das jetzt.«

»Mach die Hose wieder zu.«

»Scheiße noch mal, wir hatten seit Ewigkeiten keinen Sex mehr, und jetzt wirst du zickig!«

»Auf einem Krankenhausparkplatz mache ich das nicht – aber ich freue mich natürlich, dass es dir offensichtlich besser geht. Es wird Zeit, dass du aus dem Krankenhaus kommst und wir eine ganze Nacht miteinander verbringen.«

»Ich weiß doch, Süße. Vielleicht zu Weihnachten. Es wäre schön, wenn wir die Feiertage zusammen verbringen könnten.«

»Das wäre wirklich wunderschön.«

Er küsste mich, öffnete die Wagentür und verschwand wieder.

Ich sehnte mich verzweifelt nach Gesellschaft, aber gleichzeitig hatte ich solche Angst: wegen dem, was mit Mark passierte, und wegen meines eigenen labilen emotionalen Zustands. Deswegen wagte ich kaum, andere Leute zu treffen. Außerdem war Anne die einzige Freundin, die ich sehen wollte. Ich hatte es nach unserer Rückkehr aus Cornwall mehrfach versucht, aber jede Verabredung wieder absagen müssen, weil Mark wollte, dass ich ihm zur Verfügung stand.

Im Oktober bekam ich allerdings einmal Besuch. Die Weihnachtszeit rückte langsam näher, und ich beschloss, meiner Schwägerin Annalisa ein Friedensangebot zu machen. Seit jenem schicksalhaften Abend im April, am Wochenende nach meinem Umzug in die Brock Street, hatte ich keinen Kontakt mehr zu ihr gehabt.

Annalisa arbeitete in der Nähe, und ich überlegte mir, ihr eine Nachricht zu schicken und sie auf ihrem Nachhauseweg auf einen Drink zu mir einzuladen. Ich würde meinen Stolz überwinden müssen, hatte jedoch das Gefühl, wenn ich jetzt nicht versuchte, es der Familie zu ermöglichen, an Weihnachten zusammenzukommen, würde es niemand tun, und dann würde alles immer komplizierter werden. Während des Sommers hatte ich meinen Bruder nur ein einziges Mal gesehen. Damals hatten wir uns an einem Sonntagnachmittag kurz im Victoria Park getroffen, und ich hatte gespürt, dass das Band zwischen uns sich noch ein wenig mehr gelöst hatte.

Annalisa nahm meine Einladung an, und als an diesem Abend die Klingel ertönte, setzte ich mein breitestes Lächeln auf, um sie zu begrüßen. Annalisa starrte mich an und sagte nicht einmal Hallo, sondern fragte mich nach einer Parkerlaubnis für Besucher. Die besaß ich nicht. Ich sagte zu ihr, sie werde sich einen Parkschein aus dem Automaten holen müssen, doch sie gab zurück, sie habe kein Kleingeld. Ich war schon etwas verärgert, ermahnte mich jedoch innerlich zur Ruhe.

»Ich habe welches. Bitte warte einen Moment.«

Ich holte mein Portemonnaie, ging zum Automaten und löste einen Parkschein.

Zurück im Haus bot ich meiner Schwägerin einen Drink an.

»Möchtest du vielleicht ein Glas Prosecco – ich mache uns eine Flasche auf?«

»Danke, das wäre nett.«

»Auch ein bisschen Chambord dazu?«

Den Likör lehnte sie ab, aber ich goss mir ein wenig in den Prosecco, als ich die beiden Drinks vorbereitete. Dann gingen wir zusammen nach oben ins Wohnzimmer. Die Spannung zwischen uns war mit Händen zu greifen.

»Erzähl doch mal, wie geht's dir?«, erkundigte ich mich, als wir uns auf den Sofas mit dem Samtbezug niederließen, deren Farbe perfekt zu der des Beerenlikörs in meinem Glas passte. Annalisa berichtete mir lang und breit davon, wie wundervoll sich das Leben für ihre Familie gestaltete. Ihre jüngere Tochter hatte im vergangenen Sommer ihren Universitätsabschluss gemacht, also wurde gefeiert, und ihre ältere Tochter für ihre Masterarbeit die Bestnote bekommen, also gab es wieder einen Grund für ein Fest.

»Du weißt sicher, dass Nick einen neuen Job angefangen hat, oder? Bei ihm läuft es auch wunderbar. Ja, alles ist wirklich ganz großartig. Du hast so viel verpasst!«

»Annalisa, ich hoffe, wir können unsere Beziehung in irgendeiner Form wiederaufnehmen«, gab ich zurück. »Ich wünsche mir, dass wir uns wenigstens zu Weihnachten als Familie treffen können, aber du sollst auch wissen, wie sehr du mich mit deinem Benehmen bei deinem letzten Besuch verletzt hast.«

»Du meinst an dem Abend, als niemand erschienen ist?«

Ich spürte, wie mir der Kamm schwoll.

»Meiner Erinnerung nach waren wir an diesem Abend zu zwölft.«

»Aber *er* ist nicht erschienen, oder? Das wusste ich schon vorher.«

Ich biss mir auf die Zunge, aber als ich Annalisas Worte hörte, spürte ich, wie Funken des Zorns in mir sprühten, wie mein Ärger aufflammte, bis ich mich nicht mehr zurückhalten konnte.

»So ein Schwachsinn!«, rief ich aus. Ich spürte, wie mir das Herz in der Brust hämmerte, wie meine Augen vor Wut glühten.

Annalisa starrte mich mit kaltem Gesichtsausdruck an, erhob jedoch die Stimme nicht.

»Weißt du, Carolyn, ich habe dich einmal wirklich gemocht. Wirklich sehr gemocht sogar. Wie auch immer, ich bin eine viel beschäftigte Frau. Ich kann hier nicht länger herumsitzen.«

Ich kochte vor Wut. Ich konnte spüren, wie das Adrenalin durch meinen Körper raste, war jedoch fest entschlossen, nicht die Kontrolle zu verlieren. Wenn ich nur mit normaler Stimme würde sprechen können!

»Nun, in diesem Fall hast du sicher nichts dagegen, dieses Haus jetzt zu verlassen.«

Annalisa stellte ihr Glas ab, stand auf und ging aus dem Zimmer. Ich blieb, wo ich war. Ich konnte spüren, dass ich vor Wut zitterte. Gerade hatte man einen weiteren Nagel in den Sarg mit den wenigen bloßen Knochen getrieben, die noch von der Beziehung zu meinem Bruder und seiner Frau übrig waren.

Obwohl es erst Mitte November war, schienen überall Weihnachtsvorbereitungen im Gange zu sein. Manche der Nachbarn hatten bereits ihre Weihnachtsbäume aufgestellt. Mir gefiel es überhaupt nicht, dass das Ganze inzwischen immer so früh begann. Wenn dann die Feiertage endlich kamen, hatten die Leute schon genug davon.

An einem Samstagnachmittag klingelte mein Handy.

»Liebling, setz dich ins Auto und komm zu diesem Hotel in Bristol, in dem wir uns schon mal getroffen haben. Ich darf für zwei

Stunden aus dem Krankenhaus raus. James fährt mich rüber. Ich sehe dich in einer Stunde.«

Ich wollte Mark treffen, aber der Gedanke, jetzt Auto fahren zu müssen, gefiel mir nicht. Sowohl in Bath als auch in Bristol war es wegen des Weihnachtsbetriebs sehr voll, und es dauerte anderthalb Stunden, bis ich es nach Bristol schaffte und endlich im Hotel du Vin saß. Von Mark keine Spur. Geduldig wartete ich, sah mich nervös um, hoffte, irgendwo sein Gesicht zu entdecken. Irgendwann erschien er. Er wirkte aschfahl. Sein Schädel war nicht länger bandagiert, aber man hatte über einem Ohr das Haar wegrasiert, und über der Wunde klebte ein großes Stück Verbandszeug. Einmal mehr befand er sich in der Begleitung von James Miller. Mark bat James, uns eine Cola und ein Glas trockenen Weißwein zu besorgen, und dann waren wir endlich unter uns.

Zum ersten Mal, seitdem mir Mark von seinem Hirntumor erzählt hatte, konnten wir in Ruhe zusammensitzen. Als ich mich an ihn schmiegte, spürte ich, wie Tränen in mir aufstiegen. Ich versuchte mich zusammenzureißen, begann jedoch zu weinen.

»Baby, nicht. Schau mich doch an, mir geht's gut.«

»Da bin ich mir gar nicht so sicher. Du siehst jedenfalls nicht gut aus. Ich möchte mit einem Arzt sprechen. Und schau mich mal an, mir geht es auch nicht gut.«

Ich versuchte, all die Emotionen zu unterdrücken, die in mir hochkochten, konnte aber hören, wie meine Stimme lauter wurde, wie ich schneller sprach. Ich rang um Fassung.

»Ich habe es wirklich versucht, ich habe mich so bemüht, stark für dich zu sein, aber das alles ist so unglaublich schwierig«, schniefte ich. »Ich weiß einfach nicht mehr, was ich tun soll. Ich kann doch mit niemandem darüber sprechen. Ich treffe kaum noch Leute, weil sie sonst merken, dass ich nicht ich selbst bin, und wenn sie mich dann alles Mögliche fragen, setzt mich das nur noch mehr unter Druck. Ich weiß nicht, wie lange ich das noch aushalte. Und, Liebling, ich brauche Geld. Ich habe sehr, sehr sparsam gelebt, aber inzwischen alle Möglichkeiten ausgereizt, und bald ist Weihnachten. Mit dem letzten Rest habe ich die Rechnungen für das Haus bezahlt. Wenn das so weitergeht, kann ich bald nicht mal mehr Lebensmittel kaufen.«

»Süße, du musst ruhig bleiben. Du siehst doch, was ich durchgemacht habe, und wenn ich gerade etwas überhaupt nicht brauchen kann, dann zusätzlichen Stress. Der könnte meinen Tod bedeuten. Du weißt doch, ich tue mein Bestes für dich, aber irgendwie scheint das nie zu reichen. Bei all dem, was gerade los ist, kann ich einfach nicht alles gleichzeitig im Blick behalten, und die Schweine vom MI6 beobachten mich die ganze Zeit.«

»Ich weiß, Liebling. Ich will mich ja auch gar nicht beklagen, aber ich weiß einfach nicht mehr, was ich tun soll. Lara und Emma besuchen mich zu Weihnachten, und ich möchte nicht, dass sie sich Sorgen machen. Meine Nichten kommen auch. Ich muss Geschenke kaufen und etwas zu essen und zu trinken anbieten können. Sie werden es sehr seltsam finden, wenn nicht alles so ist wie immer. Bei uns gibt es bestimmte Weihnachtsrituale. Ich will einfach, dass die Feiertage normal ablaufen.«

»Das werden sie auch, Liebling. Mach dir keine Sorgen.«

»Ich *mache* mir aber Sorgen«, erwiderte ich schluchzend. Die Tränen rannen mir inzwischen übers Gesicht. »Und wegen dir mache ich mir die allergrößten Sorgen.«

»Liebling, das habe ich dir doch schon mal gesagt, mit diesen Sorgen verschwendest du nur Zeit und Energie. Und ich weiß auch nicht, warum du jetzt so weinst. Das nützt weder mir noch dir etwas.«

»Das ist doch einfach eine menschliche Reaktion.«

Ich war völlig am Ende. Um mich herum schien die ganze Welt einzustürzen. Mark hielt meine Hand und blickte mir in die Augen. Wie immer fühlte ich mich getröstet, wenn ich bei ihm war, doch etwas veränderte sich. Genau konnte ich es nicht benennen, aber ich fühlte mich nicht länger zu hundert Prozent beruhigt. Ich hatte meinen blinden Glauben an Mark verloren. Immer hatte ich ihn für stark und fähig gehalten, jetzt war ich mir nicht mehr sicher. Ich hatte mich über Hirnoperationen informiert, und es gab eine Menge Details, die mich besorgt stimmten – nicht zuletzt, dass der Eingriff einen Effekt auf Marks Persönlichkeit haben könnte und dass seine mentalen Fähigkeiten möglicherweise vermindert waren. Darauf musste ich gefasst sein. Ich machte mir Sorgen, weil er emotional nicht auf die gewohnte Weise auf Ereignisse zu reagieren schien. Lag das an der Operation? An seinem militärischen Training? Oder kannte er einfach keine normalen menschlichen Emotionen? Ich fühlte mich verwirrt. Manchmal wirkte er so kalt. Allerdings hatte ich ihn auch ein paarmal weinen sehen, und was seine Gefühle betraf, als wir uns begegnet waren, hatte ich nicht die geringsten Zweifel. An erster Stelle stand jedoch in meinen Gedanken, dass ich mein Geld wiederhaben wollte – so wie die Dinge lagen, war ich völlig hilflos.

Inzwischen war James zurückgekehrt, um Mark wieder ins Krankenhaus zu bringen. Er blickte mich an, und ich spürte Verlegenheit in mir aufsteigen, weil ich davon überzeugt war, er könnte sehen, dass ich geweint hatte.

»Hallo«, sagte er mit seiner sanften Art. »Wie geht es Ihnen?«

»So gut wie möglich – unter den gegebenen Umständen«, erwiderte ich und rang mir ein Lächeln ab.

Dann verließen Mark und James das Hotel, und mir blieb nichts anderes übrig, als allein nach Bath zurückzufahren.

Der November wurde zum Dezember, und Weihnachten nahte. Zum ersten Mal in meinem Leben fürchtete ich mich davor. Bis auf wenige Hundert Pfund waren meine Kreditmöglichkeiten ausgereizt, und ich wusste wirklich nicht mehr, was ich tun sollte.

An einem Morgen Mitte Dezember lag ich in der Badewanne und machte mir Sorgen. Duschen konnte ich nicht mehr, weil die Dusche kaputt war. Außerdem drang an drei Stellen Wasser ins Haus. Ich hasste diesen Zustand der Vernachlässigung, hatte jedoch keine Möglichkeit, die Reparaturen zu bezahlen. Es standen sowieso schon Rechnungen aus, und das neue Jahr würde weitere bringen.

Ich bewegte mich wie auf Autopilot, wusch mich in der Wanne, achtete jedoch nicht wirklich darauf, was ich da gerade tat. Plötzlich hielt ich abrupt inne. Was war das? Alles in mir schien einzufrieren: mein Körper, mein Gesichtsausdruck, meine Gedanken. Vorsichtig betastete ich die Stelle noch einmal, dann mit größerem Druck. Kein Zweifel: Da befand sich ein Knoten in meiner Brust.

Mir wurde übel. Meine Mutter hatte Brustkrebs gehabt, und mein Vater war an Prostatakrebs gestorben. Jetzt kam also ich an die Reihe. Genau das, was ich immer so sehr gefürchtet hatte, war nun eingetreten. Wie sollte ich damit fertigwerden, zusätzlich zu allem anderen? Vorsichtig stieg ich aus der Wanne, als würde ich in tausend Stücke zerbrechen, falls ich mich nicht ganz, ganz behutsam bewegte. Dabei konnte ich spüren, wie ich zitterte. Ich musste zum Arzt, aber ich hatte mich noch in keiner Praxis in Bath angemeldet. Egal, sagte ich mir – das konnte ich ja jetzt tun und mir einen Notfalltermin geben lassen.

Ich zog mir den Bademantel über und ging nach unten ins Arbeitszimmer. Hinter den geschlossenen Fensterläden öffnete ich meinen Laptop und suchte nach der nächstgelegenen Praxis. Gleich um die Ecke gab es eine; ich nahm mein Handy und tippte die Nummer ein.

Die Rezeptionistin erklärte mir, wenn ich dringend einen Arzttermin wolle, müsse ich eine Ambulanz aufsuchen. Als ich dort ankam, wartete ich zwei Stunden, bis man mir mitteilte, es seien nur Krankenschwestern anwesend. Ich hätte meinen Hausarzt aufsuchen sollen, hieß es! Inzwischen stand ich kurz vor einem hysterischen Anfall. Die Schwester muss das gespürt haben, denn sie sagte zu mir, sie werde versuchen, einen Arzt aufzutreiben.

In mir wechselten die Emotionen rasend schnell. In einem Augenblick spürte ich gar nichts, im nächsten glaubte ich in Ohnmacht zu fallen. Ich konnte mich kaum noch zusammenreißen, und dabei ging es nicht nur um die körperlichen Symptome – ich hatte das Gefühl, ich würde verrückt. Das konnte doch alles gar nicht wirklich passieren! Sicher würde ich bald aufwachen und feststellen, dass die Ereignisse der letzten paar Monate lediglich ein Albtraum gewesen waren. Bitte lass mich aufwachen, dachte ich. Plötzlich nahm ich wahr, dass die Krankenschwester neben mir stand und mit mir sprach.

»Entschuldigung, was haben Sie gesagt?«, fragte ich.

»Sie haben Glück. Die Ärztin ist noch hier und kann sich jetzt um Sie kümmern. Kommen Sie bitte mit mir.«

Ich wurde in ein Behandlungszimmer geführt, in dem eine Ärztin an einem Schreibtisch saß. Sie wirkte freundlich, als sie mich begrüßte, und forderte mich auf, Platz zu nehmen. Nach der Untersuchung erklärte sie, sie werde mich aufgrund der Umstände an ein Krankenhaus überweisen, wo weitere Untersuchungen durchgeführt werden sollten. Sie meinte, der Termin würde normalerweise innerhalb der beiden kommenden Wochen stattfinden, wegen Weihnachten und des Jahreswechsels könne es jedoch ein wenig länger dauern.

»Wie geht es Ihnen denn generell gesundheitlich?«, wollte die Ärztin wissen.

»Normalerweise bin ich ziemlich fit, aber jetzt fühle ich mich schon seit einer Weile nicht mehr gut. Mein Partner ist sehr krank gewesen, und ich habe ihn nicht oft sehen können. Er hatte einen Hirntumor. Die Operation liegt hinter ihm, aber ich glaube, das Ganze ist mir gerade zu viel. Normalerweise kann ich in einer Krise stark bleiben, nur das hier wächst mir einfach über den Kopf.«

Die Ärztin warf einen Blick auf das Formular, das ich bei meiner Ankunft ausgefüllt hatte. »Wie ich sehe, trinken Sie relativ viel, und Sie rauchen.«

»Ja. Das ist erst seit den letzten paar Monaten so. Das Trinken betäubt meine Sinne, und durch das Rauchen fühle ich mich meinem Partner stärker verbunden – er ist Kettenraucher. Schlimm, ich weiß, aber so liegen die Dinge nun mal im Augenblick. Ich spüre dann eine größere Nähe zu ihm.«

»Haben Sie Freunde hier in Bath?«

»Nein.«

»Wie sieht es mit Angehörigen aus? Gibt es irgendjemanden aus Ihrer Familie, der in der Nähe wohnt und Sie unterstützen könnte?«

»Nein. Mein Bruder lebt nicht weit entfernt, aber ich habe mich mit ihm und seiner Frau überworfen, deswegen kann ich nicht mit ihnen reden. Meine Töchter leben in London, und ich möchte nicht, dass sie sich meinetwegen Sorgen machen. Das tun sie sowieso schon genug.«

Während ich sprach, liefen mir Tränen übers Gesicht.

»Sie Arme.« Die Ärztin wirkte ernsthaft besorgt. »Sie müssen sich wirklich Hilfe suchen. Melden Sie sich noch heute bei einem Hausarzt an, und lassen Sie sich einen Termin geben. Dort sagen Sie dann, dass Sie hier gewesen sind. Ich besorge Ihnen eine Überweisung ins Krankenhaus, damit dieser Knoten überprüft werden kann, aber Sie sollten Ihrem Arzt ganz genau erklären, wie Sie sich fühlen. Sie brauchen Hilfe.«

»Vielen, vielen Dank. Ich habe einfach mit niemandem reden können. Es tut mir schon so unglaublich gut, alles einmal herauszulassen.«

»Ich weiß. Und jetzt passen Sie gut auf sich auf. Viel Glück!«

Ich verspürte gegenüber der Ärztin eine tiefe Dankbarkeit, weil sie mir mit so viel Güte und Mitgefühl begegnet war. Ihren Ratschlag befolgte ich, und auf dem Rückweg in die Brock Street Nr. 1 meldete ich mich in der nächsten Arztpraxis an und vereinbarte einen Termin.

Die nächsten beiden Wochen, bis zum Erhalt der Diagnose, sollten sich wie eine Ewigkeit für mich hinziehen. Als Mark an diesem Abend anrief, erzählte ich ihm, was geschehen war.

»Liebling, deswegen brauchst du dir doch keine Sorgen zu machen. Vertraue mir, bei einer gesunden Frau in deinem Alter stehen die Chancen sehr gut, dass alles ganz harmlos ist.«

»Ich *mache* mir aber Sorgen. Meine Mutter hatte Brustkrebs. Ich habe miterlebt, was sie durchstehen musste. Sie musste sich die Brüste abnehmen lassen. Schrecklich war das für sie.« Marks Reaktion gefiel mir nicht; er zeigte nicht das geringste Mitgefühl. Dabei wollte ich nur ein wenig Mitleid von ihm, aber das hatte er nicht im Angebot. Er schien nicht im Entferntesten interessiert. Im Gegenteil – er hatte seinerseits Neuigkeiten.

»Ich bin nicht mehr in Bristol, Bubba. Ich bin jetzt in London, im Royal Free Hospital. Ich brauche eine Zweitmeinung zu dieser zweiten Operation, die sie machen wollen, um Luft aus meinem Gehirn zu entfernen. Jedenfalls sagt der Arzt hier, der Eingriff sei notwendig. Ich muss heute Abend unters Messer. Und du sitzt da und meinst, du hättest Probleme!«

Die Feiertage des Jahres 2012 waren das schlimmste Weihnachtsfest meines Lebens. Ich musste die meisten Dekorationen wegwerfen, weil ich sie im Keller gelagert hatte, und obwohl ich die Kisten nicht auf dem Boden, sondern in Regalen aufbewahrte, hatten sie Feuchtigkeit abbekommen. Beim Öffnen stellte ich fest, dass fast alles verschimmelt und nicht mehr zu retten war. In der Woche vor Weihnachten hatte ich immer noch keinen Baum. Ich hatte mir einige angesehen, aber sie kosteten so viel. Außerdem funktionierten die meisten meiner elektrischen Kerzen nicht mehr, denn die Feuchtigkeit im Keller hatte auch sie ruiniert, und ich konnte es einfach nicht rechtfertigen, einen Baum und dann auch noch neue Dekoration zu kaufen. Den Mädchen gegenüber würde mir schon irgendeine Ausrede einfallen, aber wie sollte ich das Problem mit dem Essen lösen?

Dann rief eines Nachmittags aus heiterem Himmel James Miller an. Er sagte, Mark habe ihn gebeten, mir bei den Weihnachtseinkäufen zu helfen. Er wollte mich noch am selben Abend in einen guten Supermarkt fahren. Ich wusste nicht, was ich davon halten sollte.

»Es stimmt, ich brauche Essen und Trinken, aber ich kann es nicht bezahlen.«

»Machen Sie sich deswegen keine Sorgen. Mark hat mich gebeten, dass ich mich um alles kümmere. Außerdem hat er gesagt, Sie brauchen einen Weihnachtsbaum.«

»Nun, ja, das wäre schön.«

»Vielleicht können wir ja morgen losziehen und einen besorgen. Bei Ihnen in der Nähe werden welche verkauft, und die sehen eigentlich ganz gut aus.«

»Dort war ich auch schon – aber diese Bäume sind sehr teuer.«

»Darüber sprechen wir dann später. Ich komme vorbei, hole Sie ab und fahre Sie zum Supermarkt. Gegen halb sieben bin ich bei Ihnen. Dann ist wahrscheinlich relativ wenig los.«

»Vielen Dank.«

Es war schön, James zu sehen. Ich kannte ihn kaum, doch ich mochte seine ruhige, bedächtige Art. Dass ich zusammen mit einem fast Fremden einkaufte, machte mich ein wenig nervös, aber ich wusste genau, was ich brauchte, und mein Einkaufswagen füllte sich schnell. James bezahlte alles und brachte mich zurück in die Brock Street Nr. 1, wo er mir beim Einräumen der Einkäufe half. Dann überreichte er mir ein paar Hundert Pfund und erklärte, das Geld stamme von Mark.

Am nächsten Tag rief James an und fragte, ob ich mit ihm zusammen einen Weihnachtsbaum besorgen wolle, doch mir erschien das Ganze als zu große Bitte. Bis Weihnachten blieben nur noch wenige Tage, und ich war mir sicher, es wären sowieso keine anständigen Weihnachtsbäume übrig. Außerdem wollte ich schon fast gar keinen mehr, je länger ich darüber nachdachte. Es fiel mir immer schwerer, dieses absurde Schauspiel der Normalität aufrechtzuerhalten.

»Wirklich, das mit dem Baum ist ganz unwichtig«, sagte ich zu James. »Ich komme auch ohne aus. Ehrlich gesagt habe ich im Moment ganz andere Sorgen, und ich bin mir auch sicher, dass Sie selbst Besseres zu tun haben. Trotzdem ganz herzlichen Dank.«

Ich beendete das Gespräch.

Wenige Stunden später klingelte mein Telefon. Wieder war James am Apparat.

»Hoffentlich sind Sie gerade zu Hause. Ich stehe vor Ihrer Tür. Ich habe Ihnen einen Baum besorgt – einen schönen.«

»Das wäre doch aber nicht nötig gewesen. Es tut mir leid, dass ich vorhin am Telefon ein wenig kurz angebunden war. Ich war mir einfach sicher, Sie hätten Besseres zu tun, als den ganzen Weg hierherzufahren.«

Ich ging nach unten an die Haustür, und James brachte den Baum herein. Er trug ihn hoch ins Wohnzimmer und stellte ihn auf, sodass ich ihn würde dekorieren können. Ich schlug vor, wir sollten irgendwo in der Nähe einen Kaffee zusammen trinken. Es war so herrlich, ein wenig Gesellschaft zu haben, und James wusste zumindest einiges über Marks Situation.

Als wir im Chandos Deli vor unseren Tassen saßen, verspürte ich plötzlich den Drang, James von den Ereignissen zu erzählen. Davon, wie ich Mark mein Geld geliehen hatte. Ich begann meinen Bericht, deutete sogar an, um welche Summe es ging, doch James sagte nichts zu der ganzen Angelegenheit, und am Ende fühlte ich mich Mark gegenüber wie eine Verräterin, weil ich die Sache überhaupt erwähnt hatte. Mir wurde klar, dass der ständige Druck mich unvorsichtig werden ließ. Ich nahm mir fest vor, in Zukunft überlegter zu handeln.

Am nächsten Tag trafen Lara und Emma ein, um Weihnachten bei mir zu verbringen. Es war einfach wunderbar, die beiden zu sehen, doch es fiel mir schwer, den Schein der Normalität zu wahren, und meine Töchter spürten, dass etwas nicht stimmte. An Heiligabend erschienen sie festlich angezogen zum Abendessen, denn so handhaben wir das immer, doch ich trug immer noch meine Jeans.

»Bitte entschuldigt«, erklärte ich. »Ich hoffe, das macht euch nichts aus. Ich bin zurzeit bei allem so langsam. Ich bekomme einfach nichts geregelt. Morgen ziehe ich mir dann etwas Schickes an.«

Die erste Woche des Jahres 2013 brach an. Als ich das Bath Royal United Hospital verließ, jubelte ich innerlich. Gerade hatte ich erfahren, dass der Knoten in meiner Brust kein Krebs, sondern gutartig war. Während der vergangenen paar Monate hatte ich gespürt, wie ich immer tiefer in eine Depression abrutschte, aber dieses an Euphorie grenzende Gefühl, als man mir mitteilte, ich hätte keinen Krebs, ließ mich begreifen, dass mir mein Leben immer noch sehr viel wert war, auch wenn sich das in der letzten Zeit anders angefühlt hatte.

Seit neun Monaten hatte ich nicht mehr gut schlafen können, und meine Schlaflosigkeit hatte sich allmählich verschlimmert. In der Stille der nicht enden wollenden Nächte schaltete ich das Radio an und wieder aus, nur um eine menschliche Stimme zu hören. Radio 4 und das britische Auslandsprogramm waren die einzige Gesellschaft, die ich mir zugestand. Albträume quälten mich, außerdem immer wiederkehrende schreckliche Visionen. Oft sah ich mich selbst tief im Ozean. Ich brauchte dringend Sauerstoff, aber ich befand mich so tief unten. Das Wasser war blau und klar, und ich konnte eine glänzende Lichtscheibe sehen, hoch über mir, wo die Sonne auf die Wasseroberfläche traf. Ich fühlte mich müde, und obwohl ich zu schwimmen versuchte, wollten sich meine Beine einfach nicht bewegen. Ich wusste, ich würde ertrinken. Dann wachte ich auf, rang nach Luft und konnte kaum Atem holen.

Manchmal lag ich auch bei vollem Bewusstsein im Bett. Ich konnte spüren, wie mein Herz raste, und ein schreckliches Gewicht schien auf meinen Brustkorb zu drücken. Es fühlte sich an, als würde ich zerschmettert und erstickt werden. Während sich diese Last von oben auf mich niedersenkte, zog von unten eine ebenso mächtige Kraft an mir, und ich war mir sicher, ich würde durch die Matratze in das bodenlose Nichts darunter gesogen. Das Ganze jagte mir unglaubliche Angst ein. Dann suchte ich nach dem Lichtschalter, stellte das Radio an und lag da, bis das Herzrasen nachließ und ich wieder atmen konnte. Wenn ich Glück hatte und langsam einschlief, wurde ich häufig wieder durch eine schreckliche Version von Edvard Munchs Schrei geweckt. Dessen Gestalt verwandelte sich in die des Todes, der mich holen wollte.

Ich hatte Selbstmordgedanken und verbrachte ganze Stunden im

Internet, wie besessen auf der Suche nach der besten Methode. Nach zwei besonders furchteinflößenden Nächten vereinbarte ich einen Termin bei meinem Hausarzt, obwohl ich das normalerweise fast nie tat. Ich erzählte ihm, was ich durchmachte.

»Was Sie mir da gerade beschrieben haben, sind die typischen Anzeichen einer Panikattacke«, gab er zurück. »Wie ich sehe, haben Sie letzte Woche die Praxis aufgesucht. Damals sagten Sie, Sie seien depressiv. Hat der Beratungsdienst Kontakt zu Ihnen aufgenommen?«

»Ja, aber ich habe mich gegen eine Therapie entschieden. Könnten Sie bitte einfach mein Herz und meine Lungen überprüfen? Ich bin mir ganz sicher, dass etwas nicht stimmt. Es ist gar nicht meine Art, mich wegen nichts so anzustellen.«

Der Arzt hörte mich ab und maß meinen Blutdruck. »Mit Ihrem Herzen und Ihrer Lunge ist wirklich alles in Ordnung«, versicherte er mir. »Alles völlig im Normalbereich. Sind Sie wirklich sicher, dass Sie sich das mit der Therapie nicht noch einmal überlegen möchten?«

»Ganz sicher, vielen Dank«, gab ich zurück.

Den kurzen Rückweg zum Haus legte ich mit gesenktem Kopf zurück. Ich wollte nicht gesehen werden und war inzwischen kaum noch mit der lächelnden Frau vergleichbar, die früher so selbstbewusst und mit hoch erhobenem Kopf durch Tetbury spaziert war. Die Worte des Arztes wirbelten durch meine Gedanken. »Alles ist völlig normal«? Er hatte ja keine Ahnung, was er da sagte. Absolut nichts in meinem Leben war noch normal.

Die Erleichterung darüber, dass ich keinen Tumor in der Brust hatte, half mir weit genug aus meiner Depression, dass ich zu handeln imstande war. Ich musste weg aus Bath. Ich konnte es nicht mehr ertragen, in der Brock Street Nr. 1 zu leben. Wenn ich noch länger hierblieb, das wusste ich, wäre das im wahrsten Sinne des Wortes mein Tod – aber wo sollte ich hin? Ich zerbrach mir eine Weile den Kopf, dann kam mir eine Idee. Freunde von mir verbrachten jeweils einen Teil des Jahres in Australien und den Rest im Vereinigten Königreich. Sie besaßen eine Wohnung in Buckinghamshire, in der Nähe meines früheren Wohnortes, und mit einem Mal fiel mir ein, dass sie möglicherweise gerade leer stand.

Ein Jahr nach meiner ersten Begegnung mit Mark schickte ich diesen Freunden also eine E-Mail mit der Bitte um Hilfe. Ich hatte Glück und bekam bald eine Antwort, in der es hieß, das Apartment stehe mir bis Ende April zur Verfügung. Mark hatte mir gesagt, er sei im Begriff, das Haus in der Brock Street zu verkaufen, und dieser Prozess solle am 3. April abgeschlossen werden. Wenn ich also finanziell bis zu diesem Zeitpunkt durchhalten könnte und Mark mir zurückzahlte, was er mir schuldete, wie er es mir versprochen hatte, sollte sich alles lösen lassen. Ich verspürte eine riesige Erleichterung, und mit diesem neuen Ziel vor Augen organisierte ich sofort telefonisch die Unterbringung meiner wenigen verbliebenen Besitztümer. Der erste Termin, den ich bei den Umzugsleuten bekommen konnte, war der 25. Januar, also beschloss ich, Bath an diesem Tag für immer zu verlassen.

Gleichzeitig trafen schlechte Neuigkeiten von Mark ein. Die Operation zur Entfernung der Luft aus seinem Gehirn hatte stattgefunden, doch er teilte mir mit, dass man ihn danach ins MI6-Gebäude gebracht hatte. Dort, so sagte er, werde er mit Gewalt festgehalten. Weiterhin erfuhr ich, dass man versuchte, ihn zu neuen Einsätzen zu überreden, und dass man davon ausging, er werde wieder fliegen.

»Die wollen nur, dass ich mir das Hirn rauspuste. Entweder das, oder ich soll bei einer Mission ums Leben kommen. Sie werden mich zwingen, nach Syrien zurückzukehren.«

Ich wusste, ich konnte nichts tun, was Marks Situation betraf. Für den Augenblick musste ich meine sämtlichen Anstrengungen auf die Selbsterhaltung konzentrieren. Deswegen teilte ich Mark mit, ich würde die Brock Street verlassen.

»Glaubst du vielleicht, das macht die Situation besser? Du bist ja

198

verrückt!« Der Ärger in seiner Stimme war deutlich zu hören. »Du hast einfach immer diese plötzlichen Einfälle und setzt sie direkt in die Tat um. Warum hast du das denn nicht mit mir besprochen?«

»Da gibt es nichts zu besprechen. Ich habe mich entschieden. Das wird schon alles geregelt. Am Freitag bin ich weg.«

Der Tag meines Umzugs – der 25. Januar 2013 – war kalt und grau. Es fing sogar an zu schneien, doch auf dem Boden landete nur ein schlammiges, schmutziges Braun, kein knisterndes frisches Weiß. Die Umzugsleute erschienen, um meine wenigen Kisten in einen Container zu verfrachten, und ich hatte ständig Mark am Telefon.

»Sind sie schon da? Wie lange werden sie brauchen? Wirklich, Baby, ich begreife einfach nicht, warum du das tust – und ich hoffe inständig, die Aktion dauert nicht den ganzen Tag. Ich will nicht, dass die Nachbarn mitbekommen, was bei uns los ist. Das wird gefährlich. Warum du dich so aufführen musst, ist mir wirklich völlig schleierhaft. Du bist einfach so scheißstarrköpfig!«

Ein paar Stunden später hatten die Umzugsleute alles erledigt. Ich holte mein Auto und packte die wenigen Dinge zusammen, die ich direkt mitnahm. Ich konnte es kaum erwarten, das Haus zu verlassen, und als sich die Tür der Brock Street Nr. 1 zum letzten Mal hinter mir schloss, spürte ich, wie mir die Ketten der Verantwortung von den Schultern glitten. Endlich hatte ich mir ein Stück Kontrolle zurückgeholt und konnte der Zeit am Circus ein Ende setzen.

In dieser Phase der Beziehung wechselt Mark ständig zwischen heiß und kalt. Sein ganzes Benehmen ist darauf ausgelegt, mich wegen meines eigenen Verhaltens Schuld und Scham empfinden zu lassen (wegen des Urlaubs, wegen des Mittagessens mit Freunden), während er leidet und so schwer krank ist. Ich weiß noch, dass ich dachte, dass der Sex bei unseren sehr seltenen intimen Kontakten (außer beim ersten Mal) rasch und routinemäßig vollzogen wurde, und ich habe inzwischen erkannt, dass es Mark dabei immer um die schnelle Befriedigung seiner eigenen Bedürfnisse ging. Heute danke ich meinem Schicksal, dass es nur selten dazu kam. Als ich meine Bedenken ihm gegenüber zum Ausdruck brachte, von unserem Mangel an Intimität sprach, erklärte er, er müsse immer kampfbereit sein, deswegen könne er sich nicht erlauben, durch eine liebevolle Sexualität verweichlicht zu werden. Er wolle abwarten, bis er sich vom MI6 befreit habe, und dann alles ordentlich machen – »mit hundert Kerzen« und »ewig viel Zeit«. Inzwischen habe ich begriffen, dass er mich einfach langweilig fand.

Ich habe den Verdacht, dass sein Kommentar, er brauche »dreimal am Tag einen Orgasmus«, wohl der Wahrheit entsprach, und ich gehe davon aus, dass er auch andere willige und ebenso wenig misstrauische Frauen wie mich fand, die ihm in dieser Hinsicht halfen. Promiskuität gehört ebenfalls zu den Kennzeichen von Psychopathen.

Wessen Aufnahmen des Gehirns er mir damals gezeigt hat, kann ich nicht sagen, aber ich bezweifle, dass es seine eigenen waren, und wie ich später herausfand, lag er auch nie im Frenchay Hospital, obwohl der Schnitt auf seiner Stirn echt war. Der ganze Aufwand, den Mark mit dem Kopfverband und den heimlichen Treffen vor dem Krankenhaus betrieb, war nichts als Theater und, was mich betraf, völlig überzeugend. Heute habe ich den Verdacht, dass sein Verband fachkundig von einer Ärztin im Krankenhaus angebracht worden war; mit dieser Dame, das weiß ich mittlerweile, hatte er ein Verhältnis und knöpfte ihr außerdem regelmäßig Geld ab. Ich selbst war damals absolut davon überzeugt, er habe einen Eingriff vornehmen lassen müssen, und ich machte mir seinetwegen unglaubliche Sorgen. Wegen seines vermeintlichen schlechten Gesundheitszustandes hatte ich auch Bedenken, ihn auf die Rückgabe meines Geldes anzusprechen. Dass ich davon ausging, er habe einen Hirntumor gehabt und sei operiert worden, war nicht nur die Erklärung für jedes merkwürdige Benehmen während unserer ganzen Beziehung, sondern auch für die Berechnung und Grausamkeit, die er in der letzten Phase zeigte.

8

Niedersinken

Der Eispanzer ihrer Selbstbeherrschung war geborsten, alles Aufge-
staute brach hervor und schwemmte sie hinweg. Vor ihren Augen
wurde es dunkel, und sie sank nieder.

Thomas Hardy, *Am grünen Rand der Welt*

Ich wohnte wieder in Amersham, doch es fühlte sich an, wie im Niemandsland zu leben. Alles erschien mir verkehrt, und ich vermied
es, in die Nähe meines alten Hauses zu kommen. Ich vertraute mich
einigen engen Freunden an, erzählte ihnen, ich hätte Mark mein
ganzes Geld geliehen. Ich erzählte auch von seiner Behauptung, er
arbeite für den MI6, von seinem Hirntumor und von der Operation.
Wahrscheinlich hatte ich gewisse Zweifel an Marks Integrität und
suchte nach Bestätigung, und obwohl man über meine Geschichte
erstaunt war, glaubten alle aufgrund der Tatsache, dass Mark täglich
Kontakt zu mir aufnahm, er sei ein Ehrenmann und werde mir das
Geld zurückzahlen. Diese Reaktion hatte ich mir erhofft. Im Rückblick muss ich sagen, dass wir alle offensichtlich ein sehr starkes Bedürfnis haben, das zu glauben, woran wir glauben wollen, und wenn
uns nichts als die Hoffnung bleibt, klammern wir uns verzweifelt
daran fest.

Die Energieunternehmen verfolgten mich, weil ich noch Rechnungen aus der Zeit in der Brock Street Nr. 1 zu zahlen hatte, und
meine Kreditkarte und meine Konten waren um mehr als zehntau-
send Pfund überzogen. Also machte ich nun meine kleine Rente zu

Geld, weil ich einen Teil der Schulden abbezahlen und irgendwie überleben musste.

Ich klammerte mich noch an die Hoffnung, der Verkauf des Hauses in der Brock Street werde wie geplant am 3. April vollzogen werden. Bis zu meinem Geburtstag, so stellte ich mir vor, hätte mir Mark dann alles zurückgezahlt, und ich wäre in der Lage, mich nach einem Haus umzusehen, das ich selbst kaufen könnte. Allerdings versuchte ich, dieser Hoffnung nicht allzu großen Raum zu geben, denn Marks letzte Neuigkeiten hatten mich alarmiert: Wieder war er bei einem Einsatz in Syrien verletzt worden. Er teilte mir mit, man habe ihn angeschossen, was einen großen Blutverlust zur Folge gehabt habe, und aus diesem Grund habe er mehrere Bluttransfusionen benötigt. Zurzeit erholte sich Mark in einem Militärkrankenhaus in Athen, doch er gestand mir, er vertraue den britischen Behörden nicht mehr. Am Abend des 2. April lag ich vor Nervosität wie elektrisiert im Bett und dachte daran, dass in vierundzwanzig Stunden möglicherweise all meine Sorgen der Vergangenheit angehören würden. Ich fand keinen Schlaf und lag in Wachträume versunken da. Als ich die Augen schloss, stellte ich mir vor, wie ich allein in einem neuen Haus lebte, umgeben von meinen Töchtern und Freunden. Wenn das nur wahr würde, dachte ich – und versprach mir selbst, ich würde nie wieder etwas für selbstverständlich erachten.

Am nächsten Tag tigerte ich unruhig umher. Für keine einzige Tätigkeit fand ich Ruhe, und etwa stündlich überprüfte ich meinen Kontostand. Als sich der Tag dem Ende zuneigte, war mir einfach nur übel. Mark hatte nicht angerufen, ich hatte ihn nicht erreichen können, und mein Bankkonto war um keinen einzigen Penny voller. Beim Zubettgehen an diesem Abend war ich ein Wrack – Mark hatte immer noch nicht angerufen. Ich lag in der alles umschließenden Stille da, mit weit offenen Augen, starrte einmal mehr ins Nichts.

Am nächsten Morgen hörte ich den fordernden Klingelton meines Handys, der mir verriet, dass Mark der Anrufer war. Ich nahm das Gespräch an. Dabei spürte ich, wie das Adrenalin durch meinen

Körper schoss. Die eigene Stimme klang mir fremd in den Ohren, hoch und schwach, an der Grenze zur Hysterie.

»Wo ist mein Geld? Auf meinem Konto ist gestern nichts eingegangen, und du hast mich nicht einmal angerufen.«

»Liebling, ich habe dir doch gesagt, alles wird sich regeln. Das ist nur eine kleine Verzögerung.«

Ich spürte, wie mir die Tränen in den Augen brannten, während meine Stimme vor Ärger zitterte.

»Damals hast du mir gesagt, du seist gerade nicht liquide. Du hast gesagt, du würdest mir das Darlehen innerhalb weniger Wochen zurückzahlen. Das ist jetzt mehr als ein Jahr her. Dann hast du mir versichert, am 3. April würde mir alles zurückgezahlt werden, mit dem Verkauf des Hauses in der Brock Street. Der 3. April war gestern, aber auf meinem Konto ist immer noch nichts. Ich weiß einfach nicht mehr, was ich glauben soll. Mein Leben im vergangenen Jahr war die Hölle, aber dir scheint das völlig egal zu sein.«

»Liebling, jetzt beruhige dich doch. Wenn du wüsstest, was ich habe tun müssen, um alles so zu organisieren, dass uns eine gemeinsame Zukunft bleibt, würdest du nicht so mit mir reden. Du glaubst, du wärst schlimm dran? Das ist gar nichts im Vergleich zu dem, was ich durchgemacht habe. Das haben wir doch alles schon besprochen. Ich habe dir gleich zu Beginn gesagt, dass ich mich auf dich verlassen können muss. Du wusstest, dass es nicht leicht werden würde, aber du hast mir dein Wort gegeben. Jetzt habe ich Probleme mit meinen Anwälten. Sie behaupten, ich schulde ihnen einen ganzen Haufen Geld, aber dieser Ansicht bin ich nicht. Das ist einfach eine verdammte Scheißdiebesbande. Sie werden mir den Gewinn des Hausverkaufs in der Brock Street nicht auszahlen, bis wir das geregelt haben – und wir *werden* es regeln.«

»Aber das ergibt doch überhaupt keinen Sinn. Das wäre gar nicht legal – außer es geht da um einen Millionenbetrag. Manchmal glaube ich, du hast überhaupt nicht die Absicht, mir das Geld zurückzuzahlen, das du mir schuldest. Ich will wieder auf genau denselben Kontostand kommen, den ich hatte, als wir uns begegnet sind. Ich habe alles bis auf den letzten Penny ausgegeben, meine Rente zu Geld gemacht, und trotzdem habe ich immer noch deine riesigen Schulden am Hals. Ich weiß nicht, wie du behaupten kannst, mich zu lieben, und gleichzeitig behandelst du mich auf diese Weise.«

»Liebling, ist dir bewusst, wie sehr du mich gerade beleidigst? Diese Situation betrifft uns doch beide. Du bist ja hysterisch. Wenn ich es nur auf dein Geld abgesehen hätte, wäre ich doch längst verschwunden. Benutz doch mal dein kluges Köpfchen. Denk mal ordentlich nach. *Du* bist hier diejenige, die Unsinn redet. Wie auch immer, dieses ganze Gespräch ist reine Zeitverschwendung, und unnötige Energie kostet es auch. Lass uns damit sofort aufhören. Ich muss meine Anwälte anrufen und versuchen, Ordnung in dieses Chaos zu bringen. Das Ganze ist ein Scheißalbtraum. Ich rufe dann später wieder an.«

Auf meinem Konto ging kein Geld ein, und Ende April 2013, nach einem weiteren einsamen Geburtstag, zog ich aus dem Apartment aus und wohnte nacheinander bei einigen Freunden, bevor ich für einige Wochen bei meiner Freundin Angela einzog. Die Zeit hatte für mich keine Bedeutung mehr. Manchmal dehnten sich die Tage ins Endlose, aber ich hatte fast jedes Zeitgefühl verloren. Ich nahm es so wahr, als schwebte ich in einem Limbo; mein ganzes Leben war wie Meeresgut und Strandgut in einem unberechenbaren Ozean. Länger als ein Jahr hatte ich quasi keine Kontrolle mehr über mein Leben gehabt, und es schien nichts zu geben, was ich tun konnte, um den Gang der Ereignisse zu beeinflussen. Mit diesem Gefühl der Machtlosigkeit stellte sich ein weiteres ein, ein noch schrecklicheres. Ich hatte den Eindruck, mein ganzes Sein würde allmählich ausgelöscht werden, als löse sich mein innerstes Selbst in nichts auf. Ich hatte kein Empfinden mehr für die Zukunft oder für meine eigene Identität. Ich konnte mich daran erinnern, wie ich einmal gewesen war, aber diese unabhängige, glückliche Person war fast von der riesigen Anstrengung vernichtet worden, mein Versprechen Mark gegenüber zu halten, und von allem, was sich daraus ergab. Von meinem früheren Ich war nur noch die unendlich starke Liebe zu meinen Töchtern übrig. Sie allein hielt mich am Leben. »Das große Ganze« erkannte ich nur noch verschwommen. Ich konnte mir eine Zukunft mit Mark nicht länger vorstellen, und wenn ich jetzt zurückschaue, wird mir klar, dass ich überhaupt nur in Kontakt mit ihm blieb, weil ich das Geld wiederhaben wollte, das er mir schuldete.

Mittlerweile waren seit unserer letzten Begegnung mehr als vier Monate vergangen, und die anderthalb Jahre, die ich auf ihn zu warten versprochen hatte, würden bald zu Ende gehen. Ich verspürte noch immer eine gewisse Verpflichtung, mein Versprechen zu halten, wusste jedoch, wenn ich finanziell unabhängig gewesen wäre, hätte ich mir längst selbst ein Haus gekauft. Trotz allem hoffte ich, er würde mir das Geld zurückzahlen, das er sich von mir geliehen hatte. Dann wäre ich in der Lage, mein Leben wieder in den Griff zu bekommen. Ich musste einfach weiter hoffen. Aber wenn er das nicht tat – und bisher hatte er fast jedes seiner Versprechen gebrochen –, was sollte dann aus mir werden? Oft hatte ich mich gefragt, wie ein Mensch wohl auf der Straße landete. Stand mir das auch bevor? Carolyn, die Obdachlose? Der Gedanke war unerträglich für mich.

Ich würde mich darum kümmern, wenn es so weit wäre, sagte ich mir, doch allein der flüchtige Gedanke daran versetzte mich in so große Angst, dass mir ganz übel wurde. Ich wusste einfach nicht, was ich tun sollte.

Seit meiner Rückkehr nach Buckinghamshire hatte ich ganz in der Nähe meines alten Hauses gelebt und auch des Hauses, in dem ich aufgewachsen war. Wenn ich während der langen, einsamen Nächte wach im Bett lag, dachte ich oft an verschiedene Kapitel aus meinem vergangenen Leben. Manchmal spielten sich ganze Jahrzehnte vor meinem inneren Auge ab, und dann fragte ich mich, ob ich vielleicht sterben müsse. So fühlte es sich zumindest an: wie ein Hochgeschwindigkeitszug, der alle Waggons von den verschiedenen Wegmarken in meinem Leben sammelte und durch mein Bewusstsein donnerte, am

Bahnsteig meines Gedächtnisses vorbeiraste. Ich fürchtete mich davor, den letzten Wagen in der Ferne verschwinden zu sehen, denn dann, das glaubte ich sicher, wäre mein Ende gekommen.

Die nächtlichen Panikattacken hörten nicht auf, aber irgendwie war ich immer noch da, wenn der Morgen danach anbrach und sich das Tageslicht langsam einen Weg in mein Zimmer bahnte. Ich hörte das einsetzende Vogelgezwitscher, und dann begannen der Verkehrslärm und das Rattern und Rumpeln der Züge der Metropolitan und der Chiltern Line. Währenddessen gingen alle anderen wie gewöhnlich ihrer täglichen Routine nach. Ich hatte das starke Gefühl, von allem und allen abgeschnitten zu sein. Es war wirklich so, als liefe der Rest der Welt, als liefen alle sieben Milliarden Erdbewohner geschäftig herum, erledigten Dinge, setzten ihr Leben fort – ich hingegen war völlig isoliert und allein. Ich fühlte mich wie eine absolute Außenseiterin.

Jeden Tag rief mich Mark an. Er erklärte mir, er sei aus dem Krankenhaus und vor den britischen Behörden geflohen und halte sich nun in Italien auf. Er hoffe, so sagte er, auf einen Deal mit der italienischen Regierung. Es sei nur noch eine Frage der Zeit, bis wir wieder zusammen sein könnten. Er schaue nach Flügen, und ich müsse zu ihm kommen – wir könnten uns in Spanien treffen, vielleicht in Barcelona oder in Alicante, oder doch irgendwo in Italien oder vielleicht in Frankreich? Nizza würde sich anbieten. Wie wäre es damit? Er würde alles gleich buchen, sagte er. Doch Tage vergingen, ohne dass irgendwelche Tickets eintrafen, und irgendwann hielt ich es nicht länger aus. Mark schien einfach unfähig, überhaupt noch irgendetwas zu organisieren. Das jagte mir nicht nur schreckliche Angst ein, sondern verärgerte mich auch. Irgendwann verlor ich die Geduld.

»Du erzählst mir seit Tagen dasselbe. Nizza, sagst du? Nun, ich sehe hier, dass es am Mittwoch einen passenden Flug für mich gibt. Ich denke, ich finde jemanden, der mich zum Flughafen fährt. Warum buche ich den Flug nicht einfach selbst? Dieses ganze Hin und Her macht mich völlig wahnsinnig.«

»Wenn du das hinbekommst, wäre das großartig, Liebling.«

»Und du bist auch wirklich sicher, dass du am Mittwoch in Nizza sein kannst? Ich meine den 14., übermorgen.«

»Ja, Baby, alles wunderbar. Mach das mit der Buchung. Ich kann es gar nicht erwarten, dich zu sehen. Du fehlst mir so sehr.«

Ich buchte den Flug, obwohl ich dadurch einmal mehr fast mein Kreditlimit ausreizte. Beim Kofferpacken verspürte ich nichts von der Aufregung aus der Zeit, als ich Mark gerade erst begegnet war und wir von all den Orten sprachen, die wir zusammen besuchen würden. Der Gedanke, ihn nach all dieser Zeit zu sehen, machte mich nervös. Gleichzeitig hoffte ich, ich würde Erleichterung empfinden, wenn wir uns endlich wiedersahen – vorausgesetzt, er tauchte überhaupt auf. Ich kannte ihn inzwischen; er ließ die Leute stundenlang warten, um schließlich für vielleicht fünf Minuten zu erscheinen. Dann spielte er mit seinen diversen Handys herum, und übrig blieben nichts anderes als ein paar Worte und einige Anweisungen. Ich hatte keinen Grund zu der Annahme, dass er mit mir diesmal anders verfahren würde, obwohl unsere letzte Begegnung mittlerweile ein halbes Jahr zurücklag.

Am 14. Mai holte mich Anne ab und fuhr mich zum Flughafen nach Luton.

»Sieh einfach zu, dass du dein Geld wiederbekommst«, riet sie mir, als sie mich absetzte. »Das ist am wichtigsten. Und wenn es nur die Hälfte ist – dann kannst du wenigstens wieder richtig anfangen zu leben. Viel Glück.«

Sie umarmte mich ganz fest.

»Danke, Anne.« Ich lächelte schwach, wandte mich um, riss mich zusammen und ging zielbewussten Schrittes zum Terminal.

Ich hasse Flughäfen. Sie kommen mir vor wie Niemandsland. Alle befinden sich im Transit, wollen entweder weg oder kommen gerade von irgendwoher zurück, und man gehört noch nirgendwohin. Ich verspüre keine grundsätzliche Reiselust und empfinde alles als sehr stressig.

Jetzt, in der easyJet-Schlange, fragte ich mich, was aus den ganzen Versprechen von Reisen erster Klasse und in Privatjets geworden war. Die Schlange heute – es gab nur eine einzige für ein halbes Dutzend Flüge – war schlimmer als alles Vergleichbare, woran ich mich erinnerte. Was zum Teufel ging hier nur vor sich? Der Check-in-Bereich glich einem Viehmarkt: Hunderte von Passagieren wurden zusammengetrieben und durch ein Zickzacklabyrinth aus Absperrband geführt; alle bewegten sich schleppenden Schrittes vorwärts, wie Zombies.

Gott sei Dank brauche ich nichts zu tun, wenn ich erst einmal da bin, dachte ich. Dann würde sich wenigstens Mark um alles kümmern.

Ich fragte mich, ob er mich wohl immer noch attraktiv fand – und wie es umgekehrt sein würde. Würde er Mitgefühl zeigen und verstehen, wie sehr mir die Ereignisse des vergangenen Jahres zugesetzt hatten? Bestimmt hatte er doch genauso gelitten? Ich fragte mich, wie er wohl aussehen würde. Bei unserer letzten Begegnung hatte ich einen schlimmen Eindruck von ihm gehabt, und seitdem hatte er die Hölle durchgemacht.

Der Flug nach Nizza verlief ohne Zwischenfälle, und bevor ich die Ankunftshalle betrat, ging ich in den Waschraum für Damen, putzte mir die Zähne, frischte mein Make-up auf und bürstete mir die Haare. Trotz allem wollte ich so gut wie möglich aussehen, wenn ich Mark gleich begegnete. Als ich den Ausgang in Richtung Ankunftshalle passierte, verzog ich den Mund zu einem Lächeln und versuchte, den Kopf hoch erhoben zu halten.

Ich fühlte mich, als wäre ich in ein Ameisennest geraten. Die Leute wuselten in alle Richtungen, und alles wirkte willkürlich und unkontrolliert. Ich stand still da, schaute mich in dem Meer aus Gesichtern um, auf der Suche nach seinem. Für ihn würde es leichter sein, mich zu finden. Er musste hier irgendwo sein. Wo denn nur? Die Zeit schien stillzustehen. Es kann sich nur um wenige Sekunden gehandelt haben, doch ich hatte das Gefühl, die Welt bewege sich in Zeitlupe, und ich hätte Tausende von Jahren dort gestanden. Wieder suchte ich gründlich das Gesichtermeer um mich herum ab. Keine Spur von ihm. Ich konnte es gar nicht glauben. Er war einfach nicht da.

Plötzlich riss mich ein greller Lichtblitz aus meiner Benommenheit. Das Filmfestival in Cannes lief gerade, und irgendein soeben eingetroffener Star wurde von den Paparazzi verfolgt. Kameras blitzten durch die Ankunftshalle. Meine Knie gaben nach. Ein heftiger Schwindel überfiel mich. Ich musste unbedingt einen Sitz finden. Sonst, das spürte ich genau, würde ich ohnmächtig werden.

Irgendjemand stand auf, und ich ließ mich auf den frei gewordenen Platz fallen, wie ein Stück rohes Fleisch auf den Metzgerblock. Ich fühlte mich halbtot und völlig von dieser Menschenflut abgeschnitten, und ich wusste nicht, was ich tun sollte. Als ich mein Handy hervorholte, entdeckte ich eine ganze Nachrichtenflut von Mark.

14:43 Uhr
Ibis promenade des anglais

Liebe dich

Ich fahre, so schnell ich kann!

Ich versuchte ihn anzurufen, hatte jedoch keinen Erfolg.

15:57 Uhr
Wo steckst du? Verstehe deine Nachrichten nicht.

Kann Hotel nicht bezahlen – nicht einmal das Taxi.

Wo bist du?

Ich bin jetzt wirklich richtig sauer!

Plötzlich klingelte mein Handy. Gott sei Dank! Es war Mark.

»Baby, es tut mir leid! Ich bin auf dem Weg und tue, was ich kann. Fahr du schon ins Hotel. Ich treffe dich dann dort.«

»Ich kann einfach nicht glauben, dass du nicht hier bist. Nach allem, was wir durchgemacht haben! Ich habe überhaupt kein Geld. Ich hatte angenommen, du bist hier und kümmerst dich um alles.«

»Wie viel hast du denn dabei?«

»Fünfzig Euro.«

»Das wird reichen. Nimm dir ein Taxi. Ich sehe dich dann im Hotel.«

»Ich will, dass du das Hotel bezahlst – und zwar im Voraus.«

»Okay, Liebling, jetzt beruhige dich. Ruf mich an, wenn du dort bist.«

Mir war übel. Es fühlte sich an wie auf einer Achterbahn, auf der ich umhergeschleudert wurde. Ich wollte raus, aber die Fahrt nahm einfach kein Ende, beschleunigte immer weiter, geriet außer Kontrolle, während der Leierkastenmann seine finstere Melodie ertönen ließ. Ich ging zum Taxistand und zeigte einem der Fahrer die Adresse des Hotels. Währenddessen ging eine weitere SMS-Flut auf meinem Handy ein, und es klang wie Maschinengewehrfeuer.

16:43 Uhr
Hotel bezahlt.

Gott sei Dank.

Wann kommst du an?

Gebucht auf wen?

Caroline Woods

Mein Name schreibt sich Carolyn, nicht Caroline, dachte ich. Warum kann er nicht mal meinen Namen richtig schreiben?

Ich fahre jetzt hin.

Ich liebe dich, ehrlich

Ich war zu aufgewühlt für eine Erwiderung.

Wenn du morgen nicht da bist, fliege ich zurück.

Alles klar.

Ich werde da sein.

Noch vor dem Frühstück.

Das habe ich alles schon mal gehört.

Ich bin es so was von leid.

Das Taxi hielt am Bahnhof, am Fuß einer Rolltreppe. Oben konnte ich das Ibis-Schild sehen. Ich stellte mich auf die sich bewegenden Stufen und wurde von dem Gestank nach altem Urin überfallen, während mich die Rolltreppe ins Foyer trug. Nicht gerade eine Himmelsleiter, dachte ich. Am Empfang nannte ich meinen Namen und teilte der Rezeptionistin mit, es gebe eine Reservierung für mich, das Zimmer sei im Voraus bezahlt. Das Hotel gefiel mir überhaupt nicht, doch ich war völlig erschöpft, mir war übel, und ich musste mich hinlegen. Jetzt konnte ich mich auf keinen Fall auf die Suche nach etwas anderem machen. Ich wartete auf den Schlüssel.

»Mir liegt keine Reservierung vor«, erklärte die Rezeptionistin.

»Da hat jemand angerufen. Ihren Namen haben wir, aber ein Zimmer gibt es nicht für Sie.«

Ich begriff nicht, was da ablief. Aber ich musste ruhig bleiben. Ich würde Mark anrufen. Wenn er nur ans Telefon ging! Als ich seine Stimme hörte, konnte ich mich nicht mehr zurückhalten.

»Ich bin gerade im Hotel angekommen. Fünfundzwanzig Euro hat mich das Taxi gekostet. Jetzt erfahre ich, dass es keine Reservierung gibt, und ein freies Zimmer haben sie auch nicht. Was zum Teufel ist hier los?«

»Lass mich mit ihnen reden, Baby. Gib ihnen dein Handy.«

Das tat ich.

Ich konnte hören, wie die Rezeptionistin Mark erklärte, es gebe kein freies Zimmer. Wegen des Filmfestivals war alles hoffnungslos ausgebucht. Dann gab sie mir mein Handy zurück.

»Ich habe dem Herrn gesagt, ich würde versuchen, ein Zimmer in einem unserer Partnerhotels für Sie zu finden, aber versprechen kann ich nichts. Diese Woche ist fast alles belegt.«

»Vielen Dank.« Ich lächelte, doch mein Lächeln fühlte sich so dünn und geisterhaft an wie mein verblasstes Selbstwertgefühl.

Mark war wieder am Telefon. »Was unternehmen sie jetzt? Ist alles geregelt?«

»Sie kümmern sich drum, aber jetzt habe ich nur noch zwanzig Euro übrig.«

»Mach dir keine Sorgen, Baby. Das kommt schon alles in Ordnung.«

»Ich will, dass das Hotel im Voraus bezahlt wird.«

»Okay, lass mich mit dieser scheißblöden Kuh reden.«

Ich zuckte zusammen. Warum musste er nur immer so schrecklich fluchen? Erneut gab ich der Rezeptionistin mein Handy und hörte, wie sie Mark erklärte, sie habe ein anderes Hotel in Nizza für mich gefunden, in dem das Zimmer jedoch ein wenig mehr kosten würde.

»Okay, *oui, oui, d'accord.*«

Wieder gab sie mir das Handy zurück.

»Es ist alles geregelt«, informierte sie mich. »Sie kommen ins Mercure. Warten Sie, ich zeige es Ihnen auf der Karte.«

Ich sah mir das Ganze an. Das andere Hotel war nur ein paar Straßen entfernt. Normalerweise hätte ich die Strecke zu Fuß zurückgelegt, aber in diesem Moment, und mit meinem Koffer, hatte ich nicht die Kraft dazu.

»Ich brauche ein Taxi, aber ich habe nur noch zwanzig Euro«, erklärte ich der Rezeptionistin.

»Ich werde sehen, was ich tun kann. Zwanzig Euro müssten aber reichen. Wenn Sie sich setzen wollen, gebe ich Ihnen Bescheid, wenn das Taxi unten steht.«

Ich setzte mich und dachte an meine Nichte, Natasha. Als kleines Mädchen hatte sie einmal eine Klavierprüfung ablegen wollen und festgestellt, dass sie kein Wort von dem verstand, was der Prüfer zu ihr sagte.

»Ich saß da und hatte keine Ahnung, was ich tun sollte«, hatte sie mir später erzählt. »Ich hatte Angst, aber dann habe ich mir einfach gesagt, es geht hier nicht um Leben und Tod.«

Das Problem war nur, dass ich jetzt *immer* den Eindruck hatte, es gehe um Leben und Tod, und je länger ich darüber nachdachte, desto vertrauter wurde mir der Gedanke an den Tod, und ich empfand ihn als eine wunderbare Erleichterung. Eine Stimme bohrte sich in mein Bewusstsein, als ich aus meinen Gedanken gerissen wurde.

»Madame, Ihr Taxi.«

»Merci.«

Ich ging zur Tür und fuhr mit der Rolltreppe nach unten. Wieder überfiel mich der widerwärtige Gestank nach altem Urin. Ich erklärte dem Taxifahrer, wohin ich wollte, zeigte es ihm auf der Karte, die ich immer noch in der linken Hand hielt, und informierte ihn auch darüber, dass ich nur zwanzig Euro bei mir hatte. Dann ließ ich mich auf dem Rücksitz des Taxis nieder. Mit einem Ping traf eine SMS ein.

17:52 Uhr
Alles klar?

Gebe dir Bescheid, wenn ich da bin. Albtraum.

Okay

18:04 Uhr
Update???

Noch im Taxi.

18:05 Uhr
??

18:06 Uhr
??

Die Fragezeichen trommelten auf mich ein wie Flakgeschosse. Nach einer kurzen Atempause trafen weitere ein.

18:16 Uhr
???

Jetzt kam es mir vor, als hätte der Taxifahrer die falsche Richtung eingeschlagen. Ich fragte nach.

»Bauarbeiten«, gab er zurück. »Auf der normalen Strecke dauert es länger. Wir nehmen einen Umweg.«

Ich war alarmiert und fürchtete mich. Anscheinend war ich im Taxi aus der Hölle gelandet. Ich gab es auf und antwortete auf Marks Fragezeichensalve.

18:17 Uhr
Ein verdammter Albtraum. Immer noch im Taxi, ewig unterwegs. Mir ist schlecht, und ich bin fertig.

18:20 Uhr
Fuck!

Alles furchtbar.

Zurück am verdammten Bahnhof.

Zurück auf Los.

Allmählich spürte ich Hysterie in mir aufsteigen. Außerdem hatte ich große Angst. Ich musste versuchen, sie unter Kontrolle zu halten, sonst würde sie mich überwältigen. Mark schickte mir immer noch eine SMS nach der anderen.

18:24 Uhr
Alles komplizierter als gedacht.
Ruf mich an.

Ich versuchte es, aber jetzt saßen wir in einem Tunnel im Stau fest, und mein Handy funktionierte nicht. Ich fühlte mich von allem abgeschnitten. Zwanzig Minuten später erreichten wir das Hotel. Jede einzelne Nervenzelle in meinem Körper vibrierte, und ich konnte kaum noch klar denken. Eine Strecke, die ich zu Fuß in etwa zehn Minuten zurückgelegt hätte, hatte im Auto fast eine Stunde erfordert. Ich war fest davon überzeugt, dass der Taxifahrer mit Absicht versucht hatte, mir Angst einzujagen. Auf mich wirkte er bedrohlich. Unter normalen Umständen hätte ich mir gesagt: Schlimmer können die Dinge nicht werden, und die Sache mit meinem angeborenen Optimismus überstanden, aber inzwischen hatte mich jedes

Gefühl der Hoffnung verlassen. Wenn ich im vergangenen Jahr eines gelernt hatte, dann Folgendes: Egal, wie schlimm es war, es konnte immer *noch* schlimmer werden. Ich stieg aus dem Taxi und gab dem Fahrer meine letzten zwanzig Euro. Natürlich, das war sein Plan gewesen – er hatte mich durch die Gegend kutschiert, bis das Taxameter zwanzig Euro anzeigte! Ich wappnete mich für alles, was mich jetzt erwartete, und betrat die Lobby des Hotels.

Kurz hielt ich inne, um das Hotel und seine Umgebung in mich aufzunehmen. Es befand sich am Meer, was mir gefiel. Es gab keinen Gestank, und dieses Hotel war ganz eindeutig um einiges besser als das vorige. Im Foyer herrschte eine ruhige Atmosphäre. Ich wandte mich an die Rezeptionistin.

»Ach ja, Ms. Woods. Wir brauchen Ihre Kreditkarte, um die Reservierung zu bestätigen.«

»Ich dachte, es wäre schon alles bezahlt. Das hat man mir jedenfalls gesagt.«

»Es tut mir leid, Madame, aber das ist nicht der Fall. Es gab ein Problem mit der Kreditkarte. Solange wir keine Garantie haben, können Sie nicht auf Ihr Zimmer.«

»Bitte entschuldigen Sie mich einen Augenblick. Ich muss telefonieren.«

Ich versuchte, Mark anzurufen, kam jedoch nicht durch, deswegen schrieb ich ihm stattdessen eine SMS.

18:53 Uhr
Problem mit deiner Kreditkarte. Rufe dich jetzt an.

Fünf Minuten später kam die Antwort:

18:58 Uhr
Besorg mir ihre E-Mail-Adresse.

Sag ihnen, ich schicke ihnen per E-Mail Daten für eine andere Kreditkarte.

Ich teilte der Rezeptionistin mit, ich würde die Schwierigkeiten mit der Kreditkarte bereinigen, und schickte Mark die E-Mail-Adresse des Hotels.

19:00 Uhr
Perfekt.

Ich hatte weder Zeit noch Energie für irgendwelche Höflichkeiten übrig. Also nahm ich gegenüber vom Empfangstresen Platz und schrieb weiter Nachrichten.

Was für ein Theater.

Das kannst du laut sagen.

Und all das, weil du keine 229 € hast.

Wegen mir.

Seine kurzen, spitzen Nachrichten schlugen ein wie Kugeln. Hin und wieder schoss ich zurück.

19:01 Uhr
Genau.

Alles meine Schuld.

Jetzt muss ich den Typen anrufen, der sich um die Karte gekümmert hat.

Melde mich gleich.

Sorry

Sorry, dauert noch.

19:02 Uhr
Ich warte jetzt ab und hoffe, ich bekomme das Zimmer. Ich habe nichts mehr auf der Kreditkarte. Kreditrahmen erschöpft. Nur noch Schulden. Immer mehr Zinsen.

19:05 Uhr
Ich weiß.

Bitte lass mich jetzt das mit der Karte organisieren.

Eine halbe Stunde des Schweigens verging, bevor ich ihm meine eigene Salve Maschinengewehr-Fragezeichen schickte.

19:35 Uhr
??? Bin völlig k.o.

Die Sekunden der nun folgenden zehn Minuten vergingen quälend langsam in meinem Kopf, als ob das Gewicht eines Metronoms ganz am Ende eines unglaublich langen Pendels platziert worden wäre. Die zehn Minuten verstrichen so langsam wie zehn Stunden, und noch immer hatte ich keine Antwort erhalten.

19:45 Uhr
Bitte ruf mich an!

Ich hörte meine eigene schwache Stimme in meinem Kopf, während ich eine weitere SMS eintippte – einen fast unhörbaren, klagenden Hilfeschrei:

Du kannst mich doch nicht so im Stich lassen!

Regungslos saß ich in der Lobby des Hotels. Es kostete mich unglaubliche Konzentration und die letzten Reste meiner Energie, überhaupt aufrecht sitzen zu bleiben. Ich hatte das verzweifelte Bedürfnis, mich hinzulegen. Eine weitere halbe Stunde verging, bis sich in meinem Handy wieder etwas tat.

20:20 Uhr
Gleich alles geregelt.

Dann lächelte mich die Rezeptionistin an.
»Madame? Hier ist Ihr Schlüssel. Zimmer 203. Nehmen Sie den Lift in den zweiten Stock, das Zimmer ist dann den Flur hinunter auf der linken Seite.«
»Vielen Dank.« Als ich den Schlüssel entgegennahm und zum Aufzug ging, kämpfte ich mit den Tränen. Anderthalb Stunden hatte ich in der Lobby gewartet. Ich hatte versucht, mir den letzten Rest meiner Würde zu bewahren, fühlte mich jedoch unglaublich verlegen.
Die ganze Nacht befand ich mich in verschiedenen Stadien des Bewusstseins. Mehrfach stand ich auf, weil ich ins Bad musste. Mir war übel, also legte ich mich auf den Badezimmerboden. Ich war mir sicher, mich gleich übergeben zu müssen. Spürte, wie mir die Galle in der Kehle hochstieg, dann wieder nach unten rann. Ich wagte mich kaum zu bewegen, doch irgendwann kroch ich wieder ins Bett, wo ich still dalag, bleich und wie ein Gespenst unter dem weißen Laken, wie eine Tote im Leichenhaus. Irgendwann glitt ich in einen unruhigen Schlaf, doch am nächsten Morgen wachte ich erschöpft auf. Fast halb acht. Jetzt musste ich entscheiden, was zu

tun war. Ich wollte Mark anrufen, aber meine Telefonrechnung war sowieso schon astronomisch hoch, deswegen schickte ich ihm stattdessen eine Nachricht.

15. Mai 2013
7:24 Uhr
Morgen. Wann kommst du hier an? Ich will planen. Mir geht es nicht besonders gut.

Zwanzig Minuten musste ich auf eine Antwort warten. Ich hatte mir ein wenig Mitgefühl erhofft, ein paar freundliche Worte und eine Ermutigung, doch vergeblich.
Seine Reaktion war hart und kalt.

Wenn du so wärst wie ich, wärst du jetzt nicht krank.

Mach nur so weiter mit deinem Selbstmitleid.

Totale Überreaktion!

Die einzige Nachricht, die ich heute von dir gebraucht hätte, ist: Hallo, Bubba, hoffentlich geht's dir gut.

Doch ich hatte keine Zeit für einen solchen Austausch. Allein mein Selbsterhaltungstrieb ließ mich nicht zusammenbrechen. Ich versuchte mich zu konzentrieren, fühlte mich jedoch von Traurigkeit und Angst überwältigt. Mit zitternder Hand schickte ich Mark eine Antwort.

Was du mir antust, würde ich keinem Menschen antun wollen. Du bist kalt und ohne jedes Mitgefühl. Wenn du heute Morgen nicht hier eintreffen wirst, dann sag es einfach. Das ist sehr traurig, denn ich habe dir ganz und gar vertraut und

dich wirklich geliebt. Du hast mir gesagt, du hättest nie jemanden geliebt und seist nie geliebt worden. Ich habe dir meine ganze Liebe geschenkt und die Gelegenheit, eine wunderschöne, von Liebe erfüllte Beziehung zu erleben. Ich glaube, du weißt einfach nicht, wie das geht. Liebe ist das Einzige, was wirklich zählt. Nicht Macht.

Du hast Geld gebraucht, deswegen hatte ich keine Wahl.

Habe gestern einen Burger aus einer Mülltonne gegessen.

Du bist hier derjenige, der sich selbst leidtut. Bist du irgendwo in der Nähe? Ich muss bis Mittag das Zimmer räumen. Bevor ich dir begegnet bin, hatte ich genug Geld und eine Arbeit, von der ich leben konnte. Ich hatte dir das Geld nur für ein paar Wochen geliehen. Jetzt musst du es mir seit über einem Jahr zurückzahlen. Du hast mich in unsägliche Schwierigkeiten gebracht, aber das ist dir egal. Du bist einfach nur ein Lügner, und ich glaube inzwischen, du bist ein zwanghafter Lügner. Ich hoffe, du bist im tiefsten Inneren ein Ehrenmann, jedenfalls habe ich dich immer für einen gehalten. Bitte überweise mir das Geld zurück. Dafür brauchst du mindestens achthundertfünfzigtausend Pfund. Dann mache ich einen Neuanfang.

Ich bin der größte Ehrenmann, dem du je begegnet bist.

Das hoffe ich. Sehen wir uns heute? Sag jetzt die Wahrheit.

Mark teilte mir mit, ich hätte jetzt zwei Möglichkeiten. Ich könnte nach Hause fahren und mir selbst leidtun oder den Tatsachen ins Auge sehen. Er jedenfalls würde mich niemals an einem Ort treffen, der allen bekannt war.

Na und? Hol mich ab, dann fahren wir woandershin.

Du merkst das gar nicht, oder?

Du kommst irgendwo an und machst sofort Drama.

Statt dass du das Ganze wie ein Spiel betrachtest und mich fragst, wohin jetzt?

Das Wenige, was wir noch hatten, haben wir für ein Luxushotel verbraucht.

Komplett wahnsinnig!

Du improvisierst doch einfach irgendwie. Das hier ist kein Spiel. Ich hasse das.

Du vertraust mir nicht mehr. Also ist alles sinnlos.

Stimmt. Aber ich vertraue dir schon lange nicht mehr richtig. Du hast damals gesagt, du willst mein Vertrauen zurückgewinnen. Macht dir das Ganze etwa Spaß? Was das Hotel angeht, das ist nichts Besonderes. Teuer, sonst nichts.

Nein, ich hasse das alles.

Ich wollte, dass du kommst – mit dem Zug.

Dann wurde mir klar, dass du dich verändert hast.

Früher hättest du das einfach gemacht. Jetzt nicht mehr.

Jetzt sollen andere alles für dich erledigen.

Dass ich Benzin klauen muss, um überhaupt voranzukommen, ist dir egal.

Ich habe viel Energie, aber ich bin altmodisch. Ich mag es, wenn sich ein Mann um mich kümmert.

Ich weiß. Ich auch. Du hast also die Wahl.

Mark erklärte mir, ich könne jetzt entweder zurück ins Vereinigte Königreich fliegen und dort drei Monate auf mein ganzes Geld warten, oder hierbleiben und ihm endlich helfen – wenn ich mich am Vortag anders verhalten hätte, so meinte er, hätte ich schon längst den Zug nehmen und bei ihm sein können.

Das hätte übrigens weniger gekostet als das Hotel!

Jetzt bist du wirklich albern. Dein Verhalten gefällt mir nicht. Ich bin schrecklich aufgebracht und traurig wegen der ganzen Sache, weißt du. Ich denke nicht, dass wir auf diese Weise weiterkommen.

Ich rufe dich bald an.

Du, ich habe Angst. Es ist schrecklich.

Ich habe Angst, seit ich für dich meinen Job aufgegeben habe.

Du hast eine Entscheidung getroffen, so wie ich meine.

Dann lebe jetzt damit, so wie ich.

Nun drängte er mich, ich solle endlich zufrieden sein und ihn dabei unterstützen, alles zu regeln.

Ich packe jetzt meine Sachen zusammen. Wenn du es bis Mittag hierherschaffst, wie du es versprochen hast, können wir reden. Weitere Flops ertrage ich nicht mehr. Wie gesagt, ich habe Angst, und ich habe kein Geld. Ohne dich fahre ich nirgendwohin, nur zurück ins Vereinigte Königreich. Ruf mich wieder an, wenn du kannst.

Ich liebe dich so sehr.

Wenn du mich liebst – und selbst, wenn nicht –, müsste es dein oberstes Ziel sein, mir mein Geld zurückzugeben, damit ich mein altes Leben wiederbekomme. Dann können wir vielleicht einen Neuanfang machen.

Das habe ich schon getan.

Baby, wir müssen uns sehen.

Gib mir eine Stunde, dann organisiere ich alles.

Nun, dann musst du bald hier auftauchen. Ich fahre von hier aus jedenfalls nur zum Flughafen.

Danke.

Wie gesagt, ich habe Angst.

Ich hatte genug von diesem Austausch. Er führte nirgendwohin, war reine Zeitverschwendung. Ich warf mein Handy aufs Bett. Am liebsten hätte ich geweint, doch ich musste mich konzentrieren. Ich musste irgendwie genug Kraft finden, um eine Entscheidung zu treffen und diese auch durchzuziehen. Mark hatte mich immer wieder enttäuscht. Am Anfang hatte ich alles geglaubt, was er mir erzählte, doch in letzter Zeit hatte ich nur geglaubt, was ich auch glauben wollte – weil ich die Vorstellung nicht ertrug, dass er all die Monate nur mit mir gespielt hatte. Was, wenn das Ganze von vorne bis hinten geplant gewesen war? Was, wenn Annalisa von Anfang an recht gehabt hatte und ich Marks Opfer geworden war, weil ich Geld besaß? Mark hatte mir immer gesagt, es werde achtzehn Monate dauern, bis wir richtig zusammen sein könnten, und ich hatte ihm mein Wort gegeben, ich würde warten, doch nie im Leben hätte ich geglaubt, das Ganze würde so ablaufen. Was, wenn das alles ein großer Betrug war und er achtzehn Monate brauchte, um seinen Plan durchzuführen und mich zu bestehlen und zu zerstören? Stand er aus diesem Grund immer noch in Kontakt mit mir? Nichts von alldem ergab einen Sinn. Ich dachte an die Zeit zurück, als er im Vereinigten Königreich Geschäfte abgeschlossen hatte. Respektierte Individuen und Organisationen – Clifton College, der Prince's Trust – waren seine Partner gewesen, und sein InOrg-Projekt hatte authentisch gewirkt. War er denn wirklich ein Spion? Er musste einfach einer sein. Ich hatte ihn doch selbst durch einen Hintereingang das MI6-Gebäude betreten sehen, an zwei bewaffneten Wachleuten vorbei. Erinnerungsfetzen wirbelten mir durch den Kopf wie Blätter, die an einem windigen Herbsttag durch die Luft tanzen. Würde es mir jemals gelingen, sie alle wieder zu einem Baum zusammenzufügen?

Ich holte mich selbst mit einem Ruck aus meinen Gedanken. Konzentriere dich, Carolyn! Was wirst du jetzt tun? Du warst doch immer so pragmatisch. Reiß dich zusammen! Triff jetzt eine Entscheidung!

Mir blieb nur eine Möglichkeit. Ich musste zurück ins Vereinigte Königreich, wo ich Freunde hatte und in Sicherheit war. Ich öffnete meinen Laptop, loggte mich in mein easyJet-Konto ein und buchte meinen Rückflug um. Zum Glück hatte ich sichergestellt, dass ich genug Spielraum auf meiner Kreditkarte hatte, um die niedrige Gebühr zu bezahlen, weil ich genau diese Situation vorausgesehen hatte. Noch am selben Nachmittag würde ich zurück nach London fliegen. Ich rief an der Rezeption an, teilte dort mit, ich würde das Hotel in etwa einer Stunde verlassen, und bat darum, man solle mein Flugticket für mich ausdrucken. Dann suchte ich meine Sachen zusammen und packte.

Wenige Minuten nach elf stand ich unten am Tresen und bat um mein Ticket.

»Hier, Madame. Wenn Sie mir jetzt Ihre Kreditkarte geben könnten, werde ich Ihre Rechnung begleichen.«

»Entschuldigung?« Ich traute meinen Ohren kaum. »Aber es ist doch schon alles bezahlt. Meine Rechnung wurde gestern Abend im Voraus beglichen.«

»Nein, Madame. Die Buchung wurde autorisiert, aber es ist noch keine Zahlung erfolgt.«

»Nun, dann benutzen Sie bitte die Kreditkartendaten, die man Ihnen gegeben hat, und buchen Sie das Geld von diesem Konto ab.«

»Es tut mir leid, Madame, das ist unmöglich.«

Es hatte keinen Sinn, weiter zu diskutieren.

»Bitte warten Sie einen Moment. Ich muss telefonieren.«

Ich hatte einen metallischen Geschmack der Angst im Mund und spürte, wie mir einmal mehr die Galle hochstieg. Ich wählte Marks Nummer, landete jedoch sofort auf der Mailbox. Ich würde ihm wieder eine SMS schicken müssen. Das war einfach nur unglaublich, verdammt noch mal. Dieser Mann, den ich für so entschieden, entschlussfreudig und fähig gehalten hatte, konnte nicht einmal die Bezahlung einer Hotelrechnung regeln.

Ruhig bleiben, Carolyn, ermahnte ich mich. Wenn du dich jetzt aufregst, kommst du keinen Schritt weiter. Reiß dich zusammen.

11:09 Uhr
Jetzt komme ich nicht aus dem Hotel, weil sie sagen, das Zimmer ist noch nicht bezahlt. Die Buchung wurde nur autorisiert, sonst nichts. Sie können die Rechnung nicht begleichen, bis jemand anruft und bezahlt. So etwas habe ich noch nie erlebt.

Quälend langsam verstrichen die Minuten, während ich auf eine Antwort wartete.

11:12 Uhr
Rufe jetzt Hotel an.

Kümmere mich.

Fünf Minuten.

Weitere zehn Minuten vergingen wie in Zeitlupe.

11:24 Uhr
Am Telefon.

Spreche mit dem Typen, der bezahlt hat.

Läuft.

Das Telefon auf dem Empfangstresen klingelte, und ich bekam eine Hälfte der Unterhaltung mit.

»Ja, das Zimmer für Ms. Woods? Bitte geben Sie mir Ihre Kreditkartendaten.«

Die Rezeptionistin sprach weiter. »Könnten Sie bitte Ihren Namen für mich buchstabieren?«

Ich spitzte die Ohren. Wer war da am anderen Ende der Leitung?

»B ... R ... E ... S ... N ... A ... H ... A ... N. Vielen Dank, Sir.«

John Bresnahan. Einer von Marks Geschäftspartnern. Derjenige, der für InResidence verantwortlich und am Chew-Magna-Projekt beteiligt war. Aber warum beglich er meine Hotelrechnung?*

---

* Ich kann nicht mit Sicherheit sagen, wer damals wirklich am anderen Ende der Leitung war. John Bresnahan konnte nie eine Beteiligung an irgendeiner Form des Betrugs nachgewiesen werden.

Ich verließ das Gebäude und nahm den Bus zum Flughafen, von wo aus ich West anrief, einen guten Freund und ehemaligen Nachbarn. Ihm hatte ich mich nach meiner Rückkehr nach Buckinghamshire anvertraut. Ich bat ihn, mich bei meiner Ankunft abzuholen.

Spät an diesem Abend trat ich aus der Ankunftshalle hinaus in die kalte Mitternachtsluft am Luton Airport. Ich hoffte inständig, West wäre irgendwo in der Nähe. Es gab keine Spur von ihm, und mein Telefon war tot. Ich machte mich auf den Weg zum Treffpunkt, schaute mich im Gehen auf dem Parkplatz und der Straße um. Da entdeckte ich plötzlich sein Auto vor mir im Kreisel. Ich sprang auf und ab, winkte ihm wie wild zu. Ein unglaubliches Gefühl der Erleichterung überflutete mich. Als ich mich auf den Beifahrersitz sinken ließ, spürte ich, wie sich meine Schultern entspannten. Jeder einzelne Muskel in meinem Körper schmerzte heftig, und Hunderte angespannter Sprungfedern in meinem Inneren gaben ein wenig nach, nur ein kleines bisschen, als ich spürte, wie sich die schützende Decke wahrer Freundschaft um mich legte.

West schaute mich an. »Ist wohl nicht so gelaufen wie geplant, hm?« Ich erzählte ihm alles, während er mich zurück zu Angela fuhr.

In dieser Nacht schlief ich zum ersten Mal seit vielen Monaten durch. Doch am folgenden Morgen wachte ich mit dem Gefühl auf, völlig zerschmettert zu sein. Ich verspürte immer noch das überwältigende Gefühl der Erleichterung vom Vorabend, als ich nach England und in die Gesellschaft von alten und zuverlässigen Freunden zurückgekehrt war. Doch je länger ich über die Ereignisse der vergangenen beiden Tage nachdachte, desto trostloser erschien mir meine Zukunft. Weder mit Logik noch emotional konnte ich dem Geschehen irgendeinen Sinn entlocken.

Ich stand auf, riss mich zusammen und wollte Angela begrüßen. Ich konnte hören, dass sie schon auf war. Doch dann fiel meine gefasste Miene in sich zusammen, und ich spürte, wie mir die Maske verrutschte. Meine Mundwinkel verzogen sich nach unten, während sich meine Lippen fest aufeinanderpressten. Verzweifelt versuchte ich, die Fassung wiederzugewinnen, doch ein nervöser Tic quälte mein linkes Auge, während ich die Tränen zurückzuhalten versuchte, und zwischen meinen Schultern brannte ein schlimmer Schmerz, als meine Knie nachgaben und ich auf den Boden sank.

»Es tut mir so leid.« Ich schaute zu Angela auf. »Ich dachte, ich wäre in Ordnung, aber ich fühle mich nicht besonders gut.«

Eine eisige Kälte durchströmte mich, und mein ganzer Körper zitterte unkontrolliert.

»Leg dich wieder hin«, wies mich Angela mit ihrer festen und zugleich sanften Stimme an. »Du hast einen Schock. Ich bringe dir gleich eine Wärmflasche. Versuch zu schlafen.«

Ich kroch wieder ins Bett. Die tapfere Fassade bekam Risse. Ich hätte am liebsten geweint. Verzweifelt wünschte ich mir, jemand würde mich im Arm halten und mir versichern, alles würde wieder gut. Ich wollte aufwachen und feststellen, dass der Albtraum vorbei war, und ich wäre gerne irgendwo gewesen, an irgendeinem anderen Punkt meines Lebens, nur nicht innerhalb der letzten sechzehn Monate.

»Bitte lass alles nur einen Albtraum gewesen sein«, flüsterte ich vor mich hin, immer und immer wieder, während ich die Wärmflasche an mich presste und mich danach sehnte, alles zu vergessen. Was sollte ich jetzt nur tun?

Mark rief mich nach wie vor jeden Tag an und schickte mir ganze SMS-Salven, die mit ihrem üblichen Stakkato bei mir eintrafen. Ich konnte mir nur mit Mühe meine geistige Gesundheit bewahren. Länger als ein Jahr hatte ich mich nun verängstigt gefühlt, mich vor so vielen Dingen gefürchtet, nicht einmal gewagt, mich meinen Freunden anzuvertrauen. Ich war davon überzeugt, man beobachte mich und auch meine Handys und mein Laptop würden überwacht. Ich sorgte mich wegen Marks geistiger Gesundheit und fragte mich, wie diese die Chance beeinflussen würde, dass ich mein Geld wiederbekam. Inzwischen fürchtete ich auch um meine eigene Gesundheit. Ich ging davon aus, Mark wäre in Italien und arbeitete für die italienische Regierung – aber wie hätte ich das glauben sollen? Er hatte mir gesagt, er müsse noch immer sehr vorsichtig sein, und ich hatte den Eindruck, er erledige Undercover-Aufträge, für die er Tausende von Meilen fahren musste, Tag und Nacht. Manchmal schien es mir, als wäre er nicht allein, und tatsächlich hatte er mir mehr als einmal gesagt, er könne nicht mit mir reden, weil er mit einer Gruppe Männer im Auto sitze und gerade arbeite. Unsere Situation erschien ausweglos.

Mark teilte mir mit, er habe herausgefunden, es sei Paul gewesen, sein Partner und Fahrer, der sein Geld gestohlen habe und dem es gelungen sei, ihn davon zu überzeugen, die britische Regierung habe es entwendet.

»So clever kann er doch aber gar nicht sein – cleverer als du, meine ich?«

»Er hat es ja auch nicht geschafft, oder? Ich habe herausgefunden, was dieses Schwein getan hat, und er wird dafür bezahlen. Baby, ich hatte in den vergangenen Monaten solchen Stress. Ich weiß, dass ich nicht klar denken konnte. Aber jetzt begreife ich, was da vorgefallen ist. Dieser Bastard hat sich alles zunutze gemacht, was da vor sich gegangen ist.«

»Ich habe dir immer schon gesagt, ich traue ihm nicht.«

»Ich weiß, Bubba, aber ich habe dir doch erklärt, wir kennen uns schon sehr lange. Ich habe viel Gutes für ihn getan, und ich hätte wirklich nicht geglaubt, er würde mich einmal im Stich lassen. Ich bin erstaunt, dass er sich traut, überhaupt zu denken, er kommt damit durch – daran sieht man auch, wie dumm er ist. Aber du hast recht, man kann niemandem vertrauen.«

»Ich glaube, dieser Albtraum hört niemals auf.«

»Doch, er hört auf, Baby. Wir haben es fast geschafft. Jetzt, wo ich weiß, was abgelaufen ist, kann ich alles regeln. Jetzt muss ich los. Ich liebe dich.«

Ich dachte über Paul nach. War es wirklich möglich, dass er es geschafft hatte, das ganze Geld von Marks Konto zu stehlen? Ich hielt

230

ihn noch immer nicht für schlau genug, doch Mark meinte, Paul sei früher Bankmanager gewesen, deswegen wisse er ganz genau, wie das bei Banken funktionierte. Vielleicht gab es auch einen Kontakt, der alles für ihn erledigte. Aber wie hatte Paul Mark glauben machen können, die britische Regierung habe sein Geld genommen? Wahrscheinlich hatte er einfach Marks Hirnoperation und seinen allgemein schlechten Gesundheitszustand ausgenutzt, überlegte ich mir. Vielleicht bedeutete das ja jetzt einen Hoffnungsschimmer. Wenn Mark sein Geld zurückerhielt, würde ich auch meines wiederbekommen. Doch für den Augenblick saß ich fest und hatte nichts. Man war wegen hoher Schulden aufgrund des Hauses in Bath hinter mir her, und meine Zukunft erschien mir so trostlos, dass ich nicht einmal daran zu denken wagte. Ich wollte nur einen Ausweg.

Ende Mai war ich bei Angela ausgezogen und passte gerade auf Annes Katze auf, als weitere alarmierende Neuigkeiten eintrafen. Mark sagte mir, ich dürfe das Auto nicht benutzen, weil Paul die Versicherung nicht bezahlt habe. Ich war wochenlang nicht damit gefahren – ich konnte mir kein Benzin leisten. Daher hatte ich es bei der Wohnung in Amersham stehen lassen. Das Wissen, dass es jetzt nicht versichert war, bereitete mir jedoch zusätzliche Sorgen.

Marks Geburtstag kam und ging, aber es gab absolut nichts zu feiern, und bei einem spätabendlichen SMS-Austausch teilte ich ihm mit, ich würde zur Polizei gehen, wenn wir uns nicht innerhalb der nächsten Woche sähen.

Am folgenden Tag kamen Lara und Emma zum Mittagessen, und ich bereitete ihr Lieblingsessen zu – Grillhähnchen. Auch West hatte ich eingeladen. Ich hatte ihm anvertraut, dass ich den Mädchen meine schlimmsten Befürchtungen wegen meines Geldes mitteilen wollte. Eigentlich hatte ich ihnen das bei unserer letzten Begegnung sagen wollen, an dem langen Wochenende Anfang Mai. Damals trafen wir uns am Bahnhof von Richmond, besorgten alles für ein Picknick und verbrachten den Tag im Richmond Park. Das Wetter war unerwartet schön, warm und sonnig. Ich betrachtete meine wunderschönen Töchter, als sie neben mir durch den Park gingen, und später, als sie den Sonnenschein genossen. Ich liebte die beiden so sehr, und ich war so stolz auf sie. Ich brachte es einfach nicht über mich, dieses Glück zu zerstören und die Schönheit dieses frühen Frühsommertages kaputt zu machen, indem ich sie mit meinen Ängsten belastete. Doch jetzt spürte ich, dass ich es tun musste. Sie auf das Schlimmste vorbereiten – und zusammen mit ihnen auf das Beste hoffen. Ich wusste, West würde mich moralisch unterstützen und mir dabei helfen, die Mädchen zu beruhigen, sie wissen lassen, dass er für sie da sein würde, wenn sie jemanden zum Reden brauchten. Lara und Emma kannten West schon ihr ganzes Leben lang und vertrauten ihm, und ihm hatte immer sehr viel an ihnen gelegen. Wir beide waren uns völlig darüber im Klaren, welchen Schock sie bald erleiden würden.

Lara und Emma kamen pünktlich, zusammen mit Laras Partner, Glenn. Wenigstens würde Lara mit ihm reden können, aber ich machte mir besonders große Sorgen um Emma. Ich wusste, dass sie Mark inzwischen überhaupt nicht mehr leiden mochte – und wer konnte ihr das verübeln, nachdem er sich bei ihrem einzigen Zusammentreffen so grauenhaft benommen hatte? Als ich jetzt darüber nachdachte, fragte ich mich, wie um alles in der Welt ich ihm das hatte verzeihen können.

Wieder war es ein wunderschöner Frühsommertag. Die Sonne schien von einem blauen Himmel herab, als könnte es kein einziges Problem auf der Welt geben. Draußen sangen laut die Vögel. Wir alle nahmen im Garten Drinks zu uns, und ich wollte diesen herrlichen Tag einfach nur genießen. Dann setzten wir uns zum Mittagessen hin, und am Ende des ersten Ganges wusste ich, dass ich die Atmosphäre nun zerstören und sprechen musste.

»Es gibt da etwas, was ich euch sagen muss«, setzte ich an.

Alle Augen richteten sich auf mich.

»Ich weiß, ihr habt euch bestimmt schon gefragt, was um Himmels willen da vor sich geht – warum ich aus Bath weggezogen und in den letzten Monaten bei einer Freundin nach der anderen untergekommen bin. Ich weiß, ihr habt euch gefragt, warum ich noch immer kein Haus gekauft habe, vor allem, weil ich das in der Nähe von Tetbury vor ein paar Monaten so attraktiv fand. Nun, es sieht so aus: Vor einiger Zeit habe ich Mark mein ganzes Geld geliehen, und er war bisher noch nicht in der Lage, es mir zurückzuzahlen.«

Eine Stille trat ein, als die Mädchen zu begreifen versuchten, was ich da gerade gesagt hatte.

»Du hast Mark dein Geld geliehen?«, fragte Lara schließlich. »Dein *ganzes* Geld? Auch den Erlös aus dem Verkauf des Hauses?«

Ich nickte, und Lara sprach weiter. »Ich kann mir einfach nicht vorstellen, dass du so etwas tun würdest.«

Emma und Glenn schauten mich ungläubig an.

»Ich weiß«, gab ich zurück. »Ich kann es ja selbst nicht glauben, aber das habe ich getan. Ich hoffe, er wird es mir zurückzahlen, aber ich weiß es einfach nicht. Ich hatte das Gefühl, es euch sagen zu müssen, denn Tatsache ist, dass ich seit der Vorweihnachtszeit quasi kein Geld mehr habe. Ich habe mir meine Rente auszahlen lassen müssen, um überleben zu können. Deswegen war ich so vorsichtig mit allen möglichen Ausgaben. Sicher ist euch das schon aufgefallen.«

»Aber warum nur? Du warst doch immer eine so unabhängige Frau. Warum hast du das nur getan?«

Nun sprach Emma, mit weit aufgerissenen Augen und Tränen in der Stimme. Ich musste schwer schlucken, und auch mir brannten Tränen in den Augen.

»Wir wollten doch heiraten. Mark war für eine kurze Zeit nicht liquide, und da habe ich ihm meine Hilfe angeboten. Das Ganze sollte nur ein paar Wochen dauern, aber jetzt sitze ich über ein Jahr später hier, und er hat mir mein Geld immer noch nicht zurückgezahlt. Ich hoffe, er wird es tun, aber die ganzen Entwicklungen waren so bizarr, dass ich es nicht mit Sicherheit sagen kann.«

Ich blickte forschend in ihre Gesichter, während sie langsam die schrecklichen Neuigkeiten in sich aufnahmen.

»Du wolltest heiraten? Aber warum hast du uns denn nichts davon erzählt? Ich kann einfach nicht glauben, dass du uns nichts gesagt hast.«

Das war wieder Lara.

»Ich weiß. Nichts ist so gelaufen, wie wir uns das erhofft hatten, und unsere ursprünglichen Pläne haben sich in nichts aufgelöst. Dann war Mark so oft weg, und ich dachte einfach, ich würde warten, bis sich alles findet, bevor ich euch etwas sage. Ich habe seit Monaten ein Brautkleid im Schrank hängen.«

»Verdammt noch mal, Carolyn!«

Glenn sah mich kopfschüttelnd an.

»Nun, wenigstens hast du noch Kontakt zu ihm«, fuhr er fort. »Ich meine, es ist ja nicht so, als wäre er einfach verschwunden. Wenn ihm nur an deinem Geld gelegen wäre, dann wäre er doch schon vor langer Zeit abgehauen. Und du hast in seinem Haus in Bath gewohnt. Ich glaube, das wird schon alles wieder mit ihm.«

»Ich hoffe, du hast recht. Ich wollte euch mit der ganzen Angelegenheit wirklich keinen Kummer machen, aber ich fand, es wäre nur fair, euch davon zu erzählen. Ihr wisst doch, was für schreckliche Sorgen ich mir gemacht habe, weil Mark diese ganzen Eingriffe am Gehirn hatte und all die anderen Sachen. Deswegen konnte ich unmöglich Druck auf ihn ausüben, und er hat mir versichert, dass er alles tut, was er nur kann, um die Dinge zu regeln. Außerdem … die Leute sagen immer, ich würde zu den stärksten Menschen gehören, die sie kennen. Wenn also irgendjemand das alles hier durchstehen kann, bin ich das. Es tut mir nur so unglaublich leid, dass ich euch alle da mit reingezogen habe. Wie ihr euch vorstellen könnt, war ich schrecklich verunsichert, und ich weiß, dass das Ganze auch eine Auswirkung auf eure Sicherheit hat. Seit ich aus dem Cottage ausgezogen bin, habe ich so großes Heimweh gehabt – und ich weiß auch, wie sehr ihr ein Zuhause vermisst. Ich bin fest entschlossen, mir ein eigenes Haus zu kaufen.«

»Aber Mum, du hast doch überhaupt kein Geld.« Emma sah blass aus.

»Wir müssen einfach hoffen, dass sich alles regelt. Im Moment können wir nichts anderes tun.«

»Hast du schon einmal daran gedacht, zur Polizei zu gehen? Ich meine, was, wenn er dir dein Geld nicht zurückgibt? Wie lange willst du denn noch warten?« Wieder nahm mich Lara ins Verhör.

»Nun, als wir uns kennengelernt haben, hat er mir noch am selben Tag gesagt, es würde achtzehn Monate dauern, bis er eine richtige Beziehung würde eingehen können. Ich habe ihm mein Wort gegeben, ich würde auf ihn warten. Im Juli sind diese anderthalb Jahre vorbei.«

»Ich glaube, er wird dir das Geld zurückzahlen.« Das war wieder Glenn. »Verdammt noch mal, Carolyn. Ich kann trotzdem nicht glauben, dass du das getan hast.«

Es war an der Zeit, für bessere Laune zu sorgen und den Rest dieses herrlichen Frühsommertages zu genießen. Im weiteren Verlauf des Nachmittags sprach ich noch einmal mit allen und versuchte, ihnen zu versichern, die Dinge würden sich finden. Ich musste stark für sie sein. Irgendwie weitermachen. Ich schloss die Augen und fühlte die Wärme der Sonne auf meiner Haut. Alle anderen Gedanken schob ich mit Gewalt weg.

Als die anderen aufbrachen, spürte ich einen scharfen Schmerz der Einsamkeit und ein überwältigendes Gefühl der Liebe, wie sie nur eine Mutter für ihre Kinder empfinden kann. Ich liebte meine Töchter so sehr und schämte mich dafür, dass ich sie im Stich gelassen hatte. Ich machte mir Sorgen, wie sie mit dem fertigwerden würden, was sie nun wussten. Zugleich fühlte ich mich besser, weil ich nun meine größte Angst mit jemandem teilte, doch obwohl ich es für notwendig gehalten hatte, plagte mich das schlechte Gewissen, weil ich das Ganze nun an meine Töchter weitergegeben hatte.

Außerdem wagte ich kaum darüber nachzudenken, welche Konsequenzen es haben würde, wenn es Mark nicht gelang, dieses furchtbare Chaos in Ordnung zu bringen. Wie hatte ich nur so dumm sein können?

Obwohl ich mich immer noch frage, wie ich mich selbst in eine so unsichere Position manövrieren konnte, glaube ich im Rückblick zu verstehen, wie es möglich war. Ich habe einfach nicht richtig nachgedacht. Das passiert, wenn man sich verliebt. Man wird unaufmerksam und erlebt eine ganz besondere Art der Verrücktheit. Ein freudiges, unkontrollierbares, alles durchdringendes, verantwortungsloses High. Marks ganzes Gerede von seinem immensen Reichtum hatte in mir ein falsches Gefühl der Sicherheit erweckt. Aber warum hatte ich ihm angeboten, ihm mein Geld zu leihen? Warum hatte ich nicht einfach den Mund gehalten und ihn seine Liquiditätsprobleme selbst regeln lassen? Ich kenne die Antwort auf diese Frage. Das war auch, weil ich ihn liebte – und weil er mir ein so schlechtes Gewissen gemacht hatte, als ich an seiner Integrität zweifelte. Ich hatte mich herabgesetzt gefühlt, als er so extrem reagierte, weil ich ihn um die Rückzahlung jener fünfunddreißig Pfund gebeten hatte. Kleinlich und geizig hatte ich mich gefühlt. Darum hatte ich ihm ohne jedes Zögern meine Kreditkarte für die ganzen Einkäufe im Harrods und bei Chanel zur Verfügung gestellt. Er hatte damals gesagt, er werde mir alles zurückzahlen, und wir neigen dazu, davon auszugehen, dass sich andere Leute genauso verhalten, wie wir es an ihrer Stelle tun würden. Wenn ich jedoch heute über sein Verhalten nachdenke, wirkt es einfach nur verkehrt. Er hätte für alles zahlen sollen. Und die Rechnungen für das Haus hätten niemals auf meinen Namen ausgestellt werden dürfen. Das war einfach nicht richtig. Warum hatte ich nicht stärker infrage gestellt, was er tat? Ich hatte es versucht, aber er kannte alle Tricks, damit ich mir geizig vorkam und mich fühlte, als wüsste ich nicht zu schätzen, was ich hatte. Er hätte mein Geld nie annehmen dürfen – nicht als echter Ehrenmann. Wenn ihm wirklich etwas an mir gelegen hätte, hätte er mich doch bestimmt nicht in eine Situation hineinmanövriert, die mich so verletzlich machte. Mir wurde ganz übel.

Ich musste diese negativen Gedanken in ihre Schranken weisen. Mark hatte erklärt, er sei der größte Ehrenmann, dem ich je begegnet sei. Ich hoffte einfach nur, dass das der Wahrheit entsprach – denn in diesem Augenblick glaubte ich nicht daran und wusste gleichzeitig, dass uns die Zeit davonlief.

Am folgenden Morgen rief mich Mark an, um mir mitzuteilen, dass Paul den Mietwagen nicht regelmäßig bezahlt hatte. Deswegen wurde er nun als gestohlen gemeldet. Vergeblich versuchte ich die Freunde zu erreichen, denen ich den Schlüssel gegeben hatte. Ich wollte ihnen erklären, was geschehen war, und sie bitten, den Schlüssel den Leuten auszuhändigen, die deswegen erscheinen würden. Bei ihrer Rückkehr nach Hause fanden sie einen Wagen der Autovermietung vor dem Haus vor; am Auto selbst klebte der Hinweis »Polizei informiert«. Mark regelte irgendwie alles, sodass meinen Freunden ein Besuch der Polizei erspart blieb, doch mir war das Ganze unglaublich peinlich.

»Du hast wirklich ein viel aufregenderes Leben als wir«, rief meine Freundin Helen aus, als ich mich bei ihr entschuldigte.

»Allerdings war das nicht unbedingt die Art der Aufregung, die ich mir erhofft hatte«, gab ich zurück.

Während der nächsten beiden Wochen erklärte mir Mark jeden Tag, er sei im Begriff, Flugtickets für mich zu organisieren, damit ich ihn besuchen könne. In der ersten Woche gab es keine Tickets. Am Montag der folgenden Wochen trafen auch keine bei mir ein. Am nächsten Tag sollte es so weit sein, hieß es. Es wurde Dienstag, aber am frühen Nachmittag hatte sich immer noch nichts getan. Mark hatte mit mir telefoniert und mir erklärt, alles käme in Ordnung, aber ich hatte die Grenzen meiner Geduld erreicht. Noch immer war ich nicht bei der Polizei gewesen, beschloss jedoch, auf keinen Fall zu Mark zu fliegen. Nicht einmal, wenn ich wirklich Tickets erhielt.

Ich wollte ihn nicht mehr sehen. Ich ertrug einfach keine weitere Täuschung, deswegen schickte ich ihm eine SMS.

11. Juni 2013
15:10 Uhr
Vergiss das Ganze.

Wirklich unglaublich.

Wir sind beide durch die Hölle gegangen.

Jetzt wirst du endlich begreifen, was ich durchgemacht habe.

In meinem Leben, und weil ich dich liebe.

Bitte hab noch ein wenig Geduld.

Ich verspürte Übelkeit in mir aufsteigen. Ich hatte mich fast anderthalb Jahre geduldet. Seine letzte Nachricht ließ ich unbeantwortet.

15:46 Uhr
Immer dasselbe.

Sobald es schwierig wird, schaltest du ab.

Vier Stunden lang saß ich da, starrte ins Nichts, stumm und unfähig, mich zu bewegen. Dann erwachte ich plötzlich zum Leben, hämmerte wütend eine Nachricht in mein Telefon.

19:44 Uhr
Bis zu meinem Umzug nach Bath war ich glücklich, selbstbewusst, habe das Leben genossen. Jetzt ist es ruiniert. Ich will nicht mehr. Ich habe seit einem Jahr kein Zuhause und

kein Einkommen mehr, und alles war schwierig. Ich habe mein Kreditlimit völlig ausgereizt und seit einem halben Jahr quasi kein Geld mehr. Ich habe Schulden, die rechtmäßig deine aus der Brock Street sind. Eine Million Mal hast du mich schon im Stich gelassen. Wie du mich so behandeln kannst, begreife ich einfach nicht. Du hättest mir mein Geld nach wenigen Wochen zurückzahlen müssen, wie du es versprochen hast. Dann hätte ich wenigstens mein Leben zurückbekommen, und wir hätten den Rest auch irgendwie geschafft. Die Situation jetzt ist unmöglich. Du hast mich über ein Jahr hängen lassen, ich habe darauf gewartet, dass du mich nach Ascot/Wimbledon mitnimmst, sechs Wochen lang habe ich auf gepackten Kisten gesessen, um nach Beach zu ziehen, dann Wochen auf gepackten Koffern für Reisen nach Mallorca, Marbella, Italien usw., neulich das Nizza-Fiasko und jetzt das. Ich kann nicht mehr. Bitte gib mir mein Geld zurück, und dann schauen wir, was wir noch retten können.

Nun war Mark derjenige, der nicht reagierte.

**21:37 Uhr
Ich habe nicht einmal mehr ein Auto, in dem ich schlafen könnte, vom Herumfahren mal ganz abgesehen.**

Ich wälzte mich schlaflos im Bett herum, fand keine Sekunde Frieden, während ich spürte, wie sich die heftige Last der Angst und der Verzweiflung bleischwer auf mich niedersenkte. Verzweifelt hielt ich die Tränen zurück.

**12. Juni 2013
3:57 Uhr
Ich habe dich so sehr geliebt.**

4:58 Uhr
Bitte hilf mir!

Fast drei Stunden lag ich da, bis er antwortete.

7:49 Uhr
Du hast gesagt, ich soll die Reise stornieren.

Es kostete mich eine halbe Stunde, mich so weit in den Griff zu bekommen, dass ich reagieren konnte.

8:15 Uhr
Ja. Du musst mir einfach nur zurückzahlen, was du mir schuldest. Es wäre schon ein guter Anfang, wenn du mir wenigstens 20.000 Pfund schicken könntest, damit ich einen Teil der Schulden zurückzahlen kann, denn so entstehen die ganze Zeit Zinsen. Wenn du mir 50.000 Pfund zurückzahlen könntest, könnte ich mir ein Auto besorgen, eine kleine Wohnung mieten und irgendwo neu anfangen.

9:03 Uhr
Liebling, genau das versuche ich doch.

Darum hat das auch nicht geklappt mit der Reise.

Such dir erst mal was zur Miete.

Das Geld treibe ich schon auf.

Ich hatte mich kurz ablenken lassen, und jetzt erkannte ich eine Landschaft, in der gebrochene Versprechen und zerstörte Träume herumlagen wie Müll. Es brach mir das Herz, als ich daran dachte, wie sehr ich Mark geliebt hatte und wie sicher ich mir seiner Liebe gewesen war. Noch immer begriff ich nicht, was da vor sich ging, doch ich wusste, dass ich mein Leben nie mit diesem Mann würde teilen können. *Er* war derjenige, der sich verändert hatte – vielleicht lag das an seiner Hirnoperation, doch mittlerweile war mir das egal. Mein Selbsterhaltungstrieb überlagerte jeden anderen Gedanken. Ich hatte immer gewusst, man würde mir vielleicht das Herz brechen, aber nie wäre mir der Gedanke gekommen, dass jeder einzelne Bereich meines Lebens vernichtet werden könnte.

9:35 Uhr
Solange du mir nicht wenigstens einen Teil des Geldes zurückzahlst, sind mir völlig die Hände gebunden. Nur das zählt. Ich weiß nicht, welches Spiel du da treibst, aber es ist krank. Ich bin dumm gewesen, das gebe ich zu, aber du hast mich ausgenutzt und meine Liebe zu dir missbraucht. Das ist schrecklich und unmoralisch. Meine Schwägerin hatte recht. Ich habe mich nie für dein Geld interessiert, aber jetzt interessiert es mich sehr, ob ich meines zurückbekomme. Ich gehe nicht davon aus, aber ich hoffe, du entdeckst einen Funken Menschlichkeit in dir, lässt ihn größer werden und tust dann das Richtige.

Mark antwortete nicht, aber ich musste einfach ständig an ihn denken. Es gelang mir nicht, mich auf irgendetwas anderes zu konzentrieren.

15:15 Uhr
Ich habe heute viel über dich nachgedacht. Das Ganze macht mich sehr traurig. Wie tickst du eigentlich? Deine Motivation war einmal das Geld, jetzt sind es Macht und Kontrolle? Warum denn? Das ist doch ein Anzeichen der Unsicherheit. Du hast mal gesagt, du hättest nie jemanden

geliebt oder wärst nie geliebt worden, und du hast diese Chance auf wahres Glück weggeworfen. Du tust mir sehr leid. Ich weiß jetzt natürlich, dass du mich nie geliebt hast.

Im Grunde genommen führte ich damit ein Selbstgespräch, aber er sollte wissen, dass der seidene Faden der Hoffnung, an dem meine Zukunft mit ihm für so lange Zeit gehangen hatte, kurz vor dem Zerreißen war. Was, wenn das Ganze ein einziger großer Betrug gewesen war? Aber wie konnte sich jemand solche ungewöhnlichen und zugleich glaubhaften Dinge ausdenken? Mark hatte recht: Sein Leben war wie ein Film. War es möglich, dass er das Drehbuch verfasste, als Regisseur agierte und außerdem die Hauptrolle übernommen hatte? Waren alle anderen nur Marionetten in seinen Händen – Statisten oder ehrgeizige junge Starlets, die Stunden, Tage, Wochen auf ihn warteten, alles in der Hoffnung, dass ihre kühnsten Träume sich erfüllten? Wie auch immer die Antwort lautete, eines musste man ihm lassen: Er verfügte über einen unglaublichen Erfindungsreichtum. Diese ganzen Deals, die Gründung diverser Firmen – das stimmte; ich hatte es mit meinen eigenen Augen gesehen. Und der MI6 – ich hatte gesehen, wie er das MI6-Gebäude betrat, an zwei bewaffneten Wachleuten vorbei. Ja, das musste man ihm wirklich lassen – er war ziemlich erstaunlich. Mir fiel kein Drehbuchautor oder Schriftsteller ein, der mit etwas vergleichbar Außergewöhnlichem aufwarten konnte. Während ich im Geiste verschiedene Stücke und Romane durchging, die ich kannte, fing ich wieder mit dem Tippen der Nachrichten an.

15:19 Uhr
Du solltest zum Theater gehen. Du verfügst über eine große Kreativität und dramatisches Können.

Plötzlich war er wieder da.

Liebling, hör auf.

Das ist doch absolute Scheiße!

Du bist diejenige, die jedes Mal aufgibt.

Ich mache es jetzt ganz einfach.

Hole mir mein Geld zurück ...

Gebe dir deines ...

Und finde dann heraus, ob du mich liebst.

Ich sehe jetzt klar. Die Scheuklappen sind weg.

Danke.

Belassen wir es dabei, Streiten ist dumm.

Die Zeit wird es weisen. Aber sie neigt sich dem Ende zu.

Wenn wir jemals zusammenkommen, werden diese bösen Worte unvergessen sein.

Darum streite ich lieber nicht. Zeitverschwendung.

So sieht es auch mit Taten aus. Taten sagen mehr als Worte.

Ich weiß.

Du wirst schon bald sehen.

Rufe dich später an.

Streiten kann etwas Gutes sein, wenn es ehrlich abläuft.

Ja. Das stimmt. Jedenfalls von Angesicht zu Angesicht.

Ich halte das auch für den besten Weg. Aber du bist wie der hinterlistige Macavity aus Cats – »nicht dort«.
T. S. Eliot

Als Nächstes erzählte mir Mark, James werde mich am selben Nachmittag um drei Uhr abholen. Wenn das nicht geschah, so beschloss ich, würde ich dem Ganzen ein Ende machen. Ich hatte siebzehn seiner achtzehn Monate durchgehalten, aber jetzt konnte ich definitiv nicht mehr. Ich hatte keinen Funken Kraft übrig.

Um drei Uhr nachmittags rief mich Mark an, um mir mitzuteilen, James werde mich doch nicht abholen, und die Fahrt sei bis auf Weiteres verschoben. Ich fragte nicht einmal nach einer Erklärung. In dieser Nacht ging ich wieder einmal zu Bett und lag dann wach, während Dämonen und Teufel meinen Verstand belagerten und sich die Last der Dunkelheit auf mich herabsenkte. Inzwischen fühlte sich mein Körper so schwer an, dass ich mir sicher war, durch die Matratze zu fallen, durch den Fußboden darunter und in die Eingeweide der Erde. Und ich sehnte mich danach.

Um vier Uhr nachts lag ich immer noch wach. Die erste Ahnung des Tageslichts sickerte durch die Vorhänge, und ich musste an James Miller denken. Ich kannte ihn nicht besonders gut, aber Mark hatte immer gesagt, ich könne ihn anrufen, wenn ich mir wegen irgendetwas Sorgen machte. Er hatte mir erklärt, James wisse alles, und wenn ich Informationen brauchen würde oder beruhigende Worte und Mark nicht erreichen könne, dürfe ich mich immer an James wenden.

Meine Finger suchten im Dunkel nach meinem Handy auf dem Nachttisch. Ich nahm es und tippte vier Worte:

13. Juni 2013
4:22 Uhr
Bitte helfen Sie mir

Zwei Tage später fand ich mich mit James in Arthur's Bistro in Twickenham Green wieder. Ich wusste nicht, wie ich anfangen sollte, deswegen fragte ich ihn zuerst nach Marks MI6-Tätigkeit, weil die es war, die uns so lange voneinander ferngehalten hatte.

»Ja«, gab James in ruhigem Tonfall zurück. »Mir hat er auch erzählt, er würde für den MI6 arbeiten, aber das glaube ich nicht.«

Ich erzählte James, zu Jahresbeginn habe mir Mark erklärt, er sei nach Syrien zurückgeschickt worden, wo er schwere Verwundungen erlitten habe, Schüsse in den Arm und das Bein, und dass man ihn deswegen in ein Militärkrankenhaus in Athen gebracht habe.

»Nein, das stimmt nicht«, erwiderte James. »Er war damals in Spanien, um weitere Deals abzuschließen. Ich war zeitweise dabei.«

Ich erzählte James, wie mich Mark seiner jungen Nichte vorgestellt hatte, Bianca.

»Bianca ist Marks Tochter«, teilte mir James zögernd mit. »Er hat zwei kleine Töchter, und er ist verheiratet. Sie haben alle zusammen in Bathampton gelebt, nicht weit von Ihnen entfernt«, fuhr er fort. Langsam wurde er mutiger. »Dann sind sie nach Bristol gezogen. Und das Haus, in dem Sie gewohnt haben, hat ihm nicht gehört. Er hatte es nur gemietet.«

Ich fühlte mich so dumm. Ich erinnerte mich an eine Unterhaltung vor einiger Zeit, als ich einer Freundin erzählte, ich sähe Mark so selten, und wir hätten noch nie auch nur eine Nacht miteinander verbracht, von unserem Hotelaufenthalt in Babington House einmal abgesehen. Sie hatte gesagt: »Der ist doch ganz offensichtlich verheiratet.« Und ich hatte nur gedacht: Nein, ist er nicht; du weißt eben nicht, was ich weiß. Er ist gerade auf einer Mission, denn er führt ein ganz außergewöhnliches Leben.

»Ich habe ihn unter dem Namen Marc Ros Rodriguez kennengelernt«, fuhr James fort. »Aber dann hat er mir erzählt, er habe seinen Namen aus Sicherheitsgründen in Zac Moss geändert. Diesen Namen hat er auch in Bath und in Bristol gebraucht – allen gegenüber außer Ihnen, wie es aussieht.«

Eine ganze Menge schwer aufzunehmender Informationen, aber eigentlich zählte nur eines: Mark war ein Hochstapler.

»Schauen Sie sich das hier einmal an«, bat mich James und gab mir sein Handy. »Sie müssen runterscrollen. Ich war mir nicht sicher, wie viel von dem allen ich Ihnen sagen könnte – wie viel Sie verkraften würden. Aber ich denke, Sie müssen es wissen.«

Ich nahm James' Handy entgegen und fing an zu lesen.

Junge lässt es mit Dads Kreditkarte so richtig krachen

Es handelte sich um einen Bericht vom Juli 1991. Darin ging es um einen Sechzehnjährigen namens Mark Acklom, der Privatjets gemietet hatte und damit nach Paris, nach Bern und auf die Kanarischen Inseln geflogen war, wo er ordentlich gefeiert und seine Freunde mit Champagner und Hummer zum Dinner verwöhnt hatte.

Ich schaute zu James auf.

»An diese Geschichte erinnere ich mich. Damals habe ich im Radio davon gehört. Ich weiß noch, dass ich dachte, wie durchtrieben dieser Junge sein muss, um so etwas mit sechzehn abzuziehen. Und das ist er? Mark Acklom?«

»Das ist er.«

Ich scrollte weiter. Da gab es noch mehr:

Junger Hochstapler zu vier Jahren verurteilt

In diesem Artikel wurde berichtet, dass ein Teenager, den ein Richter als völlig ichbezogen und rücksichtslos beschrieb, zu vier Jahren Jugendgefängnis verurteilt worden war. Im Alter von sechzehn Jahren hatte er sich illegal eine Hypothek von einer halben Million Pfund beschafft, indem er eine Wohnungsbaugesellschaft davon überzeugte, er sei ein fünfundzwanzigjähriger Börsenmakler, der im Jahr zweihundertfünfzigtausend Pfund verdiene. Der Junge hieß Mark Acklom. Er hatte Tausende von Pfund mit »verschwenderischen Vergnügungen« durchgebracht, und seit dem Bezahlen der Kaution hatte er versucht, sich ein BMW-Cabrio im Wert von einundzwanzigtausend Pfund zu »besorgen«; er hatte seinem Vater die Kreditkarte gestohlen und außerdem von zwei Lehrern an seiner Schule Tausende von Pfund erschwindelt. Acklom, der mehrere Anklagen von Diebstahl und Betrug einräumte und darum bat, einhundertneunzehn weitere Vergehen in das Urteil einzubeziehen, wurde von seinem Verteidiger, Charles Conway, als »schwer gestört« und als der psychiatrischen Behandlung bedürftig beschrieben. Doch nachdem der Richter drei Stunden lang den Ausführungen gelauscht hatte, zu denen auch Gutachten von Psychiatrieexperten gehörten, sagte er zu Mark Acklom: »Ich verlasse mich lieber auf meine eigene Diagnose, die auf vielen Jahren Erfahrung basiert, und die lautet, dass Sie alle typischen Kennzeichen eines Hochstaplers aufweisen. Sie belügen geschickt Ihre Opfer, passen sich jeweils den Umständen der Person an, mit der Sie reden.«

In meinem Kopf drehte sich alles. Charles Conway? Hatte Mark seinen Namen daher? Und dieser Artikel stammte aus dem Jahr 1991. Wann hatten die Vergehen stattgefunden? Zwei Jahre zuvor, 1989. Wenn er 1989 sechzehn Jahre alt gewesen war, bedeutete das, dass er bei unserer Begegnung erst etwa achtunddreißig gewesen war. Achtunddreißig! Wenn ich das gewusst hätte, hätte ich mich niemals mit ihm eingelassen. Und da gab es noch mehr.

Ich konnte die Augen einfach nicht von James' Handy abwenden.

Jetzt las ich einen Blog von Expats in Spanien, und zwar einen Bericht über einen Briten, der in Spanien im Gefängnis saß, weil man ihn des schweren Betruges und einer Betrugsmasche mit Immobilien verurteilt hatte, bei der es um dreizehn Millionen Pfund ging. Die spanische Polizei hatte festgestellt, dass er im Vereinigten

Königreich gesucht wurde und einen falschen Namen angegeben hatte. Sein richtiger Name lautete Mark Richard George Acklom.

Das Ganze nahm einfach kein Ende. Als ich weiterscrollte, las ich, dass ein Mann namens Marc Ros Rodriguez in Genf eine ganze Betrugsserie begangen hatte; dann war er 2009 aus der Schweiz geflohen. In einem weiteren Bericht hieß es, Acklom habe arglose Geschäftsleute mit Gold- und Öl-Deals übers Ohr zu hauen versucht. Er hatte vorgegeben, Geschäfte mit der russischen Regierung zu machen, vor allem mit Putin, und behauptet, der uneheliche Sohn von George Soros zu sein. Oh mein Gott, dachte ich, George Soros. Ich erinnerte mich, wie mir Mark genau diese Geschichte erzählt hatte – und dass er Putin kannte!

Ich konnte einfach nichts mehr aufnehmen. Es ging weiter und immer weiter.

»Der Kerl war nichts weiter als ein Hochstapler, der gierigen Leuten erzählte, was sie hören wollten«, las ich. Und das tat weh. Denn ich war nicht gierig gewesen. Sein Geld hatte mich nicht interessiert. Aber es stimmte, er hatte mir erzählt, was ich hören wollte. Der Schleier des Geheimnisvollen, durch den ich ihn gesehen hatte, war weggerissen worden, und jetzt bewahrheiteten sich meine schlimmsten Ängste.

Der Schock setzte mir sehr zu, und ich wusste, ich musste jetzt mit meinen Töchtern zusammen sein. Ich rief Lara an, die sich gerade mit ihrem Partner Glenn auf der Rückreise aus Cornwall befand, und beide erklärten sich bereit, mich abzuholen. Gott sei Dank war niemand da, als ich in das Haus meiner Freundin zurückkehrte, und so packte ich rasch meine Sachen, während ich auf Lara wartete. Im strömenden Regen fuhren wir zurück nach Islington, und ich erzählte Lara und Glenn, was ich herausgefunden hatte. Am selben Abend kam auch Emma zu Lara, und wir versuchten, die Dimensionen der Ereignisse der vergangenen anderthalb Jahre zu erfassen.

Lara recherchierte im Internet nach weiteren Informationen über den Mann, von dem ich nun wusste, dass er Mark Acklom hieß. Was wir da entdeckten, war einfach unglaublich. Lara stellte ein sechsundneunzigseitiges Dokument über Acklom zusammen, in dem sie alles auflistete, was sie über ihn finden konnte, einschließlich einem Dutzend falscher Identitäten, Details seiner berüchtigten Eskapaden als Schuljunge und Berichte über seine spätere kriminelle Aktivität in Spanien, wo er angeblich einen Betrug begangen hatte, bei dem es um achtzehn Millionen Euro gegangen war. Unter den Treffern befand sich auch ein wirrer, auf Selbstverteidigung ausgerichteter Bericht, den Acklom anscheinend selbst verfasst hatte. Darin beschrieb er sich als »Autor und Drehbuchschreiber«, als das Opfer einer Gesellschaft, die ihm sein früheres Fehlverhalten nicht verzeihen wollte. Auf einem anderen Blog zitierte Acklom sein »aktuelles« Buch *Needless Destruction* (»Grundlose Zerstörung«), publiziert unter dem Namen Marc Ros Rodriguez, in dem er darstellte, wie die Firma, die er 2013 in Spanien aufgebaut hatte, durch üble Nachrede über ihn ruiniert wurde. Es ist bei vielen Psychopathen so, dass sie allen anderen außer sich selbst die Schuld geben, wenn etwas schiefläuft. Ich vermute, diese Art, sich selbst zum Opfer zu erklären, stellt einfach die Kehrseite des egozentrischen Verhaltens dar. Ich denke hier an all die Menschen, die er betrogen, bestohlen und manipuliert hat, deren Leben er auf berechnende Weise und genauso unnötig zerstört hat. Im Zusammenhang mit ihnen, und nicht mit ihm, sollte man von »grundloser Zerstörung« (wie im Buchtitel) sprechen.

Während der letzten Phase einer romantischen Beziehung empfindet der Psychopath nur noch Verachtung für sein Opfer. Er wird alles dafür tun, die Betreffende ihres Selbstvertrauens, ihrer Würde und ihrer inneren Ruhe zu berauben. Von dem Tag an, an dem sie seinem Charme verfällt und die Welt betritt, die er für sie entwirft, gesteht er ihr gar keine Würde mehr zu, auch keinen Respekt oder irgendeinen sonstigen Wert. Sein Mangel an Empathie, seine Berechnung, sein unmoralisches Verhalten und seine Gewissenlosigkeit ermöglichen es ihm, ihrem Leiden gegenüber völlig gleichgültig zu bleiben. Sie verdient es, von ihm missbraucht zu werden, und irgendwann wird er sie wegwerfen, weil sie jeglichen Wert verloren hat. Der Psychopath selbst schwankt zwischen Hochgefühlen und Verachtung. Diese Art der »verachtungsvollen Freude« nährt sein Ego und seinen Narzissmus. Je tiefer er sein Opfer stößt, desto größere Verachtung empfindet er für diesen Menschen und in umso höherem Maße steigt die Achtung vor sich selbst, denn er findet sich ganz großartig.

Beim Rückblick auf alle Ereignisse bin ich stolz darauf, dass ich Mark Acklom die Sache so schwer gemacht habe, wie es der Fall war. Gleichzeitig kann ich jedoch sehen, dass er sämtliche Charaktereigenschaften, die ich für meine Stärken gehalten hatte – Loyalität, Stoizismus, Diskretion – gegen mich eingesetzt hat. Deswegen habe ich im Endeffekt zu meinem eigenen Untergang beigetragen. Ich gehe davon aus, dass dasselbe für die anständigen Geschäftsleute gilt, die ebenfalls in seinen Bann gerieten, und für die unzähligen Frauen, die er mit romantischen Versprechungen getäuscht hat.

Als ich in dieser Nacht stocksteif auf Laras Sofa lag, weil ich das Gefühl hatte, ich würde bei der kleinsten Bewegung in tausend Stücke zerspringen, konnte ich nicht in den Schlaf finden. Ich musste einfach ständig an Mark denken und daran, was er getan hatte. Vom ersten Augenblick unserer Begegnung an hatte er großzügig die Samen seiner Täuschung in meinem Kopf ausgesät, und zusammen mit meiner lebhaften Fantasie hatte seine raffinierte Strategie diese Samen zum Austreiben gebracht; sie hatten Wurzeln geschlagen und waren gewachsen. Ich konnte mich erinnern, was er gesagt hatte, und vieles davon hatte nun einen dunklen Unterton: »Alles passiert aus einem Grund, aus einem bestimmten Grund, nichts passiert ohne Grund … Dein ganzes Geld wird sich von dir entfernen … Ich kann in anderen Menschen lesen wie in einem offenen Buch … Du bist perfekt für mich … Ich weiß nicht genau wie … Ich freue mich so sehr darüber, dass ich jemanden mit Geld kennengelernt habe;

das macht einfach alles so viel leichter … Ich liebe dich, weil du bist, wie du bist … Mein Leben ist wie ein Film … Ich bin nicht normal.«

Ich stehe unter Schock. Unfähig, auch nur einen Muskel zu rühren, liege ich da. Jeder Nerv in meinem Körper steht unter Beschuss. Ich bin so müde, doch sobald ich die Lider schließe, werde ich von psychedelischen Lichtblitzen attackiert. Sodass ich reglos, mit weit aufgerissenen Augen daliege und kaum zu atmen wage.

Ich möchte sterben. Mir ist, als würde ich in den Strudel eines schwarzen Loches eingesogen, während ein weißes Rauschen in meinen Ohren knistert und in meinem Kopf unausgesetzt drei Worte rotieren, wieder und wieder, Worte, die hinausgebrüllt werden wollen, lauter und lauter, bis ich glaube, in Ohnmacht zu fallen.

DU VERDAMMTER DRECKSACK!

Am nächsten Morgen hatte ich mich immer noch nicht vom Sofa bewegt. Lara und Glenn machten gerade das Frühstück, da klingelte mein Handy.

»Er ist es«, sagte ich zu ihnen, als ich das Gespräch annahm und auf Lautsprecher stellte.

»Baby, ich liebe dich so sehr«, begrüßte er mich. »James wird dich abholen und im Flugzeug herbringen. Sehr bald werden wir zusammen sein.«

»Gib mir einfach mein Geld«, erwiderte ich, und dabei klang mir meine eigene Stimme fremd in den Ohren – unnatürlich und ganz flach.

»Du bekommst dein Geld. Alles wird gut.«

»Gib mir einfach nur mein Geld.«

»Du wirst sehen, der ganze Herzschmerz hat sich gelohnt.«

»Gib mir einfach nur mein Geld.«

Es wurde still in der Leitung. Danach meldete sich Mark Acklom nie wieder bei mir.

9

Düsternis, die keine Wirklichkeit überbieten kann

Ihre hochgesteckten Ziele hatte sie aufgegeben und lernte nun, das Schicksal der am Leben gescheiterten Bathsheba wie von außen zu betrachten; sich und ihre Zukunft sah sie in Farben, deren Düsternis keine Wirklichkeit überbieten konnte.

Thomas Hardy, *Am grünen Rand der Welt*

In der Zeit gleich nach der Entdeckung von Marks wahrer Identität hatte ich das Gefühl, um mein Leben zu kämpfen.

Ich wusste, ich musste einfach weitermachen: jeden Morgen aufstehen, mich waschen, anziehen, mich schminken, essen, versuchen, rauszugehen und ein paar Freunde zu treffen. Jedes kleine Ziel, das ich mir setzte, erforderte enorme Anstrengung, und obwohl ich eigentlich sterben wollte, mich nach einem Frieden sehnte, den nur der Tod bringen konnte – jedoch gleichzeitig eine immense Verantwortung für meine Töchter trug –, fühlte ich mich zu einem Leben verdammt, das ich nicht wollte. Während der ersten Wochen überstand ich meine Tage quasi nur zehnminutenweise.

Am 16. Juni, dem Tag nach meinem Treffen mit James, fuhr Lara mich zur Polizeistation in Islington, um Anzeige zu erstatten. Als wir das Gebäude betraten, konnte ich mich kaum noch auf den Beinen halten. Benommen stützte ich mich auf den Empfangsschalter und fürchtete, jeden Moment in Ohnmacht zu fallen. Ich bemühte mich darum, mich auf meine Aussage zu konzentrieren. »Das ist eine

Menge Schotter«, bemerkte der diensthabende Beamte in geradezu scherzhaftem Ton, während ich ihm das Ausmaß meines Verlusts zu schildern versuchte, schickte mich dann allerdings weg, da die Polizei sich nicht mit Betrugsanzeigen befasse. Er reichte mir ein Merkblatt und bat mich, den Betrug bei »Action Fraud« online anzuzeigen, was den Beginn eines zweimonatigen Verzögerungssumpfs markierte. Ohne feste Anschrift schien ich überdies zur Unperson geworden zu sein und erhielt den deutlichen Eindruck, dass niemand sich mit dem Fall befassen wollte. Von Action Fraud unter falschem Aktenzeichen kontaktiert (was mir Gott sei Dank auffiel) und zwischen drei Polizeidienststellen hin- und hergeschickt, erhielt ich widersprüchliche Ratschläge, bis die Sache schließlich der Gendarmerie Avon & Somerset zugeteilt wurde, und zwar einem Beamten, der sich gerade im Urlaub befand. Dies setzte den Ton für die ersten drei Jahre einer sogenannten »Ermittlung«, die sich insgesamt sechs Jahre hinziehen sollte.

Um zu überleben, musste ich meine Ängste so bald wie möglich angehen, sodass ich mich nach einer Woche zur Rückkehr nach Tetbury zwang. Zum Glück hatte ich, als Mark in mein Leben trat, meinen alten Wagen an Lara weitergereicht, die ihn mir nun zurückgab, sodass ich ein Fortbewegungsmittel besaß. Ein Freund – ein Retter, der bis heute anonym geblieben ist – schenkte mir tausend Pfund, damit ich wieder auf die Beine käme, sodass ich eine Weile Geld für Benzin und Essen hatte. Uma und Antony meinten, ich könne bei ihnen wohnen, und am Tag meiner Ankunft überzeugte mich Uma, meinen alten Arzt zu konsultieren, den sie zu sich nach Hause bat. Während ich ihm eine kurze Zusammenfassung der Geschehnisse gab, brach ich zusammen. Er meinte, ich leide an einer posttraumatischen Belastungsstörung und dass Mark Acklom seiner Ansicht nach ein gefährlicher Psychopath sei. Ich war (und bin nach wie vor) strikt gegen jede Einnahme von Antidepressiva, und auch er glaubte nicht, dass sie mir helfen würden, noch wollte er mir damals zu einer Therapie raten, obwohl er meinte, sie könne später durchaus sinnvoll sein. Allerdings empfahl er mir, mich um einen einigermaßen normalen Schlafrhythmus zu bemühen, und verschrieb mir Schlaftabletten für einen Monat. Ich kannte ihn nicht besonders gut, doch ehe er ging, umarmte er mich und sagte, er hoffe, nie wieder eine Geschichte wie meine hören zu müssen. Ich erwähne diese Umarmung, weil es mich sogar damals überraschte, dass ein Mann den Mut hatte, mit einer verzweifelten, sehr emotionalen und verletzlichen Frau Körperkontakt aufzunehmen (und ich kann mir nicht vorstellen, dass es nach »Me Too« noch passieren wird). Doch er tat es, und ich werde ihm ewig dafür dankbar sein. Es war eine spontane menschliche Reaktion – eine tröstende empathische Geste – und nachdem ich schon so lange jeglicher Zuneigung, jeglichen Trosts beraubt war, bedeutete es für mich mehr, als ich sagen kann.

Obwohl Uma und Antony immer sehr gute Freunde gewesen waren, war es ein seltsames Gefühl, in ihrem Haus zu leben, da das Zimmer, das ich bewohnte, abgesehen vom Bett komplett mit meinen Möbeln und Sachen eingerichtet war, meiner alten Garderobe, Kommode, meinem Spiegel, ebenso wie Nachttischen, Stuhl, Federbett und Bettwäsche – was dazu führte, dass ich unerträgliches Heimweh bekam.

James Miller bot mir einen Termin bei seinem Rechtsanwalt an (mit dem er bereits wegen seiner eigenen Verluste gesprochen hatte), um Rat bezüglich meines weiteren Vorgehens einzuholen. Nachdem ich in den frühen Morgenstunden vor dem geplanten Treffen eine Schlaftablette genommen hatte, fühlte ich mich nach dem Erwachen wie ein Zombie – und zwar so sehr, dass ich fürchtete, nicht mehr verkehrstüchtig zu sein. Ich fragte Uma und Antony, ob sie mir helfen und mich eventuell nach Cirencester bringen könnten, und sie waren einverstanden, doch als es schließlich so weit war, fühlte ich mich schon viel besser und beschloss, alleine zu fahren. Ich fand es wichtig, so viel wie nur möglich selbstständig zu erledigen.

Während ich mich fertig machte und gerade noch meinen Koffer auf dem Fußboden durchging, stand Uma plötzlich über mir. Sie wollte, dass Antony mich zu dem Anwalt begleitete, doch ich war entschlossen, allein zu fahren. Das mochte sie nicht akzeptieren und teilte mir unmissverständlich mit, wenn ich bei ihnen wohnen wolle, müsse ich mich auch an »unsere Regeln halten«. Als Antony laute Stimmen hörte, trat er ins Zimmer und fragte, was denn los sei. Ich erklärte ihm, dass ich allein nach Cirencester fahren würde, und wiederholte, was Uma kurz zuvor gesagt hatte.

»Richtig, verdammt noch mal!«, bekräftigte er die Worte seiner Frau.

Vielleicht meinten sie ja, mir zu helfen (und ich brauchte dringend Hilfe), doch mir kam es so vor, als würde ich schon wieder kontrolliert werden, und so sagte ich ihnen, dass ich dann eben gehen müsse. Ich begann, meinen Koffer zu packen, und erklärte, dass ich nach dem Termin zurückkommen, fertig packen und meine Sachen mitnehmen würde. Ich war am Boden zerstört.

Eine halbe Stunde später saß ich in der Kanzlei des Anwalts und kämpfte mit den Tränen, während ich ihm von Mark Acklom erzählte und die Geschehnisse so knapp wie möglich zusammenfasste. Doch die erhoffte Bestätigung oder Hilfe erhielt ich mitnichten.

»Mein Rat an Sie«, meinte er, »versuchen Sie, das alles zu vergessen. Sie haben Anzeige erstattet, mehr können Sie nicht tun. Aber die Polizei ist hier nutzlos; erwarten Sie sich nichts von denen. Sie werden Ihr Geld nicht zurückbekommen, glauben Sie mir.«

Ich war wie vor den Kopf geschlagen. Und das Gesetz? Und die Gerechtigkeit? Damals dachte ich, der Anwalt müsse sich irgendwie mit Acklom verschworen haben, und versuche, mich von meiner Verfolgung abzubringen. Wenn ich heute jedoch auf dieses Treffen zurückblicke, begreife ich, dass es womöglich der beste Rat war, den ich bekommen habe. Aber natürlich war ich gänzlich außerstande, ihn zu befolgen.

Ich fühlte mich erschöpft von dem Gespräch und dem Streit mit Uma und Antony. Ich hoffte, dass das Ganze nur in der Hitze des Augenblicks eskaliert war und dass wir uns wieder versöhnen und irgendwie einigen konnten. Auf dem Rückweg kaufte ich – als Friedensangebot – Blumen und eine Flasche Wein, doch als ich ankam, war niemand zu Hause. Allerdings fand ich einen Zettel, der an der Hintertür klebte.

Darauf bekundeten sie ihr Bedauern über das Geschehen und ließen mich wissen, dass sie meine Sachen, um uns allen weitere Peinlichkeiten zu ersparen, in die äußere Waschküche gestellt hätten. Es tue ihnen leid, dass ich ihre Hilfe nicht annehmen könne, und sie wünschten mir für die Zukunft alles Gute. Sie hätten mich weder schikanieren noch sich in meine Angelegenheiten einmischen, sondern mir nur helfen wollen. Ich habe mich manchmal gefragt, wie es wohl ausgegangen wäre, wären sie zu Hause gewesen und wir hätten über alles geredet, doch so fühlte ich mich – weit davon entfernt, irgendwelche Peinlichkeiten vermieden zu haben – durch ihre Entscheidung und die Entfernung meiner Sachen aus ihrem Haus völlig zurückgewiesen, so als hätte man die Tür hinter unserer Freundschaft ins Schloss geworfen.

Es war noch früher Abend. Schon seit Stunden regnete es ohne Unterlass, und ich wusste nicht, wohin. Ich überlegte, nach Amersham oder Chesham zu fahren, doch ich war so erschöpft, dass ich nicht glaubte, die Strecke noch sicher zurücklegen zu können. Am Ende rief ich meinen Bruder an, von dem ich wusste, dass er an diesem Abend allein war, da Annalisa in Cornwall war, und fragte ihn, ob wir uns treffen könnten. Er käme zwar erst relativ spät nach Hause, meinte er, aber ich fuhr trotzdem hin und blieb draußen im Wagen sitzen, während der Regen herunterprasselte und ich den Großteil des für Uma und Antony besorgten Weins austrank.

Als er ankam, brach ich völlig zusammen. Er war freundlich und schien sich aufrichtig zu freuen, mich zu sehen; doch als ich während unseres Gesprächs bemerkte, dass ich, hätte ich bei einem Hausbrand alles verloren, wenigstens von der Versicherung entschädigt worden wäre, erwiderte er: »Nicht, wenn du dein Haus selbst angezündet hättest.« Damit sagte er mir genau, was er von meiner misslichen Lage hielt und wo seiner Ansicht nach die Schuld lag.

Da ich wusste, dass er das Haus verlassen würde, um Annalisa fürs Wochenende nachzureisen, fragte ich ihn, ob ich ein paar Tage bleiben könne. Bei ihrer Rückkehr, versprach ich, würde ich wieder verschwunden sein, und nachdem er mit Annalisa telefoniert hatte, meinte er, das könne ich, solle aber vorher noch das Bettzeug waschen. Was ich als weitere massive Zurückweisung empfand und was mir zeigte, wie weit unsere Welten auseinanderlagen. Die meine war zusammengebrochen, und nichts war mir geblieben; ihre größte Sorge jedoch war es, sich nicht mit meiner schmutzigen Bettwäsche abgeben zu müssen. Für mich fühlte sich das damals an, als wäre ich selbst nur Dreck.

Tatsächlich hatte ich, ein paar Tage nachdem ich die Wahrheit über Acklom erfahren hatte, Annalisa angerufen, um ihr zu sagen, dass sie von Anfang an recht gehabt hatte. Es war ein schwieriger Anruf für mich, da ich seit dem Oktober des Vorjahres keinen Kontakt mehr zu ihr hatte. Ich nehme an, ich hoffte auf Mitgefühl, doch da war ich bei ihr an der falschen Adresse. Sie stauchte mich richtiggehend zusammen, weil ich ihre Familie in Gefahr gebracht hätte, und wollte alles von mir hören, was ich Acklom über sie erzählt hätte, das sei ich ihr »schuldig«. Weil ich mich so herabgesetzt fühlte und mit den Tränen kämpfte, legte ich einfach auf.

Während der paar Tage, die ich in Tetbury war, zwang ich mich zu ein paar Besuchen, und eine alte Nachbarin bot mir eine Unterkunft für den Sommer an. Wie es das Schicksal wollte, fand ich mich in einem Dachgeschoss wieder, von dem aus man auf das herrliche Cottage blickte, das ich bei meinem Umzug in das Städtchen gemietet und wo ich mich in meinem ersten Jahr sehr glücklich gefühlt hatte. Kerry bot mir einen Sonntagsjob im Laden an, sodass ich mit fünfzig Pfund die Woche ein kleines Einkommen hatte und überleben konnte. Ich war so dankbar für diese Arbeit, doch obwohl ich mich immer noch bemühte, mich entsprechend zu kleiden, wusste ich, dass ich, was die Ansprache der Kunden anging, nur noch ein Schatten meines früheren Selbst war. Da mir jedes Selbstvertrauen abging, hatte ich Angst, Bekannten zu begegnen, und hoffte vor allem, dass niemand am Sonntag shoppen ging.

Ohne mein Wissen hatte Lara das Onlineforum *Antifraud International* kontaktiert, wo sie »Charlie's Angel« begegnete, einer Person, die sehr viel über Mark Acklom zu wissen schien und offenbar entschlossen war, ihn vor Gericht zu bringen. Lara war besorgt, wie ich darauf reagieren würde, da sie wusste, wie sehr ich Internetbekanntschaften misstraute. Doch schließlich erzählte sie mir davon, und da ich nichts zu verlieren hatte, beschloss auch ich, mich auf die Onlinewelt einzulassen, und stand bald in täglichem Austausch mit Charlie's Angel. Ich erzählte ihr alles über meine Beziehung zu Acklom, und im Gegenzug lieferte sie mir Unmengen an Informationen über ihn, unter anderem die Kopien zweier auf unterschiedliche Namen ausgestellter Reisepässe sowie seine spanische Aufenthaltserlaubnis. Sie brachte mich auch mit »Mike« in Kontakt, einem angeblichen weiteren Opfer Ackloms aus Poole, der mir (als ich ihn später an einer Tankstelle an der M4 traf) erzählte, dass ihm »von zwei Porsches nur einer geblieben« sei. Charlie's Angel und Mike meinten, wir könnten einander womöglich helfen, aber ich fühlte mich sehr schutzlos, da ich nicht wirklich wusste, wer sie waren.

Während der nächsten sechs Monate traf ich James Miller etwa einmal die Woche zum Kaffeetrinken. Anfangs war ich noch misstrauisch, doch bald begann ich mich auf die Treffen zu freuen, auch weil ich James' Gegenwart beruhigend fand. Er war der einzige Mensch, der wirklich verstand, was ich durchgemacht hatte und wie so etwas passieren konnte, weil er selbst Ähnliches erlebt hatte und wusste, wie Acklom tickte.

Bald nach meiner Rückkehr nach Tetbury zeigte mir James einen Bericht, den er für die Polizei über seine geschäftliche Verbindung mit Mark Acklom vorbereitet hatte. Es war eine erstaunliche Lektüre.

Ich erfuhr daraus, dass James, ein gelernter Bergbauingenieur, Acklom einige Jahre vorher kennengelernt hatte. Zu dieser Zeit gab

Acklom sich als Goldhändler aus, und James hatte ihn auf einigen der teuersten und exklusivsten Anwesen, die man sich nur vorstellen konnte, in London und später in Poole, Dorset, besucht, doch aus dem Gold-Deal war nichts geworden, weil Acklom das Gold geliefert haben wollte, noch ehe irgendeine Zahlung geleistet worden war. Aufs Neue kreuzten sich ihre Wege dann zu Beginn des Jahres 2012, als James bei ihm »einstieg«, wobei der Köder für ihn, einen Liebhaber historischer Flugzeuge, Ackloms Finanzierungsversprechen gewesen war, den Erwerb des Flugplatzes Kemble, des Colerne Airfield und schließlich eines Flugplatzes in Spanien zu erleichtern.

Während des ersten Halbjahres 2013, als ich ihn in einem Militärkrankenhaus und anschließend auf der Flucht in Italien geglaubt hatte, befand sich Acklom tatsächlich in Spanien (wohin er seine mittlerweile EnOrg genannte Firma verlagert hatte) und entwickelte großartige Pläne für eine extravagante Feier des zweihundertsten Jahrestages der Schlacht von Vitoria, bei der Wellington Napoleons Bruder, König Joseph Bonaparte von Frankreich, besiegt hatte, während er gleichzeitig Ferrari zu überzeugen versuchte, all ihre Fahrzeugtests von Italien nach Spanien zu verlegen. James erzählte mir von einem Lunch, bei dem er mit Acklom und dem Ferrari-Team gewesen war, sowie von Treffen mit Ministern spanischer Provinzregierungen. Acklom habe ihn ruiniert, erzählte James, als er von ihm verlangte, Blaskapellen und alle möglichen anderen Extravaganzen für die Jubiläumsfeiern zu organisieren sowie Businesspläne für das Projekt mit Ferrari zu erstellen. Acklom hatte Luxusbüros in Alicante angemietet und seine Sekretärin (in die er sich angeblich verliebt hatte und für die er, so behauptete er, seine Frau verlassen wollte) überredet, ihre gesamten Ersparnisse für die Kaution hinzulegen. Sie, ebenso wie Buchhalter und Anwälte, hatte er zu völlig überhöhten Gehältern eingestellt, die er selbstverständlich nie bezahlt hatte. Er bestellte Büromöbel im Wert von 30.000 Pfund und sicherte sich, wie immer, eine Luxuswohnung, die einem arglosen spanischen Geschäftsfreund gehörte, dem er aber nie Miete zahlte.

Ackloms wahre Identität entdeckte James, als er einen Anruf von Marks Sekretärin Fernanda erhielt, in dem sie ihm mitteilte, die Polizei sei ins Büro gekommen und habe Mark festgenommen, doch dass sie ihn Mark Acklom genannt hätten. Eine Internetsuche führte zu Marks wahrer Identität, und es blieb James überlassen, die Firma abzuwickeln, aufzuräumen und dabei – vergeblich – zu versuchen, den eigenen Ruf zu retten. Acklom, so James, habe dann behauptet, die Polizei habe ihn gehen lassen. Danach war er nach Italien verschwunden, wo James ihn noch immer vermutete. Während er sich verzweifelt bemüht hatte, seine Verluste wieder hereinzuholen, hatte er gleichzeitig versucht, Acklom im Auge zu behalten; er hatte sogar eine Adresse von ihm, die er, als er Acklom angezeigt hatte, an die Polizei des Vereinigten Königreichs weitergereicht hatte.

Inzwischen führte ich meine eigenen Ermittlungen durch und entdeckte, dass das Haus in der Brock Street auf meinen Namen angemietet worden war, mit einer schlecht gefälschten Unterschrift auf dem Mietvertrag (von dem ich mir eine Kopie besorgte); außerdem fand ich heraus, dass bereits eine Jahresmiete im Voraus von meinem Konto abgebucht worden war und Acklom sich als Makler ausgegeben und der Vermietungsagentur erzählt hatte, ich sei Mitglied einer vermögenden spanischen Familie, der der Flughafen Heathrow gehöre. Der Eigentümer von Brock Street Nr. 1 bekam dieselbe Geschichte aufgetischt. Ich vermute, dass ich María del Pino y Calvo-Sotelo sein sollte, die damals fünftreichste Frau Spaniens, die genauso alt ist wie ich und im Internet mit dem gleichen dunklen Bob abgebildet war, den auch ich trug, als ich dort einzog.

Im Jahr 2012, als ich in der Brock Street wohnte, lebte Acklom mit seiner Frau und zwei kleinen Kindern, ohne dass ich etwas davon ahnte, ganz in der Nähe in einer anderen Mietimmobilie, die er als sein Eigentum ausgab. Es handelte sich um das Old Rectory in Bathampton, in das er 25.000 Pfund für Renovierungsarbeiten investierte und auf diese Weise all seine neuen Geschäftsfreunde mit seinem Geschmack, Stil und Reichtum beeindruckte. James Miller hatte beide Objekte 2012 besucht; er erzählte mir, dass sich die Bauunternehmer im Old Rectory die Klinke in die Hand gegeben hatten. Anfangs hatte Acklom ihm erzählt, dass Brock Street sein neues Büro sei, später bekam er mitgeteilt, dass Acklom einen vermögenden amerikanischen Investor dort wohnen lasse. Erst heute wird mir klar, dass Acklom die Immobilie in meiner Abwesenheit auch benutzte, um andere Leute zu beherbergen oder zu beeindrucken – weshalb er ja so unerbittlich darauf bestand, dass er jederzeit wissen müsse, wo ich mich aufhielt.

Aus James' Bericht ging auch hervor, dass Acklom einem jungen Model aus Bristol einen 60.000-Pfund-Vertrag mit InOrg angeboten hatte. Zwar erhielt sie nie einen Penny, war aber – wie ich später herausfand – an einem Fotoshooting beteiligt, das während einer meiner Abwesenheiten in der Brock Street stattfand. Als sie zu den Aufnahmen eintraf, merkte sie, dass sie Dessous vorführen sollte und dass Acklom selbst der Fotograf war. Abgesehen davon glaube ich, dass er nicht nur meine geplanten Abwesenheiten nutzte, sondern sich darüber hinaus Anlässe ausdachte, damit er Brock Street nach Bedarf nutzen konnte, etwa indem er mich anrief und Treffen fern des Hauses mit mir ausmachte, zu denen er dann jedoch nicht erschien. Im Rückblick vermute ich, dass er das tat, als er mir sagte, er wolle mich noch einmal zum Fliegen mitnehmen, und mich bat, ihn auf dem Flugplatz Kemble zu treffen. Er tauchte zwar nie dort auf, aber ich war für etwa drei Stunden aus dem Weg, was ihm ausreichend Zeit verschaffte, um das Haus für ein Geschäftstreffen oder einen anderen Termin zu nutzen. Es gab andere Gelegenheiten, wenn etwa Paul auftauchte, um mich da- oder dorthin zu bringen (die Uferpromenade in Bristol oder das Celtic Manor Resort in der Nähe von Newport in Wales), um Mark zu treffen, der dann nicht erschien.

James' Bericht lieferte mir die »Hintergrundgeschichte« zu dem, was Mark Acklom tatsächlich zwischen Januar 2012 und Juni 2013 getrieben hatte. Eine Weile arbeitete er für den Prince's Trust, und später entdeckte ich, dass er ihnen eine Spende über acht Millionen Pfund angeboten hatte, doch letztlich wurde er von seinem Kontaktmann dort, Rick Libbey, durchschaut, der ehemaliger Militär war und merkte, dass an den Behauptungen dieses Dr. Zac Moss, er sei in den MI6 involviert, irgendetwas faul war.

Acklom war allerdings sehr stark ins Fundraising für Clifton College involviert und hatte auch einen Richter umgarnt und ihm die Finanzierung der Restaurierung seiner Bootssammlung versprochen sowie die Gründung von InMaritime.

Alles, was Mark Acklom in Angriff nahm, betrieb er im verschwenderischsten und extravagantesten Maßstab, und er ist Meister darin, sich via Suggestion seinen Weg in höchste gesellschaftliche Kreise zu bahnen.

Acht Wochen nach meinem ersten Versuch, Acklom anzuzeigen, kam es zu einem Treffen mit dem Ermittlungsbeamten. Ich brachte einen ganzen Berg von Unterlagen sowie andere einschlägige Informationen mit, einschließlich eines Memory-Sticks mit Aufnahmen einer Videokamera von Acklom und mir im Laden (später erfuhr ich, dass Kerry sie aufgehoben hatte, nachdem sie und Annalisa sich kurz nach meiner Begegnung mit Acklom ihre Besorgnis um mich eingestanden hatten).

Ich wurde in einen Raum mit zwei Polizeibeamten geführt. Ich reichte ihnen eine Kopie der neun Seiten umfassenden Zusammenfassung des Betrugs, doch sie wirkten völlig desinteressiert und notierten sich während der gesamten Befragung nicht mehr als ein, zwei Zeilen. Ich fragte, ob man vielleicht mein Handy und meinen Laptop untersuchen könne, da ich fürchtete, Acklom könne noch immer Zugriff darauf haben und womöglich jeden meiner Schritte überwachen, doch die Polizei interessierte sich lediglich für das Handy, das ich benutzt hatte, ehe ich Mark kennenlernte. Dieses wurde dann untersucht und mir einige Tage später wieder zugestellt, als ich ihnen auch Kopien von Ackloms Reisepässen mailte, die ich von Charlie's Angel bekommen hatte, einer auf den Namen Marc Ros Rodriguez, der andere auf den Namen Mark Acklom ausgestellt, sowie seine spanische Aufenthaltserlaubnis auf den Namen Marc Ros.

In der sogenannten Ermittlung schien kaum etwas voranzugehen – jedenfalls nicht bis zum 22. Januar 2014, als ich einen Anruf erhielt und gebeten wurde, zur Polizeistation Bath zu kommen, um eine Erklärung zu unterschreiben, die die Polizei benötigte, ehe sie Ackloms schließlich doch noch gefundenen Komplizen vernehmen konnte. Es war der Mann, den ich unter dem Namen Paul Deol gekannt hatte, der jedoch allen anderen als Paul Kaur bekannt war und dessen Geburtsname Paul Wiggins lautete. Er sollte am Nachmittag des 27. Januar vernommen werden, und ich erklärte mich bereit, mich am Vormittag desselben Tages einzufinden.

Zwar war ich zur vereinbarten Zeit auf der Polizeistation, doch als man mir die für mich vorbereitete Erklärung zeigte, war ich entsetzt. Denn sie war nicht nur voller Grammatikfehler und kaum kohärent zu nennen, sondern wies auch sachliche Mängel auf. Ich war schockiert, dass man mich nicht meine eigene Erklärung schreiben ließ. Der Ermittlungsbeamte verhielt sich aggressiv, behandelte mich eher wie eine Kriminelle denn wie das Opfer eines abscheulichen Verbrechens und weigerte sich zunächst, die Erklärung zu ändern, denn sie beruhe auf dem, was ich in meinem ursprünglichen schriftlichen Bericht zum Ausdruck gebracht hätte. Ich forderte ihn auf, mir den Bericht zu zeigen, was er tat, und bewies ihm das Gegenteil, woraufhin er sich widerwillig bereit erklärte, einen Absatz seines Schriftstücks zu ändern. Als er einmal kurz den Verhörraum verließ und die Erklärung offen auf dem Computer stehen ließ, korrigierte ich rasch, so viel ich konnte, um das Dokument lesbarer und sachlich korrekt zu machen, war aber längst nicht zufrieden damit.

Zwei Stunden hatte ich auf der Wache verbracht und war verärgert und erschöpft. Immer wieder meinte der Beamte in überaus anklagendem Ton, dass 850.000 Pfund aber furchtbar viel Geld seien, um sie einfach auf seinem Konto liegen zu haben, während ich ihm immer wieder erklärte, dass das meiste davon aus dem Verkauf meines Hauses stammte. Als er darauf bestand, dass er die Erklärung noch an diesem Nachmittag benötigte, erklärte ich mich schließlich zur Unterschrift bereit. Zwar war das Schriftstück nicht annähernd das, was ich mir wünschte, doch wenigstens war es jetzt faktisch korrekt. Als man mir jedoch einen Ausdruck davon vorlegte, fiel mir auf, dass er auf den 20. September 2013 datiert war. Ich wies den Beamten darauf hin und meinte, das müsse aber geändert werden, worauf er mir erklärte, das Datum bleibe so, wie es da stehe. In diesem Fall, erwiderte ich, würde ich das heutige Datum neben meine Unterschrift setzen, was ihn offenbar furchtbar wurmte, sodass er die Blätter vom Schreibtisch fegte und meinte, dann würde er das Datum halt ausbessern und die Erklärung noch mal ausdrucken müssen. Er kehrte mit dem korrigierten Ausdruck zurück, den ich unterzeichnete; dabei musste ich jedoch feststellen, dass es nun am Ende noch eine leere Seite gab, die er mich ebenfalls zu unterzeichnen bat. Das aber wollte ich nicht, denn so konnte leicht der Eindruck entstehen, als hätte ich etwas unterschrieben, das ich nie zuvor gesehen hatte. Nun wurde der Beamte extrem aggressiv, so schlimm, dass ich das Papier wider besseres Wissen unterschrieb, nur damit ich da rauskam.

Als ich die Polizeistation verließ, fühlte ich mich völlig niedergeschlagen und schwor mir, mich nie wieder in eine derart verunsichernde Situation zu begeben. Sobald ich wieder zu Hause auf meinem Dachboden war, mailte ich dem Beamten, um mich über den Ablauf der Befragung zu beschweren und damit schriftlich zu dokumentieren, dass man mich gezwungen hatte, ein leeres Blatt zu unterzeichnen.

Im September 2013 hatte ich in Bath eigene Nachforschungen angestellt und die Vermietungsagentur aufgesucht, über die ich mich in der Folge beim Ombudsmann für Immobilien beschwerte. Die Leiterin der Agentur stellte mir alle möglichen Fragen und behauptete, sie habe sich nicht eine Sekunde lang von Dr. Moss hinters

Licht führen lassen. Doch warum, fragte ich mich, hatte sie dann so viele Geschäfte mit ihm getätigt, ihm ermöglicht, über ihre Agentur mindestens drei Anwesen anzumieten? Später allerdings sang sie ein ganz anderes Lied und erklärte sich zu einem weiteren von Ackloms Opfern und dass sie in der Brock Street Nr. 1 gewesen sei und mich kennengelernt habe, als er das Haus mit mir besichtigte. Das stimmte allerdings nicht. Denn *mir* hatte sie an jenem Tag im September 2013 erzählt, dass Paul Kaur sie sehr aggressiv angegangen und darauf bestanden habe, dass sie nicht in die Brock Street Nr. 1 kam. Daher habe sie in den Büroräumen von Cobb Farr gewartet, direkt gegenüber dem Eingang von Brock Street Nr. 1. Sie kann mich also gesehen haben, mit Sicherheit aber wurde ich ihr nicht vorgestellt, und ich hatte sie auch noch nie zu Gesicht bekommen, bis ich sie achtzehn Monate später in ihrem Büro aufsuchte.

Wenn ich zurückdenke an den Tag, an dem Acklom mir das Haus in der Brock Street zeigte, bin ich heute überzeugt, dass er mich in meinen teuren Sachen sehen wollte, um mich der Vermietungsagentin vorzuführen, die, wie er wusste, von den Cobb-Farr-Büros aus unsere Ankunft verfolgen würde, und um ihr später durch unseren Spaziergang zu demonstrieren, dass es mich tatsächlich gab und ich eine Frau von beträchtlichem Vermögen war. Sie sagte mir, man habe ihr erzählt, ich sei ein Mitglied der spanischen Familie, der der Flughafen Heathrow gehörte, dass ich sehr zurückgezogen lebe und dass Dr. Zac Moss mein Agent sei. Aber wenn ich mehr über ihn erfahren wolle, meinte sie, solle ich doch mal zwei exklusive Designerläden in Bath – Christopher Barry und Kimberley – besuchen, wo Acklom häufig eingekauft habe. Darüber hinaus sagte sie noch, dass ein mit ihr befreundeter Arzt, dessen Namen ich kannte, an einem Gespräch mit mir interessiert sein könnte. Ich suchte die Bekleidungsgeschäfte auf und stellte fest, dass Acklom für Designerkleidung für sich und seine Frau hier Tausende von Pfund ausgegeben hatte, erfuhr ebenfalls, dass er einen Porsche Cayenne für 60.000 Pfund gekauft hatte (bezahlt mit meinem Geld, wie ich später durch die Polizei herausfand), und zwar in einem Autohaus namens Cameron Cars, das wiederum vom Sohn des Ehepaars betrieben wurde, dem die Bekleidungsgeschäfte gehörten.

Jeder, mit dem ich mich unterhielt, erinnerte sich an Dr. Zac Moss. Er habe immer bar bezahlt, erzählte man, und dass seine Einkäufe zum Old Rectory in Bathampton geliefert wurden. Einmal war er offensichtlich »ziemlich sauer«, als man ihn aufforderte, seine Rechnung zu begleichen.

Ich besuchte auch Gem Solutions, einen Leuchtenspezialisten in Bath, und unterhielt mich mit einem Mann namens Andy, der mir erzählte, dass Zac Moss ein kleines Vermögen für die Beleuchtung des Old Rectory ausgegeben und Gem Solutions einen Auftrag im Wert von fünf Millionen Pfund für die Installation der Beleuchtung auf der Rollbahn des Flugplatzes von Kemble in Aussicht gestellt hatte. Er hatte auch versucht, sie für irgendeine Form geschäftlicher Zusammenarbeit zu interessieren, doch zu ihrem Glück hatten sie das abgelehnt.

»Was für ein toller Kerl«, sinnierte Andy, während wir plaudernd in seinem Büro saßen. »Er hat uns zu Hudson's [ein Steakrestaurant in Bath] eingeladen und uns den ganzen Abend lang unterhalten. Er hatte so viele unglaubliche Geschichten auf Lager.«

Im Hinblick auf Brock Street Nr. 1 erzählte er mir, dass er zwei Geschichten über das Anwesen gehört habe: erstens, dass jemand sehr Wichtiges von Heathrow es gemietet habe; andererseits, dass es eine Art »Luxusbordell« sei. Er wusste auch, dass die Leiterin der Vermietungsagentur und eine weitere Frau, eine Suzanne, in Ackloms Hubschrauber nach London geflogen worden waren.

Jeden Tag hoffte ich auf Fortschritte in den Ermittlungen, doch offensichtlich passierte nichts, und man sagte mir, solange nicht genug Beweise für eine Anklage vorlägen, könne auch nicht nach Acklom gefahndet werden. In der Zwischenzeit aber vermittelte man mir weiterhin das Gefühl, als wäre ich eher die Verbrecherin in diesem Fall als das Opfer.

Ich blieb weitere neun Monate in Tetbury, doch nach meiner anfänglichen Erleichterung, ein Dach über dem Kopf zu haben, blieb ich dort so isoliert wie eh und je. Das Angebot für meine Wohnung war an die Bedingung geknüpft, wonach niemand außer meinem Bruder und meinen Töchtern mich besuchen oder auch nur wissen durfte, wo ich mich befand. Vor meinen Töchtern hatte ich, um sie zu schützen, meine wahren Gefühle verheimlicht, und die Beziehung zu meinem Bruder war praktisch am Nullpunkt. Als daher Charlie's Angel im November 2013 ohne Erklärung den Kontakt abbrach, fühlte ich mich verraten und verkauft.

Ich hatte ihr alles gegeben, was ich über Acklom hatte, einschließlich einiger sehr persönlicher Unterlagen, und fühlte mich nun fürchterlich schutzlos.

Nachdem ich mittlerweile sechs Tage die Woche allein verbrachte, fühlte ich mich allmählich wie die »Irre auf dem Dach« – auf dem ich ja wortwörtlich hauste. Ich war furchtbar einsam, rutschte erneut in eine tiefe Depression, sodass ich zu Beginn des Jahres 2014 wusste, was ich schon im Vorjahr bei meinem Abschied aus Bath gewusst hatte: nämlich dass es Zeit wurde, etwas zu verändern.

10

Schutz vor sich selbst

*In diesem Stadium erschrak Batsheba so vor ihrem eigenen
Zustand, dass sie um sich blickte, um irgendwo vor sich selbst
Schutz zu finden.*

Thomas Hardy, *Am grünen Rand der Welt*

Im Januar 2014 kehrte ich nach Buckinghamshire zurück, wo ich
bei meinen Freunden Bridget und John wohnte. Gleich nachdem
ich entdeckt hatte, dass ich betrogen worden war und vor dem völligen Ruin stand, hatte mir Bridget mehr als jeder andere geholfen,
indem sie darauf bestanden hatte, mir das Geld zu leihen, um meine
Kreditkartenrechnung zu begleichen. Ich war erst wenige Tage zuvor bei ihnen eingezogen, und sie hatten gemeint, ihr Gästezimmer
stehe zu meiner Verfügung, wann immer ich es brauche.

Ich hatte die Polizei gefragt, ob sie das Zusammenwirken der
Vermietungsagentur mit Mark Acklom untersuchen würden, da ich
fand, dass sie sich durch die Annahme einer hohen Summe meines
Geldes und das Akzeptieren einer gefälschten Unterschrift auf dem
Mietvertrag für die Brock Street, ohne eine Identitätsprüfung durchzuführen, am Betrug beteiligt beziehungsweise mitschuldig gemacht
hatten. Doch die Polizei gab mir zu verstehen, dass man bei der
Agentur – ganz im Gegenteil – sehr hilfsbereit gewesen und das Unternehmen keinesfalls Gegenstand irgendwelcher Ermittlungen sei.

Mir gegenüber allerdings hatte man sich alles andere als hilfsbereit gezeigt, und ich war mir sicher, dass sie sich höchst unprofes-

sionell verhalten hatten, weswegen ich – wie bereits erwähnt – beschloss, mich an den Ombudsmann für Immobilien zu wenden. Trotz meines angespannten Verhältnisses zu meinem Bruder standen wir nach wie vor in Kontakt; und er hatte mir als Erstes vorgeschlagen, eine offizielle Beschwerde einzulegen, da dies seiner Meinung nach die einzige Möglichkeit war, um mir vielleicht einen Teil meiner Verluste zurückzuholen. Er half mir enorm, indem er ein klares und prägnantes Schreiben an den Ombudsmann formulierte, was mir damals sehr schwerfiel.

Eines Tages im Februar hatte ich zwei Nachrichten auf meiner Mailbox – eine vom Ermittlungsbeamten in Bath, der um Rückruf bat, und eine von meinem Bruder. Ich rief zunächst meinen Bruder an, der mir erzählte, dass jemand, der sich als Kriminalbeamter ausgab, bei ihm angerufen und ihm untersagt habe, eine Zivilklage gegen die Vermietungsagentur in Bath anzustrengen oder mich bei einer derartigen Klage zu unterstützen. Der Anrufer wollte sich keinesfalls zu erkennen geben oder ausweisen, noch wollte er schriftlich wiederholen, was er ihm am Telefon gesagt hatte. Mein Bruder beschrieb ihn als aggressiv im Ton, dabei jedoch eine ausgesprochene Schutzhaltung gegenüber der Vermietungsagentur an den Tag legend (sodass es, so mein Bruder, nach seinem Dafürhalten jemand von der Agentur hätte sein können, der sich als Polizeibeamter ausgab). Danach rief ich den Beamten zurück. Der zeigte sich nun seinerseits aggressiv mir gegenüber und warnte mich vor einer Zivilklage gegen die Vermietungsagentur. Ich fragte, was ihn denn dazu befuge, derartige Forderungen zu stellen, und erklärte ihm, dass dies meiner Meinung nach eine Zivilsache sei und nichts mit ihm zu tun habe. Er wiederholte, dass ich keinesfalls Klage einreichen dürfe, und legte dann auf. Ich hatte mein Telefon während des Gesprächs auf Lautsprecher gestellt, und Bridget, die alles mitgehört hatte, war wie vor den Kopf geschlagen. Sie konnte die Feindseligkeit, die er mir gegenüber an den Tag gelegt hatte, nicht fassen. In der Zeit lernte ich sicherzustellen, dass ich bei all meinen

Begegnungen mit der Polizei stets Zeugen dabeihatte und über alles genauestens Buch führte.

Ich war mit James in Kontakt geblieben und vermisste nach meiner Rückkehr nach Buckinghamshire unsere wöchentlichen Treffen, die sich Ende 2013 zu etwas Romantischerem entwickelt hatten. Unter normalen Umständen, denke ich, wäre das wohl nie passiert, doch unsere Situation war alles andere als normal, und wir versuchten, aus den sehr schwierigen Gegebenheiten, in denen wir uns befanden, das Beste zu machen, indem wir uns ein wenig Freude gönnten. James, der sich selbst in sehr angespannter Lage befand, überließ sein Haus freiwillig der Hypothekenbank und versuchte, irgendwo eine Mietwohnung zu finden. Er fragte mich, ob ich mit einziehen wolle, und ich meinte, vielleicht. Unter normalen Umständen wären wir wohl nie zusammengekommen, doch das Schicksal hatte uns zusammengeführt, wir genossen die Gesellschaft des anderen, und nachdem wir beide nichts zu verlieren hatten, fanden wir, dass es einen Versuch wert sei.

Es gab nur sehr wenige erschwingliche Mietwohnungen, die uns reizten, doch wir besichtigten drei davon, und James fragte mich, welche ich nehmen würde. Es gab eine, die mir gefiel. Es war ein Objekt, das ich von einem meiner vielen Spaziergänge aus meiner Anfangszeit in Tetbury kannte – ein winziges frei stehendes, dunkles feuchtes Häuschen, das dringend der Renovierung bedurfte, jedoch von romantischem Reiz und am Rande eines hübschen Cotswold-Dorfes idyllisch gelegen war, da ein Flüsschen vorbeiströmte und es nur einen einzigen unmittelbaren Nachbarn gab. James meinte, er werde alles in seiner Macht Stehende tun, um es uns zu sichern, und ich sagte, wenn es ihm gelänge, würde ich mit einziehen. Ich hatte das Gefühl, dass ich mich an diesem so friedlichen Ort, in dieser herrlichen Umgebung und durch James' beruhigende Art allmählich wieder erholen würde.

Am 14. April 2014 zogen wir, aus unterschiedlichen Richtungen kommend, in die Yewtree Lodge, und ich war überglücklich. Es ist schon ein besonderes Gefühl, wenn man mit einem anderen Menschen in Beziehung tritt und beide nichts anzubieten haben außer sich selbst (wobei ich das Gefühl hatte, als fehlte ein großer Teil von mir). Ich freute mich daran, die alltäglichsten Dinge tun zu können, etwa die Wäsche in der Waschmaschine zu waschen und zum Trocknen aufzuhängen. Ich hatte ein Haus zu putzen und einzurichten, einen verwilderten Garten, der ausgelichtet werden musste. An diesem Abend zündeten wir Kerzen an, brieten Steaks, ließen Knallbonbons explodieren, trugen Papierhüte und fühlten uns wie die größten Glückspilze der Welt.

Verglichen mit dem Vorhergegangenen waren die folgenden Monate eine sehr glückliche Zeit für mich, und es machte mir große Freude, nicht nur in einer so schönen ländlichen Umgebung zu leben, sondern auch im Gefühl, etwas zu haben, das sich wie ein Zuhause anfühlte. Wenn ich meinen alltäglichen häuslichen Beschäftigungen nachging, die mich vorher kaum gereizt hatten, fühlte ich mich fast wie ein Mädchen, das »Vater, Mutter, Kind« spielt. James und ich versuchten, das Beste aus Haus und Garten zu machen, die beide definitiv liebevoller Pflege bedurften. Frühling und Sommer 2014 waren sonnig und warm, und ich verbrachte möglichst viel Zeit im Freien, erkundete meine neue Umgebung und schoss Hunderte von Fotos. Im Rückblick auf die vergangenen Jahre merke ich, dass ich zu meinen glücklichsten Zeiten viel mit meiner Kamera unterwegs bin und fotografiere; wenn es mir schlecht geht, mache ich praktisch keine Fotos. 2014 war ein hervorragendes Fotojahr!

Für zwei Menschen, die sich kaum kannten, kamen James und ich erstaunlich gut miteinander aus, und Haus und Garten der Yewtree Lodge waren häufig von schallendem Gelächter und allerlei Albernheiten erfüllt, da wir aus allem Guten, das uns das Leben bot, das Beste machten: Wir waren tatsächlich glücklich, und es fühlte sich wie ein Wunder an. James hatte es geschafft, sein Flugzeugrestaurierungs-Business zu retten, und wir richteten uns schon bald in einem sehr behaglichen und altmodischen Leben ein, in dem er jeden Tag zur Arbeit ging, während ich zu Hause kochte, putzte, gärtnerte, unzählige Kuchen backte und mich zu einer regelrechten Küchengöttin mauserte. So oft wie möglich schwangen wir uns auch in die Lüfte, und ich war bei unseren Flügen über die herrliche Landschaft der Cotswolds jedes Mal aufs Neue begeistert. Die ganze Zeit über musste ich jedoch bei der Polizei insistieren, die keinerlei Handlungsdruck zu verspüren schien noch irgendein wirkliches Interesse, Beweise gegen Mark Acklom zusammenzutragen oder ihn zu finden. Vielmehr wirkten sie fest entschlossen, eine falsche Fährte zu verfolgen.

Am 12. Juni fuhr ich nach Bath, um den Ermittlungsbeamten und einen Finanzermittler zu treffen, der mir erzählte, er habe die Bewegungen meines Geldes verfolgt. Als er mir sagte, dass er Paul Kaur für den Drahtzieher hinter dem Finanzbetrug halte, ihn gemeinsam mit einem Insider bei der Bank, war ich schockiert. Acklom, meinte er, sei nur der »Schönling«, der mich ködern sollte. Ich widersprach ihm heftig – schließlich war ich dabei gewesen! Aus eigener Erfahrung und nach allem, was ich seither über Acklom in Erfahrung gebracht hatte, war es für mich offensichtlich, dass er der Meisterverbrecher war, der seit mehr als zwanzig Jahren seine Fähigkeiten vervollkommnete und nun auf dem Höhepunkt seines Könnens angelangt war. Doch sie wollten nicht auf mich hören.

Der Finanzermittler erzählte, er habe seit dreißig Jahren mit Betrugsfällen zu tun, und er könne das besser einschätzen als ich. Außerdem versuchte er mir zu unterstellen, dass das Ganze ein Immobilienbetrug und ich daran beteiligt sei, indem er mich fragte, ob ich das Wort »trapesco« kenne. Ich hätte es nie gehört, erwiderte ich, doch er beharrte darauf, dass ich es kennen müsse, und behauptete (fälschlich), dass das Wort unzählige Male in meinen Kontoauszügen erscheine, und zwar als Verwendungszweck bei von mir getätigten Überweisungen an Paul Kaur. Ich forderte ihn auf, mir die Auszüge zu zeigen, was er nicht konnte, doch er behauptete weiterhin, dass er recht habe und ich mich irrte. Jahre später stieß ich auf einer internationalen Webseite gegen Betrug auf das spanische Wort »trapaso«, das so viel wie Überweisung bedeutet und auf irgendwelchen anonymisierten Bankauszügen (nicht meinen) im Zusammenhang mit Überweisungen an Mark Acklom (beziehungsweise Marc Ros) und anderen auftauchte.

Während des Treffens wurde auch darüber gesprochen, wie die Zahlungsanfragen gestellt worden waren, und ich erklärte (zum wiederholten Male), dass Acklom seine Bitten gewöhnlich per SMS an mich richtete. Und wieder einmal bat ich, mein Handy zu diesem Zweck nach Beweisen zu untersuchen, erhielt jedoch die Auskunft, dass Textnachrichten nicht als Belege zulässig seien, da ich nicht beweisen könne, dass sie tatsächlich von Acklom stammten, auch wenn sie von einer Handynummer kamen, die er nach meiner Aussage benutzt hatte. Die Mauer, gegen die ich meinen Kopf schlug, wurde immer härter.

Das Treffen dauerte mehr als zweieinhalb Stunden, und als ich die Wache verließ, war ich wieder einmal völlig erschöpft und niedergeschlagen. Ich fühlte mich wie in einem Folterexperiment, und mein Glaube an das Strafjustizsystem war noch ein paar Leitersprossen tiefer gerutscht. Die Polizisten hörten mir nicht nur nicht zu, nein, wie es aussah, lasen sie auch nicht, was man ihnen an Informationen zukommen ließ: Es wurde klar, dass der ermittelnde Beamte nichts über Ackloms Festnahme in Spanien wusste, ebenso wenig wie vom Verfall seiner Kaution, als er nicht vor Gericht erschien, obwohl dies in dem Bericht, den James ihm zehn Monate zuvor überreicht hatte, ausführlich beschrieben war.

Am Tag nach dem Treffen erhielt ich eine E-Mail vom zuständigen Polizeikommissar, in der er mir mitteilte, dass die Polizei ihre Bemühungen auf Paul Kaur konzentrieren werde. Aufs Neue erklärte ich, dass Mark Acklom der Drahtzieher sei, der hinter allem stecke, was in den achtzehn Monaten unserer Beziehung geschehen war, doch die Polizei behauptete einfach das Gegenteil und verlangte, dass ich meine persönliche Opferaussage dahingehend veränderte, dass nun Paul Kaur genauso viel Verantwortung zugesprochen bekam wie Acklom. Außerdem, hieß es weiter, benötige die Staatsanwaltschaft mehr Beweise, ehe sie eine wie auch immer geartete Klage gegen einen der Männer zulassen würde. In der Zwischenzeit schickte ich der Polizei meinen Bericht über meine Nachforschungen in Bath, erklärte, dass ich die Kopie eines Vertrages über 60.000 Pfund zwischen einem Model aus Bristol und InOrg vorliegen habe und dass auch ein Richter, dessen Namen ich nannte, mit dem Versprechen einer erheblichen Geldspritze zur Rettung seiner Bootssammlung in eine Geschäftsbeziehung mit Acklom gedrängt worden sei.

Während des Sommers 2014 erledigte ich endlich all den Papierkram für den Ombudsmann für Immobilien und reichte meine fünf Punkte umfassende Klage gegen die Vermietungsagentur ein, von denen letztlich drei aufrechterhalten werden konnten.

Obwohl ich nur ungern an Mark Acklom dachte, war ich dazu gezwungen, und im Laufe des Jahres fielen mir immer mehr Dinge ein, alle möglichen Erinnerungen kehrten zurück, und ich merkte, dass ich nicht nur Opfer eines Finanzbetruges, sondern auch Opfer schlimmster häuslicher Gewalt geworden war. Oder, wie die Organisation Women's Aid betont:

Häusliche Gewalt ist nicht immer körperlicher Natur. Zwangskontrolle beschreibt eine Handlung oder ein Handlungsmuster, das aus Angriffen, Drohungen, Erniedrigung und Einschüchterung oder anderen Übergriffen besteht und dazu dient, das Opfer zu verletzen, zu bestrafen oder in Angst und Schrecken zu versetzen. Dieses kontrollierende Verhalten verfolgt das Ziel, Menschen abhängig zu machen, indem sie sie von jeder Hilfe abschottet, sie ausbeutet, sie ihrer Unabhängigkeit beraubt und ihr Alltagshandeln bestimmt.

2015 wurde ein Gesetz verabschiedet, das derartiges Verhalten zur Straftat macht und nach dem die Täter zu bis zu fünf Jahren Haft verurteilt werden können; doch zu meinem Leidwesen gab es das Gesetz zur Zeit meiner Beziehung mit Mark noch nicht, sodass man ihn, wie man mir versicherte, wegen dieser Tat auch nicht anklagen könne – obwohl ich immer wieder versuchte, sie vom Gegenteil zu überzeugen. Ich fragte die Beamten auch, ob man ihn wegen sexuellen Missbrauchs belangen könnte. Zwar glaube ich nicht, dass sie das jemals ernst nahmen, doch ich hätte, so betonte ich, schließlich meine Zustimmung zum Geschlechtsverkehr mit einem Mann namens Mark Conway gegeben, der sechsundvierzig Jahre alt und ledig war. Mit einer sexuellen Beziehung zu Mark Acklom, achtunddreißig, verheiratet und verurteilter Straftäter, sei ich nie einverstanden gewesen. Er hat mich in betrügerischer Absicht und ganz bewusst irregeführt und mich (genau wie viele andere Frauen) auf diese Weise dazu gebracht, mich auf eine sexuelle Beziehung zu ihm einzulassen. Obwohl ich die Polizei auch hier nicht überzeugen konnte, meinem Vorwurf nachzugehen, glaube ich, dass er (vor allem auch im Lichte der »Me Too«-Bewegung) ernsthafte Erwägung verdient, und ich fände es herrlich, wenn all die Frauen, die von Acklom belogen wurden, weil er ihnen an die Wäsche oder die Geldbörse wollte, eine Sammelklage starten und sich damit durch alle Instanzen klagen würden.

Im September 2014 stieß ich zufällig auf Jon Ronsons Buch *Die Psychopathen sind unter uns*, das mich schließlich zu Robert Hares *Gewissenlos* führte. Ronsons Buch zu lesen war an sich schon eine Offenbarung – ein echtes Aha-Erlebnis. Und noch besser wurde es, als ich *Gewissenlos* las, ein Buch, das mir bestätigte, dass Mark Acklom derartig viele Symptome von Psychopathie aufwies, dass er laut Definition als Psychopath bezeichnet werden muss. Hare gilt weltweit als *der* Fachmann für Psychopathie und ist für die Entwicklung der Psychopathie-Checkliste – mittlerweile Revidierte Psychopathie-

Checkliste (PCL-R) – verantwortlich, die »es uns ermöglicht, von Psychopathie zu sprechen, ohne dabei zu riskieren, es lediglich mit sozial abweichendem oder kriminellem Verhalten zu tun zu haben oder Menschen, die außer ihren Gesetzesverstößen nichts miteinander gemein haben, ein falsches Etikett aufzukleben. Abgesehen davon vermittelt sie jedoch auch ein differenziertes Bild der gestörten Persönlichkeiten der Psychopathen unter uns.«

Die PCL-R listet zwanzig Charaktermerkmale auf:

Sprachgewandter Blender mit oberflächlichem Charme
Erheblich übersteigertes Selbstwertgefühl
Stimulationsbedürfnis/Ständiges Gefühl der Langeweile
Pathologisches Lügen
Betrügerisch-manipulatives Verhalten
Mangel an Gewissensbissen oder Schuldbewusstsein
Oberflächliche Gefühle
Gefühlskälte, Mangel an Empathie
Parasitärer Lebensstil
Unzureichende Verhaltenskontrolle
Promiskuität
Frühe Verhaltensauffälligkeiten
Fehlen von realistischen langfristigen Zielen
Impulsivität
Verantwortungslosigkeit
Unfähigkeit, Verantwortung für eigenes Handeln zu
    übernehmen
Viele kurzzeitige ehe(ähn)liche Beziehungen
Jugendkriminalität
Missachtung von Weisungen und Auflagen/Widerruf der
    Bewährung
Polytrope Kriminalität.

Obwohl Hare vor Laiendiagnosen warnt, habe ich keinen Zweifel daran, dass Mark Acklom in sämtlichen Punkten hohe Scores erreichen würde – würde ihn nur jemand testen. Hares Buch hat mir auch geholfen zu verstehen, wie und weshalb ich als Ackloms Opfer so rasch und leicht seinem Charme verfiel. Die Lektüre der beiden Bücher markierte den Punkt, ab dem ich mein Selbstvertrauen allmählich zurückgewann. Ich fühlte mich quasi von sämtlichen Anklagepunkten (dumm gewesen zu sein, etwas falsch gemacht zu haben) freigesprochen und erreichte dadurch in meinem Kampf um die Wiedererlangung meiner Identität einen Wendepunkt.

Wenn ich auf meine Beziehung zu Mark Acklom zurückblicke, sehe ich, dass er sich, nachdem ich mich in ihn verliebt hatte, nicht damit zufriedengab, mich um mein ganzes Geld, meinen gesamten Besitz zu bringen, nein, er führte einen brutalen, bewussten psychologischen und emotionalen Angriff auf mich durch, durch den er nach und nach mein Selbstvertrauen und Selbstgefühl unterminierte, bis ich nicht nur jedes Gespür für mich verlor, sondern mich nicht einmal mehr im Spiegel wiedererkannte.

Es begann mit ganz kleinen Dingen, etwa wenn er ein wunderschönes Abendkleid, das ich besaß, als völlig unpassend abtat, um ihn darin zu einem Prince's-Trust-Dinner zu begleiten (zu dem ich natürlich sowieso nicht mitkam). Schon bald hatte er hinsichtlich meines Kleidungsstils das Heft in die Hand genommen und verlangte, dass ich meine gesamte Garderobe entsorgen solle, denn wenn ich mit ihm zusammen sei, müsse ich auch »entsprechend« aussehen. Dass er Termine für mich vereinbarte, um mir bei Nicky Clarke die Haare machen zu lassen, schien damals noch wunderbar, heute jedoch sehe ich, dass er mir nicht nur das Bild des vermögenden, großzügigen künftigen Ehemanns vermitteln wollte, sondern mir auch immer mehr die Kontrolle über mein eigenes Leben entwand. Etwa indem er sich über mich lustig machte, wenn ich ihm erklärte, ich hätte auch schon Komplimente wegen meiner Haare bekommen, als ich sie bei meinem alten Friseur schneiden ließ –

oder aber mir empfahl, mein altes Leben endlich hinter mir zu lassen.

Als er mit der körperlichen Transformation fertig war (zum Glück ohne dass er es geschafft hatte, mich zu Botoxspritzen oder Schönheits-OPs zu überreden), nutzte er psychologische Methoden, um mich weiter zu schwächen, indem er mich als egoistisch, fordernd oder hysterisch schalt, wann immer ich ihn infrage stellte.

Die Spielchen, die er mit mir spielte, indem er mich glauben ließ, er sei in Syrien, sei verwundet oder an einem Hirntumor erkrankt – und die alle durch entsprechende »Belege« gestützt wurden –, dienten dazu, mich zu brechen. Das hohe Maß an Planung und theatralischer Inszenierung zeigt, dass Acklom kein gewöhnlicher Betrüger ist. Er ist ein hochgefährlicher Narzisst und Fantast, der sämtliche in Robert Hares Checkliste aufgelisteten Merkmale des Psychopathen aufweist. Er ist in der Lage, verheerenden Schaden im Leben anderer anzurichten, Dinge zu inszenieren, sodass der daraus entspringende Tsunami seine Opfer mit fast hundertprozentiger Sicherheit völlig hilflos zurücklassen wird, und der, auch wenn sich der anfängliche Sturm gelegt hat, weiterhin totales Chaos entfesseln wird. Ich denke, dass er das alles aus zwei Gründen tut: zunächst und vor allem wegen des finanziellen Gewinns und des Gefühls der Kontrolle, die er über sein Opfer ausübt; und zweitens (und ganz knapp dahinter) aus Jux und Tollerei, wegen des Gefühls der Macht, die es ihm verschafft, wegen des Kicks, den er daraus zieht – weil es so ein Spaß ist!

Mir ist die Art, wie Mark Acklom denkt und tickt, absolut unheimlich, und es beunruhigt mich zutiefst, dass er, obwohl er ein Serienbetrüger ist, berüchtigt für seine Amoral und Wiederholungstäter, bis heute nur kurze Haftstrafen absitzen musste. Sobald er entlassen wird, fängt er einfach wieder von vorne an und setzt sein Leben in Saus und Braus auf Kosten anderer fort.

Acklom hat nur selten Reue für seine Verbrechen gezeigt (und ich bin überzeugt, wenn, dann nur um ein geringeres Strafmaß zu erreichen), und er präsentiert sich stets als Opfer. Er ist nun seit über dreißig

Jahren in diesem Geschäft. Sollte angesichts seiner Vorgeschichte nicht mehr unternommen werden, um ihm das Handwerk zu legen? Er hat ein paar Jahre im Gefängnis gesessen, aber denkt irgendjemand an die unzähligen Jahre, die seine Opfer verloren haben? Während ich dies zu Beginn des Jahres 2020 schreibe, habe ich, abgesehen davon, dass ich meinen gesamten Besitz verloren habe (die Summe von über dreißig Jahren Arbeit und Hypothekenzahlungen), auch acht Jahre meines Lebens verloren – zunächst als Resultat des abscheulichen Missbrauchs und dann in Bezug auf all das, was ich nur als fortwährenden Kampf beschreiben kann: den Versuch, das Verbrechen überhaupt erst einmal zur Anzeige zu bringen, dann die Polizei dazu zu bewegen, die Sache ernst zu nehmen, sowie neuerdings eine gewisse Form der Gerechtigkeit sowie eines Abschlusses. Und das alles musste ich bewerkstelligen, während ich mich gleichzeitig mit meinem Identitätsverlust herumschlug und all den damit verbundenen Problemen, die direkte Folge meiner Beziehung zu diesem widerwärtigen Menschen sind.

Es ist sehr leicht, sich von Leuten wie Mark Acklom blenden zu lassen. Sie sind charismatisch, einnehmend und leben auf großem Fuß. Sie sind überaus intelligent und überzeugend, und die Menschen sind fasziniert von ihnen. Die Welt um sie herum scheint zu glitzern. Doch vergessen wir nie, dass sie auch parasitär und ganz und gar eigennützig sind. Allem, was Anstand hat, lachen sie ins Gesicht und haben Spaß daran, ihre Opfer verzweifeln zu sehen. Kurzum, sie haben etwas zutiefst Diabolisches, und die Gesellschaft muss vor ihnen geschützt werden.

Im November 2014 beschloss die Polizei, dass man das Handy, das Acklom mir gegeben hatte, letztendlich doch untersuchen wollte. Obgleich ich schon zu Beginn der Ermittlungen und beim späteren Treffen mit dem Finanzermittler erneut darum gebeten hatte, merkte ich nun, dass ich angesichts meines wachsenden Misstrauens gegenüber den Beamten zögerte, es ihnen zu überlassen.

Ende Januar 2015 erhielt ich eine E-Mail von einem Polizeikommissar, einem gewissen Detective Inspector Adam Bunting, der mir erzählte, dass die Ermittlungen nun unter seiner Aufsicht stünden, und wir vereinbarten ein Treffen, um uns persönlich kennenzulernen. Ich leitete eine E-Mail, die ich kurz vorher an seinen Vorgänger geschickt hatte, an ihn weiter und schilderte ihm kurz eine Reihe von Bedenken, die ich hinsichtlich des Ermittlungsbeamten hegte, worauf er mir zurückschrieb, der Beamte bearbeite den Fall sehr engagiert. Bereits diesen hatte ich gefragt, welche Daten sie denn aus meinem Handy extrahieren wollten, und ihm mitgeteilt, dass es mir schwerfalle, alle persönlichen Informationen herauszugeben (etwa Fotos, bei denen ich besonders heikel war, beziehungsweise alle Kontakte, darunter die Namen und Adressen von Leuten, die mir geholfen hatten, aber mich auch ausdrücklich hatten wissen lassen, dass sie nichts mit der Polizei zu tun haben wollten). Die Polizei wollte Belege für die zahlreichen Textnachrichten, in denen Acklom mich instruiert hatte, bestimmte Summen zu überweisen, und die alle – abgesehen von der allerersten, die er noch an mein ursprüngliches Handy geschickt hatte – gelöscht worden waren, entweder von Acklom selbst oder aber auf sein Verlangen hin von mir. Der Beamte hatte mir versichert, dass sie nur gelöschte Daten aus meinem Handy extrahieren würden. Doch da ich ihm nicht traute, beschloss ich, Kommissar Bunting noch einmal die gleiche Frage zu stellen. Er gab mir eine andere Antwort und erklärte, es sei unmöglich, nur gelöschte Daten aus einem Handy zu extrahieren, und dass alle Daten abgerufen werden müssten.

Nachdem mein Vertrauen in die Polizei inzwischen bei null angelangt war, begann ich, über andere Wege nachzudenken, wie man Mark Ackloms habhaft werden könnte. Ich wandte mich an Stuart Higgins, der Mitte der 1990er-Jahre Herausgeber der Zeitung *Sun* gewesen war und den ich einige Jahre zuvor einmal aufgesucht hatte, da ich dachte, die Medien könnten Acklom ins öffentliche Bewusstsein rücken und so die Chance erhöhen, ihn zu finden. Und so kam es, dass mich Stuart im Februar 2015 mit Martin Brunt, dem Kriminalkorrespondenten von *Sky News*, bekannt machte.

11

Unter Ermittlern

Und während er diese Frage stellte, hörte Garp den kalten Strudel
des Sogs unter den Dielen des schweigenden Hauses.

John Irving, *Garp und wie er die Welt sah*

An einem kalten grauen Nachmittag im Februar traf ich mich mit
Martin Brunt und Stuart Higgins in London und erzählte Martin
meine Geschichte. Er war fasziniert und meinte, sie würde sich gut
für eine Dokumentation eignen, besonders als er bald danach erfuhr,
dass *Sky* noch Archivaufnahmen von Ackloms Gerichtsverhandlung
in London aus dem Jahr 1991 besaß.

Zwei Tage später hatte ich eine ausführliche Besprechung mit
der Polizei in Bristol (die Polizeistation in Bath war mittlerweile geschlossen). Um einen Zeugen zu haben, nahm ich meinen Freund
Chris dazu mit. Man hatte mich gebeten, mein Handy mitzubringen, um es überprüfen zu lassen, und mir mitgeteilt, dass die Polizei eine weitere Zeugenaussage von mir benötige. Der Hauptzweck
des Treffens jedoch war, dass ich Detective Inspector Adam Bunting
kennenlernte, um so ein gewisses Vertrauensverhältnis zwischen mir
und der Polizei zu schaffen.

DI Bunting stellte sowohl sich als auch Kriminalmeisterin Detective Sergeant Helen Holt vor. Auch der Kriminalbeamte befand
sich im Raum, saß jedoch etwas abgerückt vom Besprechungstisch
an einem Computer und tippte eine Aussage ab, die ich später unterzeichnen sollte. Ich war überrascht, dass man das nicht im Vor-

hinein erledigt hatte, insbesondere da sich herausstellte, dass es um Informationen ging, die ich ihm sechs Monate zuvor geliefert hatte. DI Bunting blieb nur für die erste Hälfte der Sitzung, und ich enttäuschte ihn wohl, als ich ihm sagte, dass ich lediglich mein Blackberry mitgebracht hatte (das Acklom mir überlassen hatte, damit ich es während seines Syrienaufenthalts benutzte). Er betonte, wie sehr es in der Beziehung zwischen der Polizei und mir auf das Vertrauen ankäme, bemühte sich, mir zu versichern, wie intensiv sie an dem Fall arbeiteten, und versicherte, dass ich absolutes Vertrauen in sie haben könne. Und dann wiederholte er noch einmal, wie zwingend notwendig es sei, das andere Handy zu überprüfen.

Das Treffen zog sich über vier Stunden hin und war anstrengend. Man bat mich, meine frühere Aussage noch einmal durchzusehen und zu bestätigen, dass sie korrekt war. Während ich sie las, merkte ich an, dass ich die Anzahl der Überweisungen der Barclays Bank, die ich über Ackloms Komplizen Paul an Acklom getätigt hatte, überprüfen müsse, da ich mich aus dem Stand nicht mehr daran erinnern könne, worauf der Beamte sich umdrehte, mich direkt ansah und entnervt ausrief: »Glauben Sie mir, es sind vierundfünfzig. Ich hab sie gezählt, *und meine Tochter auch.*« Ich war entsetzt. Der Beamte war gleichzeitig aufgestanden und verließ kurz den Raum, um sich ein Wasser zu holen. Ich kritzelte eine Mitteilung für Chris auf meinen Block. »Tochter ist meine Bankauszüge durchgegangen!« Chris nickte und formte mit den Lippen »Warte.« Ich wartete, bis Detective Sergeant Helen Holt ins Zimmer zurückkehrte, wiederholte, was der Beamte gesagt hatte, und bat um eine Erklärung. In diesem Augenblick mischte sich der Beamte wieder ein und meinte, seine Tochter habe lediglich die markierten Überweisungen auf den Bankauszügen gezählt. Dann schirmte er die linke Seite der zuoberst liegenden Aussage ab und erklärte, sie habe nur die rechte Spalte zu Gesicht bekommen. Ich fragte ihn, ob seine Tochter Polizistin sei, was er verneinte. Daraufhin bat ich um eine kurze Unterbrechung, und DS Holt begleitete Chris und mich in die Kantine, wo ich Chris erklärte, dass ich gehen wolle. Ich war sehr aufgebracht und erstaunt, dass man in einer polizeilichen Untersuchung einer Unbefugten Zugang zu vertraulichen Unterlagen gewährte. Das warf alle möglichen Fragen auf: Wo war es geschehen? Hatte der Beamte die Akten mit nach Hause genommen? Wenn nicht, was hatte dann seine Tochter auf der Polizeistation zu suchen? Was hatte sie sonst noch gesehen? All diese Fragen schwirrten mir durch den Kopf, ein einziges Gestöber stechender Hagelkörner.

Chris und ich kehrten ins Besprechungszimmer zurück, um ihnen mitzuteilen, dass wir gehen wollten. Sowohl der Beamte als auch Polizistin Holt waren da. Ich blieb im Eingang stehen, während Chris eintrat, um seinen Mantel zu holen. Ein Bündel Papier schwenkend, trat der Beamte auf ihn zu.

»Lassen Sie es mich erklären«, sagte er. Und indem er Chris einen Brief der Barclays Bank vorlegte, erklärte er, dass seine Tochter nichts anderes getan habe, als die Blätter zu zählen, die er nun vor sich hielt.

Ich provozierte ihn und meinte: »Sie haben Ihren Ton geändert. So haben Sie das vorher nicht gesagt!«, doch er sprach – immer noch Chris adressierend, mich ignorierend – weiter und erklärte ihm, dass es auf diesen Seiten keinerlei Informationen zur Identifizierung des Kontoinhabers gebe.

Noch einmal bat ich, mich verabschieden zu dürfen, und Detective Sergeant Holt begleitete uns bis zum Ausgang der Wache. Mir war übel – speiübel vor Wut. Beim Hinausgehen drehte ich mich noch einmal zu DS Holt um und sah ihr direkt in die Augen.

»Und Sie wundern sich, warum ich der Polizei nicht vertraue?«, sagte ich und riss mich zusammen, damit mir nicht die Stimme wegblieb. »Finden Sie das akzeptabel?«

DS Holt meinte, sie werde mit dem »derzeitigen Vorgesetzten« des Kriminalbeamten sprechen müssen.

Chris und ich kehrten zum Wagen zurück. Mir ging das Geschehene noch immer nicht in den Kopf. Der Hauptzweck dieser Veranstaltung war die Herstellung eines Vertrauensverhältnisses gewesen, doch mittlerweile fühlte ich mich ganz und gar verraten, und mein Vertrauen zu den Ermittlern war auf dem Nullpunkt. Undenkbar, dass ich ihnen nach alledem noch einmal mein Handy überlassen würde.

Am folgenden Tag erhielt ich eine E-Mail von Adam Bunting, der mit dem Beamten und Kriminalmeisterin Holt gesprochen hatte und die Darstellung des Beamten vorbehaltlos zu akzeptieren schien. »Ich habe ihm erklärt, dass sein Handeln unklug war«, schrieb er, »aber ich kann ihm keine böse Absicht unterstellen.« Darüber hinaus meinte er, ihm sei klar, dass meine Arbeitsbeziehung zu dem Beamten zerrüttet sei, und dass er daher entschieden habe, die Ermittlung an einen neuen Ermittlungsbeamten zu übertragen, wobei er jedoch hinzufügte, dass »aufgrund der enormen Menge bereits geleisteter Arbeit und der tiefen Vertrautheit (des Beamten) mit den Ermittlungen er auch weiter daran beteiligt« sein werde. Und dann bat er mich ein weiteres Mal, ihm mein Handy zu überlassen, und schrieb: »Ich verstehe Ihre Sorge um Ihre Privatsphäre, wiederhole jedoch mein Versprechen, dass wir nur nach relevanten Informationen suchen und alle anderen persönlichen Informationen löschen werden.«

Noch heute finde ich es unglaublich, dass Adam Bunting sich einbildete, ich würde ihm irgendetwas von seinem Gerede über »Versprechen« abnehmen, beziehungsweise dass ich auch nur eine Minute davon ausging, dass meine an ihn gelieferten Informationen vertraulich behandelt würden. Ich antwortete ihm etwas ausführlicher, bat ihn, mir diverse Punkte zu erläutern, die ich hinsichtlich ihrer Ermittlungen nicht nachvollziehen konnte. Und bezüglich des Verhaltens seines Beamten merkte ich noch an: »Ich finde es absolut inakzeptabel, dass jemand anderes als ein Polizist oder Polizeiangestellter Zugang zu vertraulichen polizeilichen Beweismitteln erhält. Sie sagen, Sie glauben, der Beamte habe sich ›unklug‹ verhalten, indem er seiner Tochter diesen Zugang gewährte; ich halte die Sache für schwerwiegender.«

In der Zwischenzeit war eine neue Ermittlungsbeamtin, DC Clare Ball, mit dem Fall betraut worden. Am 12. März hatte ich ein erstes Treffen mit ihr und DS Helen Holt, währenddessen wir die Aussage, die bei jenem schicksalhaften vorherigen Treffen vorbereitet worden war, abschlossen. Wieder drängte man mich, mein Handy auszuhändigen, doch ich konnte mich nicht dazu durchringen, weil ich die Vorstellung, die Polizei habe Zugang zu den Fotos, E-Mails und Textnachrichten von Jahren, unerträglich fand. Es fühlte sich wie eine weitere Vergewaltigung an, und ich vertraute ihnen noch immer nicht. Für den 7. April war ein Treffen mit der Staatsanwaltschaft vereinbart, und ich war enttäuscht zu erfahren, dass der ursprüngliche Ermittlungsbeamte gemeinsam mit DS Helen Holt daran teilnehmen würde. Ein weiteres Gespräch wurde auf den 27. April angesetzt, in dem Clare und Helen mir dann über den Ausgang des Treffens berichten würden.

In diesem Gespräch erzählte mir Clare, das gegen niemanden Anklage erhoben worden sei, und erklärte, die Staatsanwaltschaft habe dargelegt, dass sie dies nur dann erwägen würde, wenn alle drei Verdächtigen (Acklom, Kaur und eine Angestellte der Bank) gemeinsam angeklagt werden könnten. Folglich erhielten Kaur und die Bankangestellte ihre Kautionen zurück. Ich war schockiert und bestürzt, da ich über viele Monate den Eindruck gehabt hatte, dass die Beweise gegen sie erdrückend seien. Auch konnte ich nicht verstehen, wie der Gerechtigkeit gedient war, wenn man ihnen erlaubte, ungeschoren davonzukommen, nur weil man Mark Acklom nicht gefunden hatte. Und um dem Ganzen die Krone aufzusetzen, ließ man mich wissen, dass die Staatsanwaltschaft keinen europäischen Haftbefehl (EuHB) für Acklom bewilligen werde, der in diesem Lande erwirkt würde. Als dies langsam in mein Bewusstsein drang, fühlte ich mich zutiefst deprimiert. Clare erklärte mir, dass ich gegen die Entscheidung der Staatsanwaltschaft Berufung einlegen könne, und ich fragte, ob ich den Bericht der Staatsanwaltschaft denn einsehen dürfe, um überhaupt richtig nachvollziehen zu können, gegen was ich da eigentlich Berufung einlegte. Leider, sagte man mir, sei das nicht möglich, da es vertraulich sei. Allerdings, meinte sie, könne ich mich an die Staatsanwaltschaft wenden, um Einzelheiten daraus zu erfahren.

Man hatte mich gebeten, verschiedene Dokumente mitzubringen, darunter auch den die Vermietungsagentur betreffenden Bericht des Ombudsmanns. Clare erinnerte mich daran, dass schon der frühere Ermittlungsbeamte um eine Kopie des Berichts gebeten hatte, ich ihm jedoch nie eine vorgelegt hätte. Mein Verhalten, sagte sie, wirke verdächtig. Ich erklärte ihr, warum ich ihm das Dokument damals nicht ausgehändigt hatte, nämlich deshalb, weil ich ernste Zweifel an seinem Verhalten gehabt hatte (ich hatte seither eine förmliche Beschwerde gegen ihn eingereicht).

Gegen Ende unseres Gesprächs erfuhr ich schockiert, dass weder Clare noch Helen von den Aufnahmen der Überwachungskamera wussten, die es von meiner ersten Begegnung mit Mark Acklom im Laden gab. Noch wussten sie, dass meine Unterschrift auf dem Mietvertrag für die Brock Street Nr. 1 gefälscht war – ja, sie wussten nicht einmal von dem Vertrag. Ich überließ ihnen eine Kopie des Dokuments, sie überprüften die entsprechende Seite und waren sich einig, dass die Unterschrift keinesfalls mit meiner zu verwechseln war. Ich war entsetzt, dass keine der beiden Beamtinnen Kenntnis von diesen entscheidenden Beweisstücken hatte. Sie schienen nicht einmal meinen ursprünglichen »zusammenfassenden Bericht« gelesen zu haben, ein Dokument, das ich der Polizei übergeben hatte, als man mich 2013 zum ersten Mal befragt hatte und das meiner Meinung nach für ein Verständnis des Geschehenen grundlegend war. Die Bänder der Überwachungskamera und der Mietvertrag waren der Polizei gleichzeitig übergeben worden, zusammen mit einem Berg weiterer Informationen über Mark Acklom, und bald wurde offensichtlich, dass sie auch davon keinerlei Kenntnis hatten. Mir wurde klar, dass es ihnen in Bezug auf die Fakten meines Falls an grundlegendstem Wissen fehlte.

Das Gespräch verlagerte sich auf die Untersuchung meines Handys, und man sagte mir, dass ich, was das angehe, »ziemlich undurchsichtig« wirke. Ich betonte, dass ich, nur weil die Polizei sich als unglaubwürdig erwiesen habe, mittlerweile davor zurückschrecke, es auszuhändigen, und wiederholte, dass sie ja früher reichlich Gelegenheit gehabt hätten, es zu untersuchen, es jedoch abgelehnt hätten. Ich machte den Vorschlag, das Gerät von einer unabhängigen Stelle untersuchen zu lassen, erhielt jedoch die Auskunft, dass man dann – falls man »Beweise« fand – davon ausgehe, dass sie fingiert seien. Ich sagte Clare und Helen, dass die Sache mit meinem Handy meiner Ansicht nach maßlos übertrieben sei und ich das Gefühl hätte, zum Sündenbock gestempelt zu werden. Ich führte das nicht weiter aus, wollte aber damit sagen, dass der Fokus auf meinem Handy und die Infragestellung meines Charakters benutzt wurden, um von der völlig inkompetenten Leitung der Ermittlungen abzulenken, die dazu geführt hatte, dass zwei Verdächtige – gegen die die Polizei (wie man mir erzählt hatte) zwingende Beweise besaß – frei herumliefen.

Ich teilte den beiden auch mit, dass es etwas gebe, das ihnen zu einem besseren Verständnis davon verhelfen könne, was zwischen mir und Marc Acklom abgelaufen sei, nämlich die Lektüre von Robert Hares Buch *Gewissenlos*, von dem ich sogar ein Exemplar bei mir hatte. Ich erklärte ihnen, ich sei überzeugt, dass Acklom ein Psychopath sei, und dass das Lesen dieses Buches oder auch nur einiger kurzer Auszüge daraus sowie einiger anderer Texte, die ich bei mir hatte, Licht auf dieses Verbrechen werfen könnte. Hare geht es in erster Linie darum, Polizisten über die von Psychopathen ausgehenden Gefahren aufzuklären, doch keine der Beamtinnen schien sich dafür zu interessieren.

Zwar habe ich nie regelmäßig Tagebuch geführt, doch im Verlauf der polizeilichen Ermittlung griff ich hin und wieder zur Feder, meist, wenn ich mich sehr traurig fühlte, quasi damit es für den Fall, dass ich mir das Leben nahm, irgendeine Aufzeichnung über meinen Seelenzustand gab. Nicht unbedingt einen Abschiedsbrief (obwohl ich die Einträge im Stillen so nannte), sondern eher einen Angst- und Schmerzensschrei. Der, den ich in den frühen Morgenstunden des Folgetages verfasste, war einer der lautesten.

Mittlerweile hoffte Martin Brunt von *Sky News* noch immer, einen Dokumentarfilm drehen zu können. Ende April 2015 waren die Mittel bei Sky verplant, wobei enorme Aufmerksamkeit auf die Wahlen, auf den Krimi *Ein letzter Job* sowie ein Erdbeben in Nepal entfiel. Doch am 12. Mai erhielt ich eine Mut machende Mail von Martin:

> Die Wahlberichterstattung verzögert alles, aber es gibt Fortschritte, fliege morgen nach Spanien. Acklom sitzt dort in Untersuchungshaft für Straftaten, vor denen er vor zwei Jahren davongelaufen ist. Sobald ich dort bin, werde ich mehr wissen, auch, ob ich ihn besuchen kann. Etwa Einzelheiten früherer Gefängnisaufenthalte und im Hinblick auf andere Opfer.

Ich war begeistert, von Martins Fortschritten zu hören, doch ich machte mir auch Sorgen, dass er, sollte er Acklom tatsächlich treffen, von diesem eingewickelt werden könnte – trotz allem, was er über ihn wusste. Daher antwortete ich ihm mit einem Rat:

> Ich hoffe, in Spanien läuft alles gut, und du bekommst ein paar wertvolle Hinweise. Aber lass dich nicht täuschen von Acklom, falls du ihn triffst (was ich hoffe). Er ist ein meisterhafter Manipulator und wirkt absolut überzeugend.

Martin kehrte zurück und hatte Marks Sekretärin Fernanda und einen Buchhalter interviewt, außerdem verfolgte er diverse Hinweise, wusste aber immer noch nicht mit Sicherheit, wo Acklom festgehalten wurde, obwohl er Murcia vermutete. James hielt dies für wahrscheinlich, da seinen Informationen nach die Familie von Ackloms Frau dort lebte.

Am 5. Juni gab es einen Durchbruch, als Martin mich anrief, um mir mitzuteilen, er habe nun die Bestätigung, dass Acklom sich im Zentralgefängnis von Murcia befinde. Sofort rief ich Adam Bunting an, um ihm die Neuigkeit mitzuteilen, und fragte gleichzeitig, ob er sie bestätigen könne. DI Bunting meinte, er habe keine Ahnung, wo Acklom sei, und fragte, wie ich denn überhaupt darauf komme, dass er in Spanien sei. Ich erzählte ihm, dass ich die Info einem befreundeten Journalisten verdankte, doch er wirkte unbeeindruckt, da ich ja keine Beweise hätte. Wieder einmal fragte er mich, warum ich nach wie vor zögere, mein Handy untersuchen zu lassen, wo ich doch die Polizei vor einem Jahr genau darum gebeten hatte. Worauf ich erwiderte, dass ich ja meinem Leben inzwischen womöglich wieder mehr Wert zubilligte.

Am 22. Juli entdeckte Lara (die sich als geborene Spürnase entpuppte) im Internet Videoaufnahmen von Mark Acklom vor einem spanischen Gericht. Hier war der Beweis, den ich brauchte, und ich mailte ihn an DI Bunting und fragte mich, warum wir imstande gewesen waren, ihn zu finden, während es der Polizei nicht gelang. Am nächsten Tag schickte er mir eine Mail folgenden Wortlauts: »Das ist eine gute Nachricht, zu wissen, wo er jetzt ist«, um mir dann übergangslos mitzuteilen, dass die Untersuchung meines Handys nun von entscheidender Bedeutung sei.

Im August erfuhr ich, dass die Sky-Doku wegen fehlender Finanzierung ins Wasser fiel. Das war ein Schlag für Martin und mich, obwohl er meinte, er werde weiterhin sein Möglichstes tun, um die Recherchen voranzutreiben. Und da auch Lara weitermachte, grub sie tatsächlich einen fünfseitigen Artikel über Acklom aus, den Nick Cohen bereits im Jahr 1992 für das Magazin GQ verfasst hatte. Es war eine faszinierende, allerdings auch abschreckende Lektüre, die mich in meiner Überzeugung, dass Acklom ein Psychopath war, bestätigte. Unter der Überschrift »Ich war ein jugendlicher Betrüger«

konnte man lesen: »Während seine Altersgenossen sich die Pickel ausdrückten, brachte der 16-jährige Mark Acklom erwachsene Männer dazu, ihm Tausende von Pfund zu überlassen, und übernahm für 446.000 Pfund eine Wohnungsbaugesellschaft. Nick Cohen trifft einen talentierten jungen Mann.« Der Artikel begann so:

Das blasse Gesicht von Britanniens jüngstem Yuppie-Betrüger verzog sich zu einem Grinsen, das die pure Freude eines Heranwachsenden verriet. Ich kann es immer noch, verriet das Lächeln. Obwohl mein Vater und meine Freundinnen nichts mehr von mir wissen wollen, obwohl die Scheißpresse mich zu einer Art jugendlichem Robert Maxwell zu stilisieren versucht, der Richter mich sämtlicher einschlägiger Verbrechen bezichtigt, obwohl ich eingesperrt bin, geschlagen und erniedrigt werde, schaffe ich es immer noch, dass man mir Vertrauen schenkt. *Glauben Sie mir.*
»Sie werden nie erraten, was ich vorhabe«, sagte er, und die Augen hinter seiner dicken Buchhalterbrille funkelten.
»Erzählen Sie.«
»Priester werden. Können Sie sich das vorstellen? Ich und Priester?« …
Und nun sitzt dieses *Wunderkind* der Finanzwelt, dieses emblematische Produkt der späten Achtziger vor mir und behauptet, tatsächlich religiös zu sein und sich in einen der weichgespülten Bürger der fürsorglichen Neunziger verwandeln zu wollen.
Es ist ein derartiges Klischee, ich bin fast ein wenig enttäuscht. Doch einen Augenblick später fügt er hinzu: »Es ist eine geniale Idee. Einem Priester müssen sie doch Bewährung geben, oder?« Ah, darum geht es. Das ist die Erklärung für das triumphierende Gelächter. Er führt sie noch immer an der Nase herum. Er schreibt sich für Theologie

ein, damit ihm die römisch-katholischen Autoritäten einen Tunnel aus dem Gefängnis graben können.

Cohen war offensichtlich völlig entwaffnet worden von Acklom, wusste nicht recht, was er von ihm halten sollte, gelangte aber letztendlich zu dem Schluss, dass er ein verzogener reicher Bengel war, dem man nie seine Grenzen aufgezeigt hatte. Ich kann den Artikel nur jedem ans Herz legen, da er absolut fesselnd ist und viele von Ackloms psychopathischen Eigenschaften veranschaulicht. Ich gab ihn auch an die Polizei weiter und fragte mich erneut, warum sie ihn nicht selbst gefunden hatten.

Im Oktober besuchte Martin Acklom in der spanischen Haftanstalt, und ich fürchtete immer noch, dass er ihm trotz all meiner Warnungen auf den Leim gehen könne. Als Martin mir dann Bericht erstattete, meinte er, Acklom rede wahnsinnig schnell und praktisch nonstop, stelle sich als Opfer seiner eigenen Lebensgeschichte dar, gebe mit seinen »IRA-Folterwunden« an (die er auch mir und, wie ich später herausfand, Rick Libbey vom Prince's Trust gezeigt hatte – ein Zug, der bei Rick gewaltiges Misstrauen erweckte) und tue meine Anschuldigungen gegen ihn als »Unsinn« ab. Nach dem Treffen schrieb Acklom Martin eine Reihe von Briefen, in denen er ihm versprach, künftig ein gutes Leben zu führen, und von der Liebe redete, die er für seine Frau und die Kinder empfinde – all die alten Tricks halt, wenn man mich fragte. Denn welcher Mann würde schon die eigene zweieinhalbjährige Tochter als Requisit bei einer seiner Scharaden einsetzen? Martin bekannte später, dass er schon eine gewisse Sympathie für ihn empfunden habe.

Die polizeiliche Untersuchung schien zu stagnieren, und ich fand es ärgerlich, an Acklom zu denken – der in einem spanischen Gefängnis quasi auf dem Präsentierteller hockte – und dessen Entlassung, wann immer sie stattfinden würde, mit jedem Tag näher rückte. Im Juli war er zu drei Jahren verurteilt worden, doch er hatte bereits Monate in Untersuchungshaft verbracht, und ich fürchtete, dass sie ihn entlassen würden, ehe die britische Polizei ihre Anklage gegen ihn beisammenhatte. Gegen alle Gewohnheit hatte die Polizei, obwohl die Staatsanwaltschaft die Klage nicht zugelassen hatte, die Akte nicht geschlossen. Meine Beziehung zu den Ermittlern jedoch blieb angespannt. Am 12. November kam es zu einem weiteren Treffen, diesmal auf der Polizeistation von Amersham, wo ich Detective Chief Inspector Gary Haskins kennenlernte, der mir erzählte, er sei gekommen, weil er mir zeigen wolle, wie ernst die Polizei diese Ermittlung nehme. Adam Bunting und Clare Ball waren ebenfalls anwesend, und diesmal war mein Freund West als Zeuge und moralische Unterstützung dabei.

DCI Haskins tat alles, um mich zu überzeugen, dass man tatsächlich entschlossen war, Mark Acklom vor Gericht zu bringen. Und es gab noch eine gute Nachricht: Ich erfuhr, dass die Staatsanwaltschaft den Fall endlich einem Rechtsanwalt zugeteilt hatte. Die Sackgasse, in die ich und die Polizei uns hineinmanövriert hatten, war endlich überwunden, und ich erklärte mich bereit, mein Handy untersuchen zu lassen sowie Clare Ball ein weiteres Mal zu treffen. Ich fand es frustrierend, dass ich nie einen Zeitplan für diese Besprechungen erhielt, die oft drei oder vier Stunden dauerten, und schlug Clare daher vor, dass wir bei unserem nächsten Treffen damit beginnen sollten, meinen ursprünglichen Bericht über das Verbrechen durchzugehen, den sie, dessen war ich mir sicher, noch immer nicht gelesen hatte. Das, erklärte ich ihr, würde dann zu allen möglichen anderen Gesprächen führen und würde ihr wahrscheinlich helfen zu begreifen, was genau zwischen Mark Acklom und mir geschehen war.

Am 24. November 2015 trafen wir uns in einem großen neutralen Sitzungsraum bei der Einheit zur Bekämpfung von Hightech-Kriminalität, und ich überließ ihnen mein Handy, das zur Untersuchung weitergeleitet wurde. Ich hatte eine beträchtliche Menge an Unterlagen mitgebracht – alles, was ich bereits vorher der Polizei übergeben hatte und noch mehr, und ich holte den Bericht aus der

Tasche, den ich ihnen bereits ganz zu Beginn bei meinem ersten Treffen mit ihnen vor über zwei Jahren zur Verfügung gestellt hatte. Da Clare mit leeren Händen neben mir saß, fragte ich sie, ob sie ihren Ausdruck denn nicht dabeihabe. Sie schien verwirrt. »Ich habe dieses Dokument noch nie gesehen«, sagte sie. »Es ist nicht in der Akte.« Ich war sprachlos, und als wir den Fall zu erörtern begannen und ich immer mehr Dokumente auf den Tisch legte, einschließlich James' detailliertem Bericht, war ihre Reaktion stets dieselbe: »Es ist nicht in der Akte.«

Ich gab Clare eine Reihe von Dokumenten zum Kopieren und mailte ihr später noch andere, darunter Links zum Geldbeschaffungs-Werbespot des Clifton College sowie Laras 96-Seiten-Dokument, das detaillierte Informationen über Acklom enthielt. Ich dachte zurück an das Treffen acht Monate zuvor, bei dem die Polizisten zugegeben hatten, keine Kenntnis von den Überwachungsaufnahmen meiner ersten Begegnung mit Mark Acklom im Laden zu haben, ebenso wenig wie von dem betrügerischen Mietvertrag für die Brock Street. Damals hatte ich geglaubt, dass sie sich einfach nicht die Mühe gemacht hatten, alles zu meinem Fall zu lesen, doch nun war mir klar, dass das meiste, wenn nicht das gesamte Dokumentationsmaterial, das ich der Polizei überlassen hatte, verschwunden war. Am 26. November bedankte sich Clare in einer E-Mail für all die Informationen, die ich ihr geschickt hatte, und schrieb: »Ich werde das neue Material durchgehen und Sie wissen lassen, falls ich noch irgendetwas anderes aus Ihren Akten benötige (die gegenwärtig weit umfangreicher zu sein scheinen als meine!).«

Einige Tage später erhielt ich die Kopie eines weiteren außergewöhnlichen Dokuments – nämlich der Fundraising-Informationspapiere für Clifton College aus dem Jahr 2012. Daraus ergab sich, dass Acklom sich unter dem Namen Dr. Zac Moss beim College eingeschmuggelt hatte und dort eine Weile in die Mittelbeschaffung involviert gewesen war, wie er mir das damals auch geschildert hatte.

Beim Oldtimertreffen wurden ihm die Beschaffung eines Flugsimulators, Nicolas Cages Rolls-Royce sowie der Vorbeiflug einer Spitfire (von dem er mir erzählt hatte) als Verdienst angerechnet (was tatsächlich alles von James organisiert worden war, der dafür nie auch nur einen Penny von Acklom gesehen hatte), ebenso wie Preise und prominente Gäste. Es wurde festgehalten, dass eine Lokalberühmtheit »ein Werbevideo aufnahm und mit ihrer Familie als Gast von Dr. Moss das Oldtimertreffen besuchte«. Eine weitere sehr bekannte TV-Persönlichkeit »erschien gleichfalls, nachdem Dr. Moss – CC [Clifton College] sie mehrfach darum gebeten hatte«.

Was den Vorschlag einer Ton- und Lichtshow betraf: »Dr. Moss bot seine Hilfe und seinen Rat an, um die Veranstaltung zu promoten … ›Namen‹, die man mit dem Event verbinden könnte, wurden diskutiert, und Dr. Moss nutzte seine Kontakte, um eine Reihe von Leuten anzusprechen: Coldplay, Julio Iglesias, Gary Barlow etc. … In der Zwischenzeit kontaktierte Dr. Moss auch etliche Fernsehanstalten, um das Ereignis auszustrahlen – die Einnahmen allein davon hätten die Kosten für die Künstler wettgemacht und einen beträchtlichen Gewinn erbracht … Dr. Moss wandte sich auch an mehrere andere große potenzielle Sponsoren wie etwa Chubb oder Coca-Cola, die im Falle einer Fernsehübertragung interessiert waren.«

Ich bin überzeugt, dass Acklom dieses College als Goldgrube betrachtete und es als Eintrittstor in die feine Gesellschaft Bristols nutzte. Wie James in seinem Bericht schilderte, freundete Acklom sich sehr eng mit einer Collegemitarbeiterin an, die er, vermute ich, aushorchte und abschöpfte und, wie man mir erzählte, zu Hause besuchte. Der Richter mit der Bootssammlung gehörte zum Fundraising-Ausschuss des College, und John Bresnahan, der Bauträger und Chef von InOrg, war Vater eines der Studenten. Jahrelang lehnte Clifton College es ab, sich zu irgendeinem Punkt des Obenstehenden zu äußern (obwohl ich glaube, dass sie letztendlich eine kurze schriftliche Erklärung dazu abgaben), und man hat mir erzählt, dass die sehr bekannte TV-Persönlichkeit behauptete, sie könne sich nicht erinnern, Dr. Zac Moss je getroffen zu haben.

In einem letzten Anlauf schrieb ich DCI Haskins eine Mail, um ihm meine Bedenken wegen der enormen Anzahl an Beweisen zum Ausdruck zu bringen, die aus den Akten verschwunden waren. Ich schrieb ihm, ich hätte das Gefühl, hier gebe es einen Interessenkonflikt, der es Clare erschwere, völlig offen und ehrlich zu mir zu sein, da sie keinerlei Fehler im polizeilichen Verfahren wahrhaben wolle. Er brauchte neun Tage für seine Antwort und ging auf keine meiner Fragen ein, meinte lediglich, hinsichtlich des offenen und ehrlichen Austauschs könne er mir nur beipflichten, und versicherte, dass die Polizei »sich bemüht, alle verfügbaren Beweise zu sichern, die uns helfen, Acklom vor Gericht zu bringen«.

Am 10. Dezember rief Martin an, um mir zu sagen, dass er eine gekritzelte Notiz von Acklom erhalten habe, in der er ihm schrieb, dass er noch im selben Monat entlassen werde. Ich warnte Martin, dass es durchaus sein könne, dass Acklom seine Spielchen mit ihm treibe, aber man wusste ja nie, sodass ich an Clare schrieb, um es ihr mitzuteilen. Ich fragte sie auch, ob die Polizei denn Informationen über Ackloms Haftdauer, sein Entlassungsdatum oder sonst etwas habe, aber sie wussten nichts.

12

Das Wort, das du gesprochen

Wenn du erträgst das Wort, das du gesprochen,
verzerrt vom Schuft, um Narr'n zu irritier'n,
Und einsteckst, wenn du siehst dein Werk zerbrochen,
und baust es auf von vorn auf allen vier'n.

Rudyard Kipling, »If«

An jedem Neujahrstag denke ich mir: Das ist das Jahr, in dem es endlich zur Wende kommt. Doch 2016 war das Jahr, in dem vordergründig rein gar nichts passierte, und alle, ich eingeschlossen, schienen nur »krankzufeiern«.

Für mich begann das Jahr mit einer vierstündigen Sitzung mit Clare, bei der sie eine weitere Aussage von mir protokollierte. Ich war erledigt und mir rauchte der Kopf, als wir endlich fertig waren, doch am 8. Januar meldete sich Clare mit erfreulichen Nachrichten: Sie hatte sich mit dem Anwalt der Staatsanwaltschaft getroffen, und er war nun bereit, einen Europäischen Haftbefehl (EuHB) auf Ackloms Namen zu beantragen. Endlich! Nachdem diese Nachricht meine Stimmung kurzzeitig aufgehellt hatte, sank sie bald wieder, als Clare mir am 21. Januar mailte, dass sie dem Anwalt der Staatsanwaltschaft Dampf gemacht habe, um zu schauen, ob er die offizielle Anklageempfehlung fertig habe, nur um zu erfahren, dass er sich krankgemeldet hatte und man ihn vor Anfang Februar nicht zurückerwarte. Am 4. Februar mailte sie mir erneut, schrieb, sie habe nochmals versucht, ihn zu kontaktieren, doch nun sei er bis Ende des Monats krankgeschrieben. Sie habe daher »beantragt – solange er nicht da sei –, einen anderen Anwalt mit der Fortführung der Sache zu betrauen, und auf die Dringlichkeit hingewiesen«. Sobald sie Neuigkeiten habe, werde sie es mich wissen lassen. Mir war schlecht, da ich an die Notiz dachte, die Acklom im vergangenen Dezember an Martin geschickt hatte und in der er ihm mitteilte, dass er Ende des Monats entlassen würde. Allerdings schien niemand zu wissen, ob das auch stimmte, oder ein tatsächliches Entlassungsdatum zu haben, und die Polizei konnte mir nur sagen, dass er sich am 28. Dezember noch im Gefängnis befand.

Zurück in der Yewtree Lodge, befanden James und ich uns in einer verzweifelten Lage. James' Unternehmen war pleite, und da wir kein Geld hatten, sahen wir uns gezwungen, Arbeitslosenhilfe zu beantragen, was sich als weitere Lektion in Sachen Frustration, Inkompetenz und nicht enden wollender Bürokratie erwies. Sie hat uns letztlich über Wasser gehalten, und ein paar Monate lang bekamen wir auch Wohngeld, doch meine Gesundheit litt, und ich war so niedergeschlagen, wie ich mich seit Beginn dieses ganzen Albtraums nicht mehr gefühlt hatte. Am 9. Februar mailte ich dem Hauptkommissar und fragte, was denn beziehungsweise ob denn etwas getan werde, um die Untersuchung voranzutreiben, doch zwei Wochen lang erhielt ich keine Antwort, bis er mir schrieb, dass auch er krank gewesen sei.

Inzwischen ging es mir so schlecht, dass die Panikattacken zurückkehrten. Eine weitere Mail an den Hauptkommissar blieb unbeantwortet. Zwei während dieser Zeit geschriebene Tagebucheinträge zeigen, dass ich zutiefst deprimiert war.

8. Februar 2016

Ich fühle mich unwohl und spüre wieder, wie der »schwarze Hund« der Depression mich einholt. Wir haben kein Geld, James und ich haben uns arbeitslos gemeldet, die Polizei ist zu nichts zu gebrauchen – das alles ist ein Wahnsinnskampf, und ich will nicht mehr leben. Es war ein

Schock für mich, weil ich dachte, ich wäre schon raus aus diesem Loch der Verzweiflung, aber da bin ich. Ständig Tränen in den Augen. Ich schaffe es nicht und denke an den Tod. Will mich einfach nur hinlegen und schlafen und nie wieder aufwachen.

11. Februar 2016
Ich habe im Wohnzimmer geschlafen – oder vielmehr wach gelegen – und bin zwischendurch mal eingenickt. Die Panikattacken sind zurück. Mir war, als würde ich im Boden versinken, ein schweres Gewicht lastete auf meiner Brust, und ich konnte kaum atmen. Ich habe von Daymer Bay geträumt und mich gefragt, ob ich nicht einfach hinfahren und ins Meer hinauswandern könnte. Ich will nur in Ruhe gelassen werden. Ich kann nicht mehr. Schon den ganzen Morgen laufen mir die Tränen übers Gesicht. Ich kann nicht einmal mehr die Gleichgültige mimen. Ich gebe auf.

Am 12. Februar schrieb mir Clare in einer Mail, die Staatsanwaltschaft habe sie informiert, dass es kein Personal gebe, um die Arbeit des krankgeschriebenen Angestellten zu überprüfen, und man eben bis zu seiner Rückkehr Ende des Monats warten müsse, auf dass dann hoffentlich alles weiterliefe. Am 16. Februar fragte ich Clare, ob sie mir sagen könne, ob Acklom noch immer in Haft sei, und falls ja, ob sie mir sein Entlassungsdatum nennen könne. Sie antwortete: »Die National Crime Agency hat uns weiter nichts mitgeteilt, und direkten Kontakt nach Spanien, um den wir gebeten hatten, haben wir immer noch nicht.«

Eine Weile zuvor hatte ich einen Arzttermin vereinbart. Seit meinem Kurzaufenthalt bei Uma und Antony war ich nicht mehr bei einem Arzt gewesen; und ich ging jetzt, weil ich mir sicher war, dass ich mir, wenn ich keine Hilfe bekam, das Leben nehmen würde. Ich weiß nicht mehr genau, wann ich mich um diesen Termin bemühte, aber ich meine mich zu erinnern, dass man mir bei meinem Anruf mitteilte, es gebe erst in frühestens drei Wochen einen Termin.

Keine Sekunde lang fiel mir ein zu sagen, dass es sich um einen Notfall handelte, aber immerhin konnte ich noch klar genug denken, um einen »Doppeltermin« zu buchen, da es in sehr kurzer Zeit sehr viel zu erklären gab. Ich traf sehr pünktlich in der Praxis ein, doch der Arzt verspätete sich. Als er schließlich kam, brach ich in seinem Sprechzimmer zusammen, ertappte ihn aber noch dabei, wie er verstohlen auf die Uhr sah, während ich ihm zu erklären versuchte, was ich durchgemacht hatte, wie es mir ging, und er mir erzählte, dass er sich für sein Meeting verspäte. Er nahm wohl an, dass ich Hilfe brauchte, aber ich denke nicht, dass er mir auch nur ein Wort glaubte.

Ich weiß nicht, wie ich es durchgestanden habe. Es war, als befände ich mich wieder in der surrealen Welt von Mark Acklom, wo nichts einen Sinn ergab und wo ich gelernt hatte, dass, egal wie schlimm die Dinge auch scheinen, es immer noch schlimmer kommen kann – und genau so geschah es.

Am 19. Februar mailte mir Clare, dass die Polizei über die National Crime Agency ein weiteres Ersuchen an die spanischen Behörden gerichtet hatte, um in Erfahrung zu bringen, wann Acklom voraussichtlich entlassen werde, und sie über ihre Absicht zur Erwirkung eines EuHB informiert hatte. Ich erfuhr auch, dass Adam die Staatsanwaltschaft kontaktiert hatte, die sich bereit erklärte, einen »Ersatzrechtsanwalt aus der Einheit für schwerwiegende und komplizierte Fälle« für den Fall abzustellen, falls der gegenwärtig damit betraute Anwalt bis zur folgenden Woche nicht an seinen Arbeitsplatz zurückgekehrt war. Doch am 29. Februar um sechs Uhr nachmittags, vier Jahre nach jenem Tag, an dem ich Mark Acklom einen Heiratsantrag gemacht hatte, rief Clare mich an, um mir mitzuteilen, dass Acklom am vorausgegangenen Mittwoch, den 24. Februar aus der Haft entlassen worden sei. Es war ein Anruf, den ich befürchtet hatte.

Am 2. März schrieb ich erneut an Hauptkommissar Haskins und bat um ein ausführliches Update des Falls, fragte, weshalb man keinen direkten Kontakt zu den spanischen Behörden aufgenommen habe, und brachte meine Bestürzung über Ackloms Entlassung zum Ausdruck, wobei ich ihm auch mitteilte, dass im Nachhinein bei mir der Eindruck entstehe, als habe der ursprüngliche Ermittlungsbeamte die Akten meines Falls verloren, nachdem ich mich über ihn beschwert hatte – und vieles andere mehr. Um Missverständnisse zu vermeiden, bat ich um eine schriftliche Antwort, da ich festgestellt hatte, dass es bei Telefonaten (die nicht aufgezeichnet wurden) leicht war, das Gesagte zu missdeuten. Zweimal musste ich ihn zu einer Antwort drängen, bis er mich schließlich am 15. März anrief, allerdings ausweichend blieb und um die Punkte, die ich in meiner langen E-Mail angesprochen hatte, herumredete. Und er war nicht bereit, mir etwas Schriftliches zu geben.

Der Rechtsanwalt der Staatsanwaltschaft kehrte am 15. März an seinen Arbeitsplatz zurück, guter Hoffnung, »Ackloms Anklageempfehlung in naher Zukunft fertigzustellen«, und wenige Wochen später nahm Clare Kontakt zu Rick Libbey vom Prince's Trust auf, der, wie sie meinte, sehr hilfsbereit sei.

Am 15. Juni lag der Europäische Haftbefehl dann endlich vor. Ich sah keinen Grund, den Meilenstein zu feiern; ganz im Gegenteil. Drei Jahre hatte es gedauert, um diesen Wisch zustande zu bringen, der, was mich betraf, inzwischen nutzlos war, da Acklom weitere vier Monate Zeit gehabt hatte, um an jeden beliebigen Ort zu reisen und sich dort neu zu erfinden.

Bei Ärzten Hilfe zu suchen, hatte ich inzwischen aufgegeben; sie wollten alle nur Antidepressiva verschreiben, und zum Glück waren die Tage, da wir Leistungen in Anspruch genommen hatten, vorbei. Ich fühlte mich allmählich wieder stärker und hatte es sogar geschafft, ein paar sonnige Stunden zu genießen, indem ich einfach losradelte, mir den Wind durchs Haar wehen ließ und die wundervolle Landschaft der Cotswolds genoss. Doch noch immer war ich sehr unausgeglichen, und zuweilen hatte ich Albträume. An einen erinnere ich mich noch, weil er so bizarr war. Acklom kam darin vor, trug die Uniform eines Gestapo-Offiziers und wirkte bedrohlich. Auch seine Eltern waren da, der Vater, aschfahl, lag in einer Wanne voller Erbrochenem. Und auch ich war da. Ich erinnere mich an eine Menge Weißwäsche – Handtücher und Laken, die zum Trocknen im Freien hingen –, und eine groteske Frau bat mich, mich nicht zur Wehr zu setzen, obwohl ich mich nicht mehr erinnere, gegen was ich mich wehrte. Ich erwachte schlagartig, kalt und klamm, und fühlte mich eindeutig desorientiert.

In den nächsten paar Monaten schien nach Erteilung des EuHB erneut alles zum Stillstand zu kommen, bis ich eines Sonntagnachmittags im Oktober beschloss, selbst ein wenig im Internet zu recherchieren. Diesmal konzentrierte ich mich auf Ackloms Frau, Maria Yolanda Ros Rodriguez. In wenigen Stunden entdeckte ich, dass nur ein paar Tage nach Ackloms Entlassung aus dem Gefängnis in Murcia eine Agentur für Luxusimmobilien angemeldet worden war, mit Maria Yolanda als alleiniger Geschäftsführerin. Ich war mir sicher, dass dies das Werk Mark Ackloms war. Die auf Prime Location beworbenen Immobilien mussten alle erst noch gebaut werden, und man sah lediglich computergenerierte Bilder, die die neuesten und modernsten Designs wiedergaben. Es existierte weder eine Telefonnummer noch eine Webseite für Ross Luxury Estate Agents, nur ein Kontaktformular für potenzielle Kaufinteressenten. Ackloms Handschrift war unübersehbar, und ich war mir sicher, dass es ein Köder war, um Leute anzulocken und dazu zu bringen, eine Anzahlung für ein Grundstück zu leisten, das Acklom nicht gehörte, beziehungsweise für ein Bauprojekt, das entweder völlig fiktiv war oder aber einen anderen Eigner hatte.

Ich war so wütend, dass die Polizei das nicht mitbekommen hatte, dass ich Martin anrief, um ihm zu erzählen, was ich herausgefunden hatte. Wie sich herausstellte, hatte Martin auch mich anrufen wollen, um mir zu sagen, dass er auf eine Pressekonferenz zum zehnten Jahrestag von *Crimestoppers* (einer allgemeinnützigen Stiftung für

Verbrechensbekämpfung) nach Spanien flog und dass die National Crime Agency (NCA) Mark Acklom dort als einen der meistgesuchten flüchtigen Kriminellen des Vereinigten Königreichs anführen würde. Schon im September hatte die Polizei eine »Operation Captura« erwähnt und zunächst gemeint, Acklom solle ausführlich behandelt werden, doch dann hatte die NCA die Ermittler erneut kontaktiert und sie gebeten, »sich zurückzuhalten«. In einem späteren Telefonat war ich informiert worden, dass Acklom zwar Thema sei, hatte aber anschließend nichts mehr gehört.

Martin versprach mir, in Sachen Ross Luxury Estate Agents zu recherchieren, sobald er in Spanien war, und fragte mich, ob ich bereit wäre, ein Interview zu geben, das am 19. Oktober als Teil eines Nachrichtenbeitrags über Acklom ausgestrahlt werden sollte. Meine Privatsphäre ist mir immer wichtig gewesen, und ich hasste die Vorstellung, mich derart zu exponieren, da ich wusste, dass ich dann im Internet sein würde – was ich immer vermeiden wollte. Dennoch stimmte ich zu. Mir schien, als sei es der einzige Weg, um Acklom zu enttarnen, und dass die öffentliche Aufmerksamkeit, die dadurch erreicht wurde, zu seiner Verhaftung führen könnte.

Als ich mein Telefonat mit Martin beendet hatte, schickte ich Clare eine ausführliche Mail über das von mir entdeckte Immobilienbüro und nannte ihr Links zu Registrierungsdaten der Firma und zu den Immobilien von Prime Location. Ich schloss mit den Worten:

> Alles deutet darauf hin, dass es sich hier um das Werk von Mark Acklom handelt. Zwar nehme ich nicht an, dass er tatsächlich zur Arbeit geht und tagtäglich an seinem Schreibtisch in diesem Büro sitzt, aber das ist eine gute Spur, und ich muss schon fragen, warum niemand, der bei Ihnen, der NCA oder bei der spanischen Polizei für die Ermittlung in dieser Sache verantwortlich ist, das entdeckt hat, wenn es mir in nur wenigen Stunden an einem Sonntagnachmittag gelungen ist?

Ich war nie auf irgendeine Form von Bekanntheit aus, wollte lieber völlig anonym durchs Leben gehen, sodass der am 19. Oktober 2016 losbrechende Mediensturm mich völlig unvorbereitet traf. Auch als Martin einige Tage zuvor zum Interviewen mit einem Kameramann vorbeikam, war ich sehr nervös. Meine Hoffnung auf eine einstündige Dokumentation, in der Ackloms Geschichte ausführlich behandelt wurde, war zwar auf einen kurzen Nachrichtenbeitrag zusammengeschnurrt, doch ich fand, ich musste die Chance ergreifen, um ihn zu entlarven. Außerdem wollte ich unbedingt darauf hinweisen, was ich als Versagen bei den polizeilichen Ermittlungen empfand – aber eins nach dem anderen.

Sogar in meinem vertrauten »Zuhause« bekam ich einen trockenen Mund, wurden meine Hände feucht und kalt, als der Kameramann seine Ausrüstung aufbaute, unter anderem einen entsetzlich grellen Scheinwerfer. Da Martin wusste, dass ich nicht erpicht aufs Fotografiertwerden war, meinte er, sie könnten mich auch als Silhouette filmen oder aber verpixeln lassen, doch ich beschloss, dass ich, um größtmögliche Wirkung zu erzielen und nicht ängstlich zu erscheinen (vor allem nicht vor Acklom, falls er das Interview sehen sollte), mein Gesicht zeigen und direkt in die Kamera sprechen würde.

Ich mochte es nicht, dass man in meinen »sicheren Raum« eindrang. Während ich in den Spiegel starrte, dachte ich, dass ich schrecklich aussah, und wusste, dass meine Erscheinung das Erste war, das sich den Zuschauern einprägen würde. Mit einem Selbstvertrauen, das seit meinen achtzehn Monaten in der Acklomschen Hölle nur rudimentär wiederhergestellt war, und immer noch unter einer Identitätskrise leidend, verzog ich mein Gesicht zu etwas wie einem Lächeln und fürchtete später, ich könnte zu optimistisch wirken und dass es mir wahrscheinlich völlig misslungen war, den verhängnisvollen Charakter meiner Erlebnisse zu vermitteln. Ich wusste, dass die meisten der Nachrichtenmeldungen sich mit Acklom beschäftigen würden und im bearbeiteten Beitrag (auf den ich

303

keinerlei Einfluss hatte) auf mich wahrscheinlich nicht mehr als eine Minute entfiel.

Das Gefühl, preisgegeben zu sein, das ich an jenem Tag verspürte, als ich unter dem grellen Licht eines Scheinwerfers mit Martin sprach, war allerdings nichts im Vergleich zu jenem späteren Missbehagen, als die Geschichte öffentlich wurde. Ich kenne mich zwar bei diesen Dingen nicht aus, aber offenbar war in den Medien etwas über die anstehende Story durchgesickert. Bis zum Morgen vor Martins Sendung, erklärte man mir, werde man eine Nachrichtensperre verhängen, doch am Nachmittag vor der Ausstrahlung bekam ich einen Anruf von *This Morning* und wurde gefragt, ob ich in der Sendung am folgenden Tag auftreten würde. Ich wusste, dass die ganze Geschichte nach ein, zwei Tagen durch sein konnte und dass ich deshalb so viel aus dieser Gelegenheit, Mark Acklom bloßzustellen, herausholen musste wie nur möglich, auch wenn es bedeutete, mich selbst zu exponieren. Daher packte ich rasch eine Tasche und machte mich auf den Weg zum Bahnhof.

Und so kam es, dass ich am nächsten Morgen um sechs in einem Londoner Hotelzimmer *Sky News* einschaltete, während ich mich fertig machte zum Aufbruch ins Studio von *This Morning*. Mir rutschte das Herz in die Hose, als es losging und ich Martins Stimme hörte:

»Seit er drei Jahre alt ist, täuscht Hochstapler Mark Acklom vor, jemand zu sein, der er nicht ist.« Auf dem Fernsehschirm sah man das Schwarz-Weiß-Foto eines in der Uniform der königlichen Leibwache marschierenden kleinen Jungen, wobei ein echter Leibwächter hinter ihm in Habachtstellung stand. Der Beitrag dauerte nur wenige Minuten, doch alles schien sich wie in einer Art Zeitlupe zu verlangsamen, während ich dasaß, buchstäblich am Bildschirm klebte und nun Archivaufnahmen von Acklom als Teenager sah: *»Mit sechzehn posierte er als Börsenmakler, stahl die Kreditkarte seines Vaters und mietete Privatflugzeuge für Ausflüge quer durch Europa. Er kaufte diese kleine Villa, indem er eine Bausparkasse veranlasste, ihm einen Kredit*

über eine halbe Million Pfund zu geben. Für kurze Zeit war der Inter-
natszögling und jugendliche Hochstapler berühmt-berüchtigt. Er wan-
derte ins Gefängnis und verschwand danach von der Bildfläche.«
Martin sprach weiter über Ackloms kriminelle Karriere und erklärte, dass die britische Polizei mittlerweile nach ihm fahnde, ehe er
den Zuschauern von meiner Liebschaft mit ihm erzählte. Es folgte
ein Schnitt auf mich. Mein Mund wurde trocken, meine Hände kalt
und feucht, während ich mich auf dem Bildschirm beobachtete und
meiner eigenen Stimme lauschte.

»Die Ladenglocke läutete, ich schaute auf, und da stand er. Was lässt
sich über ihn erzählen, wenn man ihm das erste Mal gegenübersteht? Ich
würde sagen, er ist ein Mensch von großer Ausstrahlung und Präsenz.«

Martin sprach nun wieder, und auf dem Bildschirm sah man
die Aufnahmen der Überwachungskamera von meiner ersten Begegnung mit Acklom. Reglos und wie gebannt saß ich auf meinem
Hotelbett.

Als der Bericht zu Ende war, fühlte ich mich sehr eigenartig. Fast
als hätte das alles überhaupt nichts mit mir zu tun. Die ganze Geschichte mit Mark Acklom war ja an sich schon surreal genug, doch
jetzt, nachdem ich das Wesentliche davon in nur wenigen Minuten
erzählt bekommen und mich selbst im Fernsehen gesehen hatte,
fühlte es sich noch merkwürdiger an. Aber ich musste los und etwas
frühstücken, ehe ich mich auf den Weg ins Fernsehstudio machte
und alles erneut durchlebte, mit Moderatoren, die vielleicht nicht so
verständnisvoll waren wie Martin.

Ich war überglücklich, als ich in die Hotellobby trat und sah,
dass Lara und Glenn gekommen waren, um mit mir zu frühstücken
und mir den Rücken zu stärken. Glenn meinte, er könne auch mit
mir ins Fernsehstudio kommen, was ich als enorme Hilfe empfand.
Es gab sehr viele Wartezeiten, und ich verbrachte fast eine Stunde in
der Maske, aus der ich mit einem noch tieferen Gefühl der »Selbst«-
Entfremdung wiederauftauchte. Schließlich war es Zeit, ins Studio
zu gehen.

Ich wurde von Phillip Schofield und Christine Lampard interviewt. Beide Moderatoren waren sehr nett zu mir, und wenn das mittlerweile auch alles ein wenig verschwommen für mich ist, kann ich bestätigen, dass es, wenn man mit so etwas keine Erfahrung hat, unglaublich einschüchternd wirkt, sich in einem Fernsehstudio mit grellen Scheinwerfern und laufenden Kameras wiederzufinden und zu wissen, dass die Sendung live übertragen wird. Am Ende des kurzen Interviews fühlte ich mich erschöpft. Glenn und ich gingen uns einen Kaffee holen, dann wurde ich nach Paddington Station gebracht, um den nächsten Zug nach Hause zu erwischen. Beim Einsteigen hielt ich den Kopf gesenkt und sah während der gesamten Fahrt nur gelegentlich auf, um aus dem Fenster zu starren. Ich fühlte mich so sichtbar, ich hätte ebenso gut nackt dasitzen können. Und es war kein angenehmes Gefühl, beileibe nicht.

Wir waren kaum zehn Minuten gefahren, als Stuart Higgins mich anrief, um mir zu sagen, dass die *Mail on Sunday* ein Interview mit mir machen wolle und ich sofort zu ihnen in die Redaktion kommen könnte. Ich erzählte, dass ich bereits im Zug säße, erklärte mich jedoch zu einem Exklusivinterview bereit, falls sie zu mir kämen. Es schien mir vernünftig, jede Gelegenheit zu nutzen, um so viel Öffentlichkeit herzustellen wie nur möglich.

Zu Hause schlüpfte ich in Jeans und Pullover. Ich hatte fürchterliche Kopfschmerzen und brauchte wirklich eine Pause, doch dafür blieb kaum Zeit, denn eine Journalistin und ein Fotograf von der *Mail on Sunday* waren mir bereits dicht auf den Fersen.

Ich mochte Claudia Joseph, die Interviewerin, obwohl sie nonstop redete und mir fast der Kopf explodierte. Sie erzählte, sie kenne das Dorf, in dem ich lebte, zeigte mir ein Foto von sich, das in der Dorfschule der 1960er aufgenommen worden war, und schaffte es so augenblicklich, eine Beziehung herzustellen. Wir unterhielten uns stundenlang, während sie Notizen machte, sich Fotos auf meinem Laptop ansah und meinte, sie hätte gerne einige davon zur Illustration ihres Artikels. (Mein Rat an alle, die es je mit einem Zeitungsreporter zu tun bekommen: Geben Sie ihnen nichts – Sie werden es andernfalls bereuen –, und sprechen Sie, falls Sie müde sind und keinen haben, der Ihnen als Berater zur Seite steht, am besten *mit niemandem*.)

Als die Sonne an diesem Nachmittag allmählich unterging, meinte der Fotograf, er müsse ein paar Fotos machen, da er bald kein Licht mehr habe, und bat mich, doch bitte »etwas Farbenfroheres« anzuziehen. Ich zögerte, da ich zu Hause immer nur Jeans und Pullover trug. Vielleicht konnte ich ja meine Lederjacke anziehen – ein gutes, vernünftiges Kleidungsstück für das Leben auf dem Land? Aber nein, sie wollten einen »Hingucker«. Claudia hatte ein Foto von mir auf einer Hochzeit gesehen, auf dem ich ein rotweißes Kleid trug, und fragte, ob ich denn nicht das anziehen könnte. Mir erschien das für einen Oktoberabend eine etwas seltsame Wahl, da es einen Herzausschnitt hatte und ganz offensichtlich ein Sommerkleid war. Trotz meiner Bedenken gab ich nach und ging mich umziehen. Meine Beine hatten seit zwei Jahren keine Sonne mehr gesehen, ich trug keine Strümpfe, sodass ich darauf bestand, man dürfe auf den verwendeten Fotos meine Beine nicht sehen. So war es abgemacht, wenigstens mündlich, und wir gingen hinaus zu einem, wie ich hoffte, schnellen, diskreten Fotoshooting. Fehlanzeige. Der Fotograf hatte Scheinwerfer und einen Reflektor dabei, auffälliger ging es nicht mehr. Ich hoffte, dass keine Spaziergänger auf dem quer übers Grundstück verlaufenden Pfad erschienen, aber natürlich kamen welche, unter anderem mein Vermieter. Ich winkte ihm zu, fühlte mich aber entsetzlich verlegen. Da ich das Ganze so rasch wie möglich hinter mich bringen wollte, machte ich alles, was sie mir sagten. Im Rückblick weiß ich nicht, warum ich mich nicht schlicht geweigert habe, irgendetwas anderes zu tun als das, was ich wirklich wollte – nämlich ein natürlich wirkendes Foto von mir, auf dem ich lächelte und Jeans, Stiefel und eine Jacke trug. Aber man sagte mir, ich solle nicht lächeln, und als ich am darauffolgenden Sonntag den Artikel sah, war ich entsetzt. Auf dem Foto sah ich lächerlich aus: wie ich da in meinem rotweißen Kleid auf einem Cotswolder Steinmäuerchen saß und verhärmt und elend aus der Wäsche guckte. Und das Allerschlimmste, die Beine waren darauf, für alle sichtbar, in ihrer ganzen bleichen, unrasierten Pracht! Als ich mich mit Claudia darüber unterhielt und ihr sagte, auf dem Foto sähe ich schrecklich aus, erwiderte sie:»Ich denke, das war die Idee.«

Vor der Veröffentlichung des Artikels schickte mir Claudia ihren ersten Entwurf, den ich ziemlich gut fand. Allerdings gab es ein Problem. Man hatte sie um zweitausend Wörter gebeten, doch sie hatte viertausend abgeliefert, und nachdem man den Artikel redigiert hatte, war er nicht einmal mehr halb so gut, da er durch die Bearbeitung eine Tendenz zum Anzüglichen und Schlüpfrigen erhielt. Ich lernte eine Menge aus dieser Erfahrung und würde heute viel geschickter mit der Situation umgehen: Ich befand mich auf einer sehr steilen Lernkurve.

Die Story blieb noch etwa zehn Tage auf der Agenda, wurde fast von jeder Zeitung aufgegriffen und sorgte überall für fette Schlagzeilen: »Der echte Catch-me-if-you-can-Trickbetrüger«, plärrte die *Sun*; »Er hat sogar seine Mum abgezockt«, »Die Spur des Hochstaplers: Flugzeuge, Autos und gebrochene Herzen«, weinte die *Sunday Times.* »Ehemaliger jugendlicher Hochstapler und Internatszögling bringt einsame Geschiedene um ihre Ersparnisse in Höhe von £ 850.000«, brüllte die *Daily Mail.* »Wenn eine Frau aus der Mittelschicht von einem falschen MI6-Spion zum Sex verführt und um 850.000 Pfund betrogen werden kann … dann kann das auch Ihnen passieren«, kreischte die *Mail on Sunday.* Ich erhielt – über Martin, die Polizei und Lara – zahlreiche Interviewanfragen, konnte jedoch mit dem Ganzen nicht mehr Schritt halten. Nachdem ich Martin, *This Morning* und der *Mail on Sunday* Interviews gegeben hatte, stimmte ich daher nur noch einem weiteren zu.

Die Berichterstattung durch die Medien war im Allgemeinen wohlwollend, obwohl natürlich Mark Acklom und sein Leben als Betrüger im Mittelpunkt des Interesses standen. Am meisten störte mich die Art, wie man mich durch die Bank in allen Medien vor allem als »Geschiedene« beschrieb, mit der sich ja eine Reihe negativer Konnotationen verbinden (sie ist alt, sie ist traurig, sie ist einsam und verzweifelt, sie hat irgendeinen armen Kerl ausgenommen, sie ist eine Abzockerin) – ein Begriff übrigens, der in seiner männlichen Form praktisch nie Verwendung findet, um einen in die Schlagzeilen geratenen und vormals verheirateten Mann zu beschreiben. Auch fand ich, dass die Presseberichte schon von Haus aus irreführend waren, da sie behaupteten, ich hätte meine Ersparnisse verloren – so als hätte ich irgendwelche überzähligen 850.000 Pfund auf der Bank liegen gehabt. Nur selten stellten sie klar, dass der Großteil des Geldes aus dem Verkauf meines Hauses stammte und dass ich inzwischen mittellos war.

Meist verkniff ich es mir, Kommentare zu meiner Geschichte auf News-Webseiten zu lesen, da ich mir sicher war, dass sie sowieso alle negativ wären, aber manchmal schaffte ich es nicht, und obwohl ich das Schlimmste erwartete, war ich ziemlich schockiert, wie ekelhaft und frauenfeindlich manche davon waren. Fast alle fielen unter die »Dummes Weib«-Kategorie, und eine davon lautete: »Sie ist geschieden, und man fragt sich, war es überhaupt ihr Geld?« – eine Bemerkung, die mir so absurd erschien, dass ich lachen musste. Aber eigentlich ist es nicht zum Lachen, sondern nur ein weiteres sehr trauriges Beispiel dafür, wie tief der Frauenhass in unserer Gesellschaft verwurzelt ist – denn ein Mann müsste sich niemals dergleichen anhören.

Ein paar Tage nach der Sky-Sendung und dem anschließenden Medienrummel hatte ich mich mit heruntergelassenen Jalousien im Haus verschanzt und hoffte inständig, keiner der Nachbarn habe erkannt, dass die Person, die einem da von der Zeitung entgegenblickte, ich war. Aber sobald sich der ganze Wirbel wieder gelegt hatte, fühlte ich mich tatsächlich viel besser, nicht nur weil ich Acklom entlarvt hatte, sondern auch weil ich »Gesicht gezeigt« hatte. Ich war überrascht, wie viele Freunde mich auf *Sky News*, in

This Morning oder in ihren Zeitungen gesehen hatten, und ihre unterstützenden und ermutigenden Botschaften stärkten tatsächlich mein Selbstvertrauen. Es waren viele darunter, mit denen ich seit meiner Begegnung mit Mark Acklom den Kontakt verloren hatte, denn obwohl ich meinen engsten Freunden gleich im Anschluss geschrieben hatte, hatte ich weder die Energie noch den Willen, alle zu kontaktieren, und ich denke, dass viele von ihnen im Grunde auch gar nicht wussten, wie sie darauf reagieren sollten. Außerdem ging ich – obwohl ich mich bei der Begegnung mit Menschen normal zu geben versuchte – Geselligkeiten lange (und manchmal auch heute noch) aus dem Weg, weil es einfach zu anstrengend und zu schwierig war. Ich hatte den Eindruck, viele begriffen nicht, dass ich – egal wie ich nach außen wirkte – nicht imstande war, normal zu funktionieren. Inzwischen ist zwar alles viel besser geworden, aber es ist auch weiterhin ein längst nicht abgeschlossener Prozess. Wie auch immer, Ende 2016 hoffte ich, all die Publicity würde helfen, die Menschen auf Mark Acklom aufmerksam zu machen, und vielleicht sogar zu seiner Verhaftung führen.

Bald nach der Sky-Übertragung erhielt ich einen Anruf von Clare Ball. Die Ermittler, die nichts von meinem Interview mit Martin wussten, hatten die Berichterstattung verfolgt und wurden mit Anrufen bombardiert.

»Warum haben Sie das getan, Carolyn?«, fragte sie mich.

»Weil mich dieses Phlegma bei der Polizei so frustriert hat«, erwiderte ich. »Ich war doch diejenige, die Ihnen erzählt hat, dass er in Spanien im Gefängnis sitzt. Eigentlich hätten *Sie* mir das erzählen müssen. Acht Monate lang saß er auf dem Präsentierteller, aber nicht einmal da konnten Sie seiner habhaft werden. Außerdem habe ich Sie über das Immobilienbüro in Murcia unterrichtet. Auch das hätte andersrum laufen müssen. Die Geschichte muss an die Öffentlichkeit.«

Sie könne verstehen, wie ich mich fühle, meinte Clare, aber sie warnte mich auch, dass ich so ein mögliches Gerichtsverfahren gefährden könne, da Acklom behaupten würde, bei all der negativen Berichterstattung habe er keine Chance auf einen fairen Prozess.

Was für ein Gerichtsverfahren denn?, dachte ich mir. Von einem Gerichtsverfahren waren wir himmelweit entfernt. Doch ich schwieg.

Nach all der durch das Medieninteresse ausgelösten Hektik gingen bei der Polizei zahlreiche Hinweise ein, von denen jedoch keiner weiterzuführen schien. Und dann, nach einigen Wochen, schlief alles wieder ein, und das Jahr schleppte sich seinem Ende zu.

Mitte November entdeckte ich auf der spanischen Expat-Webseite, Olive Press, dass Acklom nun den Namen Mark Long benutzte. Ich mailte an Clare, und sie antwortete, dass sie einmal die Woche eine Recherche durchführe, aber ob ich ihr nicht bitte trotzdem jede neue Info schicken könne, »da man leicht etwas übersieht«. Mitte Dezember sollten sich Clare und Adam endlich mit der Ärztin treffen, die eine Beziehung mit Acklom gehabt, ihm, wie ich wusste, Geld gegeben und ihm, wie ich vermutete, Arm und Kopf verbunden hatte, als er mir gegenüber Schusswunden und einen Gehirntumor vorgetäuscht hatte. Doch als ich anrief, um zu fragen, wie das Treffen gelaufen sei, erzählten mir die beiden, sie habe in letzter Minute abgesagt und dass sie nichts tun konnten, um sie zum Reden zu zwingen. Es sah aus, als sei alles erneut zum Stillstand gekommen.

Kurz vor Weihnachten mailte ich Clare, dass die Polizei keinerlei Informationen der spanischen Behörden an mich weitergeleitet habe, seit ich ihnen im Juni 2015 meine Vermutung, Acklom befinde sich in einem spanischen Gefängnis, mitgeteilt hatte. Ich bat um ein Update und schrieb: »Mir scheint, dass rein gar nichts unternommen wird, um Acklom zu finden, sei es in Spanien oder anderswo.« Sie antwortete mir:

Trotz zahlreicher E-Mails an die NCA habe ich kein Update dazu erhalten, welche proaktiven Maßnahmen unternommen werden, um Acklom zu finden. Ich denke, ich werde gemeinsam mit Adam den Ton verschärfen müssen, denn es ist schon irgendwie lächerlich, dass wir so gar nichts von den Spaniern zurückbekommen.

Das konnte mich nun auch nicht beruhigen, und ich beendete das Jahr 2016 im stolzen Bewusstsein dessen, was ich getan hatte, um den Fall ins Rampenlicht zu rücken, doch wieder einmal auch in dem Wissen, dass die Polizei im Grunde kein Interesse daran hatte.

13

Ein Beweis von Kraft

Es mochte erstrebenswert sein, ganz fortzugehen … aber dieses Vorrecht war ihr augenscheinlich nicht beschieden. Tief in ihrer Seele – tiefer als jeder Wunsch nach Verzicht – ruhte das Gefühl, dass zu leben noch lange ihre Aufgabe sein werde. Und für kurze Augenblicke lag etwas Belebendes, fast etwas Anfeuerndes in dieser Überzeugung. Es war ein Beweis von Kraft – es war ein Beweis, dass sie eines Tages doch wieder glücklich sein würde.

Henry James, *Bildnis einer Dame*

Wieder brach ein neues Jahr an. Innerlich hatte ich mir höchstens fünf Jahre zugestanden, um die Ereignisse aus der Zeit von 2012 und 2013 zu bewältigen, und ich ging davon aus, an meinem sechzigsten Geburtstag würde ich mich sicher wieder wie ich selbst fühlen. Vielleicht hätte ich sogar eine Arbeit gefunden, und mir wäre danach, eine Geburtstagsfeier auszurichten und einige alte Freunde zu treffen. Jetzt jedoch rückte diese Zeit näher, ohne dass ich einen Job hatte, und obwohl ich mir einredete, es könne mir vielleicht guttun, erfüllte mich der Gedanke an das Organisieren einer Party mit Grauen.

Dass ich jetzt bald sechzig wurde, ließ mich begreifen, in welch hohem Maße Mark Acklom weiterhin mein Leben dominierte und kontrollierte. Er hatte nicht nur mein Geld und meine sämtlichen Besitztümer gestohlen, sondern mir auch fünf Jahre meines Lebens geraubt. Doch je länger ich darüber nachdachte, desto weniger gab ich ihm die Schuld und desto mehr fühlte ich mich von unserem Strafjustizsystem im Stich gelassen. Ich erinnerte mich an das Treffen mit James' Anwalt direkt nach der Entdeckung von Ackloms wahrer Identität und daran, wie dieser mir geraten hatte, meine ganze Energie in den Versuch zu investieren, mein Leben wieder auf die Reihe zu bekommen. An diesen Tag habe ich inzwischen oft gedacht und mir in meinen dunkelsten Stunden überlegt, dass das wahrscheinlich der vernünftigste Ratschlag war, den ich in meinem Leben bekommen habe.

Nach meinen schlimmen Erfahrungen mit der Polizei lautet mein Rat an alle, die Gerechtigkeit erlangen wollen, es lieber bleiben zu lassen. Der aktuelle Bestseller über das System Strafjustiz, *The Secret Barrister*, lenkt die Aufmerksamkeit darauf, was Zeugen auf sich nehmen müssen:

Fast die Hälfte aller befragten Zeugen gab an, sie seien nicht mehr bereit, bei künftigen Gelegenheiten an einem Strafverfahren teilzunehmen. Würden sie beobachten, wie Ihre Tochter überfallen wird, so würden sie nichts dazu beitragen, dass dem Angreifer Gerechtigkeit widerfährt. Würden Sie fälschlich eines körperlichen Übergriffs angeklagt werden, so würden die Zeugen nicht vortreten, um auszusagen, dass Sie aus Selbstverteidigung gehandelt haben. Würden sie selbst zum Opfer werden, so würden sie die Gerechtigkeit im Hinblick auf dieses Verbrechen nicht dem Staat überlassen. Stattdessen deutete einer der Befragten an, in diesem Fall werde der Täter ungestraft davonkommen oder eine unmittelbare, möglicherweise eine göttliche Form der Vergeltung erfahren.

Ich gehe davon aus, es wäre damals unmöglich für mich gewesen, nicht die Polizei zu involvieren, und genauso unmöglich, nicht hartnäckig nachzufragen, in der Hoffnung, sie würden ein Ergebnis erzielen, und irgendwann würde Gerechtigkeit erfolgen. Gleichzeitig gab es jedoch Zeiten, in denen ich mir wünschte, ich hätte es nicht getan. Ich wollte, dass man Acklom aufhielt. Ich wollte verhindern, dass irgendjemand anders durchmachen musste, was ich durchgemacht hatte. Und ja, ich hoffte auch, ich würde mein Geld zurückbekommen. Anfang 2017, dreieinhalb Jahre nach meinem ersten Versuch, das Verbrechen anzuzeigen, empfand ich es so, dass mir die Polizei diese Zeit gestohlen hatte; man war nicht vollständig auf meiner Seite, und Martin und ich hatten den Job erledigt, um den sich eigentlich die Beamten hätten kümmern müssen.

Am 11. Januar schrieb ich einmal mehr an Clare und bat um ein Update. Mit meiner Meinung hielt ich dabei nicht hinter dem Berg.

Hi Clare,
ich habe seit dem 23. Dezember nichts von Ihnen gehört und wäre sehr dankbar, wenn Sie mich über Ihre weiteren Schritte sowie über die der NCA und der spanischen Polizei informieren könnten, was das Ausfindigmachen von Mark Acklom betrifft. Könnten Sie mich außerdem wissen lassen, was sich getan hat, nachdem ich Sie am 11. Oktober 2016 darüber informierte, dass ich glaube, Acklom habe in Murcia eine Firma namens Ross Luxury Estate Agents gegründet und operiere noch immer von dort aus? Ist man dieser Spur jemals nachgegangen, und sind Ermittlungen erfolgt?
Ich frage mich, ob überhaupt noch jemand an diesem Fall arbeitet, weil sich mir der Eindruck aufdrängt, dass die betreffenden Ermittlungen mehr oder weniger eingestellt worden sind.

Wieder hörte ich nichts, bis mich Clare am 2. Februar anrief. Aus Spanien lagen noch immer keine Informationen vor, aber in Bath gab es einige neue Spuren. Mir wurde mitgeteilt, etwa zu der Zeit, als ich ihn kennenlernte, habe Acklom ein Haus in Widcombe gemietet, das dem ortsansässigen Architekten David Hadfield gehörte, und Clare wollte wissen, ob mich Acklom jemals dort hingebracht habe. Ganz zu Beginn unserer Beziehung hatte er mich zu einer Immobilie außerhalb von Bath mitgenommen und mir erzählt, er habe das Haus gemietet, weil er es möglicherweise kaufen wolle. Doch wir waren damals nach Einbruch der Dunkelheit dort eingetroffen, und ich wusste nicht genau, wo es sich befand, auch wenn ich mich ganz deutlich daran erinnerte, dass wir eine sehr enge Straße entlanggefahren waren, als wir uns dem Gebäude von der Straße aus genähert hatten. Clare schickte mir einige Fotografien des von Acklom gemieteten Hauses, aber es handelte sich definitiv nicht um das, das wir zusammen besucht hatten. Trotzdem war ich fasziniert. Ich öffnete meinen Laptop und schaute über Street View die Adresse nach. Es war nicht möglich, das gemietete Haus zu finden (später wurde mir klar, dass man es von der Straße aus nicht sehen kann), doch als ich die Straße entlangscrollte, wirkte die Gegend vertraut, und plötzlich war ich sicher, dass ich mich am Ende der Auffahrt zu dem Gebäude befand, zu dem mich Acklom mitgenommen hatte. Ich erinnerte mich daran, dass wir nach rechts auf eine Auffahrt abgebogen und dann hügelabwärts an einem großen Haus aus dem für Bath typischen Kalkstein zu unserer Linken vorbeigefahren waren. Anschließend hatten wir uns rechts gehalten, bis wir ein langes, niedriges Nebengebäude erreicht hatten. Eine umgebaute Molkerei, so hatte Acklom meiner Erinnerung nach zu mir gesagt. Die Rückseite des Gebäudes verlief ein wenig unterhalb parallel zur Straße, und ich dachte, es müsse direkt an der Grenze liegen, denn soweit ich mich erinnern konnte, waren in der rückwärtigen Wand keine Fenster gewesen, und davor gab es nur einen Kiesweg. Als wir damals dort angekommen waren, war die Vorderseite des Hauses durch viele kleine Glühbirnen erleuchtet gewesen. Mark hatte mir erklärt, er sei gerade im Auszug begriffen. Er hatte aufgewühlt gewirkt, und wir waren nicht länger als zehn Minuten geblieben.

Auf Street View konnte ich nun ein Gebäude rechts darunter erkennen, und es sah genauso aus wie das, zu dem mich Acklom mitgenommen hatte, doch es handelte sich nicht um das Haus, von dem die Polizei sprach. Bei der Bewegung die Straße entlang konnte ich am Ende der Auffahrt keinen Namen entdecken – nur den des großen Kalksteinhauses, von dem ich überzeugt war, es handle sich um das Haus, an dem wir auf dem Weg zu Ackloms Junggesellenbehausung vorbeigefahren waren.

Ich teilte Clare in einer E-Mail mit, ich hätte mir die Fotos angesehen, die sie mir von dem von Acklom gemieteten Haus geschickt hatte. Es sei nicht derselbe Ort, ließ ich sie wissen, doch zugleich berichtete ich ihr von dem anderen Gebäude, das mir so bekannt vorkam. Sie schrieb zurück, das gemietete Haus verfüge über einen Anbau mit zwei Schlafzimmern, und sie fragte sich, ob mich Acklom vielleicht dorthin mitgenommen hatte. Ohne Fotos dieses Anbaus hätte ich das nicht mit Sicherheit sagen können, doch ich berichtete ihr von dem langen, niedrigen Gebäude, das ich auf Street View entdeckt hatte, und schickte ihr einige Screenshots. Später sollte sich bestätigen, dass es sich tatsächlich um den Anbau des Hauses handelte, das Acklom von David Hadfield gemietet hatte.

Während meines Austauschs mit Clare an diesem Tag erfuhr ich Unfassbares, als sie mir einen ganzen Schatz an neuen Informationen enthüllte. Die Polizei hatte entdeckt, dass Acklom bereits im April 2012 angezeigt worden war, etwa zu der Zeit, als ich in der Brock Street Nr. 1 einzog. Ein Privatdetektiv war von Hadfield mit Ermittlungen zu Dr. Zac Moss beauftragt worden, und jetzt erhielt ich von Clare einige Details. Mit Hadfield hatte Acklom im Dezember 2011 einen befristeten Mietvertrag über ein Haus abgeschlossen. Ursprünglich hatte er sich als Mark Moss vorgestellt, als internationaler Banker, der sein eigenes Flugzeug flog und im New Forest ein Haus bauen ließ. Sobald er in Hadfields Anwesen eingezogen war, hatte er Interesse an einem Kauf bekundet und Hadfield damit beauftragt, Pläne für einen Anbau im Wert von drei Millionen Pfund entwerfen zu lassen. Acklom war zu dem Zeitpunkt in jeder Hinsicht erpicht darauf, sich in die Gesellschaft von Bath zu integrieren, und traf bald auf einige seiner wohlhabenden Nachbarn. Jetzt stellte er sich als Dr. Zac Moss vor, als Neurochirurg mit dem Spezialgebiet Pädiatrie. Neben vielen anderen Behauptungen gab er an, ein sehr bekannter britischer weiblicher Fernsehstar kaufe gerade ein »zweites Penthouse« von ihm. Ackloms Ehefrau, Maria Yolanda Ros Rodriguez, wurde als Mary Moss vorgestellt, eine bekannte spanische Projektentwicklerin. Allmählich entstand bei Hadfields Partner, einem Bauunternehmer in Bath, ein Verdacht gegenüber Mark Moss/Dr. Zac Moss. Deswegen überredete er Hadfield, einen Privatermittler anzuheuern und diesen in Moss' Vergangenheit graben zu lassen. Im Februar 2012, etwa zu der Zeit, als ich Acklom begegnete, übersandte der Privatdetektiv seinen Kunden den Bericht. Darin stand, die gemachten Entdeckungen seien so alarmierend, dass sie unbedingt der Polizei gemeldet werden müssten. Das erfolgte auch pflichtgemäß im April 2012, und der Bericht des Privatermittlers wurde an zwei Polizeistellen weitergegeben: Gloucestershire und Avon & Somerset.

»Natürlich wussten wir nicht, mit wem wir es da zu tun hatten«, erläuterte mir Clare. »Wir hatten ja seinen Namen nicht.«

Sie *hatten* aber einen Namen, Dr. Zac Moss, und Mark hätte man leicht aufspüren können, hätte sich damals nur irgendjemand die Mühe gemacht. Dann wäre mir das ganze Elend erspart geblieben, das ich durchmachen musste, und ich hätte vielleicht nichts verloren – und für andere Leute gilt dasselbe. Das Worst-Case-Szenario sollte meiner Ansicht nach darin bestanden haben, dass man Dr. Moss als jemanden identifizierte, der bereits bei der Polizei angezeigt worden war, als ich das im Juni 2013 tat und den Beamten eine Reihe seiner Decknamen nannte, eben auch den von Dr. Zac Moss. Warum brauchten sie fast vier Jahre, bis sie begriffen, dass ihnen bereits der detaillierte Bericht eines Privatermittlers über diesen Mann vorlag, inklusive der Warnung, dass Moss einen riesigen Betrug vorbereitete? Und warum unternahm man damals rein gar nichts?

Ende Februar traf Clare den Privatermittler, und die Staatsanwaltschaft CPS ernannte einen neuen Anwalt, denn der vorherige war befördert worden und wollte seine aktuellen Fälle nicht mitnehmen. Ich beschloss, wegen der großen Anzahl aus den Polizeiakten verschwundener Dokumente eine offizielle Beschwerde einzureichen. Eine Woche darauf erhielt ich einen Telefonanruf des zuständigen Detective Inspectors. Ich teilte ihm mit, ich könne ihm Kopien der zahlreichen E-Mails schicken, um nachzuweisen, dass ich die Polizei mehrfach auf die Angelegenheit hingewiesen und keine befriedigende Antwort erhalten hatte, doch er versicherte mir, das sei nicht notwendig. Er erklärte, es komme nun darauf an, sich voll auf die Ermittlungen zu konzentrieren, und ließ anklingen, wenn man sich jetzt detailliert mit meiner Beschwerde auseinandersetze, behindere das die laufende Arbeit im Team. Er erkundigte sich, ob ich mit einem Brief zufrieden wäre, und ich bejahte das, sofern ich dem Schreiben entnehmen könne, meinen Bedenken sei nachgegangen worden und man habe sich auf angemessene Weise mit ihnen auseinandergesetzt. Auf dem Beschwerdeformular hatte ich keine Namen angegeben, aber in ihrer Antwort nannte die Polizei den ursprünglich untersuchenden Beamten (woraus ich schloss, dass sie bereits wussten, da war etwas falsch gelaufen). Ich bestätigte, dass ich den Verdacht gehabt hatte, er sei verantwortlich. Auch erklärte ich, ich hätte einfach erfahren wollen, was mit den ganzen Dokumenten geschehen war, von denen ich wusste, dass sie aus den Akten verschwunden waren. Der Detective Inspector gab zurück, ich hätte mich sehr vernünftig verhalten, und versprach mir, sich bald zu melden.

Am 11. April 2017 hatte ich ein Meeting mit Clare, in dem es darum ging, mir zu zeigen, dass die Polizei noch über sämtliche Dokumente verfügte, die ich ihr gegeben hatte. Ich hatte zuvor gesagt, ich hielte dieses Meeting für eher sinnlos, weil ich der Polizei alle Dokumente zur Verfügung gestellt hatte, von denen ich wusste, dass sie fehlten – zum zweiten Mal. Trotzdem fand das Treffen statt.

Etwa ein halbes Dutzend Aktenordner wurden in den Meetingraum gebracht, und man sprach über einige der Dokumente. Der größte Teil der Diskussion drehte sich jedoch um den faszinierenden

Text, von dessen Existenz ich wusste, den ich jedoch noch nie zu Gesicht bekommen hatte: um den Bericht des Privatermittlers über Acklom – oder Dr. Zac Moss, wie er sich Anfang 2012 allen gegenüber außer mir nannte. Ich war sicher, man wolle mich so vom ursprünglichen Anlass des Termins ablenken. Wenn das stimmte, hatte es jedenfalls den gewünschten Effekt.

Selbst lesen durfte ich den Bericht nicht, doch Clare ging ihn durch und gab mir gegenüber wieder, was sie mir ursprünglich erzählt hatte. Acklom hatte David Hadfield nicht nur angewiesen, Pläne für einen kostspieligen Anbau zu entwerfen, sondern ihm auch gesagt, er werde einen Architekten benötigen, um den Flugplatz von Kemble umzustrukturieren, und zwar nach dem Vorbild von Farnborough. Ich erfuhr, dass man Hadfield in das Restaurant auf dem Flugplatz gebracht hatte, wo man Dr. Zac Moss wie einen alten Freund begrüßte. Anscheinend benutzte Acklom den ahnungslosen Hadfield, um Zutritt zur Gesellschaft von Bath zu bekommen. Es gebe auch die Aussage einer Frau in Cheltenham, die unter vergleichbaren Umständen wie ich eine Million Pfund »verloren« hatte, so Clare.

Clare erwähnte sodann den Besuch der Beamten in meinem früheren Cottage und den Telefonanruf, den ich von der Polizistin erhalten hatte, als ich im April 2012 kurz vor unserem Besuch beim MI6 mit Acklom und Paul Kaur im Auto saß. Weder die Polizei noch ich hatten herausfinden können, was sich damals ereignet hatte. Bevor der Fall an Avon & Somerset delegiert worden war, war ich für eine Vernehmung in der Polizeistation in Cirencester gewesen und hatte die zuständige Beamtin darüber informiert, es müsse in den Akten Unterlagen über mich geben, weil zwei Leute von ebendieser Polizeistation im Vorjahr mein Cottage aufgesucht hatten. Außerdem sagte ich, ich sei von einer Beamtin namens Harding kontaktiert worden.

Ich erhielt die Antwort, in der Polizeistation arbeite niemand dieses Namens, und als ich einige Details des Telefongesprächs wiedergab, hieß es, die Bank hätte niemals in dieser Form die Polizei kontaktiert. Daraufhin suchte ich die Barclays Bank auf und sprach dort mit einem Assistenten der Direktion. Mir wurde bestätigt, was die Polizistin gesagt hatte. Jahrelang hatte ich versucht, dieses Rätsel zu lösen, und dabei geglaubt, der Besuch der Polizeibeamten und der anschließende Telefonanruf wären von Acklom inszeniert gewesen. Inzwischen, sagte Clare, habe sich jedoch herausgestellt, dass die Polizei von Cheltenham mich im April 2012 wegen des Berichts des Privatermittlers kontaktiert hatte. Wenn das wirklich stimmt, scheint es ganz unglaublich, dass sich die Polizei damals mit einem Telefonanruf zufriedengab, bei dem sich die Polizei weder mir gegenüber auswies noch mich in irgendeiner Form meine Identität bestätigen ließ. Außerdem darf man nicht vergessen, dass ich mich beim Entgegennehmen des Anrufs in der Gesellschaft von »Dr. Moss« selbst befand, der meinen Beitrag zum Gespräch bestimmte. Theoretisch hätte man mich darüber informieren müssen, was da vor sich ging, und mir einige Details über den vermeintlichen Täter nennen sollen – die Polizei hätte mich persönlich treffen müssen. Acklom hätte verhaftet werden können, und mir wären die folgenden Jahre in der Hölle erspart geblieben, die ich so aber durchstehen musste. Im schlimmsten Fall hätte eine Verbindung zum Namen »Dr. Zac Moss« hergestellt werden müssen, als ich Acklom im Juni 2013 bei der Polizei anzeigte. Stattdessen dauerte es weitere vier Jahre, bis der Polizei überhaupt klar wurde, dass Acklom ihnen gegenüber bereits erwähnt worden war, und zwar in Verbindung mit einer ernst zu nehmenden Warnung, er habe Schlimmes vor, und dass man mich damals kontaktiert hatte.

Mitte Mai erhielt ich einen Brief des Detective Inspectors, der sich mit meiner Beschwerde wegen des Dokumentverlusts auseinandersetzte, also wegen der Papiere, die ich der Polizei zur Verfügung gestellt hatte. In seiner Zusammenfassung räumte er ein, dass einige Beweisstücke verschwunden seien und man Fehler gemacht habe. Allerdings hieß es auch: »Ich bin der Überzeugung, dass kein dieser Organisation dienendes Mitglied sich irgendwelches Fehlverhalten hat zuschulden kommen lassen.« Ich durchschaute sofort, was sich mir als Nebelkerze darstellte, denn nach meinem Kenntnisstand war der ursprünglich ermittelnde Beamte nicht länger »im Dienst« der Polizei. Also hakte ich nach, doch mir wurde gesagt: »Wenn [Name] für irgendetwas verantwortlich war, kann man ihn nicht in diesen Prozess einbeziehen, da er dieser Organisation nicht mehr angehört.« Man sollte doch aber, so dachte ich mir, eine Untersuchung einleiten, wenn man jemanden verdächtigte, Beweismittel verloren zu haben. Wieso sollte die betreffende Person immun sein, nur weil sie die Polizei verlassen hatte? Mir wurde gesagt, ich könne Widerspruch einlegen, was diese Entscheidung betraf, doch einmal mehr fehlte mir die Energie, immer weitere Kunststückchen zu vollführen, zumal sich mir die ganze Prozedur so darstellte, dass man denjenigen büßen ließ, der sich da beschwerte.

Ende Mai rief Martin an, um mir mitzuteilen, ihn habe jemand kontaktiert, der sich selbst als früheres Opfer von Mark Acklom bezeichnete. Die betreffende Person habe ihn zusammen mit einem anderen Mann vor einem Café in Genf entdeckt und ein Beweisfoto gemacht. Martin fragte sich, ob ich Ackloms geheimnisvollen Begleiter wohl erkennen würde. Ich erwiderte, ich wisse etwas von einer Sichtung vor einigen Wochen und dass ich den Informationen der Polizei entnommen hätte, Acklom befinde sich weiter unter Beobachtung. Seitdem hätte ich allerdings nichts mehr gehört. Martin schickte mir die Hälfte der Fotografie, die er erhalten hatte. Darauf war ein Mann im Profil zu sehen, mit einer Hand über dem Mund, doch ich erkannte ihn nicht wieder, und wir fragten uns, ob es sich vielleicht um Ackloms nächstes Opfer handelte. Tags darauf hatte Martin das komplette Foto gesehen und bestätigte, dass außerdem Acklom darauf war, und am Tag danach, am 2. Juni, war er in dem Café in Genf, auf Ackloms Spur, und Sky strahlte an diesem Tag einen Nachrichtenbeitrag aus. Das Medieninteresse wurde neu entfacht, doch Mark Acklom blieb verschwunden. Erneut erkaltete die Spur.

Mittlerweile glaubte Martin zu wissen, wer Ackloms Begleiter in Genf war. Am 8. September kontaktierte er mich, um mir mitzuteilen, dass die Polizei bestätigt hatte, es handle sich dabei um José Manuel Costas Estévez, einen von Spaniens meistgesuchten Flüchtigen, den man eines Elf-Millionen-Euro-Betrugs bezichtigte. Wir fragten uns, was er und Acklom wohl zusammen ausheckten.

2018. Wieder der Beginn eines neuen Jahres, und ich fragte mich, ob es sich wohl um das handeln würde, in dem ich das Kapitel »Mark Acklom« für immer würde beenden können. Irgendwann erreicht man einen Zustand, in dem man so viel Zeit und Energie in eine Sache investiert hat, dass man denkt, man dürfe einfach nicht aufgeben. Gleichzeitig kommt aber auch ein Punkt, an dem alles kippt und an dem man das Gefühl hat, dass es wichtigere Dinge im Leben gibt, auf die man sich konzentrieren muss. Diesen Punkt hatte ich meinem Gefühl nach fast erreicht.

Im Januar teilte mir die Polizei mit, es gebe »hochaktuelle Informationen«, und die Beamten im betreffenden Land seien bei der Arbeit. Ich wusste nicht, welches Land das betraf, doch im Februar teilte man mir mit, der »Mann, von dem wir annehmen, er könnte mit Acklom in Kontakt stehen, ist immer noch vor Ort, und wir finden täglich Neues über ihn heraus«. Ich nahm an, dass es sich bei der männlichen Person um einen Projektentwickler handelte, den die Polizei zuvor bereits erwähnt hatte, und ich wusste auch, dass Martin ermittelte.

Ich kontaktierte Martin, der meinte, er stehe jetzt in Kontakt mit »Charlie's Angel« und der Nochehefrau eines Mannes, von dem man annahm, er arbeite mit Acklom zusammen. Man glaubte, Acklom halte sich in der Schweiz oder in Liechtenstein auf, und Martin sagte, sie hätten einige aufwendig gestaltete Webseiten entdeckt, die sie für seine hielten. Ich bat Martin um die entsprechenden Links, und einer von ihnen, Swiss Disks, erregte sofort meine Aufmerksamkeit. Es bestand eine große Ähnlichkeit zu der InOrg-Webseite, mit Bildern von schnellen Autos, Flugzeugen, teuren Uhren und Verweisen auf James Dyson, Bernie Ecclestone und andere Prominente. Für mich bestand kein Zweifel, dass es sich bei dieser Webseite um das Werk Mark Ackloms handelte.[*] Außerdem erkannte ich einige Fotografien wieder, die ich vorher anderswo online gesehen hatte, eingestellt von Ackloms Ehefrau. Die Webseite strotzte nur so vor nichts sagendem Gewäsch und war nicht gut geschrieben – alles Blendwerk ohne Substanz dahinter. Doch mich sprach das Motto von Swiss Disks an: »Man kann sich für oder gegen eine Niederlage entscheiden«, und ich beschloss, daraus mein Motto bei meinem fortgesetzten Bestreben zu machen, Mark Acklom der Gerechtigkeit zu überantworten. Die Polizei informierte mich, die neue Staatsanwältin, Alyson Harris (eine absolute Pedantin, hieß es), überarbeite den Europäischen Haftbefehl, um weitere Anklagepunkte hinzuzufügen – Martin zufolge eine höchst ungewöhnliche Entwicklung.

Ende März teilte mir Martin mit, »Charlie's Angel« habe versucht, die National Crime Agency mit dem zum Handeln zu bringen, was sie oder er und Martin über Ackloms Firmen in der Schweiz herausgefunden hatten; sie kamen jedoch nur wenig voran. Ende April nahm Clare Kontakt zu mir auf. Sie erklärte, sie werde sich an das Gericht wenden, um die erste Phase des Antrags auf den neuen Europäischen Haftbefehl zu einem Ende zu bringen. Dieser Haftbefehl bündelte zwanzig Anklagepunkte, die alle mich betrafen, und so ließ sich die Anklage gegen Acklom viel besser zusammenfassen. Noch in der ersten Maiwoche bestätigte mir Clare, dass der neue Europäische Haftbefehl vorlag. Sie meinte, da gehe eine Menge vor sich; die Polizei arbeite »mit den Behörden vor Ort, und das in mehr als in einem Land, um in einer gemeinsamen Anstrengung Mark Acklom zu fassen«.

Martin witterte eine weitere Story: Er ging davon aus, die Ermitt-

---

[*] Es gibt keinen Anlass zu der Vermutung, dass James Dyson oder Bernie Ecclestone Mark Acklom kannten.

lungen hätten sich nach Portugal verlagert. Allerdings war er sich dessen nicht hundertprozentig sicher und bat mich daher um eine Bestätigung, die ich ihm jedoch nicht liefern konnte. Inzwischen war ich dabei, ein weiteres Statement für die Polizei fertigzustellen.

Ich wollte die Aufmerksamkeit auf einen Post lenken, den Acklom nur eine Woche nach unserer ersten Begegnung in einem Internetchatroom online gestellt hatte. Darin bewies er seine Absichten und zeigte, wie berechnend er war. Er sprach über »verzweifelte Frauen, die nicht nachdenken«, und fügte hinzu: »Eine Verlobung und eine Heirat will doch niemand innerhalb weniger Monate, außer man hat etwas zu bieten, zum Beispiel Geld oder Beziehungen.«

Als der Juni kam, fühlte ich mich besser als in den vergangenen sechs Jahren. Wir genossen einen wirklich herrlichen Sommer, und ich verbrachte so viel Zeit wie möglich draußen. Jeden Tag konnte ich spüren, wie meine Lebensgeister geweckt wurden, während ich mich an den Farben, Geräuschen und Düften des Sommers erfreute.

Der 1. Juli brach an. Lara besuchte mich übers Wochenende. Während des vergangenen halben Jahres hatte James immer häufiger auswärts gearbeitet, und ich sah ihn nur alle zwei Wochen eine Woche lang, deswegen freute ich mich ganz besonders über ihre Gesellschaft. Am Sonntagmorgen saßen wir in meinem Schlafzimmer, und ich sagte ihr gerade, ich würde mich bald viel weniger auf Mark Acklom und die ganze Angelegenheit konzentrieren, als mein Handy klingelte. Ich sah aufs Display – Nummer unbekannt. Normalerweise nahm ich solche Anrufe nur entgegen, wenn ich eine Nachricht von der Polizei erwartete, doch Lara verstand meine Zurückhaltung einfach nicht. »Jetzt geh schon ran, Mum«, drängte sie mich.

Detective Inspector Adam Bunting war am Apparat. Er habe Neuigkeiten für mich, erklärte er, und als er ruhig die Worte aussprach, auf die ich fünf lange Jahre gewartet hatte, traute ich meinen Ohren kaum.

»Man hat Mark Acklom verhaftet.«

14

Den Kopf hoch tragen

*Später trug sie ihren Kopf wieder höher als zuvor; es hatte alles
keinen Zweck, das Verlangen in ihr, von sich selber nur freundlich
zu denken, war einfach unbezähmbar.*

Henry James, *Bildnis einer Dame*

Acklom wurde spätabends am 30. Juni 2018 in der Schweiz verhaftet, doch die Schweizer Behörden hielten die Pressemitteilung bis zum 3. Juli zurück, als Martin die Geschichte öffentlich machte. Danach brachten sie sehr bald alle Medien. Die Onlineversion der *Daily Mail* berichtete, die Verhaftung sei von einem Nachbarn als »wie in einem Netflix-Drama« beschrieben worden. Acklom sei bei seinem Fluchtversuch über einen Balkon gesprungen. Außerdem, so hieß es, habe seine Mutter schon gemerkt, dass mit ihm etwas nicht stimmte, als er als Zweijähriger den Hundewelpen trat, den sie mit nach Hause gebracht hatte. Weiterhin gab sie preis, sie habe an seiner Kinderzimmertür ein Schild mit der Aufschrift »Warum normal sein?« angebracht.

Durch die Nachricht von Ackloms Festnahme konzentrierte ich mich wieder auf ihn, konnte nun allerdings ein Licht am Ende des Tunnels erkennen. Die Achterbahnfahrt war jedoch noch nicht vorbei, und Ende Juli teilte mir Martin mit, gegen Acklom werde nun im Zusammenhang mit seiner Firma Swiss Disks und Betrügereien aus der Vergangenheit in der Schweiz ermittelt. Trotzdem gab es Grund zum Feiern, so entschieden wir, und am späten Nachmittag des 1. August trafen wir uns in Gordon's Wine Bar in London, um feierlich zusammen eine Flasche Champagner zu leeren und uns selbst und einander zu unserer unnachgiebigen Entschlossenheit zu gratulieren, Acklom der Gerechtigkeit zuzuführen.

In der darauffolgenden Woche erfuhr ich von Martin, dass man in zwei Schweizer Kantons gegen Acklom ermittelte und sich dabei auf Betrugsfälle konzentrierte, die sechs oder sieben Investoren von Swiss Disks betrafen. Acklom, der inzwischen unter dem Namen Manuel Escobar operierte, hatte den Berichten zufolge behauptet, »das Gehirn hinter den Unternehmen von Elon Musk zu sein«, und seine Frau soll Nachbarn erzählt haben, Musk sei mit fünf Billionen Schweizer Franken an Ackloms Firma beteiligt. Die Auslieferung wurde nun ausgesetzt, und einmal mehr fand ich mich im Limbo wieder, ohne jeden Anhaltspunkt, wann man Acklom für ein Gerichtsverfahren ins Vereinigte Königreich überstellen würde.

Am 10. August erschien ein Beitrag von Martin mit einem Interview, in dem er mit einem von Ackloms Investoren sprach, Harald Herbon, einem Schweizer Bankier, den man zum Geschäftsführer von Swiss Disks ernannt und der eine halbe Million Schweizer Franken investiert und verloren hatte. Er hatte Acklom nie persönlich kennengelernt. Martin sendete außerdem aus dem Luxusapartment, in dem Acklom und seine Familie zur Zeit seiner Festnahme gelebt hatten. Diese Wohnung hatte Acklom über Harald Herbon angemietet, lediglich eine Kaution bezahlt. Die Miete werde folgen, so sein Versprechen, wenn Millionen und Abermillionen Schweizer Franken an Profit in die neue Firma fließen würden. Das alles klang mir so vertraut in den Ohren – ich erkannte sämtliche alten Tricks wieder –, aber ich war sehr angetan, dass Harald Herbon den Mut besaß, sich interviewen zu lassen. Ich wusste ja, dass sich Ackloms Opfer üblicherweise zu verlegen und beschämt fühlten, als dass sie in der Öffentlichkeit eingestanden hätten, wie sie hinters Licht geführt worden waren. Harald Herborn fasste seine Einschätzungen

Ackloms so zusammen: »Er ist brillant im Umgang mit anderen. Wenn er einem eine Geschichte erzählt, dauert es nur wenige Minuten, bis man diese Geschichte auch glaubt.« Interessanterweise erklärten nun, da ein erfolgreicher Geschäftsmann über Ackloms Überzeugungskraft sprach, einige Leute, sie könnten langsam begreifen, was da vorgefallen war. Mein Bruder gehörte zu ihnen. Wie es aussah, waren weibliche Opfer nur »dumme Frauen« – bei einem Geschäftsmann lohnte sich jedoch das Zuhören!

Martin berichtete, wegen der laufenden Ermittlungen in der Schweiz hätte man die Auslieferung auf unbestimmte Zeit ausgesetzt, und mir rutschte das Herz in die Hose. Damit war mein Licht am Ende des Tunnels erloschen.

Während der nächsten drei Monate tat sich nicht viel, außer dass am 22. September ein langer und interessanter Artikel in der Schweizer Zeitung *Der Bund* erschien. Darin erfolgte eine sehr detaillierte Beschreibung von Ackloms Aktivitäten, und es hieß, auch ein ehemaliger Berater des Schweizer Bundesrates sei »in Ackloms Machenschaften hineingezogen« worden. Es erwies sich als unmöglich, Informationen von der Polizei zu erhalten, und man informierte mich darüber, man stehe zurzeit in keinem direkten Kontakt mit den Schweizer Behörden; alles müsse über den Crown Prosecution Service erfolgen, die britische Staatsanwaltschaft. Ich bat um Kontaktdaten der Personen, die sich dort und bei der National Crime Agency um die Angelegenheit kümmerten, hatte damit jedoch keinen Erfolg. Obwohl ich versuchte, meine positive Haltung nicht zu verlieren und mich darauf zu konzentrieren, mein Leben wieder in Ordnung zu bringen, war das schwer. Allerdings erfüllte mich die Vorstellung, dass Acklom endlich hinter Gittern saß, mit Genugtuung, und ich empfand eine gewisse Zufriedenheit. Im Gefängnis konnte er zumindest keine weiteren Opfer finden, und ich gratulierte mir selbst, dass ich die Triebfeder hinter seiner Verhaftung gewesen war.

Am Abend des 21. November besuchte ich meine Freundin Anne in West Sussex. Wir bereiteten gerade das Abendessen zu, als mein Handy klingelte. Clare Ball war am Apparat, und sie hatte Erstaunliches zu berichten: Die Schweizer, so teilte sie mir mit, würden ihre Ermittlungen in Bezug auf Ackloms Taten in der Schweiz nicht fortsetzen; stattdessen hatte man eine Auslieferung verfügt.

Das Ganze war etwas verwirrend, denn Clare meinte, sie habe zwei E-Mails erhalten: In einer stand, Acklom habe die Frist verpasst, in der er gegen diesen Beschluss hätte Berufung einlegen können, in der anderen, dass sein Anwalt am folgenden Tag vor Gericht erscheinen werde, um das zu tun. Wie auch immer, ihm blieb keine Zeit mehr, deswegen betrachteten wir das Ganze als abgehakt.

Am nächsten Tag rief mich Clare erneut an und bestätigte, die Auslieferung sei jetzt genehmigt worden. Sie teilte mir mit, Acklom werde am 30. November abgeholt. Wenn er sicher in Bristol hinter Schloss und Riegel sitze, so Clare, werde sie mich anrufen. Acklom müsse dann am 1. Dezember vor Gericht erscheinen.

Fünf Tage später rief mich allerdings Adam Bunting an. Ich erfuhr, dass Acklom trotz der verpassten Frist nun doch das Recht auf Berufung eingeräumt wurde. Andererseits hatte man Martin aus anderer Quelle von den Schweizer Behörden aus darüber informiert, dass die Auslieferung nun stattfinden könne. Das verwirrte mich völlig. Das Ganze war eine riesige Enttäuschung für mich. Einmal mehr hatte man mir in der Vorwoche Hoffnung gemacht, und ich hatte geglaubt, das Ende sei abzusehen. Und jetzt wusste ich wieder nicht, ob und wann man Acklom ins Vereinigte Königreich ausliefern würde. Ich geriet in eine finstere Stimmung, die ich auch zum Jahreswechsel nicht abschütteln konnte. Das Weihnachtsfest ruinierte dieser Umstand nicht, doch dadurch lag ein Schatten darüber, und trotz meiner allergrößten Anstrengungen war ich nervös und gereizt und nicht besonders amüsant als Festgesellschaft. Lara und Emma verbrachten die Feiertage in Australien, und die beiden fehlten mir. James war zu Hause, doch zusätzlich zu allem anderen empfand ich es als immer schwieriger, mit unseren Lebensumständen zurechtzukommen. Weil er inzwischen von drei Wochen immer nur eine bei mir war, gewöhnte ich mich ans Alleinsein und hatte meine eigene Routine entwickelt. Kam James dann zu mir, empfand ich seine Anwesenheit als relativ störend und brauchte einige Tage, um mich wieder auf ihn einzustellen. Wenn mir das dann gelungen war, musste er schon wieder aufbrechen.

Alles schien ständig im Fluss. Ich fühlte mich insgesamt deutlich stärker – wieder viel mehr wie ich selbst –, doch da war eine Rastlosigkeit in mir. James und ich sprachen darüber, vielleicht dorthin zu ziehen, wo er arbeitete. Dieser Ort lag Hunderte von Meilen entfernt, und mir gefiel der Gedanke nicht besonders gut, doch so wie bisher konnten wir nicht weitermachen, und daher kündigte sich für mich wieder eine große Veränderung an.

Die ersten paar Wochen des Jahres 2019 stellten die Ruhe vor dem Sturm dar. Am 16. Januar erfuhr ich von Clare, dass Acklom seine erste Berufung verloren hatte, dass er sich nun aber ans Schweizer Bundesgericht wandte. Sie ging davon aus, das werde noch einmal einige Wochen in Anspruch nehmen, doch sie war zuversichtlich, »unseren Mann« schon zu fassen zu bekommen. Am 15. Februar rief sie mich erneut an. Das Bundesgericht hatte Ackloms Antrag auf Berufung abgelehnt (Ackloms Argument hatte gelautet, nach dem Brexit könne man die Einhaltung der Menschenrechte ihm gegenüber nicht garantieren!). Jetzt war die Auslieferung verfügt worden. Das bedeutete, dass der Polizei zehn Tage blieben, um ihn zu holen. Vier Tage später rief mich Clare wiederum an, um mich wissen zu lassen, dass die Auslieferung am 22. Februar erfolgen würde. Sie erklärte mir, er werde mit easyJet zum Flughafen von Brüssel gebracht werden, und ich glaubte, herausfinden zu können, welchen Flug das wohl betraf. Außerdem, so sagte sie, wolle die NCA Ackloms Auslieferung öffentlich machen, um anderen Kriminellen vor Augen zu führen, dass man den Behörden nirgendwo entkommen konnte und am Ende immer verhaftet wurde. Sie meinte, man werde dann Martin kontaktieren und ihm als Journalisten die Story als Erstem überlassen. Diesmal war ich insgeheim davon überzeugt, man würde Acklom tatsächlich ins Vereinigte Königreich zurückbringen, doch eingedenk des letzten Fiaskos behielt ich das eher für mich, als dass ich es laut kundgetan hätte. Ich beschloss, nur sehr wenige Leute in diese jüngsten Entwicklungen einzuweihen.

Zu den Menschen, die ich kontaktierte – und zwar unverzüglich –, gehörte Martin. Ich erklärte ihm, das Ganze sei für Freitag geplant, und ich gehe davon aus, es handle sich um die Maschine, die um 16:55 Uhr aus Genf abfliegen würde. Meinem Eindruck nach wünschte sich die Polizei öffentliche Aufmerksamkeit, konnte jedoch selbst nicht zu viele Details herausgeben. Martin erklärte, er werde in Begleitung eines Fotografen ebenfalls diesen Flug nehmen. Er bat mich darum, ihn über eventuelle Änderungen zu informieren. Wenige Tage später sagte er mir, die Presseabteilung der Polizei von Avon & Somerset habe Kontakt zu ihm aufgenommen und ihm quasi gesagt, in welcher Maschine sich Acklom befinden würde. Es war tatsächlich der Flug, den wir uns ausgerechnet hatten, und Martin hatte seine Plätze schon gebucht.

Am 22. Februar um zehn Uhr morgens schickte mir Martin eine SMS, um mir mitzuteilen, dass er sich am Genfer Flughafen befinde. Ich saß auf heißen Kohlen und fragte mich, wie sich Clare wohl fühlte. Mit den Jahren hatte ich ihr gegenüber Sympathie und Vertrauen entwickelt, denn mehr als alle anderen war sie ehrlich zu mir und gab auch offen zu, wenn etwas falsch lief. Sie würde Ackloms Verhaftung vornehmen, und ich wusste, dass sie bei dem Gedanken daran, dem Mann persönlich gegenüberzutreten, den ich als charismatisch und als jemanden beschrieben hatte, der einem quasi mit Zauberkräften den Kopf verdrehen konnte, eine gewisse Nervosität empfand. Ich war ebenfalls nervös und hoffte, sein Charme würde keine Wirkung auf sie haben. Wenn man dem Autor Robert Hare glaubte, konnten Psychopathen sogar Gefängnispsychologen um den Finger wickeln, die sich der psychopathischen Persönlichkeiten ihrer Patienten in hohem Maße bewusst waren.

Bald nach seiner SMS rief mich Martin an und teilte mir mit, sein Kameramann sei zufällig einem Polizisten aus Bristol begegnet – ihre Söhne spielten zusammen Rugby. Der Polizist fragte sich, ob sie wohl aus demselben Grund hier waren, und Martin ging davon aus. Jetzt befürchtete er, das Überraschungsmoment könnte ihnen verloren gehen. An diesem Abend rief mich Martin wieder an, diesmal aus Bristol. Er berichtete mir, es habe an Bord der Maschine einige Unruhe gegeben, er habe Acklom jedoch zu Gesicht bekommen, und der sehe gut aus – mit einem schicken Haarschnitt, einem ordentlich geschnittenen Bart und nicht zu dünn (also nicht so wie damals bei seinem Prozess in Spanien 2015). Er sendete einen Beitrag zu den Nachrichten über die Auslieferung, mit Bildern von Acklom am Flughafen von Bristol, wie man ihn die Gangway hinunter zu einem wartenden Polizeibus führte. Ich schaute mir den Clip einige Male an und fragte mich, wo Clare steckte, denn sie war nirgends zu sehen. Ich befand mich allein zu Hause, aber ich war nicht in Feierlaune. Ich wartete auf Clares Bestätigung, dass Acklom sich sicher hinter Gittern befand, doch diese traf erst um halb zwei Uhr nachts ein, und zwar in Form einer SMS. Da war ich schon eingeschlafen.

Am nächsten Morgen erschien Acklom vor dem Amtsgericht, um seine Identität zu bestätigen. Man verlas die zwanzig Anklagepunkte. Clare rief mich an, und ich hörte ihre Version der Geschichte von der Abholung und dem Flug nach Hause. Sie erzählte mir, es habe sich gar nicht wie ein Höhepunkt angefühlt, als man die Zellentür öffnete. Sie hatte einen übermenschlichen Superstar mit Hypnosekräften erwartet, doch vor sich hatte sie »einen ganz gewöhnlichen Typen mit grünen Crocs und geschmacklosen Jeans mit Stickereien auf einer Tasche« gesehen. »GRÜNE CROCS, du lieber Himmel!« Darüber kam sie einfach nicht hinweg. Außerdem war sie brüskiert, denn nachdem sie Acklom die Anklage verlesen hatte, hatte er ihr gedankt und dabei ihren privaten Bereich nicht respektiert, sondern ihr die Hand auf den Arm gelegt. Das hatte Clare überhaupt nicht gefallen. Sie beschrieb ihn als »aufdringlich« und »einen Schwätzer« und verspürte ihm gegenüber eine starke Antipathie. Außerdem, so erzählte sie mir, hatte sie gehört, wie er während des Fluges mit dem Polizisten auf dem Platz neben ihm gesprochen hatte. Er hatte versucht, etwas über das Gefängnis herauszufinden, in das man ihn brachte. Außerdem hatte er gesagt, bei der Nichtrückzahlung des Kredits handle es sich um eine zivilrechtliche Angelegenheit, keine strafrechtliche. Clare teilte mir mit, ein Journalist habe sich an Bord der Maschine befunden, und es habe ein »verdammtes Handgemenge« gegeben. Der Pilot habe dann das Anschnallzeichen eingeschaltet, sodass alle Passagiere zu ihren Plätzen hätten zurückkehren müssen. Ich erzählte ihr, ich hätte Acklom in den Nachrichten die Gangway herunterkommen sehen, sie jedoch nirgendwo entdeckt. Daraufhin erzählte Clare, es sei ihr gelungen, in ihren Absatzschuhen »die Gangway runterzustöckeln« und sich dann hinter dem Polizeibus zu verstecken.

Clare erklärte mir, das Verfahren müsse jetzt innerhalb eines halben Jahres stattfinden, und am 25. März werde Acklom zu einer ersten Voranhörung im Bristol Crown Court erscheinen. Endlich erkannte ich am Ende des Tunnels nicht nur einen flackernden Schimmer, sondern ein helles Licht, das mich führte. Ich wusste nicht, worauf Acklom plädieren würde. Ich wusste auch nicht, zu welchem Urteil eine Jury kommen würde, wenn er auf »Nicht schuldig« plädierte, aber ich wusste, wie auch immer, innerhalb von einem halben Jahr würde ich dieses sich so endlos hinziehende und schmerzliche Kapitel meines Lebens abschließen können.

Am 25. März 2019 plädierte Acklom in Bezug auf alle zwanzig gegen ihn erhobenen Anklagepunkte auf »Nicht schuldig«. Das überraschte mich nicht, denn ich war sicher gewesen, seine Arroganz wäre stärker als alle anderen Überlegungen, und obwohl mir die Polizei mitgeteilt hatte, dass der Anwalt des Crown Prosecution Service gesagt habe, Acklom sei in seinen Möglichkeiten »sehr eingeschränkt«, würde er gegen mich kämpfen, so gut er das nur vermochte. Ich betrachte das Ganze tatsächlich als persönlichen Kampf: ich gegen ihn.

Die Zeit vor dem Prozess war von hektischen Aktivitäten geprägt, und während die Wochen vergingen, stieg die Anspannung stetig. Im Mai hielt ich mich in London auf und reiste nach Bristol, weil ich vor Gericht erscheinen musste. Außerdem sollte ich Charles Thomas treffen, den Vertreter der Staatsanwaltschaft. Das war sehr nützlich für mich, denn man brachte mich in einen Raum im Gericht, und ich sah, wie alles aufgebaut war – der hohe Richterstuhl, hinter dem der Richter Platz nehmen würde, die Bänke im unteren Teil, wo die Rechtsvertreter und die Polizei Platz nehmen würden, die Zuschauergalerie, die Bank, auf der der Protokollant und einige Journalisten sitzen würden, der Zeugenstand, von dem aus ich aussagen, und die Glaswand, hinter der Mark Acklom sitzen würde.

Man hatte mir angeboten, meine Aussage über Video oder hinter einer Trennwand zu machen. Ich wusste, über Video kam für mich nicht infrage, und anfangs war ich mir auch sicher gewesen, auf keinen Fall eine Trennwand zu wollen, doch mit der Zeit hatte ich mich gefragt, ob mich Ackloms Anwesenheit, und das in Sichtweite, womöglich aus dem Konzept bringen würde. Vielleicht würde ich besser funktionieren, wenn ich ihn nicht sehen konnte und er mich auch nicht. Ich wollte ihm gegenüber unnachgiebig und fest dastehen, ganz im wahrsten Sinne des Wortes, doch jetzt fragte ich mich, ob es ihm wohl gelingen würde, mich zu unterminieren, einfach indem er mich anschaute. Ich erinnerte mich an seinen intensiven Blick, als er damals zum ersten Mal das Geschäft betreten hatte, wie er meinen festgehalten hatte, und ich wollte seine Augen nicht noch einmal auf mir spüren. Als ich die Trennwand nun jedoch vor Ort sah, wurde mir allerdings klar, dass ich so etwas nicht wollte. Ich erkannte, dass es sich um einen Vorhang auf einer Seite des Zeugenstands handelte, und den Zeugenstand empfand ich schon als klaustrophobisch, als ich nur darin stand.

In der Begleitung von Helen Holt und Clare Ball hatte ich ein kurzes Treffen mit Charles Thomas, und ich war sehr angetan davon, dass er ganz offensichtlich bereits einige der wichtigsten Aspekte des Falls erfasst hatte. Ich wusste, er würde mir nicht viel erzählen dürfen, denn man hatte immer wieder betont, dass ich nicht »korrumpiert« werden dürfe, doch er brachte deutlich zum Ausdruck, dass er darüber Bescheid wusste, wie ich während meiner Beziehung zu Acklom immer wieder meinen Wunsch betont hatte, meine finanzielle und häusliche Unabhängigkeit zu behalten. Ich warnte ihn und erklärte, Acklom sei außergewöhnlich schlau, doch Charles versicherte mir, Acklom werde es schwierig finden, eine Jury davon zu überzeugen, er habe bei der Begegnung mit mir seinen eigenen Namen vergessen – und die Tatsache, dass er verheiratet und Vater von zwei Kindern war.

Es gab zwei Punkte, die ich Charles ganz besonders dringend vermitteln wollte, deswegen wartete ich auch nicht mehr damit, sie auszusprechen.

»Ich weiß, die Leute denken gern, so etwas passiere nur ›dummen Frauen‹. Ich bin aber nicht dumm.« Außerdem erklärte ich, ich hielte Acklom für einen Psychopathen.

»Meinen Sie das im wahrsten Sinne des Wortes?«, erkundigte er sich.

»Ja«, gab ich zurück und war davon überzeugt, dass Charles genau verstand, was ich sagen wollte.

Ich war froh darüber, die Fahrt nach Bristol auf mich genommen zu haben. Wie häufig wartet man mit Besuchen beim Gericht und der ersten Begegnung mit Anwälten bis zum Tag der Verhandlung! Man hatte mir auch vorgeschlagen, ich solle mir bis zum 5. August Zeit lassen, aber ich hatte mir das Ganze als zusätzlichen Stress an einem ohnehin anstrengenden Tag vorgestellt. Als ich in den Zug zurück nach London stieg, fühlte ich mich ermutigt und ein wenig besser auf das vorbereitet, was vor mir lag.

Die folgenden drei oder vier Wochen waren relativ ruhig, doch diese Phase sollte sehr abrupt enden. Am 19. Juni, nur sechs Wochen vor dem angesetzten Beginn des Prozesses, war ich blendend gelaunt und fuhr gerade im Bus nach Hause, als ich eine Nachricht der Polizei erhielt, in der man darum bat, mich anrufen zu dürfen. Ich mailte zurück und erklärte, ich sei etwa in einer Stunde bereit.

»Ich muss Sie darüber informieren, dass wir dieses Gespräch aufzeichnen«, erklärte mir Clare, als der Anruf kam. Ich spannte mich an, in meinem Kopf schrillten die Alarmglocken, ich rechnete mit Gefahr – meine Telefonate mit der Polizei waren noch nie zuvor aufgezeichnet worden. Ich hatte mit einem Update aus Höflichkeit gerechnet, doch ganz offensichtlich handelte es sich um etwas wesentlich Bedeutsameres. Sofort war ich wachsam.

Am Anfang wurde ich gefragt, ob ich aus meiner Beziehung zu Mark Acklom in irgendeiner Form Kapital geschlagen hätte. Ich muss zugeben, ich fand die Frage so absurd, dass ich mich fast verschluckte. »Ich habe alles verloren«, schrie eine Stimme in meinem Kopf, »wirklich alles!« Doch irgendwie gelang es mir, ruhig zu bleiben. Ich bat stattdessen um eine Erklärung. Man wollte wissen, ob ich ein Honorar für Zeitungsartikel erhalten und ob ich jemals ein Buch oder ein Drehbuch verfasst hätte. Wenn das der Fall sei – wer habe diese gelesen? Gab es irgendwelche Verträge mit Verlagen?

Langsam dämmerte mir, worauf das Ganze hinauslief. Acklom und seine Anwälte wollten ganz offensichtlich argumentieren, mir wären aus der Beziehung zu ihm Vorteile erwachsen. Wie lächerlich, dachte ich. Doch ich musste die Fragen ernst nehmen und sie beantworten. Ich konnte mich nicht mehr daran erinnern, um welche Beträge es 2016 genau gegangen war, berechnete diese jedoch grob auf sechstausend Pfund. Was ein Buch betraf, so teilte ich den Beamten mit, hatte ich 2014 ein erstes Manuskript niedergeschrieben, um mir selbst ins Gedächtnis zu rufen, was alles vorgefallen war. Ein Drehbuch hatte ich jedoch nicht verfasst. Spontan fiel mir nur eine einzige Person ein, die das ganze Manuskript gelesen hatte – meine

Tochter Lara. Ich erzählte der Polizei, ich hätte damals etwa zwanzig Literaturagenten deswegen kontaktiert, sei jedoch nirgendwo auf Interesse gestoßen. Die Frage verärgerte mich zutiefst, und ich erklärte, wenn mir Mark Acklom gern das Geld zurückgeben würde, würde ich nicht den geringsten Wunsch verspüren, irgendetwas zu publizieren. Was hätte ich denn tun sollen?, fragte ich mich. Außer einer Story war mir nichts geblieben, und es erschien mir völlig vernünftig, etwas damit anfangen zu wollen.

Als Nächstes teilte man mir mit, die Polizei werde Nachweise über sämtliche Zahlungen benötigen, die ich für irgendetwas im Zusammenhang mit Mark Acklom erhalten hatte. Eine heftige Übelkeit ergriff Besitz von mir: Man wollte mich zu weiteren Kunststückchen zwingen! Natürlich fiel mir direkt nach Beendigung des Gesprächs ein, dass weitere drei Personen mein Manuskript gelesen hatten, deswegen rief ich sofort wieder die Polizei an, um das zu »gestehen«. Als ich meine Bankunterlagen durchsah, stellte ich fest, dass ich nicht sechstausend, sondern insgesamt neuntausend Pfund von verschiedenen Medien erhalten hatte, also war ein weiteres »Geständnis« nötig. Ich fühlte mich plötzlich selbst wie die Angeklagte. Eine entsetzliche Erfahrung, aber eine gute Lektion. Mir wurde klar, wie schwer es für mich werden würde, wenn ich erst einmal auf der Zeugenbank Platz genommen hätte. Obwohl ich ahnte, dass vor allem das Kreuzverhör eine Belastung werden würde, hielt ich mir vor Augen, dass ich einfach nur die Wahrheit sagen würde, also würde sich das Ganze ziemlich einfach darstellen. Aber was, wenn ich mich nicht erinnern konnte? Man würde mich schließlich zu Ereignissen befragen, die inzwischen bis zu siebeneinhalb Jahre zurücklagen. Was, wenn ich »etwas in der Befragung zu erwähnen vergaß«, auf das ich mich später verließ?

Am nächsten Tag schrieb ich in mein Tagebuch, ich würde mich »wirklich scheiße fühlen und deprimiert, seit mich die Polizei gestern angerufen hat, und wegen Gedanken an Acklom«. Von diesem Augenblick an geriet ich in eine tiefe Depression. Ich trank zu viel, aß ungesund und wünschte mir nur, die Tage bis zum Prozess würden schnell vergehen, damit ich das Ganze einfach hinter mich bringen konnte. Ich hatte mir vorgenommen, für meine mentale und körperliche Fitness zu sorgen, konnte mich jedoch unmöglich motivieren. Allerdings versuchte ich mich auf mögliche Vorfälle während Ackloms Verfahren vorzubereiten, indem ich *The Secret Barrister* las, einen alarmierenden Enthüllungsbericht über den schrecklichen Zustand des Strafrechtssystems. Alle sollten es lesen: Für mich war es eine unverzichtbare Vorbereitung auf das Kommende, und ich sah dem Ganzen mit weit geringeren Erwartungen entgegen.

In den folgenden Wochen gab es weitere Anrufe der Polizei, von denen ein weiterer aufgezeichnet wurde. Man teilte mir mit, Ackloms Anwälte der Verteidigung seien nicht überzeugt, dass die Fotografien meines Hochzeitskleids auch wirklich ein Hochzeitskleid zeigten.

»Aber die Quittung für das Kleid liegt Ihnen doch vor«, protestierte ich.

»Das stimmt, aber darauf ist lediglich der Stil des Kleides vermerkt. Von ›Hochzeitskleid‹ steht da nichts Konkretes, und die Anwälte sind der Ansicht, dass es auf den Bildern einfach nur wie irgendein Kleid aussieht: Sie wollen das Kleid wirklich sehen.«

Einfach nur lächerlich, sagte ich zu mir selbst. Gott sei Dank hatte ich das Kleid aufgehoben – die verließen sich wahrscheinlich darauf, dass ich es nicht würde vorzeigen können. Aber ich hatte es nicht bei mir. Es hing in Bridgets Haus in Buckinghamshire in einem Schrank, deswegen musste ich veranlassen, dass man es abholte und nach Bristol brachte. Darüber hinaus wurde ich nun gebeten, das Manuskript aus dem Jahr 2014 der Polizei zu übersenden, damit die Staatsanwaltschaft es sich ansehen und entscheiden konnte, ob es unter die Offenbarungspflicht fiel. Ich hatte es vor Jahren der Polizei angeboten (damals war das abgelehnt worden, und man hat mir bedeutet, man wolle nicht von einem »fiktiven Werk« beeinflusst werden). Jetzt empfand ich das jedoch als einen weiteren schrecklichen Eingriff in meine Privatsphäre. Wie damals, als man mein Handy untersucht hatte, wollte ich den Anwälten nicht meine innersten Gedanken und Gefühle preisgeben – und der Verteidigung sowieso nicht. Es fühlte sich an, als hätte ich mich völlig nackt ausziehen müssen – schlimmer noch, ich fühlte mich, als hätte man mir alles Fleisch von den Knochen gerissen.

So sieht die Realität der »Offenbarung« aus. Man muss darauf vorbereitet sein, dass das gesamte Leben untersucht, auseinandergenommen, penibel betrachtet und herumgereicht wird, sodass die Verteidigung die bestmögliche Chance erhält, einen in Misskredit zu bringen oder einen zumindest die Fassung verlieren zu lassen und zu demütigen. Meinem Eindruck nach hielten sie im Endeffekt alle Karten in der Hand. Man hatte mir bereits gesagt, ich hätte Glück, niemals auf irgendwelchen Internetseiten gewesen zu sein, denn sonst hätte man möglicherweise meine gesamten Aktivitäten im Netz akribisch untersucht. Später erfuhr ich noch etwas: Hätte es bei Ackloms aktuellster Einlassung gegenüber der Verteidigung in meinen ärztlichen Unterlagen irgendeinen Nachweis über Geisteskrankheiten gegeben, wäre eventuell eine gründliche Untersuchung durch die Staatsanwaltschaft erfolgt. Wäre das dann als nützlich für die Verteidigung eingestuft worden, hätte es an die Öffentlichkeit gebracht werden müssen. Warum, so fragte ich mich, gab es diese belastende Pflicht der Offenbarung für entscheidende Zeugen, nicht aber für den Angeklagten?

Das ganze System ist für mich ein Buch mit sieben Siegeln. Wie auch immer – was das betrifft, bleibt dem Zeugen keine Wahl, deswegen schickte ich pflichtbewusst, dabei jedoch sehr widerwillig, mein Manuskript aus dem Jahr 2014 an die Polizei, und zwölf Kapitel davon wurden an Ackloms Anwälte weitergegeben. Dann hieß es, ich müsse bei meinem Erscheinen vor Gericht meine sämtlichen Aufzeichnungen zur polizeilichen Untersuchung mitbringen und alles andere, was ich über Mark Acklom besaß. Das fand ich einfach nur verrückt, weil dazu Ausdrucke der gesamten Korrespondenz gehörten, die zwischen mir und der Polizei stattgefunden hatten (ich hatte mir solche Sorgen gemacht, Hacker würden mein E-Mail-Konto angreifen und meine Dateien zerstören, dass ich Ausdrucke von allem angefertigt hatte). All das befand sich in ihren Akten. Doch wieder blieb mir keine Wahl, was das betraf. Wenn ich der Aufforderung nicht nachkam, würde das verdächtig aussehen – als hätte ich etwas zu verbergen, und ich musste eine »völlig reine Weste nachweisen«. Aus diesem Grund musste ich mit einer Kiste voller Aktenordner Hunderte von Meilen zurücklegen, außerdem mit drei Handys, diversen weiteren Büchern und Dokumenten und meinen Hochzeitsschuhen. Außerdem brauchte ich genug Kleidung für drei Wochen.

15

Eine Schlange in einem Blumenbeet

Unter all seiner Kultur, seiner Klugheit, seiner Anmut, unter seiner
Zugänglichkeit, seiner Leichtigkeit, seiner Lebenserkenntnis lag sein
Egoismus verborgen wie eine Schlange in einem Blumenbeet.

Henry James, *Bildnis einer Dame*

Am 5. August musste ich die Polizei gegen Mittag in Bristol treffen. Laura und Emma kamen zu mir ins Hotel, und Detective Constable Clare Ball und Detective Sergeant Helen Holt holten die Akten und die anderen Gegenstände ab, die ich mitgebracht hatte. Wir stellten auch die endgültige Version des Statements in Bezug auf die aufgezeichneten Telefonanrufe zusammen, und sie übergaben mir Kopien all meiner früheren Aussagen, bis zurück ins Jahr 2014. Auf diese Weise konnte ich mein Gedächtnis auffrischen, bevor man mich in den Zeugenstand rief. Das Hochzeitskleid war abgeholt worden und befand sich bereits im Gericht. Eine Jury war ausgewählt (aber noch nicht eingeschworen) und wieder entlassen worden, und man sagte uns, es habe sich heute Morgen ergeben, dass der Richter in der kommenden Woche von Montag bis Mittwoch abwesend sein werde, deswegen werde es in der zweiten Woche erst am Donnerstag weitergehen. Das enttäuschte mich, denn nun sah es danach aus, als würde zwischen meiner und der nächsten Zeugenaussage eine fünftägige Pause liegen, und dann gäbe es womöglich drei Wochen zwischen meiner Aussage und dem Schlussplädoyer. Würde sich die Jury dann überhaupt noch an irgendetwas von dem erinnern, was ich gesagt hatte? Außerdem sah es danach aus, als würde das Verfahren länger als drei Wochen dauern.

Man sagte mir, Acklom beanspruche seine Anwältin bis aufs Äußerste, die juristischen Streitigkeiten würden sich fortsetzen, und das würde sich wahrscheinlich den ganzen Tag über hinziehen. Deswegen würde es ausreichen, wenn man uns jederzeit kontaktieren könne und wir in der Lage wären, innerhalb einer halben Stunde vor Gericht zu erscheinen. Unter diesen Umständen könnten wir den Nachmittag so verbringen, wie wir wollten. Außerdem wurde uns mitgeteilt, dass Ackloms Anwältin im selben Hotel ein Zimmer hatte wie wir, und man warnte uns, wir sollten sehr vorsichtig sein, wenn wir über das Verfahren sprachen, vor allem im Hotel und in der Nähe des Gerichts.

Es war ein schöner Nachmittag, und nachdem sich Laura und Emma ein wenig am Gericht umgesehen hatten, um sich mit der Umgebung vertraut zu machen, besuchten wir die Altstadt von Bristol. Irgendwann stiegen wir ein paar Stufen zu einer Caféterrasse am Wasser hinauf, und dort saßen wir bei einem Drink in der Abendsonne. Wenn man die Umstände unseres Zusammenseins außer Acht ließe, könnte das hier genauso gut ein Urlaub sein, überlegte ich. Doch dieses Gefühl des Wohlbefindens sollte sich am darauffolgenden Tag schlagartig ändern, und die nun folgenden achtundvierzig Stunden stellten sich als Achterbahnfahrt aus Auf und Abs, Hoffnung und Verzweiflung, Klarheit und Verwirrung heraus.

Am Morgen traf ich Helen und Clare am Hotel, und wir gingen zusammen zum Gericht. Als wir die Small Street erreichten, entdeckten die Polizeibeamten einen Paparazzo, der dort auf uns lauerte. Ich hörte das Klicken der Kamera wie ein schreckliches Rattern, und es wurde bedrohlich laut, bis ich die Kamera quasi im Gesicht hatte. Eine schreckliche Erfahrung, auf die ich in keiner Weise vorbereitet war. Nächstes Mal, so beschloss ich, würde das anders sein. Wieder etwas, was ich auf schmerzhafte Weise gelernt hatte.

Das Verfahren sollte im Saal 1 stattfinden, im größten aller Säle, und der war ein wenig anders ausgerichtet als die anderen. Es gab zwei Besuchergalerien, eine davon hinter Glas, darüber die Jury; von dort aus konnte man direkt nach unten auf die Zeugenbank schauen, und obwohl das Ganze so nüchtern und leblos wirkte wie der Saal, den ich zuvor besichtigt hatte, fand ich diesen hier einschüchternder, einfach durch seine Größe. Deshalb war ich froh darüber, ihn schon gesehen zu haben, bevor ich ihn »offiziell« betrat.

Ich hatte ein kurzes Treffen mit Charles Thomas und lernte auch Alyson Harris kennen, die Anwältin der Anklage. Zu uns gesellte sich der ehemalige Detective Inspector Adam Bunting, der sich inzwischen halb im Ruhestand befand, sich jedoch durchgängig intensiv mit dem Fall befasst hatte. Acklom, so erfuhr ich, stritt nicht ab, mich zu kennen, doch er bestritt sehr wohl, wie weit unsere Beziehung gegangen war. Er behauptete, ich hätte die ganze Zeit gewusst, dass er kein Geld hatte. Die juristischen Streitigkeiten setzten sich fort, und man teilte mir mit, es sei unwahrscheinlich, dass man mich noch am selben Tag in den Zeugenstand rufen würde.

Ich kehrte in mein Hotel zurück, doch schon kurze Zeit später meldete sich die Polizei und erklärte, man brauche mich vor Gericht. Man holte mich ab und brachte mich in die Zeugensuite. Laura und Emma begleiteten mich (darum hatte ich sie gebeten, weil ich Angst hatte, nicht alles mitzubekommen), und wir fragten uns, was wohl als Nächstes geschehen würde.

Wir saßen zu acht zusammen: Clare, Helen und Adam, Charles Thomas, Alyson Harris, Lara, Emma und ich. Charles sprach als Erster.

»Nun, es hat sich einiges ergeben, und möglicherweise wird Mark Acklom auf ›Schuldig‹ plädieren«, hieß es. Charles Thomas erklärte, dass sich Acklom eventuell in Bezug auf fünf der gegen ihn erhobenen Anklagepunkte für schuldig erklären würde. Ich sagte nichts, aber innerlich schrie ich: »Nein! Er ist in *allen* Punkten schuldig!«

Charles fuhr fort und entwarf in groben Zügen die gerade laufende Verständigung in Bezug auf den Antrag, und er erklärte, warum die Anklage dafür war, diese zu akzeptieren. Als Schlüsselpunkte kristallisierte sich heraus, dass man Mark Acklom als »Lifestyle-Kriminellen« bezeichnen würde, wenn er sich in diesen fünf Anklagepunkten schuldig erklärte, und dass dann die Strafe, die er erhalten würde, aller Wahrscheinlichkeit nach nicht wesentlich geringer wäre, als wenn der Fall vor Gericht landete. In diesem Fall würde er sich in allen zwanzig Anklagepunkten für »Nicht schuldig« erklären. Wenn er in Bezug auf die fünf Punkte auf »Schuldig« plädierte, ging man davon aus, dass er eine Strafe von sechs Jahren erhalten würde, abzüglich der zehn Prozent wegen seines Plädoyers. Wenn es jedoch zu einem Verfahren käme, betrug die höchstmögliche Strafe zehn Jahre, selbst wenn man ihn in allen zwanzig Punkten für schuldig befinden sollte, und dem Gefühl der Anwälte nach hätte er mit etwa acht Jahren zu rechnen. Außerdem wurde betont, dass ein Schuldeingeständnis vonseiten Ackloms, selbst wenn es sich nur um ein Viertel der gegen ihn erhobenen Anklagepunkte handeln würde, schon in sich selbst einen großen Nutzen trage. Mit Nachdruck wies man darauf hin, mir bliebe dann die möglicherweise aufwühlende und beschämende Zumutung erspart, auf der Zeugenbank Platz nehmen zu müssen.

Ich wollte wissen, was in Bezug auf die übrigen fünfzehn Anklagepunkte geschehen würde. Würde man von Ackloms Unschuld ausgehen (diesen Gedanken konnte ich einfach nicht ertragen)? Würden sie als nicht existent betrachtet werden? Man erklärte mir, die fünfzehn Punkte blieben einfach Teil der Akte. Daraufhin fragte ich, ob ich in diesem Fall in der Lage wäre, meine Geschichte zu erzählen und ein Buch zu veröffentlichen. Charles teilte mir mit, er sei früher auf Diffamierung spezialisiert gewesen – mir stünde es in diesem Fall frei, meine Geschichte zu erzählen. Acklom hätte überhaupt keine Möglichkeit, mich dahingehend zu belangen, erklärte Charles Thomas. Ich fragte die Polizeibeamten, ob auch sie diese Form akzeptieren würden, und sie bestätigten das. Dann bot man uns an, einige Zeit allein zu verbringen, um das Ganze zu besprechen, und wir sagten, das wäre gut. So viel musste ich gleichzeitig aufnehmen: Viele verschiedene Emotionen kochten in mir hoch, und die ganze Zeit versuchte ich mich nach außen hin gefasst und kontrolliert zu geben – warum haben wir immer das Gefühl, uns tadellos benehmen zu müssen, wenn wir in Wirklichkeit toben und rasen, schreien und brüllen wollen?

Lara, Emma und ich besprachen im Detail alles, was wir gehört hatten. Die beiden hatten sich Notizen gemacht, und ich war unglaublich froh, dass sie bei mir waren und einen klaren Kopf behalten hatten, denn von mir konnte man das in keiner Weise behaupten. Wir verspürten einen deutlichen Druck, rasch zu einer Entscheidung zu kommen. Charles Thomas hatte keinen Zweifel daran gelassen, dass die Entscheidung letzten Endes bei ihnen lag, nicht bei uns, und manchmal frage ich mich, was wohl passiert wäre, wenn wir zu einer anderen Schlussfolgerung gelangt wären, doch nach etwa einer halben Stunde der Beratung stimmten wir alle darin überein, dass es sich bei dem Vorgeschlagenen alles in allem um ein vernünftiges Ergebnis handelte. Die Anwälte und Polizeibeamten betraten wiederum das Zimmer, und ich fragte sie erneut, ob sie sicher seien, Ackloms Schuldeingeständnis in fünf Anklagepunkten akzeptieren zu können. Sie versicherten mir, das sei der Fall, und ich teilte ihnen mit, dass wir zustimmten. Beim Aufbruch informierte man uns, die juristischen Auseinandersetzungen würden sich wahrscheinlich hinziehen, dass wir uns jedoch wieder bereithalten und uns nur so weit vom Gericht entfernen sollten, dass wir schnell würden zurückkehren können.

An diesem Nachmittag herrschte eine gedrückte Stimmung. Während die Sekunden langsam vergingen, spürte ich, wie mich mehr und mehr der Mut verließ. Als es Abend wurde, fühlte ich mich ziemlich deprimiert und hatte Schwierigkeiten, gegenüber meinen Angehörigen und meiner Freundin Anne und ihrem Sohn Nick, die zu meiner Unterstützung gekommen waren, höflich zu bleiben. Wir versuchten, uns für einen Ort zum Abendessen zu entscheiden, aber ich hatte keinen Appetit und lehnte sämtliche Vorschläge der anderen ab. Irgendwann landeten wir in denselbem Restaurant, das wir am Vorabend besucht hatten. Ich hatte gehofft, dort würde dieselbe Atmosphäre herrschen wie bei unserem ersten Besuch, und das würde meine Laune heben, aber das war nicht der Fall. Wir alle waren ganz eindeutig niedergeschlagen, und als ich in mein Hotelzimmer zurückkehrte, fühlte ich mich einfach grässlich.

In dieser Nacht fand ich keinen Schlaf. Ich hatte schreckliche Krämpfe in den Beinen und verbrachte die meiste Zeit unter Schmerzen, tigerte in meinem Zimmer auf und ab. Wenn ich mich hinlegte, wälzte ich mich nur von einer Seite auf die andere. Die Ereignisse des Tages waren eine solche Enttäuschung gewesen. Von meinem sechs Jahre andauernden Kampf waren nur noch Deals um einzelne Anklagepunkte übrig. Außerdem erschien es mir nun so, als ginge es der Staatsanwaltschaft nur darum, die Gerichtskosten möglichst niedrig zu halten. Darüber hinaus war mir bewusst, dass Acklom den Vorschlägen nur zustimmen würde, weil er wusste, dass man ihn aller Wahrscheinlichkeit nach in Bezug auf weitere Anklagepunkte für schuldig befinden und dann zu längerer Zeit im Gefängnis verurteilen würde, wenn es zu einem Verfahren käme. Denn Psychopathen werden nur von einem einzigen Faktor motiviert: ihrem eigenen Interesse. Acklom wusste, auf diese Weise würde er den für sich bestmöglichen Deal erreichen.

Ich sollte die Polizei am Mittwochmorgen um neun Uhr treffen, und während ich mich fertig machte, hielt ich mit Mühe die Tränen zurück, die mir immer wieder in den Augen brannten. Ich war erschöpft und hatte Angst, in Panik zu geraten und den Ereignissen des Tages nicht gewachsen zu sein. Ich wusste, noch immer war alles möglich, und bis Acklom tatsächlich vor Gericht aufstand und die fünf Anklagepunkte mit dem Wort »Schuldig« beantwortete, würde er seine Meinung ändern können. Dann würde ich immer noch als Zeugin erscheinen müssen. Wie zuvor zog er die Fäden, verursachte ein Drama, wo es keines gebraucht hätte, und ich stellte mir vor, wie viel Freude es ihm bereitete, dass alle aufgescheucht herumrannten, wie auf heißen Kohlen saßen.

Um neun Uhr wartete ich in der Hotellobby, von der Polizei gab es jedoch keine Spur. Ich hockte da, angespannt und den Tränen nahe, versuchte, mich auf meine Atmung zu konzentrieren. Die Zeit schien beinahe stillzustehen. Immer wieder schaute ich auf die Uhr, nur um festzustellen, dass seit dem letzten Mal etwa eine Minute vergangen war. Um 9:29 Uhr hörte ich das Ping einer SMS. Sie stammte von der Polizei. Man sei aufgehalten worden, hieß es, werde jedoch bald bei mir sein.

Lara und Emma trafen ein, aber die Polizei ließ sich immer noch nicht blicken, und wir alle hatten das Gefühl, diese Verspätung könne nichts Gutes bedeuten. Als Helen und Clare dann endlose zehn Minuten später erschienen, spürte ich wieder, wie mir die Tränen in den Augen brannten. Man sagte uns, es sei immer noch nicht klar, wie es jetzt weitergehe. Die beiden hatten die Hoffnung, Acklom werde sich in den genannten fünf Punkten für schuldig erklären, doch sicher konnten sie sich nicht sein. Immer noch spielte sich sehr viel hinter den Kulissen ab. Sie erläuterten mir, viele weitere Verzögerungen werde der Richter nicht dulden, doch es hieß auch, wenn nichts unmittelbar geschehe und sich Acklom gegen eine Erklärung entschied, wäre es wahrscheinlich, dass man das Verfahren um zwei Monate verschob, denn die Reihenfolge der Zeugenbefragungen war nun sehr durcheinandergeraten, zumal der Richter die ersten drei Tage der kommenden Woche nicht anwesend sein würde. Daher sei es unmöglich, im August wieder alle Zeugen vor Gericht zu bekommen.

Obwohl ich mich auf die meisten der wahrscheinlichen Szenarien vorbereitet hatte, war es mir nicht in den Sinn gekommen, ich würde Bristol vielleicht verlassen müssen, ohne dass es ein Ergebnis gab. Die Vorstellung, mich für zwei weitere Monate in einem Limbo zu befinden, einmal mehr meine Hoffnungen zerstört zu sehen, war mehr, als ich ertragen konnte – doch es half mir, meinen Verstand zu fokussieren, und mir wurde bewusst, dass ich viel lieber das Ganze hinter mich bringen wollte und das »Schuldig«-Plädoyer in den fünf Anklagepunkten ertrug, als noch eine weitere Verzögerung hinzunehmen. Außerdem überlegte ich mir, dass Acklom versuchte, das ganze Verfahren so lange wie möglich auszudehnen, weil er lieber in Untersuchungshaft saß, statt als verurteilter Verbrecher im Gefängnis zu sein. Je länger er dafür sorgen konnte, dass sich das Ganze hinzog, desto besser wäre es für ihn. Jeder Tag, den er nun hinter Gittern verbrachte, würde von seiner späteren Strafe abgezogen werden, und ihm war gewiss klar, dass sich seine Lebensumstände deutlich verschlechtern würden, wenn er erst einmal verurteilt wäre.

Während wir noch dasaßen, erhielt die Polizei die Nachricht, dass das Gericht erneut zusammenkam, deswegen gingen sie mit Lara und Emma hin, um herauszufinden, was sich nun tat. Als potenzielle Zeugin durfte ich immer noch nicht vor Gericht, und deswegen blieb ich im Hotel zurück. Lara und Emma würden das Ganze wieder für mich verfolgen, und die beiden erzählten mir anschließend, was vorgefallen war.

Man hatte um Viertel vor elf damit begonnen, dass Gudrun Young, Ackloms Anwältin, über einen Blog sprach, der am Montagabend geheime Informationen öffentlich gemacht hatte. Sie erklärte, das bedeute eine Missachtung des Gerichts, und Richter Pickton warnte die Jury, außerhalb des Gerichtssaals Informationen preiszugeben, stelle ein ernsthaftes Vergehen dar. Dann erhielt der Richter einen Antrag auf eine sogenannte Goodyear Indication: Er sollte erklären, welche Höchststrafe Acklom in etwa zu erwarten hätte, wenn er sich entscheiden würde, in fünf Anklagepunkten auf Betrug zu plädieren. Der Richter erklärte sich bereit dazu. Die Höchststrafe, so sagte er, würde in diesem Fall sechs Jahre betragen. Dies, so führte er weiter aus, sei jedoch erst bindend, wenn sich der Angeklagte rasch entsprechend verhielte.

Dann wurde das Verfahren für zwanzig Minuten unterbrochen,

und Lara und Emma fanden sich in einer privaten Unterhaltung mit Charles Thomas wieder. Er erklärte, ein Teil der Verzögerung sei durch einen Blogeintrag von »Charlie's Angel« auf Antifraud International entstanden. Charles Thomas spekulierte, »Charlie's Angel« sei am Montag möglicherweise im Saal gewesen und es könne sich um einen Mann handeln. Tatsächlich hatten wir am Montag zwei unabhängige Berichte über einen verdächtig wirkenden Mann in der öffentlichen Galerie erhalten. Die Polizei hatte uns vor ihm gewarnt. Ich hatte mich oft insgeheim gefragt, ob hinter diesem Internetnamen möglicherweise ein Mann steckte, und das schien nun noch wahrscheinlicher.

Um halb zwölf rief mich Emma an, um mir mitzuteilen, es sehe danach aus, als würde sich Acklom endlich schuldig bekennen. Zusammen mit der Polizei holte sie mich ab, um mich zum Gericht zu eskortieren. Wir betraten das Gebäude durch einen Seiteneingang, von dem aus wir den Haupteingang sehen konnten, wo sich viele Presseleute drängten. Zum Glück gerieten wir diesmal in keinen Hinterhalt. Wir betraten Gerichtssaal 1, wo man in der öffentlichen Galerie drei Plätze für Lara, Emma und mich freigehalten hatte. Als ich den Raum betrat, sah ich zwei oder drei mir vertraute Gesichter. Hauptsächlich gehörten sie Freunden, die aus London, Buckinghamshire, Sussex und Wales angereist waren. Außerdem gab es da einige mir wohlgesonnene Journalisten. Martin Brunt von *Sky News* war da und Martin Jones von *BBC Points West*. Ich versuchte, allen mit einem flüchtigen Lächeln zu signalisieren, dass mir ihre Gegenwart nicht entgangen war. Weil ich meine Freunde dort sah, die zu mir hielten, fühlte ich mich sofort besser. Sie alle waren gute, anständige Menschen, die mich näher kannten; sie kannten auch meine Geschichte und glaubten mir, und sie wollten, dass hier Gerechtigkeit erzielt wurde.

Es herrschte eine angespannte Atmosphäre. Ständig gab es verstohlenes Gemurmel, und Erwartungen erfüllten förmlich die Luft. Die Jury wurde hereingebeten, und ich versuchte aufzunehmen, was ich sah. Doch weiter, als festzustellen, dass vier Frauen dabei waren, kam ich nicht. (Ich hatte immer gehofft, wenigstens die Hälfte der Jury würde aus Frauen bestehen, denn ich glaubte, sie würden sich wahrscheinlich mit mir identifizieren. Deswegen hatte ich sofort das Gefühl, die Jury sei gegen mich.) Wir alle erhoben uns aus Respekt vor dem Richter, und als wir uns wieder setzten, wagte ich einen Blick über die Schulter, um einen Eindruck von Mark Acklom zu erhaschen. Für mich war das wichtig, damit ich sicher sein konnte, dass er auch wirklich anwesend war. Was ich zu Gesicht bekam, erschütterte mich. Einen gewöhnlicher aussehenden Mann als den dort hinter der Glasscheibe konnte man sich nicht vorstellen. Er war dünner als in unserer gemeinsamen Zeit, trug einen Bart, doch nicht den »Designerschatten« aus dem Jahr 2012. In seinem grauen Kapuzenshirt wirkte er völlig ungepflegt. Hätte ich mich überhaupt noch einmal nach ihm umgedreht, wenn er jetzt den Laden betreten hätte? Auf gar keinen Fall!

Die Spannung war mit den Händen zu greifen, als die Anklage verlesen wurde, wobei es mit Punkt fünf losging.

»Zwischen dem 18. Januar 2012 und dem 22. März 2012 beging Mark Richard George Acklom einen Betrug, indem er sich auf unehrliche Weise bereichern oder andere dem Risiko des Verlusts aussetzen wollte, indem er gegenüber Carolyn Woods falsche Angaben machte, von denen er wusste, dass sie unwahr oder irreführend waren. Dazu gehörte, dass er sich in einer festen Beziehung mit Carolyn Woods befände, dass er frei wäre, sie zu heiraten, und dass er 29.564,36 £ als Darlehen benötigte, um Immobilien zu renovieren, die er besaß und ausbaute. Damit verstieß er gegen Absatz zwei des Fraud Act 2006. Wie lautet Ihr Plädoyer in diesem Punkt?«

Ackloms leise, mit dünner Stimme gegebene Antwort war kaum zu vernehmen, doch in der angespannten Atmosphäre von Gerichtssaal 1 hörten wir ihn »Schuldig« murmeln.

Darauf folgten die verbleibenden vier Anklagepunkte, und bei jeder Antwort mussten wir die Ohren spitzen, um Acklom überhaupt zu hören. Seine Stimme war so leise und seine Aussprache so grob, dass ich beim vierten Punkt glaubte, er habe seine Meinung geändert. Die Nachfrage wurde von einem weiteren »Schuldig« unterbrochen. Und dann begriff ich es. Natürlich! Ackloms heruntergekommene Erscheinung und sein zurückgenommenes Verhalten gehörten zu einem weiteren Schauspiel. Wie ein Chamäleon nahm er die Person eines gewöhnlichen Mannes an, trug herkömmliche Klamotten, damit er so jung wie möglich aussah, murmelte nur, damit man ihn für niedergeschlagen und von geringem Selbstbewusstsein geplagt hielt. Das Ganze war eine eiskalte, berechnende Theateraufführung, die das Gericht davon überzeugen sollte, dass man ihn auf keinen Fall für einen gewandten, attraktiven, aufregenden, atemberaubend interessanten Multimillionär hätte halten können. Auf diese Weise wollte er die Leute davon überzeugen, dass ich, nicht er, hier log und mir etwas zusammenfantasiert hatte.

Die Verhandlung wurde zum Mittagessen unterbrochen, und als wir um vierzehn Uhr für das Schlussplädoyer und die Urteilsverkündung zurückkehrten, begann das Ganze mit meinem Victim Personal Statement, der Darstellung des Opfers. Ich hatte geschwankt, ob ich eine Verlesung vor Gericht wollte oder nicht, diese Option für reine Zeitverschwendung gehalten, weil man mir widersprüchliche Informationen gegeben hatte. Ursprünglich hatte ich 2014 gehört, ein von mir verfasstes Opferstatement könne vor Gericht vom Anwalt des Crown Prosecution Service verlesen werden oder ich könne das selbst erledigen. Bald darauf war ich jedoch verwirrt, was das betraf, denn man hatte mir gesagt, der Zweck des Opferstatements bestehe darin, den Angeklagten wissen zu lassen, welchen Effekt seine Taten auf mich gehabt hatten, und dass das Ganze aller Wahrscheinlichkeit nach keine Auswirkungen auf das Strafmaß hätte, weil der Richter bis dahin schon alle Beweise gesehen und seine eigenen Schlussfolgerungen gezogen hätte. Als ich das erfuhr, entschied ich, dass es keinen Zweck hatte, wenn ich selbst ein Opferstatement verlas, denn ich wollte nichts weniger, als Mark Acklom die Befriedigung zu verschaffen, aus meinem Mund zu hören, dass er mein Leben ruiniert und meine Emotionen und meine geistige Gesundheit zuschanden gebracht hatte. Weil ich trotzdem gehört werden wollte, hatte ich mich bei Charles Thomas erkundigt, ob mein Opferstatement auch schriftlich, privat, an den Richter gegeben werden könne, und er hatte erklärt, diese Möglichkeit bestehe. Bis zum Vortag hatte ich gedacht, ich würde davon Gebrauch machen, zu diesem Zeitpunkt aber noch geglaubt, wir würden uns dann am Ende eines dreiwöchigen Verfahrens befinden, während dem der Richter meine Schilderungen zu meiner Beziehung mit Mark Acklom gehört hätte. Nun fand ich mich vor Gericht wieder, und Acklom würde gleich »auf der Basis eines Geständnisses, das das Niveau von Mr. Ackloms Kriminalität deutlich reduzierte« (wie es die Webseite der Anwaltskammer seiner Verteidigung im Anschluss so gewählt ausdrückte) verurteilt werden. Durch diese unerwarteten Umstände erschien es mir plötzlich viel wichtiger, dass mein Statement wirklich vor Gericht gehört wurde, vor allem weil ich nun in der Zeugensuite von einem der Freiwilligen erfahren hatte, dass man es auf alle Fälle berücksichtigen würde und es sogar eine Schlüsselrolle in Bezug auf das Strafmaß würde spielen können.

Das Opferstatement in den Akten der Polizei war vor einiger Zeit entstanden, und ich hatte mir überlegt, ich würde wahrscheinlich eine neue Version schreiben wollen, hatte diese jedoch noch nicht verfasst, weil ich geglaubt hatte, das Verfahren werde drei Wochen dauern und mir bliebe so genug Zeit, ein neues zu entwerfen. Doch nun waren wir bei Tag drei, und ich musste entscheiden, ob ich es überhaupt verlesen sollte oder nicht. Ich hatte meine Bedenken kurz mit der Polizei und den Anwälten besprochen, und Alyson Harris hatte erklärt, sie sei der Ansicht, ich würde mich besser fühlen, wenn mein Statement vor Gericht verlesen wurde, und dass ich dann wenigstens den Eindruck hätte, einen Anteil und Mitsprache am Verfahren zu haben. Sie bestätigte mir außerdem, es könne das Strafmaß beeinflussen, und das war für mich ausschlaggebend: Ich entschied, dass mein Statement vor Gericht verlesen werden sollte. Doch dann spürte ich, dass ich unerwarteterweise nicht in den Zeugenstand treten wollte, um das selbst zu tun, deswegen fragte ich Alyson Harris, ob sie das für mich übernehmen wolle, und sie stimmte freundlicherweise zu.

Über Alyson Harris als Mittelsperson ließ ich nun das Gericht wissen, dass ich davon ausging, Acklom habe vorsätzlich und in einer berechnenden, geplanten Art und Weise gehandelt, um mir durch Betrug mein gesamtes Geld und fast all meinen persönlichen Besitz wegzunehmen, außerdem mein Zuhause und meine Arbeitsstelle, sodass ich völlig hilflos und von ihm abhängig würde. Ich berichtete, wie er mich darüber hinaus gezielt von meiner Familie und meinen Freunden isoliert und Psychospielchen gespielt hatte, um mich zu täuschen und ein Gefühl der Angst in mir zu wecken, und dass ich dies für einen Akt äußerster Grausamkeit hielt, dazu gedacht, zu seiner eigenen Bereicherung mein Leben zu zerstören.

Ich berichtete, wie ich mich in verschiedener Hinsicht vergewaltigt gefühlt hatte, sexuell und emotional genauso wie finanziell; von dem Identitätsverlust und den gesundheitlichen Problemen, die ich erlitten hatte, und von meinem Kampf weiterzumachen. Ich erklärte: »Anders als körperliche Verletzungen sind emotionale und psychologische Wunden nicht sichtbar, und es entspricht meiner Art, mich nach außen hin tapfer zu geben. Wäre jedoch der Angriff, den ich erlitten habe, körperlicher Natur gewesen, würde ich jetzt aussehen, als hätte man mich zu Brei geschlagen. Auf psychologischer und emotionaler Ebene ist mir genau das widerfahren.«

Ich fuhr fort, indem ich zu erklären versuchte, wie Eigenschaften, die ich normalerweise als meine Stärken betrachtete, in meiner Beziehung mit Mark Acklom gegen mich eingesetzt worden waren. Ich erzählte dem Gericht, dass ich das als entsetzliches Unrecht empfand und wie ich darauf gehofft hatte, am Ende werde die Gerechtigkeit obsiegen und Mark Acklom daran gehindert werden, weitere Leben zu zerstören, so wie er meines zerstört hatte.

Richter Pickton führte dann Ackloms Vorstrafen auf, ehe er seine abschließende Zusammenfassung lieferte. Ich hörte ihm zu und spürte, wie ich »Nein! Das ist nicht korrekt!« rufen wollte, als das Gericht erfuhr, ich hätte bei meiner Begegnung mit Mark Acklom etwa achthundertfünfzigtausend Pfund auf meinem Bankkonto gehabt, »größtenteils aus dem Erbe ihrer Eltern und ihrer Scheidung«. Auch wenn ich mich wiederhole: Es geht mir wirklich sehr gegen den Strich, wie Frauen wie ich dargestellt werden, vor allem in den Medien. Man bezeichnet sie einfach immer als »Geschiedene«, und ihr materieller Wohlstand wird fast immer einer Scheidung zugeschrieben. Bei geschiedenen Männern kommt so etwas einfach nicht vor. Das Adjektiv »geschieden« wird selten gebraucht, wenn man einen Mann beschreibt, und was sie haben, gilt als ihr Eigentum, nie als »Teil eines Scheidungsabkommens«. Das macht mich so wütend! Als ich Acklom kennenlernte, war ich beinahe neun Jahre geschieden gewesen, und meine Scheidungsübereinkunft bestand aus einem 50/50-Splitting nach zweiundzwanzig Ehejahren und harter Arbeit beider Partner. Mein Exmann hatte genau dasselbe erhalten wie ich. Korrekter wäre es gewesen, wenn man gesagt hätte, dass sich das Geld auf meinem Konto durch den Hauskauf erklärte (diese Immobilie hatte zwischen 2003 und 2010 deutlich an Wert gewonnen) und aus dem Erbe meiner Eltern. Aber ehrlich gesagt – ist es überhaupt relevant, woher das Geld auf meinem Konto stammte? In seiner Beschreibung von Ackloms Vergehen in der Vergangenheit erwähnte Richter Pickton, Acklom habe als Teenager eine Wohnungsbaugesellschaft so betrogen, dass man ihm eine Hypothek von etwa dreihundertfünfzigtausend Pfund zugestand. »Nein!«, schrie eine Stimme in meinem Kopf. »Es waren fast fünfhunderttausend Pfund. Die Tatsachen müssen ja wohl stimmen!« Doch natürlich blieb ich stumm.

Als die mildernden Umstände zur Sprache kamen, brauchte ich noch mehr Selbstbeherrschung, während ich dem lauschte, was ich für eine lächerliche Aneinanderreihung von Entschuldigungen hielt, die man mit einigen vagen Beteuerungen würzte – völlig substanzlos. Es war, als hielte Gudrun Young einen Zauberstab in der Hand, der aber nur Seifenblasen produzierte, und so ließ sie Ackloms Behauptungen und Lügen emporsteigen, einige davon groß, andere klein. Diese schwebten nun durch den Gerichtssaal, bis sie platzten und sich in nichts auflösten.

Alles begann mit dem Antrag, die Zeit einzurechnen, die Acklom in der Schweiz im Gefängnis mit dem Warten auf seine Auslieferung verbracht hatte (237 Tage), außerdem die 167 Tage im Vereinigten Königreich. Alles sollte in Bezug auf seine Gesamtfreiheitsstrafe Berücksichtigung finden. Dann sprach Gudrun Young über das unverhältnismäßige öffentliche Interesse, das der Fall ausgelöst hatte. Sie erklärte, man habe Acklom in den Medien als einen der zehn meistgesuchten Flüchtigen Europas dargestellt, obwohl Schwere und Art seines Verbrechens ganz eindeutig nicht hergaben, dass man sie mit denen gefährlicher Krimineller gleichsetzen könnte. Selbst bezeichnete sie ihn als gewitzten Abenteurer, der aus Freude am Risiko handelte. Sie teilte dem Gericht mit, Mark Acklom wolle nicht einräumen, dass alles, was er je zu mir gesagt hatte, Lügen waren (das hatte ich nie behauptet). Außerdem betonte sie, er habe in der Schweiz tatsächlich für eine finanzielle Institution gearbeitet, er kenne die Prominente Nicky Clarke, er spreche tatsächlich sieben Sprachen, er habe wirklich ein fotografisches Gedächtnis, und es gebe eine Verbindung zur britischen Regierung, womit impliziert werden sollte, dass er vielleicht tatsächlich für den MI6 gearbeitet hatte. Diese letzte Seifenblase ließ Gudrun Young sanft emporsteigen, und sie schwebte quälend lange in der Luft. Dann erklärte die Anwältin, nichts mehr sagen zu wollen – jedem bleibe es überlassen, seine eigenen Schlussfolgerungen zu ziehen.

Außerdem sollte Mitleid geweckt werden: Obwohl Acklom in eine privilegierte Umgebung hineingeboren worden sei, sei seine Kindheit »von Unsicherheit und Instabilität« geprägt gewesen, hieß es. Sein Vater hatte für die Lloyds Bank gearbeitet, große Summen verdient und dann wieder verloren. Zu Hause erfuhr Acklom nur wenig Liebe oder Zuwendung, und uns wurde mitgeteilt, dass man ihn mit elf ins Internat geschickt habe (mich auch). All das habe dazu geführt, dass er sich ungeliebt und unsicher fühlte. Er gestand ein, seine Familie betrogen zu haben, sagte jedoch, sein Vater habe gewusst, dass er seine Kreditkarten benutzte. Er erklärte, seine Vergangenheit sehe anders aus als soeben dargestellt und dass er Dokumente gefälscht habe, um Geld für eines seiner Kinder aus seiner ersten Ehe herbeizuschaffen, das unter spastischen Lähmungen litt (niemand erwähnte die Tatsache, dass er seine erste Familie im Stich gelassen hatte, als die Kinder noch ganz klein gewesen waren). Es hieß, er sei seinen Kindern ein hingebungsvoller Vater (so hingebungsvoll, dass er sie als Requisiten in seinen diversen Scharaden einsetzte, dachte ich) und dass die Kinder und seine Frau nun wegen der ganzen Medienaufmerksamkeit leiden müssten. Seine Frau hatte dem Richter sogar einen Brief geschrieben.

Das Gericht erfuhr, dass Acklom einräumte, mich ausgenutzt zu haben. Er erklärte jedoch, er habe sich zu Anfang tatsächlich von mir angezogen gefühlt, nur hätte ich dann eine Besessenheit für ihn entwickelt. Er räumte ebenfalls ein, dass er mich wegen seiner familiären Situation belogen hatte, erklärte jedoch, ich hätte gewusst, dass er kein Geld hatte, und auch, dass er aufgrund seiner persönlichen Umstände unmöglich eine Vollzeitbeziehung zu mir eingehen konnte. Gudrun Young erklärte dann dem Gericht, wir »hätten niemals Sex gehabt« (wenn das nur stimmen würde, dachte ich im Stillen). Der Beweis, so fuhr sie fort, liege in meiner eigenen Handschrift vor, denn ich hätte mich Acklom gegenüber einmal in einem Brief beklagt, er habe »mich noch nie nackt gesehen«. Wir hätten »nie eine Nacht zusammen verbracht«. Gab es in diesem Gerichtssaal irgendjemanden, der naiv genug gewesen war zu glauben, Sex sei ohne das Ablegen sämtlicher Kleidungsstücke, ohne eine gemeinsame Nacht nicht möglich? Man darf nicht vergessen, dass Mark Acklom es immer eilig hatte.

Die Zuhörer wurden außerdem aufgefordert, sich vor Augen zu führen, dass Acklom nicht das ganze Geld für sich selbst verbraucht hatte; sehr viel davon war dafür aufgewendet worden, dass es mir gut ging – zum Beispiel für meine Unterbringung in einem luxuriösen Haus in Bath! Das war ein geringfügiger Betrug aus Opportunismus, so hieß es. Acklom habe eine Frau ausgenutzt, die verrückt nach ihm gewesen sei. Er habe sich nicht von Anfang an betrügerisch verhalten, und das Ganze tue ihm inzwischen sehr leid. Wir erfuhren, er habe seine Zeit im Gefängnis gut zu nutzen gewusst, anderen Insassen beim Lesen und Schreiben geholfen und einige Merkblätter verfasst, um ihnen beruflich weiterzuhelfen. Diese bot man dem Gericht an, das sich allerdings, muss ich sagen, nicht sonderlich beeindruckt zeigte. Während der Verlesung saß Mark Acklom mit gesenktem Kopf da, mit ausdrucksloser und undurchdringlicher Miene. Hinter seiner Glasscheibe kritzelte er etwas auf einen Zettel.

Einmal mehr unterbrach man die Verhandlung, während Richter Pickton zur Urteilsfindung schritt.

Zwanzig Minuten später wurden wir wieder hereingerufen, um Schlussplädoyer und Urteilsverkündung zu hören. Der Richter sah es als erwiesen an, dass es Acklom nicht von Anfang an auf mich abgesehen hatte – ich habe den Verdacht, dass die Sache anders lag, doch das werden wir wohl nie erfahren. Gleichzeitig, so der Richter, habe Acklom jedoch keine Probleme damit gehabt, mir diverse Lügen aufzutischen, und auch nicht die Absicht, mir jemals das Geld zurückzuzahlen. Niemals habe er irgendeine Anstrengung unternommen, das zu tun. »Das Geld ist Ihnen durch die Finger geronnen wie Sand«, wandte er sich an den Angeklagten. Mark Acklom sei nur wegen der Bemühungen anderer heute hier, hieß es weiter. Er hatte ein Vorstrafenregister, mehrere Identitäten und habe alles darangesetzt, seine Festnahme zu verhindern.

Richter Pickton durchschaute die meisten von Ackloms Lügen. Was das Strafmaß betraf, so erklärte er, er müsse den riesigen Schaden in Betracht ziehen, den Acklom mir zugefügt habe, und die Tatsache, dass er ein Gerichtsverfahren zu vermeiden versucht und sich stattdessen versteckt und den Behörden entzogen hatte. An mildernden Umständen gebe es nur sehr wenige, erklärte der Richter. Indem er sich nun schuldig erklärt hatte, hatte Acklom ein wenig öffentliche Gelder geschont und es mir erspart, ein Verfahren durchmachen zu müssen. Der Richter war nicht davon überzeugt, dass Acklom wegen dieses Schuldeingeständnisses mehr als die vorgeschriebenen zehn Prozent seiner Strafe erlassen werden sollten. Die Lebensumstände, denen seine Frau und seine Angehörigen nun ausgesetzt waren, so teilte er Acklom mit, habe dieser sich allein selbst zuzuschreiben: »Sie und Ihre Kinder sind nichts als Kollateralschäden.« Er fuhr fort: »Nach einem Gerichtsverfahren hätte ich eine Strafe von sechs Jahren und vier Monaten verhängt. Da Sie sich jedoch schuldig bekannt haben, verurteile ich Sie zu fünf Jahren und acht Monaten. Ihre Zeit in Gewahrsam wird auf das Strafmaß angerechnet werden, und die fünfzehn ausstehenden Anklagepunkte verbleiben in Ihrer Akte.«

Man entließ alle, und als wir aus dem Saal gingen, wurde mir langsam bewusst, dass mein Opferstatement tatsächlich einen Unterschied gemacht hatte, was das Strafmaß betraf – nämlich vier Monate. Ich war froh darüber, dass mein Text vor Gericht verlesen worden war. Einen wirklich großen Unterschied hatte es nicht gemacht, doch wegen meines Statements würde Acklom einige Tage mehr hinter Gittern verbringen müssen. Und was noch wichtiger war – es erfüllte mich mit Genugtuung, dass ich die Leute hatte wissen lassen, welche Auswirkungen meine Beziehung zu Mark Acklom auf mich gehabt hatte. Hinter meiner tapferen Fassade verbarg sich eine verletzliche Frau. Ich war dazu erzogen worden, keine Verletzlichkeit zu zeigen – doch Verletzlichkeit macht einen menschlich, und die Leute können einem leichter helfen, wenn man sie zeigt.

Ich stand noch eine Weile im Gerichtsgebäude herum, bevor ich es zusammen mit Adam Bunting und Alyson Harris verließ, um der Presse entgegenzutreten. Draußen hatten sich Freunde versammelt;

sie unterhielten sich mit breitem Lächeln. Ich war ziemlich überwältigt davon, dass das Ganze jetzt vorbei sein sollte. Ein Gefühl des Sieges oder der Euphorie verspürte ich nicht. Auch hatte ich nicht den Eindruck, nun trete Gerechtigkeit ein. Aber ich fühlte mich, als hätte man mir eine schwere Last von den Schultern genommen. Adam sollte ein paar Worte sagen, und ich erwartete mit relativ geringem Interesse das Übliche: »Wir haben nun für eine Weile mit der Staatsanwaltschaft und ihren entsprechenden Organisationen in anderen Ländern zusammengearbeitet …« Doch was er sagte, war etwas ganz anderes – viel stärker und auf das Wesentliche fokussiert.

»Mark Acklom ist ein professioneller Betrüger. Er ist ein pathologischer Lügner und ein Fantast, der über viele Jahre eine Spur der Verwüstung hinterlassen hat. Er ist ein sehr manipulativer und egoistischer Mensch. Seinen eigenen extravaganten Lebensstil und den seiner Familie hat er ermöglicht, indem er die Leben anderer Menschen zerstörte.« Und weiter:

»Mark Acklom hat die Staatsanwaltschaft bei jedem einzelnen Schritt in diesem Verfahren bekämpft. Er hat sich heute, zu Beginn der Verhandlung, erst schuldig bekannt, als man ihn mit überwältigenden Beweisen konfrontierte. Ich möchte Carolyn Woods, dem Opfer in diesem Fall, öffentlich für ihre Tapferkeit, ihre Resilienz und ihre Entschlussfreudigkeit danken, als es darum ging, Acklom der Gerechtigkeit zuzuführen. Ich hoffe, durch das heutige Urteil kann sie in irgendeiner Form damit abschließen und nun beginnen, ihr Leben wieder aufzubauen.«

Als ich zehn Minuten später zurück im Hotel war, ging ich in mein Zimmer und fand dort meine Freunde vor. Wir alle waren davon ausgegangen, sie würden mich am Tag meiner ersten Aussage aufmuntern. Nun lächelten und lachten alle, und es wurde Champagner bestellt. Während wir zusammen feierten, verspürte ich ein echtes Glücksgefühl. Ich wusste, dass Mark Acklom im Vergleich zu mir gar nichts besaß, obwohl er jahrelang das Leben eines Millionärs geführt hatte. Was er mir erzählt hatte, als wir nur achtundvierzig

Stunden nach unserer ersten Begegnung zusammen im Bett lagen, hörte ich nun innerlich wieder. Er habe noch niemanden geliebt und sei auch noch nie wirklich geliebt worden. Damals hatte ich geglaubt, er täusche sich, doch inzwischen wusste ich, dass er nicht zu lieben imstande war, und wer hätte einen Mann wie ihn jemals wirklich lieben können? Ich hingegen hatte beides erlebt, mit meiner Familie, Freunden und Geliebten, und ich wusste, wie auch immer meine finanzielle Situation sich gestalten würde, mein Leben war unendlich reicher als seines.

Für den folgenden Tag hatten Lara, Emma und ich ein informelles Treffen zum Lunch mit Adam Bunting, Helen Holt und Clare Ball vereinbart, und Adam hatte angekündigt, man werde versuchen, unsere Fragen zu den Ermittlungen zu beantworten und dazu, was sich während des Verfahrens ergeben hatte.

Es war ein weiterer warmer Sommertag in Bristol, und wir ließen uns in einem Restaurant am Wasser an einem Tisch nieder. Die Kellnerin erschien, um unsere Bestellung aufzunehmen. Als sie sich erkundigte, was ich trinken wolle, zögerte ich einen Augenblick, weil ich mich in der Gegenwart von Leuten, denen gegenüber ich mich immer tadellos benommen und nie meine Gefühle gezeigt hatte, ein wenig gehemmt fühlte.

»Ein Glas Weißwein bitte«, sagte ich.

»Klein oder groß?«, fragte die Kellnerin, die schon den Stift gezückt hielt.

Wieder zögerte ich.

»Nehmen Sie ein großes!«, forderte mich Adam auf, und damit war das Eis gebrochen. Ich nahm tatsächlich ein großes Glas.

Dann begann eine entspannte, aber faszinierende Unterhaltung über die Vorgänge hinter den Kulissen – darüber, was man mir vorher nicht hatte offenbaren dürfen. Ich erhielt einige Informationen über Paul Kaur, den ich in einer Rolle als Kronzeuge zu sehen erwartet hatte. Wie sich herausstellte, hatte er meine Version bestätigt, die

Polizei jedoch entschieden, dass es sich bei Kaur aller Wahrscheinlichkeit nach um eine Marionette von Mark Acklom handelte, deswegen wurde beschlossen, ihn zu entlassen. Wie es aussah, hatte er von dem Verbrechen nicht profitiert. Letzten Endes herrschte dahingehend Übereinstimmung, dass Mark Acklom der größere Fisch von beiden war und dass man Paul Kaur als Zeugen verwenden würde. Allerdings entschied die Anwaltschaft letzten Endes, das sei zu riskant. Es könne, so hieß es, die Jury verwirren und die Frage entstehen lassen, wer hier der wirkliche Verbrecher war, vor allem wegen Mark Ackloms größerer Intelligenz, besserer Redegewandtheit und seiner perfekten Fähigkeit, zu schauspielern und im Gerichtssaal einen tränenreichen Zusammenbruch vorzutäuschen, um das Mitleid der Jury zu erwecken – genau das hatte er in einem früheren Verfahren getan. Aus diesem Grund hatte man Paul Kaur erst etwa vier Wochen vor Beginn des Verfahrens aus demselben herausgenommen.

Weil es ihnen weder gelungen war, die Auslieferung aufgrund von Verfahrensfehlern anzufechten, noch sich die Möglichkeit ergab, die Glaubwürdigkeit von Paul Kaur als Zeugen der Anklage zu unterminieren, dachten sich Ackloms Anwälte eine neue Strategie aus. In ihrer Verteidigungsschrift formulierten sie die Sorge, ich könnte die Ermittlung zu kontrollieren versuchen, würde womöglich Informationen vor der Polizei zurückhalten und/oder sie nur in kleinen Dosen preisgeben. Zu diesem Zeitpunkt forderten sie die Herausgabe sämtlichen Materials zu den Treffen und Unterhaltungen, die ich mit der Polizei geführt hatte. Man wollte argumentieren, ich sei eine Fantastin, die die Art meiner Beziehung zu Acklom missverstanden habe. Weil sie Kapitel meines ersten Manuskripts gesehen hatten, hätte die Verteidigung meine Version der Ereignisse genau gekannt, und wenn sie den Text benutzt hätten, kann ich mir vorstellen, dass die Jury vielleicht davon hätte überzeugt werden können, meine Darstellung der Beziehung zu Mark Acklom sei eine Fantasie, vor allem weil er sich vor Gericht als ziemlich ungepflegter, gewöhnlicher Kerl präsentierte, den niemand auch nur eines zweiten Blickes würdigen würde. Bei diesem Gedanken läuft es mir kalt den Rücken herunter. Ich weiß, dass mein Bericht oberflächlich betrachtet ein wenig unwahrscheinlich klingt, aber ich kann einfach nicht begreifen, dass sie glaubten, ihnen würde das gelingen, wenn man sich die Beweise vor Augen führt, die die Anklage zusammengetragen hatte, um meine Behauptungen zu untermauern. Wie sich dann herausstellte, hatte man letzten Endes wieder Abstand von dieser Strategie genommen.

Meine feste Entschlossenheit, mir solle in diesem Verfahren Gerechtigkeit widerfahren, war nie in erster Linie von dem Wunsch motiviert gewesen, mein Geld zurückzuerhalten; es ging darum, dass dieser verachtenswerte Mann nicht ungestraft davonkommen sollte, nachdem er mir etwas so Schreckliches angetan hatte. Ich wünsche mir, auch andere würden den Mut und die moralische Verpflichtung spüren, nicht zu schweigen, und ich hoffe, mein Vorbild wird in Zukunft Leuten dabei helfen zu handeln, wenn irgendwo ein Unrecht geschieht. Wir leben in Zeiten, in denen es in Ordnung zu sein scheint, sich vornehmlich um sich selbst zu kümmern, koste es, was es wolle. Das ist nicht akzeptabel. Wir alle müssen tapfer sein und Unrecht anprangern, wenn wir es sehen. Wir müssen unseren moralischen Kompass neu ausrichten und dürfen nicht vorbeigehen oder wegschauen, wenn wir mitbekommen, dass Menschen andere missbrauchen, um daraus einen persönlichen Nutzen zu ziehen. Es heißt, in unserer Welt gebe es im Allgemeinen ein schwächer ausgebildetes Gewissen, weniger Verantwortungsbewusstsein und weniger Empathie. Für Onlinebegegnungen gilt das ganz besonders, doch die reale Welt ist davon auch betroffen, und das nimmt uns allen etwas.

Die Polizei beschrieb den Fall als »große Herausforderung«, und es handelte sich um die längsten Ermittlungen, die die daran beteiligten Beamten jemals erlebt hatten. Ganz ohne Zweifel wurde das Ganze dadurch kompliziert, dass die Polizei im Vereinigten Königreich mit den Rechtssystemen in anderen europäischen Ländern zusammenarbeiten musste. Die Schweizer, so erfuhren wir, waren relativ kooperativ gewesen, die spanischen Behörden sorgten jedoch für den reinsten Albtraum: Sie versäumten immer wieder mitzuteilen, was sie taten, wenn sie denn überhaupt etwas taten.

Dem Team nach viereinhalb Jahren in einer informellen Umgebung zu begegnen war sehr nützlich, denn ich sah die drei Beamten wahrscheinlich zum ersten Mal als das, was sie waren: drei ehrliche Menschen, die allen Widerständen und ihren beschränkten Möglichkeiten zum Trotz versuchten, die Welt zu einem besseren Ort zu machen. Meiner Ansicht nach gibt es schwerwiegende Fehler im Strafverfolgungssystem an sich, und mit ihnen wird man sich befassen müssen, doch das kann ich diesen drei einzelnen Menschen nicht zum Vorwurf machen. Wie es in dem Buch *The Secret Barrister* heißt (und zwar in Bezug auf die britische Staatsanwaltschaft, den Crown Prosecution Service):

> In keinem einzigen Arbeitsfeld kann eine Organisation vollumfänglich ihren Aufgaben nachkommen, wenn sie von vornherein zu wenig Geldmittel bekommt, dann ein Drittel ihrer Arbeitskraft verliert und eine Kürzung ihres Budgets um ein Viertel erfährt. Wenn diese Organisation von der investigativen Leistungsfähigkeit einer nationalen Polizei abhängt, die im Laufe der Jahre fast zwanzigtausend Beamte und damit dreizehn Prozent verloren hat und dieser darüber hinaus ihrerseits das Budget um zwanzig Prozent gekürzt wird, erhöht sich die Fehlerwahrscheinlichkeit sogar noch weiter.

Adam entschuldigte sich persönlich für die Fehler am Beginn der Ermittlungen. Er gab zu, dass man den Fall weder schnell genug jemandem zugeteilt noch ihn ernst genug genommen hatte, weil man ihn einfach für einen alltäglichen Betrug hielt (um Betrugsfälle kümmert sich niemand gern). Er dankte mir für meine Entschlossenheit durch alle Phasen und erklärte mir, ich hätte die Ermittlungen am Laufen gehalten. Seiner Meinung nach hatte Acklom kurz vor Schluss aufgegeben, weil er wusste, dass ihm keine Chance blieb. Er hatte geglaubt, ich wäre diejenige, die in letzter Minute zusammenbrechen und mich außerstande sehen würde, im Zeugenstand zu erscheinen und ihm gegenüberzutreten. Als er dann begriff, dass ich das wirklich tun würde, entschied er sich für Schadensbegrenzung und für ein Schuldbekenntnis. In *The Secret Barrister* liest man dazu Folgendes:

> Einer der Gründe dafür, dass sich viele Angeklagte erst am Tag des Verfahrens schuldig bekennen, liegt darin, dass sie auf Zeit spielen, weil sie hoffen, ein Verfahrensfehler werde offenbar werden oder einer der wichtigsten Zeugen den Mut verlieren – ein entsetzlich präsentes Problem, wenn es um Beschuldigungen im Hinblick auf Fälle häuslicher Gewalt geht und sich daraus ihre Freiheit ergibt.

Wie bereits erwähnt, habe ich jahrelang gedacht, dass die Charaktereigenschaften, die ich immer als meine Stärken betrachtet hatte (mein Durchhaltevermögen, meine Resilienz und mein Stoizismus, meine Bereitschaft, mich für das starkzumachen, woran ich glaube), von Mark Acklom gegen mich eingesetzt wurden und zu meinem Untergang beitrugen. Allerdings habe ich mich wohl letzten Endes als stärker erwiesen, als er sich je hätte vorstellen können, und zu guter Letzt waren es diese sämtlichen meiner Qualitäten, die mich ihn besiegen ließen.

16. Kapitel

Eine Stätte des Glanzes

Sie war fest entschlossen, die Welt als eine Stätte des Glanzes zu sehen.

Henry James, *Bildnis einer Dame*

In meinem Bericht über meine Beziehung zu Mark Acklom habe ich zu erklären versucht, wie er nach meinen Erkenntnissen vorgeht, wie er die Saat seiner Täuschung ausstreute. Ich fand ihn faszinierend, und darin liegt der Hauptgrund dafür, dass ich so an ihn gebunden war. Faszinieren: fesseln, voll und ganz in Anspruch nehmen, hypnotisieren, unwiderstehlich anziehen, in den Bann schlagen. All das machte Mark Acklom mit mir.

Aber er faszinierte mich nicht nur, sondern stellte auch ein Rätsel für mich dar. Ich löse gern Rätsel, und achtzehn Monate lang hatte ich versucht, die Teile dieses Rätsels zusammenzusetzen, in irgendeiner Form zu verstehen, was da vor sich ging. Ich hatte versucht, das »Gesamtbild« zu erstellen, und nicht gewusst, dass dafür ganz entscheidende Teile fehlten. Selbst bei seinen abenteuerlichsten Schilderungen war Mark überzeugend – vielleicht sogar in noch höherem Maße, weil seine Geschichten einen so verblüfften, dass man annahm, niemand könnte sie sich ausdenken und sie auf so überzeugende Weise vorbringen. Im Rückblick kann ich erkennen, dass er mir diesen Gedanken sogar schon bei unserem ersten Date eingab, im *Hare and Hounds*. Als ich feststellte, sein Leben sei ja ganz außergewöhnlich, hatte er mit den Worten wie »Du hast recht. Ein absolut außergewöhnliches. Mein Leben ist wie ein Film; man könnte es nicht erfinden …« geantwortet. Er wusste immer auf alles eine Erwiderung, ohne jedes Zögern. Nie hätte ich mir vorstellen können, dass jemandem das Lügen so leichtfiel oder dass er so viele Umstände auf sich nehmen würde, um andere zu täuschen. Wenn ich jetzt auf die Faszination zurückblicke, die ich für Acklom empfand, mit dem Wissen von heute und mit der Erkenntnis, dass er durch und durch diabolisch ist, komme ich zu dem Schluss, dass der archaische Gebrauch des Wortes »faszinieren« am besten beschreibt, welche Macht er über mich ausübte. Früher verwendete man das Wort vor allem, um eine Schlange zu beschreiben, die ihrer Beute jegliche Fähigkeit des Widerstandes raubt und es ihr unmöglich macht, der Verführung ihres Blickes zu entkommen.

Robert Hare schreibt in seinem Buch *Gewissenlos – Die Psychopathen unter uns* dazu Folgendes:

Eine Frage zieht sich wie ein roter Faden durch die Geschichten der Opfer von Psychopathen: »Wie konnte ich nur so dumm sein? Wie konnte ich nur auf diesen unglaublichen Unsinn hereinfallen?« Und falls die Opfer sich diese Frage nicht selbst stellen, dann sicherlich jemand anders: »Wie, um alles in der Welt, konntest du so hereinfallen?« Die typische Antwort: »Du hättest dabei sein müssen. Es hörte sich damals alles vernünftig und plausibel an.« Die eindeutige – und weitgehend richtige – Folgerung ist, dass man in derselben Lage wohl selbst hereingefallen wäre. Manche Menschen sind schlichtweg zu vertrauensselig und leichtgläubig – leichte Opfer für jeden dahergelaufenen Schwätzer. Aber wie steht es mit dem Rest von uns? Es ist eine traurige Tatsache, dass wir alle potenzielle Opfer sind. Nur wenige Menschen sind so gute und sensible Menschenkenner, dass sie nicht auf die Intrigen eines geschickten und entschlossenen Psychopathen hereinfallen würden.

Noch bevor ich begriff, wer Mark tatsächlich war, fühlte ich mich, als hätte jemand mein Gehirn förmlich durchgerührt (dieses Gefühl nahm zu, je mehr ich über ihn herausfand) – und ich denke, das war auch der Fall. Eine lange Zeit war nötig, bis Tausende von Gedanken durch dieses durchgerührte Hirn drangen, bis sich neue Nervenbahnen entwickeln konnten und ein Heilungsprozess einsetzte. Ich hatte mich nicht in Mark Acklom verliebt. Ich hatte mich in Mark Conway verliebt, in eine Figur, die Acklom nur für mich erschaffen hatte. Dieser Gedanke fand nur schwer Eingang in meinen Kopf und mein Herz, zumal es da noch das durchgerührte Gehirn und meine verwirrten Emotionen gab. Mark Conway war tapfer, ein Ehrenmann, witzig; er arbeitete hart, besaß Integrität und stellte immer die Interessen anderer vor seine eigenen. Mark Acklom ist das genaue Gegenteil: ein Parasit, der seine ahnungslosen Opfer aussaugt, den Macht und Kontrolle motivieren, der nur darauf fokussiert ist, seine eigenen perversen Bedürfnisse zu befriedigen. Darin liegt absolut nichts Bewundernswertes oder Heldenhaftes. Der fiktive Mark Conway war es, der im Januar 2012 den Laden betrat, doch es dauerte nicht lange, bis Mark Acklom seine Stelle einnahm und die gesamte Situation beherrschte. Acklom ist ein Mann mit vielen verschiedenen Persönlichkeiten, und wenn er einem eine von ihnen vorstellt, ist die Wahrscheinlichkeit sehr groß, dass man davon eingenommen, förmlich umgekrempelt und in Stücke zerschlagen wird. Dann fragt man sich, ob man sich jemals selbst wieder finden wird. Der Weg zurück zu irgendeiner Form der Normalität gestaltet sich lang und schwierig.

Vor meiner Begegnung mit Acklom war ich eine glückliche, gesellige, positive Frau; als er mit mir fertig war, konnte ich kaum noch funktionieren und hatte gegenüber den meisten Menschen ein tiefes Misstrauen entwickelt. Ich litt unter Panikattacken, Klaustrophobie, Agoraphobie, entsetzlichen Stimmungsschwankungen, tiefen Depressionen. Außerdem gelang es mir fast gar nicht, mich auf irgendetwas zu konzentrieren; ich war nicht einmal dazu in der Lage, ein Buch zu lesen. Etwa ein Jahr nachdem ich herausgefunden hatte, was alles vorgefallen war, konnte ich kein Radio 4 hören, weil ich die ganzen Finanzberichte nicht ertrug; sie dienten scheinbar nur dem Zweck, mich daran zu erinnern, welch hohe finanzielle Einbußen ich erlitten hatte. »Zu verkaufen«-Schilder vor der Art Häuser, die ich mir nun hätte leisten können, wenn alles fair zugegangen wäre, ertrug ich einfach nicht. Seitdem habe ich einen langen Weg hinter mir. Aber ich habe auch noch einen langen Weg vor mir.

Wenn ich auf die sechs Jahre zurückblicke, die die polizeilichen Ermittlungen in Anspruch genommen haben, denke ich manchmal, dass es sich um eine ungeheure Verschwendung von Zeit und Energie handelt. Hätte ich vorher gewusst, was für einen Kampf das Ganze bedeuten, was es meiner Gesundheit abverlangen würde – meiner körperlichen sowie meiner geistigen –, hätte ich es dann getan? Das lässt sich unmöglich sagen. Während der Ermittlungen war ich oft an dem Punkt, an dem ich am liebsten aufgegeben hätte. Dann sagte ich mir, ich würde hier nur meine Zeit verschwenden und es gebe nicht die geringste Aussicht auf Gerechtigkeit. Als der Europäische Haftbefehl bewilligt und Acklom in der Schweiz verhaftet, als er schließlich ausgeliefert und am Ende verurteilt wurde, verspürte ich ein Gefühl des Stolzes und des Erfolgs, weil ich durchgehalten hatte, doch in mir gab es nicht den geringsten Jubel. Denn der persönliche Preis, den ich in Form von Zeit und meiner eigenen Gesundheit gezahlt habe, ist riesengroß. Acklom wurde zu fünf Jahren und acht Monaten Gefängnis verurteilt und wird nur die Hälfte der Zeit dort verbringen, aber es erfüllt mich mit Genugtuung, dass ich ihm die Stirn geboten und an seinem Untergang mitgewirkt habe, auch wenn es sich dabei nur um einige Jahre handelt. Leider bin ich fest davon überzeugt, dass er sofort nach seiner Entlassung seine alten Tricks wiederaufnehmen wird, aber ich will ihn einfach ganz und gar vergessen. Er ist sehr schlau, sehr überzeugend, doch wenn man auch nur ein wenig an der Oberfläche kratzt, stellt er sich als gemeiner Verbrecher heraus. Er ist wirklich und wahrhaftig nicht einmal verachtenswert.

Mein Traum ist derselbe wie früher. Ich möchte ein eigenes Haus besitzen, einen Ort, an dem ich mich sicher und geschützt fühle. Ich hatte mir immer vorgestellt, wenn ich jemals in einer schwierigen Situation wäre, würde ich den nächstbesten Job annehmen, um meinen Lebensunterhalt verdienen zu können. Seit ich mich jedoch in dieser Situation befinde, ist mir bewusst geworden, dass ich lieber gar nichts tun würde als etwas, was keinen Wert für mich hat. Dreißig Jahre der Hypothekenzahlungen hatte es gedauert, bis ich damals mein erstes Eigenheim erwerben konnte, und so viel Zeit bleibt mir jetzt nicht mehr, deswegen wird mein Traum vielleicht nie wahr – aber ich muss einen Schritt nach dem anderen tun.

Beim Erzählen meiner Geschichte lag der Nachdruck auf dem Kampf und auf den erlittenen Schmerzen, doch selbst in den dunkelsten Zeiten gab es viele Augenblicke des Erstaunens und der Freude, und in manchen Momenten musste ich sogar über Mark Ackloms Dreistigkeit lachen.

Ich bin in der glücklichen Verfassung, dass mir die Natur um mich herum sehr viel Freude bereitet. Auf Spaziergängen macht es mich zutiefst glücklich, wenn ich ein Kaninchen, eine Maus, ein Wiesel, Enten- und Schwanenküken oder andere Tiere sehe. Ich betrachte auch gern Schafe und Rinder auf der Weide. Ich liebe den Duft blühender Bohnenstauden oder den einer von Linden gesäumten Allee im Juni. Im Frühling liebe ich Spaziergänge durch bunte Blumenfelder. Wenn es dunkel ist, beobachte ich Mond und Sterne am tintenblauen Himmel und lasse mich förmlich in ihn hineinfallen, während ich den Eulen lausche, die aus den Wäldern jenseits der Felder ihre Rufe ertönen lassen. Dass ich auf dem Land lebe, hatte einen größeren therapeutischen Effekt auf mich als irgendetwas sonst, und kein einziger Tag vergeht, ohne dass ich den Blick über die Landschaft schweifen lasse und meinem Schicksal danke, inmitten solcher Schönheit leben zu dürfen.

Während der letzten paar Jahre hat sich mein Adressbuch drastisch ausgedünnt. Wie einige sogenannte Freunde mit mir umgegangen sind, hat mich tief verletzt. All das ist mir sehr nahegegangen, aber jetzt, nachdem ich Zeit zum Nachdenken hatte, bin ich froh darüber, die Würmer in den rotwangigen Äpfeln oberflächlicher Freundschaften aus guten Zeiten erkannt zu haben, und einige dieser Äpfel befinden sich nicht länger in meinem Korb.

Gleichzeitig gab es viele Menschen, die voller Hilfsbereitschaft auf mich zugekommen sind, sei es mit Angeboten, eine Zeit lang bei ihnen zu wohnen, mit Essen, Kleidung, allen möglichen Dingen. Was sie mir Gutes getan haben, werde ich nie vergessen – von meinen ältesten Schulfreundinnen und Schulfreunden bis hin zu Menschen, die ich vorher nicht kannte und die nun Freunde geworden sind. Selbst die ermutigenden Nachrichten, die ich erhalten habe, wenn meine Geschichte in den Medien erzählt wurde, haben mir sehr geholfen.

Und was ist mit den diversen Leuten geschehen, die ich in diesem Buch erwähnt habe? Einige dieser Beziehungen liegen jetzt hinter mir, einige haben der Zeit nicht standgehalten, einige lagen eine Weile auf Eis, gewinnen jedoch jetzt wieder an Bedeutung, und wieder andere sind die ganzen Jahre hindurch stark geblieben.

Uma und Antony habe ich seit dem Tag unseres Streits nicht mehr gesehen. Im Jahr 2014 gab es einen kurzen SMS-Austausch, als ich Uma übers Handy fragte, ob sie wohl einige der Dinge entbehren könne, die ich ihr 2012 gegeben hatte. Etwa einen Monat später erhielt ich eine Antwort, in der stand, sie wolle mehr über meine Situation erfahren. Sie schlug vor, wir könnten zusammen zu Mittag essen. Ich habe nicht darauf reagiert.

Anne und ich sind noch immer die besten Freundinnen; wir fahren weiterhin zusammen mit unseren mittlerweile sehr erwachsenen Kindern in den Urlaub und genießen alle Freuden, die die Natur Großbritanniens uns zu bieten hat.

Einige Jahre lang war meine Beziehung zu meinem Bruder Nick und seiner Frau Annalisa sehr angespannt. Ich gehe davon aus, dass sie mir tatsächlich helfen wollten, als ich Acklom gerade kennengelernt hatte. Obwohl sie ihm nie begegnet waren, durchschauten sie ihn auf irgendeine Weise sofort, und ich kann mir vorstellen, wie schrecklich ermüdend es für sie gewesen sein muss, dass ich einfach nicht auf sie hören wollte und ihnen den Rücken zuwandte. Im Jahr 2012 hatte mich Nick auf zwei Lügen aufmerksam gemacht, die Acklom mir gegenüber gebraucht hatte. Eine hatte mit einem Churchill-Zitat zu tun, das im Haus in der Brock Street an der Wand stand, die andere betraf die Frage, wem das Haus gehörte (Nick hatte sich beim Katasteramt Informationen besorgt). Ich verlangte damals von Mark Erklärungen für diese Auffälligkeiten, und wie gewöhnlich lieferte er mir ohne jedes Zögern Antworten, die mir damals vernünftig erschienen, und ich entschied mich dafür, ihm zu glauben und meinen Bruder für seine Einmischung zu verurteilen. Irgendwann in dieser Zeit gab es zweieinhalb Jahre lang fast keinen Kontakt zwischen Nick und mir, und bis Weihnachten 2018 hatte ich Annalisa nur zweimal gesehen, seit sie im Oktober 2012 das Haus in der Brock Street besucht hatte: einmal bei der Beerdigung meines Exmannes im Jahr 2016 und einmal im September 2018, als eine ihrer Töchter heiratete. Ich weiß nicht, wie oder warum es dazu kam, aber in letzter Zeit hat sich diese Anspannung ein wenig gelegt. Wir haben zu Weihnachten 2018 etwas Zeit miteinander verbracht, und das schien allen Beteiligten gutzutun. Überraschenderweise war das Ganze nicht peinlich, und ich hatte wirklich ein paar sehr schöne Stunden. Vor uns liegt noch einiges, und nichts wird wieder genauso sein wie vorher, aber ich bin überzeugt, dass wir einander weiterhin sehen und Familientreffen genießen werden, denn ganz tief drinnen wollen wir alle genau das. Im Herbst 2019 haben Nick und ich einige Tage zusammen verbracht; wir sind gewandert, haben viel geredet und über die Vergangenheit und unsere Hoffnungen für die Zukunft gesprochen.

Martin und ich sind inzwischen befreundet und haben immer noch Kontakt zueinander. Irgendwann schaffte er es, seine Dokumentation zu machen – Conman: *The Life and Crimes of Mark Acklom*. Sie erschien im September 2019 auf einem neuen Sky-Prime-Kanal, und zurzeit kann man sie sich auf YouTube ansehen. Ich möchte allen Interessierten diesen Film wärmstens empfehlen. Es gelang Martin sogar, »Charlie's Angel« zu treffen und zu interviewen, und er bestätigte mir, dass es sich dabei »definitiv nicht um einen Mann« handelt. Ich gehe davon aus, er und ich (und sie) werden unsere Augen und Ohren noch eine ganze Weile offen halten, was Mark Acklom betrifft. Mein Rat an alle, die sich in einer ähnlichen Notlage befinden wie ich: Besorgen Sie sich einen sehr guten investigativen Journalisten, der Ihnen helfen kann.

Am 1. November 2019 wurde auf der Webseite der Polizei von Avon & Somerset angekündigt, dass Detective Inspector Adam Bunting, Detective Sergeant Helen Holt und Detective Constable Clare Ball Auszeichnungen für ihre Arbeit beim Aufspüren und Fassen von Mark Acklom erhalten sollten.

Während ich dies schreibe (im Januar 2020), befindet sich Mark Acklom im Gefängnis. Unter dem Proceedings of Crime Act laufen Ermittlungen, in deren Rahmen man herauszufinden versucht, ob er über irgendwelches Vermögen verfügt. Es wird niemanden überraschen, dass er behauptet, keines zu haben, und wahrscheinlich werde ich niemals auch nur einen Penny des Geldes wiedersehen, das er mir schuldet. Seit Richter Pickton Acklom im August 2019 verurteilte, hat man die Tage, die wegen der Untersuchungshaft von seiner Strafe abgezogen wurden, wieder hinzuaddiert, weil man herausfand, dass man ihn während der Ermittlungen in der Schweiz nach seiner Festnahme im Jahr 2018 wegen Scheck- und Kreditkartenbetruges verurteilt hatte (diese Taten wurden 2014 in der Schweiz begangen). Man hatte ihm damals eine kurze Gefängnisstrafe auferlegt, und diese versuchte er gegen die Strafe aufrechnen zu lassen, die er gerade wegen der Verbrechen gegen mich verbüßt. Außerdem kam heraus, dass er in Spanien gesucht wird, weil er seine Strafe aus dem Jahr 2016 dort niemals ganz abgesessen hat. So unglaublich es auch scheinen mag, man ließ ihn frei, während er gegen seine Strafe in Berufung ging – und natürlich machte er sich davon. Man hat mir mitgeteilt, dass er nun gegen seine Strafe hier vorgeht, und zwar auf der Basis, man habe ihm nicht die korrekten Informationen zu den Beweisen gegeben, über die die Verteidigung gegen ihn verfügte, besonders nicht über »nicht verwendetes Material«, und dass er sich viel früher schuldig bekannt hätte, hätte man ihm diese Informationen zugänglich gemacht. Dann, so behauptet er, hätte er eine kürzere Strafe erhalten. Ich sehe es so, dass man ihn für immer wegsperren sollte, weil er ein bekannter Verbrecher ist, der immer wieder straffällig wird – eine extreme Gefahr für die Allgemeinheit. Aller Wahrscheinlichkeit nach wird er jedoch bald freikommen, und dann wird er seinen Lebensstil eines Multimillionärs auf Kosten eines neuen Opfers ausleben. Wessen Vermögen wird er sich wohl als Nächstes unter den Nagel zu reißen versuchen?, frage ich mich.

Wenn ich auf die vergangenen acht Jahre zurückschaue, weiß ich, dass mich vor allem eines auf den Beinen gehalten hat – die Tatsache, dass ich Mutter bin. Es hat Zeiten gegeben, in denen ich mich zu einem Leben verdammt fühlte, das ich nicht wollte, doch selbst in meinen dunkelsten Stunden wusste ich, dass ich meine Töchter nicht einfach so verlassen konnte. Sie haben mich auf dieser schrecklichen Reise begleitet, und auch ihnen wurde die Sicherheit genommen, die sie in ihrem ganzen vorigen Leben gekannt hatten. Sie haben mich in einem Zustand erlebt, in dem kein Kind seine Mutter sehen möchte und in dem keine Mutter gesehen werden will. Lara beschrieb das in einem Artikel für die Zeitung *Telegraph* so:

> In den nun folgenden Tagen und Wochen wohnte Mum bei mir und schlief auf meinem Sofa. Es brach mir das Herz, sie dort jeden Morgen weinend liegen zu sehen, wenn ich zur Arbeit ging. Auf die abscheulichste Weise hatten sich unsere Rollen umgekehrt, und es fühlte sich so an, als wäre ich die Mutter geworden und sie das Kind.

Zusammenfassend berichtete sie:

> Mum hat alles verloren: ihr Geld, ihren Job, ihr Zuhause, ihre Sicherheit, ihr Selbstvertrauen und ihren Glauben an die Güte ihrer Mitmenschen. Aber eines konnte man ihr nicht nehmen: ihre Liebe zu ihren Töchtern. Alles, was in den vergangenen paar Jahren geschehen ist, hat unsere Beziehung nicht zerstört, sondern gestärkt, und ganz tief drinnen wissen wir, dass das wichtiger ist als alles andere.

Diese Liebe von beiden Seiten ist es, die mich aufrechterhalten hat. Ich hatte das damals zu Mark Acklom gesagt: Meine Töchter sind schön, in sämtlichen Bedeutungen dieses Wortes. Ich kann mich sehr glücklich schätzen, die beiden zu haben, und ich wünsche mir, dass wir noch viele weitere Jahre eines normalen Familienlebens zusammen genießen können.

Obwohl er auf eine schmerzhafte Probe gestellt wurde, existiert mein typischer Optimismus weiterhin, und er wird mit jedem Tag stärker. Ich traue mich immer noch nicht, zu weit in die Zukunft zu schauen, weil das Leben so unsicher ist, aber ich lebe auch nicht länger nur in Zehnminutenintervallen. Ich kann jetzt die nächste Woche in den Blick nehmen, oder den nächsten Monat, und manchmal kann ich sogar an das nächste Jahr denken und mich fragen, ob dieses Buch vielleicht ein Bestseller wird. Vielleicht werde ich eines Tages sogar in der Lage sein, mir ein Haus zu kaufen, das ich dann mein Eigen nennen kann – einen Ort, an dem ich mich niederlassen und langsam wieder ein richtiges Leben leben kann. Man weiß einfach nie.

Und wie sieht es mit James aus? Mein:e Leser:in, geheiratet habe ich ihn nicht, aber zusammen sind wir immer noch. Sie werden sich erinnern, dass ich Ende 2018 spürte, die Dinge würden sich verändern, und dass ich die ersten paar Wochen des Jahres 2019 als »Ruhe vor dem Sturm« bezeichnete. Nun, abgesehen von den sich plötzlich überschlagenden Ereignissen in Bezug auf Mark Ackloms Auslieferung gab es auch dramatische Veränderungen in meinem Privatleben. Ende Januar besichtigten James und ich ein wunderschönes Miethaus in einer herrlichen Gegend Schottlands. Wir sind am 1. März dort eingezogen, und wir finden es ganz großartig. Mit dem Haus haben wir eine Katze übernommen, die mir ganz unbeschreiblich viel Freude macht (es ist so herrlich, wieder ein Haustier zu haben). Und da gibt es eine ganz neue Landschaft, die ich entdecken kann, und ein wunderschönes (wenn auch zeitlich begrenztes) Zuhause, von dem aus ich das in Angriff nehme. Ich bin inzwischen viele Meilen herumgelaufen und habe Hunderte von Fotos gemacht. Mit meiner Gesundheit sieht es auch wieder besser aus. In den sechs Jahren, die James und ich zusammen sind, war das Leben nicht leicht, aber wir unterstützen einander, so gut es geht. Wir haben schon sehr viele schöne Zeiten zusammen erlebt und freuen uns auf viele weitere glückliche Tage. Unsere Beziehung entstand in der Hölle, aber es ist uns gelungen, unser eigenes Eckchen im Paradies zu finden, und wir sind jeden Tag dankbar für all das Gute in unserem Leben.

Danksagung

Ich möchte allen danken, die mir nach meiner Verbindung mit Mark Acklom geholfen haben, indem sie mir Unterkunft, Arbeit, Essen, Geld, Kleidung, moralische Unterstützung anboten oder mir einen Friseurbesuch oder irgendeinen anderen kleinen Luxus spendierten, der das Leben erträglicher macht. Ohne eure Hilfe wäre ich nicht hier, um meine Geschichte zu erzählen.

Was die Veröffentlichung des Buches angeht, danke ich Stuart Higgins für sein Interesse an meiner Geschichte; seine Hilfe war über all die Jahre unschätzbar für mich. Stuart hat mich Martin Brunt vorgestellt, der durch sein unermüdliches Bemühen und seine Entschlossenheit die Story in den Medien lebendig hielt und so zu Ackloms Verhaftung beitrug. Stuart und Martin machten mir Mut, auch während der polizeilichen Ermittlungen und beim Schreiben dieses Buches durchzuhalten und am Ball zu bleiben.

Martin stellte mich Andrew Gordon von David Higham Associates vor, und ich kann Andrew für die Chance, dieses Buch zu schreiben und zu veröffentlichen, gar nicht genug danken. Er hat mich gleichermaßen gefordert, ermutigt und beraten. Wenn ich ins Stocken geriet, gab er mir neues Selbstvertrauen; mit ihm zu arbeiten war stets ein Vergnügen.

Danken möchte ich auch meiner Lektorin Kelly Ellis bei HarperCollins für den Enthusiasmus, mit dem sie die Geschichte erwarb. Ich danke ihr und dem gesamten Team, dass es ihnen gelungen ist, das Buch während der Covid-19-Pandemie unter extrem schwierigen Umständen in Druck gehen zu lassen.

Unter meinen Angehörigen und Freunden gibt es nur eine Person, die das Manuskript bereits vor der Veröffentlichung gelesen hat – meine Tochter Lara. Sie war mir eine unerschöpfliche Quelle der Unterstützung, Ermutigung und Inspiration, und ich kann ihr nicht genug danken. Auch Emma möchte ich für ihre Ermutigung danken und für ihre Nachsicht, wenn ich manchmal zu viel über einen Mann redete, den wir alle verabscheuen.

Zuletzt danke ich James, dass er Ruhe bewahrt hat, wenn ich es nicht konnte, und für seine Güte.

Nachwort

Von Lydia Benecke

Wer fällt auf einen Mann herein, der behauptet, er sei MI6-Agent, im Rahmen eines Auslandseinsatzes angeschossen worden und anschließend habe er einen Hirntumor entwickelt? Einen Mann, der immer wieder aufgrund dramatischer Notsituationen um Geld bittet? Viele Menschen glauben, wenn sie eine solche Geschichte hören: »Das würde mir nie passieren!« Sie sind sicher: »Nur naive Menschen fallen auf jemanden wie Mark Acklom herein«. Diese Annahme ist ein schwerwiegender Fehler. Menschen wie Mark Acklom arbeiten nicht mit ausgeklügelt plausiblen Geschichten, sie arbeiten mit Emotionen. Gekonnt spielen sie auf der Gefühlsklaviatur ihres Gegenübers. Sie schauen ihren Mitmenschen tief in die Augen, lächeln dabei freundlich, wirken absolut entspannt, selbstsicher und authentisch. Es sind Menschen, mit denen man direkt Zeit verbringen möchte, charmant, unterhaltsam und scheinbar sehr am Gegenüber interessiert.

Besonders dieses Interesse hat eine äußerst einnehmende Wirkung. Wenn ein derartig selbstsicher und bewundernswert wirkender Mensch an einem anderen Interesse zeigt, fühlt sich dies sehr aufwertend an. Das Gefühl sagt: »Diesem wunderbaren Menschen kann ich vertrauen.« Ab diesem Punkt ist alles Weitere erstaunlich einfach. Das stark positive Gefühl überdeckt jeden Anflug von Zweifel. Das Leben mit einem solchen Menschen gestaltet sich intensiv, abwechslungsreich und dramatisch wie eine Seifenoper. Romantische Gefühlsmomente wechseln sich mit Cliffhangern ab, ein Effekt, den jede:r aus Serien kennt: Die Folge endet, wenn das Auto gerade die Klippe verlassen hat, und man nicht weiß, ob die Insassen überleben werden. Solche Effekte werden immer wieder inszeniert – bis die Realität mit voller Wucht den Traum beendet.

Mark Acklom hat sein Leben auf Lügen, Manipulationen und der gezielten Ausbeutung anderer Menschen aufgebaut. Es fällt ihm leicht, in die Rolle des erfolgreichen, wohlhabenden, geheimnisvollen Mannes zu schlüpfen und andere für sich einzunehmen. Mit dieser Art des Auftretens manipuliert Acklom Menschen bereits erfolgreich seit seiner Jugend. Er macht seine Träume wahr, indem er für andere kurzfristig zum Traum wird und einen Albtraum hinterlässt. Weder Mit- noch Schuldgefühl stehen seinem Handeln im Weg, Angst vor Strafe schreckt ihn nicht. Seine psychopathischen Eigenschaften ermöglichen ihm, auf seinem Lebensweg mit Leichtigkeit unzählige verletzte Menschen zurückzulassen – und er ist nicht der Einzige seiner Art.

Die Mark Ackloms dieser Welt sind überall. Sie nutzen die grundlegendsten menschlichen Bedürfnisse aus und wissen, dass es in aller Regel funktioniert. Weil jeder Mensch für Zuwendung und Aufwertung empfänglich ist, und weil kaum einer die Funktionsweise seiner eigenen Gefühle und der hierauf basierenden Urteilsbildung hinterfragt. Carolyne Woods ist eine ganz normale Frau, die einer äußerst raffinierten Form von Manipulation zum Opfer gefallen ist. Nur wer die Mechanismen dieser Art von Manipulation zu verstehen lernt, kann sich effektiv davor schützen.

Quellen

Der Verlag hat sich bemüht, sämtliche Rechteinhaber zu kontaktieren und ordnungsgemäß um Abdruckgenehmigung zu bitten. Sollte trotz sorgfältiger Prüfung etwas übersehen worden sein, bitten wir freundlich um Benachrichtigung.

Mit freundlicher Genehmigung. In der Reihenfolge ihres Erscheinens:

Dr. Robert D. Hare, Gewissenlos. Die Psychopathen unter uns. Springer-Verlag, Wien – New York 2005. Übersetzt von Karsten Petersen.

Charles Dickens, Große Erwartungen. Carl Hanser Verlag, München 2011. Übersetzt von Melanie Walz.

Charlotte Brontë, Jane Eyre. Manesse Verlag, Zürich 2016. Übersetzt und durchgesehen von Andrea Ott.

John Irving, Gottes Werk und Teufels Beitrag. Diogenes Verlag, Zürich 1990. Übersetzt von Thomas Lindquist.

Thomas Hardy, Am grünen Rand der Welt (Far from the Madding Crowd), dtv, München 2015 (4. Aufl.) Übersetzt von Peter Marginter.

Haruki Murakami, Südlich der Grenze, westlich der Sonne. DuMont Buchverlag, Köln 2013. Übersetzt von Ursula Gräfe.

Michail Bulgakov, Der Meister und Margarita. Verlag Galiani, Berlin 2012. Übersetzt und kommentiert von Alexander Nitzberg.

John Irving, Garp und wie er die Welt sah. Diogenes, Zürich 1976. Übersetzt von Jürgen Abel.

»Teenage Fraudster«, in: British GQ Magazine, November 1992

Rudyard Kipling, »If/Wenn«, 4. Strophe, übersetzt von Izzy Cartwell, 2009; https://cartwell.net/gedichte/uebersetzungen/if-rudyard-kipling/

Henry James, Bildnis einer Dame. Kiepenheuer & Witsch, 1996. Übersetzt von Hildegard Blomeyer.

The Secret Barrister, Stories of the Law and How It's Broken, Picador, Main Market Edition 2018.

Spannende Fälle, aktueller Forschungsstand

Lydia Benecke
PSYCHOPATHINNEN
Die Psychologie des
weiblichen Bösen

432 Seiten
mit Abbildungen
ISBN 978-3-431-03996-2

Frauen gelten immer noch als wehrlos, sie leiden, dulden, verzeihen. Doch wenn die Psychopathie in ihrer Seele sich Bahn bricht, töten sie ebenso grausam wie Männer – und häufig eiskalt geplant. Lydia Benecke analysiert Fallgeschichten von Täterinnen vor dem Hintergrund neuester Forschungsergebnisse und zeigt, wie skrupellos Psychopathinnen sich Rollenklischees zunutze machen. So kommt es, dass Mörderinnen länger unentdeckt bleiben und Serientäterinnen jahrelang ihr Unwesen treiben können. Denn Frauen sind nicht nur raffinierter. Sie sind auch gewalttätiger, als man denkt.

Bastei Lübbe

Ein faszinierender Einblick in die Abgründe der menschlichen Seele

Lydia Benecke
AUF DÜNNEM EIS
Die Psychologie des Bösen

352 Seiten
mit Abbildungen
ISBN 978-3-431-05018-9

Auf dünnem Eis befinden wir uns, wenn wir Mörder, brutale Vergewaltiger, Profikiller oder eiskalte Psychopathen als „böse" abstempeln und weit von uns schieben. Lydia Benecke rekonstruiert grausame Verbrechen, erzählt von echten Fällen aus ihrer eigenen Praxis und wirft die hoch spannende Frage auf: Wie viel davon steckt in jedem von uns?

Benecke gehört zu den Shootingstars in der deutschen Psychologenszene. Die Expertin ist auf allen Kanälen präsent und deutet eloquent das Böse. DER SPIEGEL

Lübbe